Kuba

«Man muß, wie die eingefleischten Dogmatiker, schlechten Glaubens sein, wenn man jeden Versuch der Anpassung an neue Zeiten, an lokale Bedingungen als eine Verleugnung, als einen Verrat am Sozialismus ansieht. Man müßte sich darüber verständigen, was jeder von uns unter Sozialismus versteht, um bald festzustellen, daß es an zahlreichen Punkten unvereinbare Meinungsverschiedenheiten gibt.»

Rene Dumont, Marcel Mazoyer[1]

«Die Wahrheit ist eben kein Kristall, den man in die Tasche stecken kann, sondern eine unendliche Flüssigkeit, in die man hineinfällt.»

Robert Musil[2]

Hans-Jürgen Burchardt

Kuba

Der lange Abschied von einem Mythos

Schmetterling Verlag

Die Deutsche Bibliothek – CIP-Einheitsaufnahme
Burchardt, Hans-Jürgen:
Kuba: der lange Abschied von einem Mythos/Hans-Jürgen
Burchardt. – 1. Aufl. – Stuttgart: Schmetterling-Verl., 1996
ISBN 3-89657-600-3

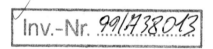
Schmetterling Verlag
GbR Jörg Hunger und Paul Sandner
Rotebühlstr. 90
70178 Stuttgart
Der Schmetterling Verlag ist Mitglied von aLiVe,
  der assoziation Linker Verlage.

ISBN 3-89657-600-3
1. Auflage 1996
Printed in Germany
Alle Rechte vorbehalten
Titelbildgestaltung: Markoh Kintero nach einem Foto von Hans-Jürgen Burchardt
(Solo el pueblo hace las revoluciones – Nur das Volk macht die Revolutionen!)
Grafiken: Harald Merkle
Fotos: Hans-Jürgen Burchardt, Paul Sandner
Satz und Reproduktionen: Schmetterling Verlag
Druck: GuS-Druck GmbH, Stuttgart
Binden: IDUPA, Owen

Für meine Mutter

Inhalt

I. Teil: **Alte und neue Zwänge**

Straßenszene in Centro Habana: Die Vergangenheit ist gegenwärtig...

1. Einleitung

Nachdem Christoph Kolumbus am 28. Oktober 1492 in Kuba an Land gegangen war, schrieb er in sein Bordbuch: «*Es ist das herrlichste Land, das Menschenaugen je erblickt haben... Man möchte sein ganzes Leben bleiben.*»[3] Er leitete damit nicht nur die 500jährige Versklavung und Unterdrückung eines ganzen Kontinentes ein, sondern begründete auch eine andere, bisher ungebrochene Tradition: Die Mystifizierung, romantische Verklärung und zuletzt aggressive Diffamierung der erst kolonialen, dann neokolonialen und mittlerweile sozialistischen Karibikinsel Kuba.

Die Spekulationen, Klischees und Wunschträume über den «socialismo tropical» haben mit dem Einsetzen der politischen Veränderungen in Osteuropa wieder an Auftrieb gewonnen. Während die exilkubanische Gemeinde seit 1989 Weihnachten «nächstes Jahr in Havanna» feiern will, verteidigen andere Kuba als «letzten Leuchtturm des Sozialismus». So ist die gesamte Auseinandersetzung um die Zukunft der Insel von einer starken Polarisierung der Positionen geprägt. Nicht zuletzt die Beharrlichkeit des Regimes erlaubte aber mit den Jahren eine differenziertere Argumentation, der das hier vorliegende Buch zu mehr Kontinuität verhelfen möchte.

Mit dem Zusammenbruch des osteuropäischen Staatssozialismus und dem parallelen Verlust eines Großteils der Handelsbeziehungen ist die kubanische Revolution nicht nur in die schwerste Krise ihrer Geschichte gerutscht, sondern wurde zusätzlich vor ihre bisher größte Herausforderung gestellt: Zu versuchen, sich den gänzlich neuen Bedingungen anzupassen, ohne die erreichten sozialen Leistungen, die politische Stabilität und die nationale Unabhängigkeit aufzugeben. An der Frage, ob es überhaupt möglich ist, daß eine einzelne Insel «*allein im Ozean des Kapitalismus*»* einen eigenständigen, selbstbestimmten Entwicklungsweg finden kann, scheiden sich auch heute die Geister.

Kuba wird dabei gleichzeitig mit zwei Problemen konfrontiert: Mit den strukturellen Defiziten der Unterentwicklung und der sich häufig als begrenzt erweisenden Anpassungsfähigkeit staatssozialistischer Systeme. Die Möglichkeit, aus der Unterentwicklung heraus ein System zu entwickeln, das soziale Gerechtigkeit mit wirtschaftlicher Effizienz verbindet und in dem ein staatssozialistischer Verwaltungsapparat in einem zivilen Prozeß Formen von partizipativer Mitbestimmung einräumt, ist für die einen immer noch eine Reformperspektive, für andere hingegen die Quadratur des Kreises. Das vorliegende Buch stellt sich dieser Problematik. Da eine zentrale Voraussetzung für ein Überleben des Systems in der Konsolidierung der Inselökonomie liegt, untersucht es die kubanischen Wirtschaftsreformen und deren Perspektiven. Unter Verwendung von in Deutschland bislang unveröffentlichten Quellen und Daten und ergänzt durch Grafiken und Fotos wird der bisherige Reformverlauf verständlich und detailliert beschrieben, zeitlich eingeordnet, analysiert und kommentiert. In vier Teilen werden

---

* So Fidel Castro zur Eröffnung des IV. Parteikongresses der Kommunistischen Partei Kubas (PCC, 1992:11ff.).

dabei die zentralen Aspekte der neueren kubanischen Entwicklung erörtert: Einmal geht es darum, die genauen Rahmenbedingungen der Karibikinsel kennenzulernen. Dann werden die Reformziele, die die kubanische Revolutionsführung formuliert hat, die Maßnahmen, die sie umgesetzt hat und die Ergebnisse, zu denen diese Politik bisher geführt hat, in zwei Teilen kritisch unter die Lupe genommen. Im vierten und letzten Teil des Buches werden unter der Berücksichtigung theoretischer Erfahrungen Reformperspektiven für Kuba diskutiert und konkrete Vorschläge gemacht, wie diese umgesetzt werden könnten. Eine Diskussion um Kuba dabei ist meistens auch eine Diskussion um die Zukunft des Sozialismus; dieser Beobachtung sind die letzten Seiten des Buches geschuldet, auf denen versucht wird zu beschreiben, wie ein reformierter, ein «anderer» Sozialismus auf der Insel aussehen könnte.

Die Vielschichtigkeit der bisherigen Ereignisse in Kuba läßt es noch im Dunkeln, wohin der eingeschlagene Weg des Tropensozialismus führen wird. Nach höchst unterschiedlichen Einschätzungen befindet sich Kuba auf dem Weg der Selbstzerstörung, im Übergang zum Kapitalismus oder in einem komplexen Prozeß der politischen und ökonomischen Erneuerung. Im folgenden soll eine Annäherung an mögliche Zukunftschancen und -gefahren versucht werden.

2. Kubas Kreuz mit der Empirie:
Vom Machen und Suchen von «Wahrheit»

Jede dokumentarische Beschreibung der kubanischen Entwicklung muß versuchen, ihre Ausführungen und Schlußfolgerungen mit statistischem Datenmaterial zu unterfüttern. Wird dieses Anliegen aber Ernst genommen, stößt es schnell auf vielfältige Schwierigkeiten. Schon in der Zeit vor der Revolution war die Datenlage über Kuba mangels einer zentralen Erfassungsstelle unbefriedigend und blieb auch bis 1970 lückenhaft und widersprüchlich. Die Gründung einer staatlichen Statistikbehörde (CEE) in jenem Jahr ermöglichte schließlich die Koordination und Zentralisierung von Datenerhebungen und führte bis 1989 zu einer erheblichen Verbesserung der Informationsaufbereitung und -weitergabe. Über den hier zu beschreibenden Reformprozeß ab 1990 gibt es dann wiederum – vermutlich aus strategischen Überlegungen der Regierung – bisher nur wenig systematische Veröffentlichungen, die über Statistiken und anderen Indikatoren die jüngste Entwicklung der Insel nachzeichnen. Die Nachfrage nach verläßlichen Daten über den aktuellen Zustand Kubas steht damit im umgekehrten Verhältnis zu deren Verfügbarkeit, so daß jede datengestützte Analyse über die letzten Jahre des Tropensozialismus zu einer mühseligen und zeitaufwendigen Detektivarbeit wird. Zusätzlich werden solche Anstrengungen durch die nicht nachprüfbare Qualität der kubanischen Untersuchungen und durch unterschiedliche Berechnungsgrundlagen verzerrt. Kuba wandte z.B. bei seiner volkswirtschaftlichen Gesamtrechnung ab 1961 das sowjetische Bilanzierungsmodell an. Die wichtigsten Komponenten dieses Modells sind das gesellschaftliche Gesamtprodukt (GSP) und das Nationaleinkommen und beruhen auf der marxschen Arbeitswertlehre: Marx entsprechend wurden nur solche Leistungen als wertschöpfend betrachtet, die sich in der materiellen Produktion realisierten, die meisten Dienstleistungen sowie die militärische Ausrüstung blieben als «nicht produktiv» unberücksichtigt.*

Da die marxschen Lehren außerhalb des sozialistischen Lagers bekanntermaßen über weniger Einfluß verfügten, konnte sich diese Berechnungsmethode international nicht durchsetzen. In fast allen Ländern wird heute deshalb mit einer volkswirtschaftlichen Gesamtrechnung gearbeitet, die früher hauptsächlich das Bruttosozialprodukt (BSP), in der letzten Zeit aber eher das Bruttoinlandsprodukt (BIP) als wirtschaftliche Größen angibt. Wissenschaftler streiten sich heute noch darüber, ob es möglich ist, die Wirtschaftsdaten sozialistischer und kapitalistischer Systeme zu vergleichen. Was dabei als Erbsenzählerei erscheint, ist in Wirklichkeit stark politisch motiviert: Im Falle Kubas z.B. würde die internationale Anerkennung des von der Insel veröffentlichten statistischen Materials gleichsam eine Anerkennung der wirtschaftlichen und sozialen Entwicklungsfähigkeit des Sozialismus bedeuten. Eine Kritik oder gänzliche Ablehnung dieser Quellen und Statistiken bezweifelt hingegen gleichzeitig die ausgewiesenen Fortschritte auf der Insel und diffamiert sie als durch empirische Manipulationen getarntes Wunschdenken.** Die Kubaner selbst haben das Problem der unterschiedlichen Bilanzierungen ihrer Wirtschaft auf ihre eigene Art gelöst: Schon seit 1986 beschäftigten sich mehrere wirtschaftswissenschaftliche Institute mit Versuchen, neben der sozialistischen Güterzählerei auch die westlichen Modelle auszuprobieren und ansatzweise sogar anzuwenden; diese Bemühungen wurden ab Anfang der neunziger Jahre verstärkt. Ab 1995 veröffentlichte Kuba dann erstmals wirtschaftliche Daten nach westlichen Standards wie dem vertrauten BSP, BIP usw. – ohne allerdings darzulegen, was genau darunter verstanden wird bzw. wie diese neuen Zahlen berechnet werden.

All diese Fakten machen eigentlich nur klar, daß die in diesem Buch verwendeten Statistiken und Grafiken nur als *ein* Referenzpunkt verstanden werden können, der hauptsächlich zur Widerspiegelung bestimmter Tendenzen dient und keinen Anspruch auf vollständige Präzision erheben kann und will.

---

* Somit ist das GSP die Gesamtheit der von Kuba in einem bestimmten Zeitabschnitt erzeugten materiellen Güter und Leistungen (Summe aller Bruttoproduktionswerte der «produktiven» Bereiche), das Nationaleinkommen hingegen das GSP abzüglich des Produktionsverbrauchs und der Subventionen, also die Summe alle Nettoproduktionswerte abzüglich Verrechnungen (CEE, 1991:75ff.). Nach Zimbalist (1988a:2) bleibt mit dieser Methode der Ausgrenzung «nicht produktiver Bereiche» ein Anteil von 25-35% des westlichen Bruttosozialproduktes unerfaßt.

** Die Versuche, Kubas Wirtschaftsdaten mittels einer Aggregierung von ausgesuchten Datensätzen zu vergleichen, werden kontrovers bewertet und führten schon vor Jahren zu einer intensiven Debatte. US-Kubanologen wie Mesa-Lago/ Perez-Lopez (1985.275ff.) halten eine Vergleichbarkeit von kubanischen Daten nicht für zuverlässig. Sie argumentieren z.B., daß sich hierbei Marktpreise und administrativ festgelegte Preise gegenüberstehen, die nationale und internationale Kaufkraftparitäten nur ungenügend wiedergeben. Von anderen Kubaspezialisten wie Zimbalist (1988b:42ff.) und Ritter (1990:119) hingegen wurde die Vergleichbarkeit von solchen Daten verteidigt.

Die Erfassung von kubanischer Quellen trifft ab 1990 noch auf andere Probleme. Wegen zunehmenden Materialmangels wurden die wissenschaftlichen Aktivitäten auf der Insel sichtbar reduziert. Davon sind z.b. fast alle Veröffentlichungen betroffen, und nicht nur die im akademischen Bereich, sondern auch gewöhnliche Zeitschriften und Tagesblätter: De facto ist aufgrund eines chronischen Papiermangels das Zentralorgan der Kommunistischen Partei Kubas, die *Granma* – welches nach der Jacht benannt wurde, auf der die Guerilleros um Castro und Che Guevara seinerzeit zur Insel übersetzten – seit 1991 die einzige überregionale Tageszeitung auf Kuba, ergänzt um eine wöchentliche Ausgabe des *Trabajadores*, dem Zentralorgan des Zentralen Gewerkschaftsbundes und der *Juventud Rebelde*, der Zeitschrift der Kommunistischen Jugend Kubas. Fachzeitschriften existieren in der Regel nur noch mit ausländischer Hilfe, so daß der überwiegende Teil an Publikationen eingestellt wurde. Ein bedeutsamer Anteil neuerer Forschungsergebnisse existiert so nur in unveröffentlichter Form, kann zum Teil nur verbal verbreitet werden und ist häufig schwer verfügbar. Dies begrenzt die nationale Debatte um die Reformen deutlich. Das vorliegende Buch greift darum hauptsächlich auf drei kubanische Quellen zurück: auf offizielle Verlautbarungen des Staates, der Regierung und der Kommunistischen Partei, auf veröffentlichte und unveröffentlichte Manuskripte von Wissenschaftlern sowie anderer Spezialisten und auf persönliche Stellungnahmen von Kubanern, die nicht extra gekennzeichnet in den Text eingehen.

Auch die internationale Literatur zu Kuba darf nicht unkommentiert bleiben. Kaum ein anderes Thema hat zu so leidenschaftlichen Auseinandersetzungen, tendenziösen Analysen und ideologisierter Berichterstattung verleitet wie die kubanische Revolution. Um trotz der Vielzahl von gegensätzlichen Stellungnahmen eine Annäherung an die Realität zu erreichen, ohne einer verführerischen Reduktion von Komplexität zum Opfer zu fallen, werden unterschiedliche Auffassungen in ihrer zentralen Argumentation kontrastierend gegenübergestellt, um dem Leser und der Leserin die Möglichkeit einer eigenen Meinungsfindung zu erleichtern. Zugunsten eines besseren Verständnisses wurden alle spanischsprachigen Zitate vom Autor selbst ins Deutsche übersetzt.

3. Die wirtschaftliche Entwicklung Kubas von 1959 bis 1989: Einsichten und Überblicke

Der aktuelle Umbruch in Kuba kann nicht unabhängig von seinen historischen Ausgangsbedingungen erklärt werden. Eine detaillierte Betrachtung der Wirtschaftsgeschichte Kubas, die von einem häufigeren Wechsel der eingeschlagenen Entwicklungswege gekennzeichnet ist, muß im Rahmen dieses Buches aber leider vernachlässigt werden. Eine Übersicht soll es dennoch erlauben, Besonderheiten und Abhängigkeiten herauszuarbeiten, die die Entwicklung auch nach 1989 und bis heute beeinflußen. Der folgende Rückblick konzentriert sich unter Verarbeitung neuer

Erkenntnisse und bisher unterbelichteter Aspekte auf die zentralen Elemente der wirtschaftlichen Entwicklung Kubas. Durch ein Zusammenfassen verschiedener Indikatoren wie Wirtschaftswachstum, sektorale Wachstumsgewichtung und Außenhandelsstrukturen konnten so grundsätzlich drei Etappen herausgearbeitet werden.

3.1. Konsolidierung der Revolution und authentische Entwicklungsversuche

Die kubanische Revolution war weder in ihrem historischen Kontext, noch in ihren politischen Zielsetzungen oder in ihrer sozialen Zusammensetzung eine sozialistische Revolution im «klassischen» marxschen/leninistischen Sinne: *«In Cuba bildete nicht eine Arbeiterpartei die Vorhut, sondern die Bewegung des 26. Juli (M-26-7) – eine radikaldemokratische, jakobinische Formation kleinbürgerlichen und populistischen Ursprungs.»*[4] Doch nicht nur die Revolutionäre der ersten Stunde, auch ihre wichtigsten Bündnispartner verfehlten die Kriterien der ehernen Theorie: Den meisten Schätzungen zufolge waren bis zu vier Fünftel der Aufständischen keine Angehörigen des Proletariats, sondern vielmehr bäuerliche Saisonarbeiter oder Ansiedler ohne Rechtstitel.[5] Für Che Guevara selbst kamen die Revolutionäre *«aus jenen Teil dieser Gesellschaftsklasse, die am heftigsten das Verlangen nach dem Besitz ihres eigenen Landes zeigte und am vollkommensten die als kleinbürgerlich eingestufte Gesinnung ausdrückt»*[6], sie verfügten weder über die gleichen politischen Vorstellungen, geschweige denn über eine ausgearbeitete Entwicklungsstrategie. Auch das von Fidel Castro schon 1953 – in seiner berühmten Verteidigungsrede *«La historia me absolvera»** – vorgestellte Programm des Aufstandes war alles andere als revolutionär: Es hatte humanistischen und sozialdemokratischen Charakter; *«mit ihrer Verknüpfung von romantischem Idealismus, unbestechlicher Jugend, autoritärer Demokratie und gesellschaftlichen Egalitarismus war die Ideologie der M-26-7 fast klassisch jakobinisch».*[7] So ist es auch nicht verwunderlich, daß die kubanische Revolution anfangs nicht nur in den Vereinigten Staaten viele Anhänger fand, sondern auch in Kuba selbst von wichtigen Teilen des Bürgertums unterstützt wurde. Schließlich war ihr Anführer nicht nur im Gegensatz zum verhaßten Diktator Batista ein «Weißer», sondern stammte selbst aus dem kubanischen Bürgertum.

Castro war sich diesen Sympathien durchaus bewußt und wußte sie zu nähren. Auch nach dem Sieg der Rebellen beschrieb er die Revolution als *«weder kapitalistisch noch kommunistisch. Denn der Kapitalismus gibt den Menschen preis, der Kommunismus mit seinen totalitären Vorstellungen opfert seine Rechte.»*

---

* Auf deutsch «Die Geschichte wird mich freisprechen». Castro verteidigte damals in einer brillianten Rede den vorher gescheiterten Angriff der von ihm geführten Rebellen auf die Moncada Kaserne in Santiago de Cuba, indem er sich vom Angeklagten zum öffentlichen Ankläger der Batista-Diktatur machte. Die später entstandene Bewegung 26. Juli, die sich mit ihrem Namen auf das Datum der Kasernenerstürmung bezieht, avancierte unter Castro zum militärischen Führer der kubanischen Revolution. Eine deutsche Übersetzung der Rede liegt vor.

So verstand es die Revolutionsführung nach dem militärischen Sieg relativ schnell, kurzfristig einen tragfähigen Konsens für den von ihr angestrebten sozialen Umbruch herzustellen. Schon mit den ersten Maßnahmen 1959 sicherten sich die Revolutionäre ihre prinzipiellen Bündnispartner, die schließlich zu den Tragpfeilern der sozialen Entwicklung Kubas werden sollten und es heute noch sind: Eine Agrarreform begünstigte den großen Teil der verarmten Tagelöhner und Kleinbauern. Von gleichzeitigen Miet- und Preissenkungen hingegen profitierte besonders die kleinbürgerliche Mittelschicht, deren bescheidener – aber im Durchschnitt privilegierter – Lebensstandard über Nacht aufgewertet wurde und die danach zum Teil in den Entscheidungsapparat der Revolution aufstieg. Eine kubanische Umfrage aus dem Jahre 1960 bescheinigte der Revolution im gleichen Jahr eine gesellschaftliche Zustimmung von 86%, die bei den Ärmsten Kubas sogar bei über 90% lag.[8] Die weitere Radikalisierung der Revolution und die Verkündung ihres sozialistischen Charakters im Jahre 1961 – die damals von der breiten Masse der Bevölkerung durchaus unterstützt oder sogar gefordert wurde –, ist dann nur noch im Zusammenhang mit der imperialistischen Eskalationspolitik der USA zu verstehen (vgl. Abschnitt 4.1.) Die kubanische Revolution muß also als nationaler, antiimperialistischer Befreiungskampf mit sozialreformerischen Inhalten verstanden werden, der sich von einem militärischen Guerillaaufstand über eine soziale Land- und schließlich Arbeiterbewegung in einem spezifisch historischen Kontext durch eine ideologische Metamorphose in einem beispiellosen Umfang zu einer Massenbewegung transformierte.

Durch die für solche soziale Umbrüche typische Eigentumsrückverteilung zugunsten unterer Einkommensschichten entwickelte sich ab 1959 eine anwachsende Nachfrage nach Konsumgütern. Diese stimulierte in den folgenden Jahren die agrarische und industrielle Produktion und ließ sie durch die Nutzung bisher brachliegender Produktionskapazitäten expandieren. Die Konturen der ersten Entwicklungsstrategie Kubas waren von diesem Phänomen, von damaligen CEPAL-Positionen* und von sowjetsozialistischen Entwicklungsmodellen beeinflußt: Ausgehend von der Analyse, daß Kuba strukturell vom Zucker und damit vom Außenhandel abhängig ist, sollte durch eine beschleunigte Industrialisierung, einer Vervielfältigung (Diversifizierung) des landwirtschaftlichen Anbaus sowie eines Ausbaus der sozialen Sektoren eine Importsubstitution durchgeführt werden. Schon in naher Zukunft sollten wesentlich mehr Produkte im eigenen Land hergestellt werden, um weniger Waren einführen zu müssen und um so unabhängiger zu werden. Doch die Strategie scheiterte: Die Umstellung der Landwirtschaft von Exportprodukten auf eigene Lebensmittel verlief unkoordiniert, gleichzeitig wurde die Zuckerproduktion stark vernachlässigt, so daß

---

* CEPAL ist die wirtschaftliche UN-Kommission für Lateinamerika und die Karibik (Comision Economica Para America Latina Y El Caribe) mit Sitz in Santiago de Chile. CEPAL-Positionen haben jahrzehntelang die entwicklungspolitische Theorie und Praxis Lateinamerikas begleitet und geprägt. Einen kritischen Überblick über die neuere Politik der Kommission gibt Müller-Plantenberg (1993).

Ein verdienter Revolutionsveteran...

die landwirtschaftliche Produktion bis 1963 um 23%, die Zuckerernte *(zafra)* sogar um fast 40% sank.[9] Da die so ausfallenden Exporteinnahmen bei gleichbleibenden Importen kurzfristig zu einem Defizit im Außenhandel führten, also mehr ein- als ausgeführt wurde, rutschte das frührevolutionäre Kuba in seine erste Liquiditätskrise, kurzum, der Inselwirtschaft drohte die Pleite. Die langfristige Finanzierung der geplanten Importsubstitution wurde fragwürdig; und das damals noch als vorübergehender Schwächeanfall interpretierte Außenhandelsdefizit verwandelte sich in der Folgezeit zu einem chronischen Gebrechen der Inselwirtschaft, das bis heute nicht kuriert werden konnte und jede weitere Entwicklung belastete. Um wegen dem fehlenden Gelde nicht auch gleich wichtige Investitionen streichen zu müssen, ging die Regierung erstmals dazu über, durch Güterrationierungen die Konsumentennachfrage zu drosseln. So trat schon 1962 noch ein zweites Phänomen in Erscheinung, daß die Revolution bis heute begleitete und zu ihrem Wahrzeichen wurde: Die Kubaner lernten die *libretta* kennen, ein «*Zuteilungsheft, das zum Kauf rationierter Waren berechtigt»*[10], den Mangel verwaltete und eine gerechte Verteilung sicherte. Damit wurden die Krisensymptome der ersten Revolutionsjahre immer offensichtlicher und drängten auf eine Neuauflage der alten Strategie.

Gestützt auf sowjetische Preis- und Abnahmegarantien wurde deshalb ab 1964 dem Zuckersektor als Träger komparativer Kostenvorteile wieder Priorität eingeräumt und seine Modernisierung angestrebt. Diese als «*Agroindustrialisierung*» bezeichnete Strategie konzentrierte sich im Gegensatz zu den ersten Jahren wieder auf die Zuckerproduktion; denn diese sah man jetzt nicht mehr nur als Ursache für traditionelle Abhängigkeiten an, sondern auch als Chance, die notwendige Kapitalakkumulation für langfristige Investitionen in anderen Bereichen zu erwirtschaften. «*Vielmehr sollte der Zuckersektor aus seiner entwicklungshemmenden Stellung als außengesteuerter Brückenkopf herausgebrochen werden und vor dem Hintergrund stabiler Exportabkommen die klar abgesteckte Funktion eines Generators von Entwicklungsimpulsen und finanziellen Ressourcen für angelagerte und komplementäre Wirtschaftsbereiche... übernehmen.*»[11] Nachdem sich 1965 – also ganze sechs Jahre nach dem Triumph der Revolution – schließlich auch die Kommunistische Partei Kubas (PCC) als zentrale politische Kraft konstituiert hatte, wurde parallel begonnen, bisherige Theoriedefizite aufzuarbeiten. Dabei entspann sich eine Diskussion um zukünftige sozialistische

Entwicklungsstrategien, die weit über Kuba hinaus für Aufmerksamkeit und Aufregung sorgte. Die Auseinandersetzung – die als *«Planungsdebatte»* in die sozialistische Theoriengeschichte einging – wurde hauptsächlich von zwei Lagern geführt:

Eine Seite plädierte für ein hochzentralisiertes Modell einer rein staatlichen Budgetfinanzierung der gesamten Volkswirtschaft, dessen zentrale Planung ökonomische Kostenkalküle unterbewertete und unter Berufung auf das subjektive Entwicklungspotential des «menschlichen Bewußtseins» eine völlige Eliminierung des Marktes und eine graduelle Abschaffung des Geldes sowie der lohnspezifischen Leistungsanreize forderte; mit anderen Worten: Die gesamte Wirtschaft sollte wie eine einzige Fabrik gelenkt werden, in der Geld-Ware-Beziehungen keine Rolle mehr spielten.

Die andere Seite argumentierte für wirtschaftliche Rechnungsführung, partielle unternehmerische Finanz- und Entscheidungsautonomie und Lohnanreize durch die Erhaltung einzelner Marktelemente.*

Schließlich setzten sich die Positionen der radikalen Staatszentralisten durch. Bis 1968 verstaatlichten sie praktisch alle verbliebenen Privatsektoren der Wirtschaft und weiteten die soziale Infrastruktur der Insel erheblich aus. Eine voluntaristische Wirtschaftsführung, gekennzeichnet durch die Ignorierung jeglicher Kostenkalküle und Rentabilitätskriterien, einem extensiven Einsatz von Arbeitskräften und der Abkoppelung der produktiven von der monetären Sphäre, führte Kuba über eine Entökonomisierung und Militarisierung der Wirtschaft in die bis dahin größte Krise der Revolution.** Diese erreichte ihren Höhepunkt, als für 1970 das Produktionsziel der damaligen Zuckerernte vorgegeben wurde: In einer *«gran zafra»* (großen Ernte) sollte das Rekordziel von 10 Mio. Tonnen erreicht und die Überlegenheit des Sozialismus für alle Zeiten demonstriert werden.

Grundlage dieser Rekordproduktionsabsichten waren Kalkulationen, die einfach die besten Klimabedingungen, den optimalsten Einsatz von Mensch und Maschinen, den höchst möglichen Ertrag des Zuckerrohrs usw. wie eins und eins zusammenzählten und dann zu dem Ergebnis kamen, daß bei optimalen Bedingungen aller Komponenten zehn Millionen Tonnen Zucker einzufahren wären. Man braucht kein Ökonom zu sein, um zu ahnen, daß derartige Berechnungen unsolide sind und nicht funktionieren können; schon jede kleinste Wetterverschlechterung gefährdete die *gran zafra*. So wurde trotz einer enormen gesellschaftlichen Mobilisierung und immensen Kraftanstrengungen das angestrebte Ziel um 1,5 Mio. Tonnen verfehlt.

Zwar hatte man immer noch alle Rekorde gebrochen, aber nur dadurch, daß alle Ressourcen der anderen Wirtschaftsbereiche nur auf dieses eine Ergebnis konzentriert wurden: Augenzeugen erinnern sich noch heute, wie mit Flutlichtanlagen Millionen

---

* Die wichtigsten Beiträge der Debatte wurden 1969 in Frankfurt veröffentlicht. Vgl. Bettelheim u.a. (1969).

** Einen persönlichen Reisebericht dieser Zeit, der Kubas Krise zwischen 1968-70 sehr eindringlich beschreibt, gibt uns Maschke (1973: 129ff.). Der Roman *Las Iniciales de la Tierra* – ein Meilenstein der kubanischen Revolutionsliteratur – vermittelt ebenfalls eine beeindruckende Impression dieses Zeitabschnitts (Diaz, 1988). Eine deutsche Übersetzung wurde 1990 in München vorgelegt.

Kubas heutige Zuckererntemaschinen im Einsatz bei Tage

von Kilowattstunden des damals noch knappen Stroms verschleudert wurden, um die Zuckerernte auch bei Nacht durchführen zu können. Nach dem Ende der Ernte lag die gesamte Wirtschaft ausgelaugt am Boden; und mit ihr das kubanische Volk, das miz seinem bisher größten Opfer für die Revolution gescheitet war. *«Die Krise von 1970 war nicht nur eine Krise der Wirtschaft. Sie war zugleich eine soziale und politische Krise der Beziehungen zwischen der politischen Führung und der Mehrheit der arbeitenden Bevölkerung.»*[12]

Wieder einmal wurde ein politischer und wirtschaftlicher Kurswechsel in Kuba unvermeidlich. Diese ersten zehn Jahre der Revolution hoben ein *erstes zentrales inneres Strukturelement* der kubanischen Revolution deutlich hervor, welches uns noch weiter beschäftigen wird: Eine aus spezifischen historischen Bedingungen entstandene *zentralisierte Macht- und Herrschaftskonzentration* in der Form einer militärischen Kommandostruktur, die vor allem in Krisensituationen ihre Dominanz über alle sozioökonomischen Sphären präsentierte.

Die Frage, ob es in dieser ersten Revolutionsdekade trotz der Mißerfolge wirtschaftliche Entwicklung gegeben hat, ist aus heutiger Sicht nicht einfach zu beantworten, gibt es doch nur wenig und lückenhaftes Material darüber. Neuere kubanische Untersuchungen sind zu dem Ergebnis gekommen, daß *«die Umverteilung der Einkommen zu einer bemerkenswerten Verbesserung des Lebensstandards der Bevölkerung geführt hat, obwohl das Bruttoinlandsprodukt pro Kopf stagnierte».*[13]

Auf jeden Fall ist es aber zu einer sozialen Entwicklung gekommen: Schon zu Beginn der Revolution wurde in Kuba eine Alphabetisierungskampagne eingeleitet, die wohl zu den ruhmreichsten Kapiteln der jüngeren Geschichte der Insel gehört und auch heute noch auf Bewunderung und Nachahmung in vielen unterentwickelten Regionen stößt. Auch die Gesundheitsversorgung der Bevölkerung hat sich spürbar verbessert; trotz der ersten Krisen blickte die Bevölkerung also optimistischer in die Zukunft als früher.

3.2. **1970-85:** *Von der Institutionalisierung des sowjetsozialistischen Modells zu den Jahren «der fetten Kuh»*

Die sozioökonomische und politische Legitimationskrise des *kriegskommunistischen Mobilisierungsregimes*[14] zwang die Regierung zu einem erneuten ordnungspolitischen Kurswechsel, der sich rückblickend als eine dreiphasige Institutionalisierung des sowjetsozialistischen Modells beschreiben läßt: Als zentrales Entwicklungsziel sollte dabei die Zuckerproduktion mechanisiert und rationalisiert werden. Mit dem Zucker verbundene Produktionssektoren – die *structural linkages* – sollten auf einem hohen Niveau stabilisiert werden, begleitet von einem verstärkten Aufbau nachgelagerter Wachstumspole in der Landwirtschaft und in der Industrie. Die schon Mitte der sechziger Jahre formulierte Entwicklungsstrategie wurde jetzt präzisiert und erhielt Form und Konzept.

Zwischen 1970-75 wurden die notwendigen Strukturen für eine solche Politik aufgebaut: Die Fundamente wurden 1972 mit Kubas Eintritt in den RGW (Rat für gegenseitige Wirtschaftshilfe, das ehemalige Koordinationsgremium des sozialistischen Weltmarktes) gelegt, den die sowjetsozialistische Hemisphäre als letzten Beweis für die Richtigkeit ihres Systems feierte. Dem folgte die schrittweise Übernahme sowjetischer Lenkungsmethoden und die Dezentralisierung der Wirtschaftsführung, die durch eine Aufwertung der bisher wenig einflußreichen *Zentralen Planungsbehörde für die Wirtschaft* (JUCEPLAN) und deren Erstellung eines ersten Fünf-Jahres-Planes im Jahre 1974 umgesetzt wurde. Auf dem I. Parteikongreß der PCC 1975 – also zehn Jahre nach der Parteigründung –, gab sich Fidel Castro selbstkritisch und geläutert: *«Den Marxismus idealistisch interpretierend und die von Erfahrungen bestätigte Praxis der meisten sozialistischen Länder vernachlässigend, wollten wir unsere eigenen Methoden umsetzen.»*[15] Ein Jahr später ergänzte er: *«Bei der Lenkung unserer Wirtschaft haben wir ohne Zweifel unter idealistischen Fehlern gelitten und gelegentlich die Realität verkannt, daß objektive ökonomische Gesetze existieren, nach denen wir uns richten müssen.»*[16]

Von solchen neuen Erkenntnissen beseelt wurde das sowjetische Wirtschaftsmodell auch auf dem I. Parteitag der PCC gutgeheißen und ein dazu passendes politisches System aufgebaut, das systematischer und kalkulierbarer war als bisher und sich ebenfalls an den Erfahrungen des großen Bruders im Osten orientierte. Dieser Zeitabschnitt war durch einen ökonomischen Wiederaufbau gezeichnet, begleitet von einem kontinuierlich steigenden Lebensstandard und einem gleichgewichtigen, multisektoralen und hohen Wirtschaftswachstum.[17] Es war aber gleichzeitig der Beginn der «*grauen Jahre*», denn mit dem sowjetischen Modell wurde auch die sozialistische Staatsräson übernommen: Kritik am und Diskussionen über das Regime wurden immer unerwünschter und gelegentlich auch mit harter Hand unterdrückt. Der einst debattier- und experimentierfreudige Tropensozialismus paßte sich seinen «sozialistischen Bruderländern» an.

In der zweiten Phase 1976-80 stabilisierten sich die eingeleiteten Umstrukturierungen, deren zentrales Instrument ein ökonomisches Planungs- und Lenkungssystem (SDPE) wurde, das nach orthodoxem sozialistischen Vorbild funktionierte. Bei jährlichen Wachstumsraten von durchschnittlich 3,5% kristallisierten sich erste Verschiebungen in der Wirtschaftsstruktur Kubas heraus, die die Insel bis heute prägen: Neben einer verstärkten Orientierung auf Rohstoffexporte – die durch eine dichtere Integration in den RGW ökonomisch sinnvoll erschien – wurde die Schwerindustrie ein weiteres Zentrum der Industrialisierung. Dem standen eine meßbare Abnahme der industriellen Produktivität und ein Substanzverlust der Landwirtschaft gegenüber: Erst Anfang der achtziger Jahre erreichte der landwirtschaftliche Pro-Kopf-Ausstoß Kubas wieder das vorrevolutionäre Niveau.[18]

Zwischen 1980-85 konsolidierte sich die bisherige Ausrichtung des Wirtschaftssystems: Es wurden jährliche Wachstumsraten von durchschnittlich 7% erwirtschaftet. Gleichzeitig öffneten auf Kuba sogenannte Parallelmärkte, auf denen die Bevölkerung zu Preisen, die leicht über dem staatlichen Niveau lagen, ihre Grundversorgung ergänzen konnte. Zum ersten Mal hatten Konsumentennachfrage und Güterangebot in dem revolutionären Kuba ein labiles Gleichgewicht gefunden. «*Die Jahre der fetten Kuh*» – wie die Kubaner diese Zeit nannten – schienen die Versprechungen der Revolution auf ein besseres Leben aller einzulösen. Doch die Kuh war zu fett, oder sie stand auf zu dünnem Eis; auf jeden Fall drohte sie einzubrechen: Aufgrund einer stagnierenden Binnenproduktion mußten immer mehr Güter importiert werden, um das erreichte Lebensniveau noch halten zu können. Gleichzeitig verschlechterten sich aber Kubas Außenhandelsbeziehungen; fallende Zuckerpreise entwerteten die Exporte der Insel bis 1985 um mehr als ein Fünftel. Durch die geringeren Exporteinnahmen und die steigenden Importe wuchs erneut ein gigantisches Handelsbilanzdefizit heran, das sich 1985 auf ein Drittel der Einfuhren bezifferte sowie zu einer Abnahme der Währungsreserven um 21% führte.[19]

Kuba stürzte erneut in eine Liquiditätskrise und mußte erstmals Verhandlungen über Umschuldungen einleiten: Auch nach zwanzig Jahren sozialistischer Entwicklung hatte die Insel offensichtlich die Geburtsfehler der Revolution noch nicht überwunden. Um einen Bankrott zu verhindern, wurden die Importe deutlich gesenkt. Dies verursachte durch die immer noch hohe Importabhängigkeit der Inselökonomie eine Rezession, die auch am Lebensstandard der Bevölkerung nicht vorüberging. Im Grunde war das Halten des bisher erreichten Niveaus nur noch durch binnenwirtschaftliche Produktivitätssteigerungen möglich.

Und nun wurde das Dilemma des Staatssozialismus* auch in Kuba überdeutlich: Die Defizite des zentralisierten Lenkungsmodelles, die sich z.b. in sinkender Effizienz, geringer Arbeitsproduktivität und fehlender Auslastung der Betriebe widerspiegelten und zusammen häufig als das Ergebnis eines rein «extensiven Wachstums» – quantitative Ausweitung der Einsatzfaktoren und Produktionskapazitäten – beschrieben wurden, behinderten diese noch letzte mögliche Option auf Entwicklung (eine ausführliche Analyse des staatssozialistischen Wirtschaftsmodells findet sich in Abschnitt 22.). Spätestens jetzt traten die besonderen Charakteristika der sowjetsozialistischen Entwicklungsvariante auch auf der Tropeninsel in Erscheinung und erlaubten es, das Vorherrschen *extensiver Produktionsformen* als ein *zweites inneres zentrales Strukturelement* des Systems zu identifizieren.

3.3. Die «rectificacion»: *Korrektur oder Vertiefung von Fehlern und negativen Tendenzen?*

Unter dem Eindruck dieser neuen Rezession beschäftigte sich der III. Kongreß der PCC 1986 wiederum mit wirtschaftspolitischen Fragestellungen. Dabei wurde das sowjetische Modell nun auf einmal als *ökonomistisch* und *merkantilistisch*[20] kritisiert und erneut auf den Prüfstand gestellt. Eine sehr offene und selbstkritische Debatte über ökonomische Defizite unterstrich bei einer Fortschreibung der prinzipiellen Entwicklungsziele die dringende Notwendigkeit eines produktivitätsfördernden intensiven (qualitativen) Wachstums. Unter Berufung auf authentische Konzepte setzten sich dabei auf dem Parteitag die einst von den radikalen Staatszentralisten um Che Guevara vertretenen idealistischen Positionen als Lösungsstrategie durch. *«Das Pendel der kubanischen Wirtschaftspolitik, das schon mehrmals zwischen Ideologie und Pragmatismus hin- und hergeschwungen war: es schlug wieder zur Ideologie hin aus.»*[21]

Marktorientierten Reformansätzen und Forderungen nach Dezentralisierungen und mehr betrieblicher Autonomie erteilte die Partei eine klare Absage. Stattdessen wurde mit Aufrufen zur Massenpartizipation, mit moralischen Appellen, rhetorischen Entbürokratisierungskampagnen, einer spektakulären Anti-Korruptionspolitik und

---

* Zum hier eingeführten Begriff des *Staatssozialismus*: Die im Zusammenhang mit dem politischen System Osteuropas und der UdSSR ebenfalls verwendeten Begriffe *real existierender Sozialismus* oder *Realsozialismus* erscheinen mir unzulänglich. Während *Staatssozialismus* mit dem Hinweis auf den Staat das markanteste Strukturelement dieser Sozialismen benennt, suggeriert die Betonung auf *real* stattdessen, daß die Chance auf die *Real*ität eines zukünftigen Sozialismus zusammen mit den unter diesen Namen existierenden Systemen untergegangen sei. Meines Erachtens hat der Kapitalismus im Systemkonflikt aber nicht gesiegt, sondern ist nur übrig geblieben. Während Fülberth (1994:196) resümiert, daß gegenwärtig nicht beantwortet werden kann, *ob das Privateigentum an den wichtigsten Produktions- und Distributivmitteln auf Dauer mit den stofflichen, sozialen und moralischen Voraussetzungen menschlichen Zusammenlebens vereinbar ist»*, bin ich hingegen der Auffassung, daß diese Frage vor dem Hintergund heranziehender sozialer und ökologischer Katastrophen eindeutig verneint werden muß. Nicht beantwortet werden kann bisher «nur» der reale Weg und das konkrete Ziel einer Alternative.

dem Abbau bisheriger Lenkungsmechanismen die sogenannte «rectificacion» einge-leitet.*

Zentrales Element dieser neuen Entwicklungsstrategie war einmal die Ausschaltung von allen Marktmechanismen wie z.b. das unpopuläre Verbot der sogenannten «freien Bauernmärkte». Als Legitimation für diese Maßnahme wurden die Spekulationsge-winne einiger Anbieter als systemzersetzender «Neokapitalismus» diffamiert, *«der durch eine ungerechte Einkommensumverteilung an unproduktive Gruppen einen negativen sozialen und politischen Widerhall mit sich brachte».* [22] Daß es sich hierbei primär um eine ideologische Entscheidung handelte, wird deutlich, wenn man berück-sichtigt, daß der reale Anteil der freien Bauernmärkte am gesamten Einzelhandelsum-satz gerade einmal ein Prozent betrug[23] und die neuen «Neokapitalisten» so wohl schwerlich eine destabilisierende Dimension auf die Wirtschaft und die Gesellschaft haben konnten. Auch der sowieso schon verschwindend geringe Anteil der privaten Anbieter des Kleingewerbes wurde zwischen 1985-87 um rund weitere 10.000 Stellen abgebaut.

Zweites wichtiges Kriterium dieser sozialistischen Erneuerung war die Rezentrali-sierung der staatlichen Wirtschaftslenkung durch ihre direkte Unterordnung unter den Exekutivausschuß des Ministerrates; die Zentrale Planungsbehörde JUCEPLAN wur-de entmachtet. Dazu kam die partielle Militarisierung der Land- und Bauwirtschaft durch die Reaktivierung von Arbeitsbrigaden, den sogenannten *contigentes*, die an-fangs als neue Form sozialistischer Arbeitskollektive gefeiert wurden. Eine gleichzei-tige Besinnung auf die «wahren» sozialistischen Werte, die durch eine Stärkung soziokultureller und politischer Elemente gefördert wurde, sollte über eine bessere Einbindung und Identifikation des Einzelnen für die Sache der Revolution letztendlich zu einer Erhöhung der Produktivität und so aus der Krise führen.

Der Verlauf dieser Reformen wies die deutlichen Konturen einer wirtschaftlichen Rezession und eines völligen Verfehlens der angestrebten – qualitativen – Wachs-tumsziele auf. Nach einem konjunkturellen Einbruch von minus 3,7% im Jahre 1987 konnte bis 1989 gerade das Produktionsniveau von 1985 wiederhergestellt werden. Doch auch dieses bescheidene Ergebnis wurde nur durch ein extensiv geleitetes Wachstum erzielt: Das Staatshaushaltsdefizit erreichte neue Rekordhöhen, da immer unproduktiver werdende Betriebe subventioniert werden mußten; ab 1986 stieg die Abwesenheit vom Arbeitsplatz *(ausentismo)* auf mehr als 10% und die Arbeitsproduk-tivität sank bis 1989 nach verschiedenen Schätzungen um 16%. Die Abbildung 1

---

*   Lesenswert dazu ist die Betrachtung der trotzkistisch beeinflußten Janette Habel (1993), die in der «rectificacion» eine versuchte Auflösung des strukturellen Dilemmas zwischen zentraler Wirt-schaftslenkung und demokratischer Arbeitnehmerpartizipation vermutet. Die von ihr beobachtete Abflachung bürokratischer Entscheidungsebenen durch die «rectificacion» muß aber bezweifelt werden, vermutlich erklärt diese sich eher durch intersektorale Verschiebungen: Die absolute Beschäftigung in den unproduktiven Sektoren ist zwischen 1986-89 real nur um 0,9% auf 29,5% gesunken, bei sogar geringfügig höheren Einkommenszuwächsen gegenüber dem produktiven Sektor (CEE, 1991:112f.).

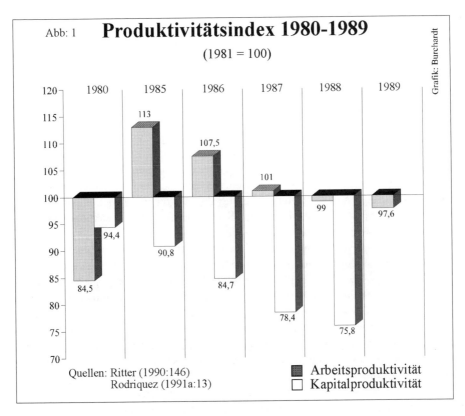

Abb: 1

Produktivitätsindex 1980-1989
(1981 = 100)

Grafik: Burchardt

| | 1980 | 1985 | 1986 | 1987 | 1988 | 1989 |

113
107,5
101
99
97,6
94,4
90,8
84,5
84,7
78,4
75,8

Quellen: Ritter (1990:146)
Rodriquez (1991a:13)

▓ Arbeitsproduktivität
☐ Kapitalproduktivität

veranschaulicht, daß die sinkende Produktivität spätestens seit Beginn der achtziger Jahre in Kuba ein ernsthaftes Problem war, welches sich durch die «rectificacion» erst recht zuspitzte:

Damit scheiterte die «rectificacion» zumindest in ihrem zentralen Anliegen. Denn gerade durch die Betonung nichtökonomischer Elemente wie mehr betriebliche Mitbestimmung oder durch die Förderung persönlicher Entfaltungsmöglichkeiten sollte die Arbeitsmotivation und somit die Arbeitsproduktivität deutlich gesteigert werden.

Die «rectificacion» hingegen als Gesamtstrategie zu bewerten, ist allerdings schwieriger und wird dementsprechend kontrovers diskutiert. Vor allem die kubanische Seite weist immer wieder darauf hin, daß dieser Reformprozeß unter einem sehr ungünstigen Stern stand: Durch eine Dollarabwertung und den Verfall des Erdölpreises wurden die Deviseneinnahmen Kubas – die fast zur Hälfte aus dem Reexport sowjetischen Erdöls stammten – schmerzhaft verringert und führten 1986 zur völligen Einstellung des Schuldendienstes in Devisen. Auch die sowjetischen Subventionen nahmen im gleichen Zeitraum um ein gutes Drittel ab[24], wobei sich die Tauschbeziehungen innerhalb des RGW zu allem Übel auch noch zuungunsten Kubas veränderten.[25] All diese negativen Effekte der externen Konjunkturverschlechterung würden zusammen mit den Kosten der internen Anpassung den rezessiven Reformverlauf begründen, lautet die halboffizielle Version der kubanischen Regierung, die zuletzt beteuert, daß der beginnende Konsolidierungsprozeß ab 1989 aber dennoch die Richtigkeit der Reformen zu bestätigen begann.* Auch woanders wird dieser Auffassung teilweise zugestimmt und die «rectificacion» als die kubanische Antwort auf die sowjetische Perestroika interpretiert, die als «Castroika» zu einer sozialistischen Erneuerung führte und ihre Überlegenheit längst mit der Überlebensfähigkeit des sozialistischen Regimes bewiesen hat. Die Argumentation, daß gerade die ideologische Ausrichtung der «rectificacion» die politische Systemintegrität stärkte und so die desintegrativen Prozesse anderer staatssozialistischer Staaten verhinderte, basiert allerdings auf einer zu kurz greifenden Interpretation sozioökonomischer Dynamik, wie wir noch sehen werden. Im besten Falle kann die Rezentralisierung der wirtschaftlichen Lenkung bei der abrupten und massiven Dimension der Krise durch kürzere Reaktionszeiten des Systems stabilisierende Effekte gehabt haben.

Andere Autoren verstehen die «rectificacion» trotz einer skeptischeren Einstellung zumindestens als Hinweis auf die kubanische Reformfähigkeit oder kritisieren stattdessen grundsätzlich, daß durch sie elementare Probleme nicht korrigiert wurden, da binnenwirtschaftliche Produktivitätssteigerungen z.B. eine Ausweitung des Konsumgüterangebotes und eine Preisreform vorausgesetzt hätten.**

Hier wird dieser Entwicklungsabschnitt als ein *typisch staatssozialistischer Reformzyklus* verstanden, so wie er 1990 in einem DDR-Konzept für sozialistische Wirtschaftsreformen als *Immunsystem* anschaulich beschrieben wurde: *«Am Anfang steht die Erkenntnis, daß das System der zentralen Verwaltung der Wirtschaft die Initiative der Wirtschaftssubjekte behindert und damit Effizienz verloren geht. Man reduziert also die zentral vorgegebenen Kennziffern, um den Produzenten mehr Spielraum zu schaffen. Das geschieht schrittweise und nie unter Aufgabe der letzten Entscheidungskompetenz der Zentrale. Auf diese Weise entsteht jedoch ein Hybridsystem, in dem die alte Administration nach einem ausreichend großen Verzicht auf zentrale direkte Steuerung nicht mehr voll als Koordinationssystem ökonomischer Interessen funktionsfähig ist, eine Selbstkoordination über den Markt jedoch noch nicht funktioniert, da die Zentrale einen solchen waren- und geldwirtschaftlichen Handlungsrahmen für das rationale Verhalten aller Wirtschaftssubjekte nicht hergestellt hat. In der Praxis führt diese Situation zu bedeutenden Fehlsteuerungen, die sich in der Konsumgütersphäre durch wachsende Defizite, zunehmende außenwirtschaftliche Belastungen und anderes äußern. Der damit einhergehende wachsende Unmut der Bevölkerung bereitet die ideologische Basis für die Rückkehr zum alten System der administrativen Steuerung. Da der Kern der Systemlogik nicht aufgegeben wird (der darin besteht, die Kompetenz der Zentrale zur gesamtwirtschaftlichen Steuerung der*

---

* So z.B. eine Analyse des heutigen Wirtschaftsministers Rodriguez (1990b:40f.).
** So z.B. Mesa-Lago (1990:126), der in der «rectificacion» hauptsächlich eine Stabilisierung des politischen Machtanspruches und -erhaltes der Regierung sieht (1993b:214).

24

Wirtschaft zu erhalten), wird dann auf die Zuspitzung der ökonomischen Lage nicht mit einer weiteren Entwicklung von Marktverhältnissen reagiert, sondern wieder mit der erneuten Ausweitung der zentralen Kennziffern zur Steuerung der Produzenten.»[26] Schon auf den ersten Blick wird deutlich, daß diese Erfahrungen von DDR-Ökonomen auch auf die kubanische Entwicklung übertragbar sind: Die staatliche Rezentralisierung durch die «rectificacion» wurde von der Regierung als Antwort auf die widersprüchlichen Ergebnisse der vorherigen Marktöffnung verstanden. Die Reform war dann von einer Dominanz beider oben angeführter innerer Strukturelemente (zentralisierte Herrschaftskonzentration/extensives Wachstum) gekennzeichnet, deren Kombination in der Geschichte häufig zu einer abnehmenden Dynamik und Flexibilität der staatssozialistischen Systeme führte. Unter diesen Gesichtspunkten ist es mehr als unwahrscheinlich, daß die «rectificacion» auch bei längerer Dauer eine ernsthafte Reformalternative für den kubanischen Sozialismus bedeutet hätte. Jede abschließende Bewertung dieser Etappe muß allerdings spekulativ bleiben, da sie mit einer hauptsächlich von außen verursachten Krise abrupt beendet wurde.

4. Die Rahmenbedingungen des kubanischen Umbruchs

4.1. Kuba-USA: *David gegen Goliath*

Seit Beginn des 19. Jahrhunderts betrachteten die USA die Karibik und Lateinamerika als ihr natürliches Interessensgebiet und beanspruchten ein alleiniges Interventionsrecht auf «ihre» Hemisphäre. Dieser Hegemonialanspruch wurde das erste Mal 1823 durch die sogenannte Monroe-Doktrin explizit formuliert.* Seitdem haben die USA allein in Mittelamerika und der Karibik mehr als zwanzig Mal militärisch interveniert, verschiedene Staaten besetzt oder Militärputsche unterstützt. Auch Kubas formale nationale Unabhängigkeit von 1898 wurde sofort durch eine quasikoloniale Dominanz der USA ersetzt, die 1958 durch eine starke Außenhandelsabhängigkeit – Kuba wickelte drei Viertel seines Handels mit den USA ab – und durch ein massives Eindringen nordamerikanischen Kapitals gekennzeichnet war. *«Die US-Unternehmen in Kuba besaßen 90% der Telefon- und Elektrizitätswerke, zwei der drei Erdölraffinerien (66%), große Teile des Bergbaus, davon die dominierende Nickelproduktion und 50% der öffentlichen Eisenbahnen; sie produzierten knapp 40% der gesamten Rohrzuckerproduktion und besaßen 40 von 161 Zuckermühlen, 7 der größten Landwirtschaftsbetriebe, 30% der Handelsbanken, 20% der Versicherungen und kontrollierten große Teile des Tourismus.»*[27]

Solche Besitzverhältnisse mußten zwangsläufig mit den sozialen Inhalte der Revolution kollidieren und provozierten einen fundamentalen Interessenskonflikt. Dieser begann 1960 auf nordamerikanischer Seite mit der Weigerung der Ölgesellschaften,

---

* Eine lesenswerte Beschreibung der historischen Rolle der USA in Lateinamerika liefert Niess (1984).

sowjetisches Öl zu raffinieren, welches für die Kubaner billiger als andere Angebote war. Dem folgte die Invasion in der Schweinebucht 1961, genau drei Tage, nachdem John F. Kennedy öffentlich bestritten hatte, daß es je einen von den USA unterstützten militärischen Einsatz gegen Kuba geben wird. In der anschließenden Kubakrise 1962 fand die Auseinandersetzung ihren bisherigen Höhepunkt und brachte die Welt an den Rand eines «Dritten Weltkrieges». Danach institutionalisierte sich der Konflikt noch im gleichen Jahr mit der Errichtung einer totalen US-Wirtschafts-, Finanz-, und Handelsblockade gegen Kuba.* Auf der kubanischen Seite führte er zur Enteignung und Verstaatlichung allen US-Eigentums auf der Insel, zum Abbruch der bilateralen Beziehungen beider Staaten – in dessen Folge zu einem von den USA initiierten Ausschluß aus der Organisation Amerikanischer Staaten – und somit zum Verlust von Kubas «natürlichem Markt» in der Region. Letztendlich wurde die Insel zu einer überlebensnotwendigen und radikalen Neuorientierung des Außenhandels in Richtung des sozialistischen Lagers gedrängt. Auch die zentralen Punkte des heute noch andauernden Konflikts stammen aus jener Zeit des Kalten Krieges: Während die USA in der Konsolidierung eines nichtkapitalistischen Gesellschaftsmodells ihren Hegemonialanspruch gefährdet sahen, Kubas militärische Kooperation mit der UdSSR als Sicherheitsrisiko einstuften und eine Destabilisierung der Region durch die Unterstützung revolutionärer Bewegungen und dem Export der Revolution befürchteten, bestanden die wichtigsten außenpolitischen Forderungen Kubas in der Aufhebung der Blockade, der Freigabe der von den USA immer noch besetzten Militärbasis Guantanamo im Osten der Insel und dem Ende der subversiven Destablisierungspolitik, die die USA mit einem schmutzigen Sabotagekrieg auf der Insel führt(e).

Mit dem Beginn der Epoche der «friedlichen Koexistenz» der beiden konkurrierenden Weltsysteme entwickelte sich ab 1975 auch zwischen einigen US-Firmen und Kuba wieder ein minimaler Handelsaustausch durch in Drittländer ansässige US-Tochterfirmen. Der 1989 vom Fall der Berliner Mauer markierte globale Strukturbruch stellte schließlich die Kriterien der nordamerikanischen Kubapolitik vollständig in Frage: Kuba distanzierte sich vom militärischen Internationalismus und widmete sich der wirtschaftlichen Reintegration in die Region; der Abzug aller sowjetischen Truppen bis 1991 von der Insel und die Halbierung des kubanischen Militäretats reduzierte das Sicherheitsrisiko der USA auf Null; durch das geschrumpfte Entwicklungspotential ist der «erste Sozialismus auf amerikanischen Boden» außerdem kaum noch ein Antipode zur Hegemonialstellung der USA. Trotz dieser veränderten Rahmenbedingungen forcierten die USA ihren Konfrontationskurs gegen Kuba: 1992 wurde das *Cuban-Democracy-Act* vorbereitet, das die Blockadebestimmungen unter Androhung massiver Wirtschaftssanktionen auf Drittstaaten ausdehnen wollte. Erklärtes Ziel

---

*   Die Vereinigten Staaten verwenden hier den nur auf Bilateralität bezogenen Begriff des Embargos. Im folgenden wird aber der Terminus Blockade benutzt, da er spätestens seit 1992 – als die Gesetze dieses «Embargos» auf Drittstatten ausgeweitet wurden – die nordamerikanische Kubapolitik wesentlich präziser beschreibt.

Militärparade des 1. Mai 1993: Die von den Vereinigten Staaten beschworene Bedrohung auf Rädern...

dieser Initiative war es, die Wiedereingliederung Kubas in die geographische Region zu verhindern, um der Revolutionsregierung durch die Verschärfung der wirtschaftlichen Krise ihre soziale Legitimationsbasis zu entziehen. Das Europaparlament ersuchte US-Präsident George Bush nach dem Bekanntwerden der Gesetzesvorlage, dagegen ein Veto einzulegen, weil es *«auf dem unzulässigen Grundsatz der Extraterritorialität gründet und gegen das Recht auf freie Ausübung der Souveränität der Staaten verstößt.»*[28]

Trotz dieser Kritik wurde das auch nach seinem Initiator benannte «Torricelli-Act» vom US-Senat verabschiedet und ist seit Herbst 1992 in Kraft. Dieses Gesetz betraf in erster Linie US-Tochtergesellschaften, die über Drittländer Handel mit Kuba führten und die ihre Transaktionen jetzt fast vollständig einstellen mußten. Davon waren zu 90% Lebensmittelimporte betroffen: Die Insel sollte «ausgehungert» werden, um so eine «Demokratisierung» des Landes vorzubereiten. Nur etwas mehr als ein Jahr später ließ das Pentagon öffentlich die detaillierten Aufgabenfelder einer möglichen Militärintervention in Kuba überprüfen[29] und nach der Fluchtwelle im Herbst 1994 wurden die Embargobestimmungen erneut verschärft.[30] 1995 folgte mit dem *Cuban Democracy and Solidary Act* die nächste Zuspitzung der Eskalation: Diese Gesetzesinitiative droht allen Kooperationspartnern, die mit Kuba Handel treiben oder dort investieren, ernsthafte Konsequenzen an, die Vergabe zukünftiger Kredite wird danach durch das gleichzeitige Zurückziehen nordamerikanischer Gelder sanktioniert und die kubanischen Bemühungen um einen Dialog mit dem Exil werden kriminalisiert.[31] Ziel ist es auch diesmal, alle getroffenen Stabilisierungsmaßnahmen Kubas nachträglich zu torpedieren; was damit erreicht werden soll, hat einer ihrer Autoren, Jesse Helms, klar umrissen: «*Let me be clear, whether Castro leaves Cuba in a vertical or horizontal position is up to him and the Cuban people. But he must and will leave Cuba.*»[32]

Doch die politische Durchsetzbarkeit einer permanenten Aggression gegen Kuba schien seit diesem auch *Helms-Burton-Bill* genannten Vorstoß fragwürdiger geworden zu sein; die Front der Kalten Krieger begann im Stillen zu bröckeln: Zwar wurde die Helms-Burton-Bill trotz europäischer und lateinamerikanischer Warnungen mit einer guten Zweidrittelmehrheit im republikanisch dominierten Repräsentantenhaus angenommen, die nötige Mehrheit im US-Senat fand aber nur noch die *Libertad Lite*, eine abgeschwächte Version der Gesetzesvorlage. Der abgeänderte Wortlaut des neuen Vorschlages bedurfte nun wieder einer erneuten Bestätigung des Repräsentantenhauses, so daß sich das Parlament auf einen Kompromiß hätte einigen müssen. Mit dieser Verschleppungstaktik wurde die Verschärfung der Kubablockade erst einmal selbst blockiert, genau das, was die Demokraten erreichen wollten. Denn 1994 war in der Kubapolitik der Clinton-Administration erstmals eine Wende zu registrieren. Nachdem Fidel Castro in einem diplomatisch geschickten Schachzug am 8. August 1994 verkündete, «*Kuba könne die Grenzen der USA nicht mehr länger verteidigen*» und damit eine unkontrollierte Fluchtbewegung in Richtung Norden entfesselte, fanden sich die USA plötzlich als Opfer ihrer eigenen Destabilisierungspolitik wieder: Während sie bis dahin lateinamerikanische Flüchtlinge ohne Skrupel in ihr Elend zurückgeschickt hatten, erhielten Kubaner, die die 90 mörderischen Seemeilen zwischen ihrer Insel und Florida überquerten, einen Empfang erster Klasse.

Die kubanische Regierung hatte schon Anfang der neunziger Jahre ihre Gesetzgebung dahingegehend geändert, daß illegale «Inselflucht» nicht mehr wie früher als politischer Tatbestand verfolgt wurde, sondern die Flüchtenden als Wirtschaftsemigranten eingestuft wurden; bis dahin drohende lange Haftstrafen wurden in Geldbußen oder soziale Arbeitsdienste umgewandelt. In den Vereinigten Staaten hingegen waren die kubanischen *balseros* (balso: Floß) per Gesetz nicht arme Immigranten, sondern automatisch Freiheitshelden und politisch Verfolgte, denen sofortige Aufenthaltsgenehmigung und Arbeitserlaubnis sowie Eingliederungsbeihilfen winkten. Versuche, legal in die USA einzureisen, legte Washington gleichzeitig – trotz gegenteiliger Abkommen – auf Eis. Diese Politik provozierte allein zwischen 1990 und August 1994 über 45.000 Fluchtversuche.

Nachdem Kuba seine Grenzen im August 1994 öffnete, machten sich mehr als 32.000 Kubaner auf den Weg, um die USA beim Wort zu nehmen. Schon nach anderthalb Wochen, am 19. August, ordnete die Clinton-Regierung daraufhin sichtlich verschreckt an, keine kubanischen Flüchtlinge mehr ins Land zu lassen. Sofort eingeleitete Verhandlungen mit Kuba führten zu dem überraschend schnellen Ergebnis, daß die USA in Zukunft statt wie bisher knapp 1000 jetzt mindestens 20.000 Visas pro Jahr ausgibt, um die Reisebestimmungen beider Länder zu normalisieren. Am 10. September wurden die kubanischen Grenzen wieder geschlossen und der Status kubanischer Flüchtlinge dem der allgemeinen Migrationspolitik der USA angeglichen: Seitdem werden aus Kuba illegal Eingereiste auf die Insel zurückgeschickt.

Kurz nach der Ratifizierung dieses Abkommens vollzog auch das Pentagon einen bemerkenswerten Positionswechsel: In einem geheimen Papier empfahlen die Militärs eine Erneuerung der bilateralen Beziehungen mit Kuba, die es erlauben würde, auch unter Castro mit dem Regime zu kooperieren. Das Pentagon setzte dabei nicht auf humanitäre Aspekte oder auf das Recht der nationalen Souveränität, sondern ganz auf Kostenfaktoren: Ein friedlicher Wandel in Kuba ist in der Krisenregion Karibik für die USA am billigsten, so die nüchterne Analyse der Strategen. Das im März 1995 verfaßte Papier kam zu dem Ergebnis, daß die Wahrscheinlichkeit einer leichten Stabilisierung in Kuba für die nächsten Jahre bei rund 40% liegt und resümierte: *«Relativ gesehen schauen die meisten Kubaner erwartungsvoller in die Zukunft, vor allem, wenn man dies mit den dunklen Tagen von 1993-94 vergleicht.»*[33] Aus gleichen Gründen wurde eine Ausweitung der Blockade abgelehnt. Dieser Dialogbereitschaft folgten weitere moderate Töne, die sogar in konservativen Kreisen an Einfluß gewannen, die *dialogeros* sahen sich im Aufwind. Dabei standen nicht alle dem kubanischen Sozialismus plötzlich aufgeschlossener gegenüber, sondern viele besannen sich einfach auf eine subtilere Zersetzungstaktik: Die außenpolitische Aggression förderte bisher offensichtlich die Integrität des nationalen Konsens der Insel und wirkte systemstabilisierend, denn der *«Nationalismus, der in Europa ein starker Faktor der Desintegration war, ist in Kuba ein mächtiger Faktor der politischen Integration und Stabilität».*[34]

Eine Aufhebung der Blockade könnte nun gerade diese auf einem nationalen Selbstwertgefühl basierende Integrität erodieren und damit das System destabilisieren. Was ökonomisch nicht erreicht werden konnte, sollte politisch nun doch noch zum Erfolge führen. Als erster Schritt in diese Richtung war die Ankündigung Präsident Bill Clintons von Anfang Oktober 1995 zu bewerten, bessere Medienkontakte zwischen beiden Ländern sowie Reisen und Geldüberweisungen von Exilkubanern fördern zu wollen. Während die kubanische Regierung diese Lockerung einiger Restriktionen als «Aprilscherz» bezeichnete, ließ auch die US-Administration keinen Zweifel an ihren wirklichen Motiven: Man habe schon in Osteuropa gesehen – so ein Clinton-Mitarbeiter – welch *«zerfressende Wirkung»* derartige Maßnahmen auf autoritäre Systeme hätten.[35] Die Kalte-Kriegs-Rethorik schreckte aber niemand mehr ab: Nachdem schon in täglichen Chartenflügen 1995 mehr als 60.000 Exilkubaner die Insel besucht hatten, unternahm am 2. Januar 1996 zum erstenmal eine Boing 747 mit 410 Passagieren und 15.000 Kilogramm Fracht den dreißigminütigen Flug nach Havanna.

Doch dieses vermeindliche Tauwetter zwischen den USA und Kuba war nur von kurzer Dauer. In einer am 26.2.1996 veröffentlichten Erklärung des kubanischen Außenministeriums wurde darüber informiert, daß *«am 24. Februar zwischen 15 Uhr 21 und 15 Uhr 28 zwei vom Flughafen Opalocka im US-Bundesstaat Florida aus gestartete Flugzeuge vom Typ Cessna nach wiederholten Warnungen von den kubanischen Luftstreitkräften abgeschossen wurden».*[36] Nach der kubanischen Version hatten drei Privatflugzeuge den Luftraum der Insel schon am frühen Morgen des gleichen Tages verletzt, waren aber zunächst von einem Jäger der Luftwache verscheucht worden. Als die drei Cessnas sich mehrere Stunden später trotzdem wieder genähert hätten, seien sie zuerst von der Luftraumkontrolle in Havanna über die Risiken einer Verletzung des Luftraums in Kenntnis gesetzt worden. Nachdem die Piloten diese Warnung in den Wind schlugen und in das militärische Sperrgebiet Kubas eindrangen, wären zwei der drei Maschinen abgeschossen worden. Der Pilot der dritten Maschine, der nach Miami zurückkehrte, beharrte danach auf seiner Aussage, daß die Maschinen ohne Vorwarnung über internationalem Gebiet abgeschossen wurden; eine Version, der sich auch die USA umgehend anschloß. Bei den Abgeschossenen handelte es sich um Piloten der Vereinigung *Brothers to the Rescue* (Brüder zur Rettung), die als private Aufklärer bei der Flüchtungswelle im Herbst 1994 humanitäre Hilfe geleistet hatten und so in die Schlagzeilen geraten waren. Weniger bekannt sind die guten CIA-Kontakte ihres Anführeres Jose Basulto, der schon an der Schweinebuchtinvasion Kubas beteiligt war. Kubanische Anschuldigungen, daß es sich bei den *Brothers to the Rescue* um Terroristen und Waffenschmuggler oder zumindestens um gefährliche Provokateure handelte, entbehren also nicht jeder Grundlage. Die exilkubanische Vereinigung gehört zu den schärfsten politischen Gegnern Castros und hatte schon im Juli 1995 und zum letzten Mal am 13. Januar 1996 Flugblätter über Kuba abgeworfen, die zum Sturz der Regierung aufriefen. Nach Auskunft eines Pentagonbeamten gab es außerdem Hinweise, daß die Flugzeuge diesmal sogar in Kuba landen wollten. Auch die Konsequenz, die Jose Basulto aus den Ereignissen zog, beleuchtet seine Motive mehr als deutlich. So verkündete er großmäulig nach dem Abschuß im *Miami Herald*: «*Wir werden die Konfrontation mit Castro weiter suchen.*»[37]

Die Reaktionen der Vereinigten Staaten auf den Abschuß kamen nicht überraschend oder unerwartet, sondern wie ein Automatismus: Da im November 1996 in den USA Präsidentschaftswahlen sind, wurde die Aktion Kubas sofort zum Wahlkampfthema hochgepuscht. Mit der üblichen Arroganz der Macht profilierten sich die Präsidentschaftskandidaten ebenso wie mancher Hinterbänkler des US-Parlaments mit lauten Gedanken über die Zukunft von elf Millionen Einwohnern eines souveränen Staates. Auch Bill Clinton, der bisher einen etwas moderateren Kurs gegenüber Kuba gefahren war, merkte schnell, daß hier mehr als leere Rethorik gefragt war. Nachdem er direkt nach dem Abschuß als Strafmaßnahmen die Charterflüge zwischen Miami und Kuba suspendierte und eine Ausweitung des Programmes und der Frequenzen des Anti-Castro-Rundfunksenders «*Radio Marti*» sowie eine Einschränkung der Bewegungsfreiheit für kubanische Diplomaten in den USA ankündigte, einigte er sich kurz darauf mit dem Parlament auf die geplante Ausweitung der Kubasanktionen. Am 28. Februar 1996 verabschiedete der US-Kongreß die *Helms-Burton-Bill* in ihrer ursprünglichen Form, am 6. März wurde diese Entscheidung vom Senat bestätigt, am 12. März unterschrieb sie Bill Clinton «*im Namen der Freiheit des kubanischen Volkes und in Gedenken an die vier Piloten*» und machte sie zu Gesetz. Der republikanische Abgeordnete Dan Burton triumphierte und bezeichnete den Gesetzesentwurf als «*letzten Nagel im Sarg von Fidel Castro*».[38]

Das neue Gesetz hat drei Kernpunkte: Zum einem soll es amerikanischen Staatsbürgern – darunter vor allem eingewanderten Exilkubanern – die Möglichkeit geben, ausländische Unternehmen, die in Kuba enteigneten Besitz benutzen, vor einem nordamerikanischen Gericht zu verklagen. Dies könnte direkt Firmen betreffen, die in Kuba an Milliardenprojekten beteiligt sind und auf diese Weise mit kostspieligen und zeitraubenden Gerichtsverfahren in den Vereinigten Staaten rechnen müssen; nach offiziellen Schätzungen könnte es in den nächsten Jahren zu mehreren zehntausend Verfahren kommen. Der zweite Kernpunkt ist die Verweigerung von Einreisevisa in die USA für Vertreter und Aktionäre ausländischer Firmen, die in Kuba von enteigneten Besitz profitieren. Der dritte Punkt ist eine Anweisung des Kongresses, Hilfsgelder an andere Länder auszusetzen, solange diese mit Kuba Handel treiben oder der Insel Kredite zubilligen. Von zentraler Bedeutung ist außerdem, daß alle bisherigen Blocka-debestimmungen – statt wie bisher einer Präsidentendirektive zu unterliegen – jetzt in verbindliche Gesetze umgewandelt wurden. Dies bedeutet im Klartext, daß Bill Clinton oder sein Nachfolger nicht mehr wie vorher die Kubablockade eigenhändig aufheben kann – so wie es z.b. im Falle Vietnams geschah – sondern einer Zustimmung des Kongresses bedarf. Damit wurde die Kubablockade auf absehbare Zeit als fester Bestandteil in die nordamerikanische Außenpolitik hineinzementiert; dem Präsidenten bleibt nur noch die Hintertür, die volle Anwendung des Gesetzes für höchstens sechs Monate verzögern zu dürfen.

Weniger Erfolg hatten die USA bei ihren Versuchen, Kuba auch politisch weiter in die Isolation zu treiben. Nachdem 1988 ein Jagdbomber der US-Luftwaffe eine iranische Passagiermaschine mit 248 Menschen am Bord, die um ihr Leben kamen, abgeschossen hatte, verhinderten die USA mit allen Mitteln, daß der Abschuß im UN-Sicherheitsrat behandelt wurde. Mit der gleichen Energie versuchte die US-Bot-schafterin der UNO jetzt, daß die Aktion Kubas vom gleichen Gremium scharf verurteilt wurde. Doch der UN-Sicherheitsrat konnte sich – vermutlich aufgrund der eindeutigen Faktenlage und der Interventionen Chinas und Rußlands – nur zu einem «starken Bedauern» des Geschehens durchringen. Auch die Verabschiedung der Helms-Burton-Bill stieß international auf harsche Kritik. An die Spitze der Opponen-ten stellte sich die Europäische Union, die mit einem Gang vor die Welthandelsorga-nisation (WTO) drohte. Die NAFTA-Mitglieder Kanada und Mexiko sowie die Kari-bikstaaten kündeten ebenfalls «entschiedenen Widerstand» gegen die völkerrechts-widrigen Maßnahmen an. Jesse Helms und Dan Burton konterten solchen Drohgebärden mit unverfrorener Gelassenheit: *«Jene Länder, die mit Kuba Handel treiben, sind jenen Kollaborateuren aus dem Zweiten Weltkrieg vergleichbar, die glaubten, mit Hitler Kompromisse schließen zu können ... wer mit Kuba handelt, macht sich zum Komplizen der Illegalität.»*[39] Zur Unterstreichung seiner Worte legte Jesse Helms bereits eine «schwarze Liste» über 26 mexikanische Unternehmen vor.

Wie ist diese Verhärtung der kubanisch-nordamerikanischen Beziehungen zu be-werten? Der kubanische Parlamentspräsident Ricardo Alarcon verteidigte den Ab-schuß als einen Akt der nationalen Selbstverteidigung und behielt sich weiter das Recht vor, daß die Insel ihre Souveränität mit allen ihr geeignet erscheinenden Mitteln schützt. Von Kuba wurde dabei immer darauf hingewiesen, daß Havanna vor dem

Abschuß insgesamt 45mal die USA-Behörden auf Luftraumverletzungen hingewiesen hätte und anmahnte, diese zu unterbinden. Dem folgten zahlreiche diplomatische Protestnoten Kubas; ebenfalls ohne Reaktion. Offensichtlich ist der Regierung der Geduldsfaden gerissen. Nach internationalem Recht handelte es sich beim Abschuß wohl auch um einen formalen militärischen Vorgang. Vor dem Hintergrund der US-Aggression gegen Kuba und dem beginnenden Wahlkampf in den Vereinigten Staaten ist diese Demonstration von Stärke aber nicht unter rechtlichen Erwägungen, sondern eher unter dem Gesichtspunkt der Verhältnismäßigkeit der Mittel zu beurteilen. Internationale Beobachter sind sich dabei einig, daß sich Castro ein Eigentor geschossen hat, da die zaghafte Annäherung zwischen beiden Staaten nun brachial beendet wurde. *«Der Abschuß der beiden Flugzeuge und die vorhersehbaren Reaktionen im Norden haben nun den für Kuba und die Kubaner so wichtigen Verständigungsprozeß weit zurückgerufen. Ob ein Aufbauen auf dem bisher Erreichten überhaupt noch möglich sein wird, muß sich erst noch zeigen. Keine Illusionen: Die von Clinton abgenickten neuen Sanktionen gegen Kuba sind mehr als eine Pflichtübung eines Wahlkämpfers, der gegenüber den republikanischen Falken keine Schwäche zeigen will. Was jetzt in Washington Gesetz wurde, sind die härtesten Blockademaßnahmen, unter denen die Zuckerinsel je zu leiden hatte.»*[40] Ein taz-Kommentator bescheinigt dem alten Castro dann auch promt den Verlust *«politischer Bodenhaftigkeit»* und stößt ins gleiche Horn wie eine der ins Exil gegangenen Töchter Castros, die auf die Frage nach dem Motiv des Abschusses aus New York antwortete, daß ihr Vater *«schon lange den Verstand verloren habe».*[41] Alterssenilität ist aber selten ein plötzlich auftretendes Phänomen und noch Ende 1995 hat Fidel Castro bei seinem Auftritt vor der UNO mit seinem wachen Verstand geglänzt. Andere – bodenhaftigere – Erklärungsversuche müßten sich also fragen, welches politische Kalkül Kuba bei der zu erwartenden Reaktion der USA noch hätte verfolgen können.

Nachdem sich die Eskalationspolitik der US-Hardliner durchgesetzt hat, ist eine Normalisierung der Beziehungen zwischen USA und Kuba so schnell nicht mehr zu erwarten. Kuba selbst wirbt inzwischen für eine solidarische Front gegenüber der US-Politik, die sie als *«dem Faschismus sehr nahe»* bezeichnet. Während der demokratische Abgeordnete Jeff Bringmann noch darüber sinniert, wie es Castro und den Miami-Hardlinern immer wieder gelingt, *«unsere Politiker zu idiotischen Handlungen zu bewegen»*[42], geben sich auch die exilkubanischen *dialogeros* kaum noch Illusionen hin. Der in Miami ansässige Eloy Gutierrez Menoyo, ein ehemaliger Kampfgefährte Castros, der aus politischen Gründen 22 Jahre in kubanischen Gefängnissen schmachtete und erst kurz vor dem Abschuß durch ein Treffen mit Fidel Castro zum Sinnbild für eine neue Dialogbereitschaft zwischen der Revolution und dem Exil wurde, faßte es treffend zusammen: *«Nein, die Vernunft regiert zur Zeit wirklich nicht.»*[43] Daran werden auch die internationalen Proteste nicht viel ändern. Eine deutliche Ignoranz gegenüber weltweiten Reaktionen hatte schon früher hinreichend bewiesen, daß die nordamerikanische Kubapolitik nicht von außenpolitischen Interessen geleitet wird: Das Europaparlament bewertete die nordamerikanische Kubapolitik schon in seiner

Entschließung vom Dezember 1992 als «*unvereinbar mit den Grundsätzen der Transatlantischen Erklärung EG/USA*»[44] und wies ein Jahr später darauf hin, daß die Blockade «*gegen das Völkerrecht verstößt und von der internationalen Gemeinschaft abgelehnt wird*».[45] Die UNO-Generalversammlung folgte bisher in vier Resolutionen zwischen 1992-1995 dieser Argumentation und forderte regelmäßig die unverzügliche Aufhebung der Blockade. Zum letzten Mal geschah dies am 2. November 1995, als mit 117 Stimmen doppelt so viele Länder wie im Jahre 1992 für eine Verurteilung der US-Politik stimmten; es gab nur drei Gegenstimmen (USA, Israel und Usbekistan) und 38 Enthaltungen (mit Deutschland, England und Holland als einzige westeuropäische Staaten) gegen die Resolution.[46] Ebenfalls 1995 wurde die US-Politik in zeitlicher Abfolge erst auf dem Gipfeltreffen der Vereinigung Karibischer Staaten (ACS), dann auf dem fünften ibero-amerikanischen Gipfel in Argentinien und schließlich auf dem elften Gipfeltreffen der Bewegung Blockfreier Staaten in Cartagena verurteilt.

Die USA zeigten sich unbeeindruckt. Das Verhalten der Vereinigten Staaten gegenüber Kuba war bisher immer eher das Resultat einer nicht bis ins letzte nachvollziehbaren Innenpolitik. Diese Politik ist von einem Spannungsfeld zwischen verschiedenen Interessen geprägt. Da gibt es auf der einen Seite die einflußreichen reaktionären Exilkubaner, meistens von der Revolution enteignete Großgrundbesitzer und Industrielle wie den Rumproduzenten Bacardi, die immer noch ihrem verlorenen Eigentum im Werte von mehr als sechs Mrd. US-Dollar nachtrauern und es am liebsten zurückwollen. Dafür scheuen sie keine Kosten: Nach der Unterzeichnung der Helms-Burton-Bill veranstaltete Bacardi zu Ehren von Jesse Helms ein Festbankett, bei dem pro Gedeck rund 500 US-Dollar veranschlagt wurden.

Diese exilkubanische Gruppe präsentiert vielleicht zahlenmäßig nicht mehr das Exil, finanziell aber mit Sicherheit. Sie besitzt darum eine der lautesten Stimmen im Streit um Kuba. Sie schart sich politisch um die Cuban American National Foundacion (CANF), die nach eigenen Angaben längst zu der wichtigsten Schaltstelle nordamerikanischer Kubapolitik avancierte; wen wundert es da noch, daß dessen Chef, der Millionär Mas Canosa, offene Ambitionen auf die nächste Präsidentschaft der Insel hat. Diesen politischen Schwergewichten steht ein nicht organisiertes Bündel wirtschaftlicher Interessen gegenüber, die allgemeinhin als liberalere Kräfte bezeichnet werden und die z.B. mittels verschiedener Industrieverbände vor der letzten Verschärfung der Blockade warnten. Es handelt sich dabei meist um Vertreter vom US-Handelskapital, welches nach nordamerikanischen Kalkulationen innerhalb der ersten 25 Blockadejahre bis zu 30 Mrd. US-Dollar Umsatzverluste einstecken mußte und dessen realisierbares Handelsvolumen zwischen Kuba und den USA heute auf 6,5 Mrd. US-Dollar beziffert wird.[47]

Allerdings ist die Kubapolitik Washingtons nicht nur von ökonomischen Interessen geleitet: Spätestens seitdem Kuba für die USA kein vermeindliches Sicherheitsrisiko mehr darstellt, muß die Blockade auch von bürgerlichen Kreisen als reiner Akt aggressiven Imperialismus bezeichnet werden. Ihre Existenz steht somit deutlich im Widerspruch zu den Denktraditionen, die Imperialismus als ein historisches Phänomen

mit zeitlicher und geografischer Begrenzung interpretieren. Neuere Erklärungsversuche der US-Kubapolitik führen deshalb die Komponente einer emotional geleiteten
«Irrationalität» ein, die in einer «Verletzung des imperialen Stolzes» der USA begründet liegt.[48] *«Das Anstößige am kubanischen Experiment ist für die US-Außenpolitik
weniger der Sozialismus als vielmehr jener Akt der Insubordination, den die kubanische Revolutionsregierung mit der Entscheidung für einen eigenen sozialökonomi-
schen Entwicklungsweg begangen hat.»*[49] Es scheint also eine Vielzahl von Einflüßen
zu geben, die die Kubapolitik der USA prägt. Solange die Vereinigten Staaten ihre
Beziehungen zu Kuba als Innenpolitik definieren, wird sich außer unterschiedlichen
Nuancen auch grundsätzlich nicht viel ändern, wie schon der kubanische Außenminister Roberto Robaina vermutete: *«Machen wir uns doch nichts vor. Alle Maßnahmen,
über die so viel geredet wird, sind auch dazu da, unser Land zu unterwerfen. Sie
überlegen nicht, ob sie uns die Kehle durchschneiden sollen oder nicht, sondern ob sie
dazu lieber einen Dolch oder ein Rasiermesser nehmen.»*[50]

Sollte aus den Bemühungen um die Verschärfung der Kubablockade eines Tages
aber doch eine Politik der Entspannung entstehen, wäre dies voraussichtlich das
Ergebnis eines wirtschaftlichen Zweckbündnisses, daß zur Durchsetzung seiner Ziele
ideologische Befindlichkeiten überwinden konnte. Solch eine Entwicklung wäre nicht
nur unbedingt begrüßenswert, sondern auch eine doppelte Ironie der Geschichte:
Einerseits wird die Blockade Opfer ihrer eigenen Logik. Versuchte die USA einst, ihre
politischen Ziele mit ökonomischen Zwängen durchzusetzen, wären es jetzt die
ökonomischen Zwänge, denen die Politik weichen müßte. Diejenigen hingegen, die
die Kubablockade seit Jahrzehnten mit vollem Recht politisch und moralisch bekämpfen, müßten feststellen, daß es nicht ihr Einsatz, sondern gerade die Zwänge des von
ihnen kritisierten Systems sind, die ihre Forderungen zum Erfolg führten. Der Fall der
Kubablockade wäre weder ein Sieg des moralischen Imperativs noch bedeutete er
endlich die Anerkennung des Rechts der Völker auf eigenständige Entwicklung,
sondern wäre stattdessen ein weiterer Triumpf des globalen Kapitalismus auf dem Weg
zu einer weltumfassenden Liberalisierung.

4.2. Von der Handels- zur Entwicklungsblockade:
Wenn eine falsche Entscheidung alles kosten kann...

Es ist immer schwierig, die realen Auswirkungen und Kosten eines Embargos oder
einer Blockade präzise zu berechnen. Was hat die Blockade zu verantworten, was ist
das Ergebnis eigener Versäumnisse, lautet dabei die zentrale Frage. Im folgenden sollen
die wichtigsten Positionen zu den Kosten der Kubablockade kurz vorgestellt werden.
Noch relativ einig ist man sich darüber, welche Kriterien Kuba einen Schaden verursacht haben.

Da werden genannt: die Anpassungskosten für die Neuorientierung des Außenhandels, die Verluste von Technologietransfers, ein überproportionaler Verteidigungshaus-
halt, die höheren Kosten beim Außenhandel z.b. durch längere Transportwege, globale

Vermarktungs- und binnenwirtschaftliche Wachstumsbegrenzungen sowie die Zugangsbeschränkungen zu internationalen Krediten und Entwicklungsförderprogrammen.[51]

Widersprüchlicher hingegen werden Schätzungen bewertet, die versuchen, die Kosten der Blockade in Geldwerten auszudrücken. Neuere kubanische Untersuchungen bezifferten die direkten und indirekten Kosten der Blockade bis 1990 auf annähernd 40 Mrd. US-Dollar[52], eine Zahl, die Ende 1995 vom kubanischen Wirtschaftsminister Jose Luis Rodriguez aktualisiert wurde und jetzt bei 45 Mrd. liegen soll.[53] Die Berechnungen, die zu solchen gigantischen Summen kommen, unterliegen allerdings konkreten politischen Interessen: Erst 1993 hatte die kubanische Regierung angeboten, für enteignetes US-Eigentum Reparationsleistungen zu bezahlen, wenn ihr im Gegenzug dazu die bisherigen Blockadekosten erstattet würden[54]; um die Verhandlungsbasis zu verbreitern, werden die eigenen Verluste dabei natürlich relativ hoch angesetzt. Während einige Kubanologen solche Kalkulationen trotzdem als realistisch bezeichnen[55], kritisieren sie andere – z.B. unter Bezug auf eine Untersuchung der kubanischen Nationalbank von 1987, die die Blockadeverluste noch um die Hälfte niedriger einschätzte – als zu hoch.[56]

Neben den Handelshemmnissen sind es außerdem noch langfristige strukturelle Auswirkungen, mit denen die Blockade Kuba schaden konnte und kann. Derartige Effekte sind bis 1990 aber nicht genau abzugrenzen, da sie nur im Zusammenhang mit den RGW-Handelsbeziehungen betrachtet werden können (vgl. Abschnitt 4.4.). Wichtigstes Strukturergebnis der Blockade ist bis 1990 insofern der starke Druck der USA auf Kuba, der der Insel kaum Alternativen zum sowjetischen Entwicklungsmodell erlaubte.

Nach dem Wegfall der sozialistischen Hilfe und ihrer Kompensationseffekte ab 1990 hat sich die entwicklungshemmende Dimension der Blockade allerdings deutlich vergrößert:

Einmal wurden die Außenhandelsverluste der Insel künstlich in die Höhe getrieben. Der kubanische Außenminister Roberto Robaina wies darauf hin, daß durch den volkswirtschaftlichen Schaden, den die Blockademaßnahmen Kuba verursachten, im Jahre 1992 rund 10% weniger Waren importiert werden konnten als unter normalen Handelsbedingungen; diese Zahl soll nach der Verschärfung der Blockade durch das Toricelli-Act bis 1994 auf circa 50% gestiegen sein.[57] Kubanische Ökonomen ergänzten, daß bei einer Aufhebung der Blockade eine sofortige Steigerung der Deviseneinnahmen um 30% mehr als wahrscheinlich ist.[58]

Neben diesen Verlusten müssen die Blockierung von Entwicklungskrediten und die Schikanierung von ausländischen Investoren als weitere wichtige Punkte genannt werden, die Kuba behindern. Das Außenministerium Kubas legt der UNO jährlich Berichte vor, die sich wie Wirtschaftskrimis lesen und aus denen deutlich hervorgeht, wie US-Botschaften vor allem in Lateinamerika mit Drohgebärden versuchen, Handelsverträge mit Kuba zu sabotieren.

Diesen Vorwürfen wird gelegentlich entgegengehalten, daß der blockadebedingte Ausschluß nordamerikanischer Konkurrenten für Kuba durchaus als ein hoher Standortvorteil gewertet werden darf. Es wird darauf hingewiesen, daß die Abwesenheit des sonst in Lateinamerika alles dominierenden US-Kapitals für Investoren anderer Länder einen komparativen Kosten- und Wettbewerbsvorteil darstellt. Obwohl diese Position erst Ende 1995 von europäischen Unternehmern bestätigt wurde[59], wird hier aus der Not eine Tugend gemacht: Denn Kuba hat diesen vermeindlichen Standortvorteil nur durch den unfreiwilligen Verzicht auf vermutlich wesentlich höhere US-Investitionen anzubieten (eine ausführliche Einschätzung der Joint-Ventures auf Kuba findet sich im Abschnitt 8.3.).

Von größerer Bedeutung als diese Restriktionen sind die blockadebedingten Behinderungen der kubanischen Bemühungen, sich politisch und ökonomisch wieder in die Region einzugliedern. Schon heute wird in der Entwicklungstheorie und -politik prognostiziert, daß unterentwickelte Regionen als eine zentrale Entwicklungsstrategie versuchen werden, sich ökonomisch weiter an die drei Kernzonen der Industrieländer um Japan, Europa und den USA anzunähern.* Und wirklich sind in der amerikanischen Wirtschaftszone verstärkte Integrationstendenzen festzustellen, bekanntestes Beispiel hierfür ist die NAFTA. Die geostrategische Lage Kubas als «Schlüssel der Karibik» – Nähe zum nordamerikanischen Wirtschaftsraum bei kultureller Einbindung in die iberoamerikanische Region – könnte dabei für einen der größten Binnenmärkte der Karibik zunehmende Bedeutung gewinnen und die Position der Insel als «Brückenkopf» Lateinamerikas ausbauen. Dieser Vorteil wird aber erst nach Ende der Wirtschaftsblockade zum Tragen kommen und versperrt dem jetzigen Regime bis dahin eine interessante Entwicklungsperspektive. Auch gerade die von Kuba angestrebte Süd-Süd-Kooperation – also eine vorrangige Verbesserung der Beziehungen mit anderen lateinamerikanischen und karibischen Staaten – wird so blockiert. Denn während die Europäische Union oder auch Kanada und China dank einer soliden ökonomischen Unabhängigkeit ausreichend Selbstbewußtsein haben, um den Drohgebärden aus Washington die kalte Schulter zu zeigen, ist die Hegemonialstellung der USA in Lateinamerika ungebrochen und der Subkontinent gegenüber nordamerikanischen Einschüchterungsversuchen wesentlich anfälliger.

Neben diesen ökonomischen Auswirkungen dürfen die innenpolitischen Effekte der Blockade nicht vergessen werden. Die Auffassung, daß die außenpolitische US-Aggression über einen konsensstiftenden Nationalismus das politische System Kubas stabilisiert, wurde schon vorgestellt. Für eine andere Position verbietet gerade der nordamerikanische Druck auf Kuba eine Demokratisierung auf der Insel und verhindert so die Dynamisierung des Reformprozesses: *«Von einer Gesellschaft, die unter äußerste Anspannung gesetzt ist, kann man schwerlich einen innenpolitischen Entspannungskurs erwarten.»*[60] Auch in Kuba selbst wird auf diese kontraproduktiven Effekte der Blockade hingewiesen. Ökonomen beklagen in den letzten Jahren zwar

---

*   Eine Einführung in die globalen Integrations- und Reregionalisierungstendenzen findet sich bei Heidel (1992), einen sehr guten Überblick über die aktuelle Diskussion liefert die Peripherie 59/69, 1995.

immer stärker den Strukturkonservativismus, der die Reformen kennzeichnet – also den Versuch, das System als solches nicht anzukratzen, was sich in einer gewissen Reformträgheit und -unwilligkeit äußert. Aber zu Recht machen sie dafür auch die Blockade verantwortlich. Der kubanische Reformökonom Julio Carranza Valdez beschrieb dieses Dilemma, als er nach den Widerständen gegen seine Reformvorschläge befragt wurde: «*Die erste Schwierigkeit ist die Komplexität der Herausforderung, ohne über historisch vergleichbare Daten zu verfügen. Die zweite Schwierigkeit liegt darin, daß Strukturen angetastet werden müssen, die innerhalb der spezifischen Entwicklung Kubas gewachsen sind. Und Modifizierungen von Strukturen, die sehr lange funktioniert haben, provozieren konservative Reaktionen. Dieses Problem kann mittelfristig überwunden werden, ist aber noch präsent. Außerdem kann uns eine falsche Entscheidung alles kosten. Wir dürfen nicht vergessen, daß wir massiv von den USA bedroht werden, und jede innenpolitische Entscheidung, die zu bestimmten Spannungen führt, kann gegen uns verwendet werden. Das impliziert zusätzlich eine gewisse Langsamkeit des Reformprozesses.*»[61]

Die *US-Blockade* beeinflußt also nicht nur die ökonomische Entwicklung Kubas, sie durchdringt auch das politische Leben der Insel. Sie kann damit als ein *erstes zentrales äußeres Strukturelement* des Reformprozesses definiert werden.

4.3. Staatssozialistische Handelsbeziehungen: *Aufbruch und Zusammenbruch*

Während die Beziehungen zwischen der UdSSR und Kuba direkt nach dem Revolutionssieg eher zurückhaltend waren, entwickelten sie sich mit der Radikalisierung der Bewegung umso rasanter. Die Sowjetunion hatte dabei das geostrategische Interesse, eine Basis in der westlichen Hemisphäre aufzubauen, die gleichzeitig eine militärische Beobachtung der USA, eine potentielle Einflußnahme auf andere Länder Lateinamerikas und nicht zuletzt das Zurückdrängen des zu Anfang der sechziger Jahre anwachsenden Einflusses des chinesischen Sozialismus ermöglichte. Trotz der sowjetischen Dominanz verstand es Kuba geschickt, seine geostrategische Lage auch zu seinen Gunsten zu nutzen und sich ein relativ großes Maß an Autonomie zu bewahren (vgl. Abschnitt 3.). Kubas Integration in die *internationale sozialistische Arbeitsteilung*, die sich 1972 mit dem Eintritt in den RGW formalisierte, übte dennoch einen wichtigen Einfluß auf die revolutionäre Entwicklung aus. Dies betrifft sowohl die äußere Nabelschnur in Gestalt massiver sowjetischer Wirtschaftshilfe wie auch die interne Entwicklung des Systems durch die Übernahme des sowjetischen Modells. Diesen Einfluß wollen wir uns etwas genauer anschauen.

4.4. Außenwirtschaftliche Beziehungen und Abhängigkeit

Vor der Revolution war Kuba eine der «offensten» Volkswirtschaften Lateinamerikas – also sehr stark außenhandelsorientiert. Dieser Handel trug noch 1958 zu fast 60% zum Bruttoinlandsprodukt der Insel bei. Schon 1962 wickelte Kuba vier Fünftel seines

Handels mit der sozialistischen Staatengemeinschaft ab und hatte damit genau die Außenhandelsbeziehungen aufgebaut, die die gesamte Entwicklung der Revolution elementar prägen sollten. Nur einmal gelang es, diesen Trend zu durchbrechen: Als die Zuckerpreise 1974-75 am Weltmarkt auf Rekordhöhen schnellten und Kuba seine Importe durch die dadurch wachsenden Exporteinnahmen gewaltig steigern konnte, entdeckten plötzlich auch die Industrienationen die Zuckerinsel als einen neuen Absatzmarkt, dessen Volumen sich in nur einem Jahr verfünffacht hatte. Die Importe aus der EG verdoppelten sich in dieser Zeit, die aus Kanada wuchsen um das Fünffache und die aus Japan um das Zehnfache, häufig über Kredite finanziert; so bezog die Insel 1975 fast die Hälfte ihrer Einfuhren aus kapitalistischen Ländern. Doch ebenso schnell, wie die Zuckerpreise stiegen, fielen sie wieder und mit ihnen das Interesse an Kuba. Was blieb war eine Devisenverschuldung, unter der die Insel heute mehr denn je zu leiden hat. Die sozialistischen Bruderländer nahmen wieder den ersten Platz als Handelspartner ein und räumten ihn zeit ihres Existierens auch nicht mehr: 1989 wurde 83,1% des Außenhandels mit dem sozialistischen Lager abgewickelt, 9,9% mit den Industrienationen und 7% mit Entwicklungsländern.[62] So war Kubas Warenaustausch mit der DDR 1989 z.B. 2,4mal größer als der mit gesamt Lateinamerika. Mit dieser ständig zunehmenden Integration in den RGW verfestigte die Insel ihre Stellung als Rohstoffexporteur, der besonders auf den Zuckerexport setzte. Bis tief in die siebziger Jahre bestanden Kubas Exporte aus weniger als 20 Produkten und auch spätere Bemühungen einer Erweiterung dieser Palette waren nur bedingt erfolgreich. Dement-

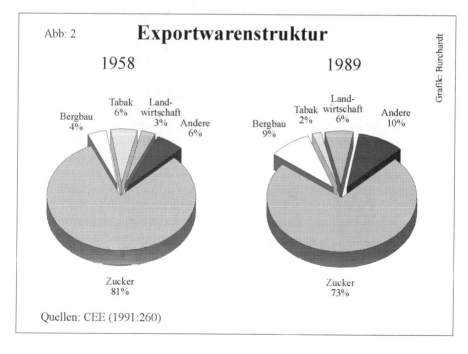

Abb: 2 **Exportwarenstruktur**

Grafik: Burchardt

1958   1989

Tabak Land-   Land-
Bergbau 6% wirtschaft   Tabak wirtschaft Andere
4%   3% Andere   Bergbau 2% 6%   10%
                6%   9%

Zucker   Zucker
81%   73%

Quellen: CEE (1991:260)

38

sprechend hat eine deutliche Ausweitung des Exportwarenkorbes zwischen 1960-89 nicht stattgefunden, wie die Abbildung 2 zeigt.

Der Anteil der Zuckerexporte wurde zwischen 1958 und 1989 um nur 7,4% gesenkt und machte Kuba Ende der achtziger Jahre nach der EG zum zweitgrößten Zuckerexporteur der Welt. Gleichzeitig ist auffallend, daß es Kuba nicht gelungen ist, das Wachstum seines Exportvolumens den Weltmarkttrends anzupassen, obwohl dem Außenhandel bei der wirtschaftlichen Entwicklung des Landes eine deutliche Priorität zugewiesen wurde. Das kubanische Exportvolumen ist zwischen 1958 und 1989 im Durchschnitt um nur 0,8% im Jahr gewachsen, weltweit hingegen um 6,5%. «*Anders gesagt, gerade in den Jahren des größten Welthandelsaufschwungs sind die kubanischen Verkäufe achtmal langsamer gewachsen als der globale Jahresdurchschnitt.*»[63]

Auch das Bruttoinlandsprodukt der Inselökonomie weist wesentlich höhere Wachstumsraten auf als der Exportsektor. Das schwache Exportwachstum hatte natürlich negative Auswirkungen auf den gesamten Außenhandel. Da nämlich die Importe im gleichen Zeitraum um immerhin 2,8% jährlich zunahmen, konnte die Insel seit Beginn der Revolution gerade zweimal – 1960 und 1975 – eine positive Außenhandelsbilanz vorweisen.[64] Ansonsten erwirtschaftete sie ein Außenhandelsdefizit, das kontinuierlich anschwoll: Machte es in den ersten Revolutionsjahren noch rund 6% des Bruttoinlandsproduktes aus, stieg dieser Anteil bis zu Ende der achtziger Jahre auf 14%.[65] Die überproportional steigenden Importe machten Kuba nach Mexiko, Brasilien und Venezuela zum viertgrößten Importeur Lateinamerikas, während es nur der sechstgrößte Exporteur war.

Allerdings hatte sich die Importstruktur der Inselökonomie deutlich gewandelt und unterschied sich entscheidend von ihren südlichen Nachbarn: Während dort Luxusgüter und langlebige Konsumwaren einen großen Anteil der Einfuhren ausmachten, konzentrierten sich rund 90% der kubanischen Importe auf Erdöl sowie Produktions- und Investitionsgüter. Zugunsten einer industriellen Modernisierung hat «*sowohl in der generellen Einschränkung der Konsumgütereinfuhr wie auch in der entwicklungsrationalen Umschichtung spezifischer Importströme*»[66] ein Umbruch stattgefunden, der entwicklungsfördernd sein sollte. Die RGW-Integration unterstützte eine solche Politik, so daß 1989 51% der binnenwirtschaftlichen Gesamtnachfrage über Importe befriedigt wurde und Kubas Importvolumen (bei einem Außenhandelsdefizit von mehr als 2,7 Mrd. US-Dollar) die 8-Mrd.-Grenze überschritt. Was dabei als besondere Form von Entwicklungshilfe verstanden wurde, machte die Insel über eine steigende Außenhandelsabhängigkeit bis 1989 besonders anfällig: «*Der größte Teil der Produkte für den nationalen Bedarf, der für das normale Funktionieren der Wirtschaft überlebenswichtig ist, kommt seiner Herkunft nach heute aus Importen.*»[67] 1988 lag der Anteil der Exporte am BIP bei 28%, der der Importe aber bei 39%, womit er seit der Revolution um ganze 10% gestiegen ist.[68]

Es waren die spezifischen Austauschbeziehungen des RGW, die Kuba durch stabile Handelsabkommen, feste Vorzugspreise und günstige Kreditbedingungen eine langfristige entwicklungsstrategische Planung ermöglichten. Der Außenhandel wurde als

Quelle von Geldern und Gütern vorherrschend und erlaubte es Kuba, sich durch dessen «weiches» Finanzierungssystem ein chronisches Außenhandelsdefizit und eine hohe Auslandsverschuldung leisten zu können, ohne sich darüber größeres Kopfzerbrechen machen zu müssen. Heute wird vielfach spekuliert, wie hoch denn diese Hilfe an Kuba nun wirklich war. Dabei müssen zwei Formen der Unterstützung unterschieden werden: Da wären einmal die Kredite des RGW zu nennen, zum anderen aber die direkten Wirtschaftshilfen, die also eher den Charakter von Schenkungen hatten. Beide Aspekte wollen wir kurz beleuchten:

Kubanische Schätzungen bezifferten 1992 die Kredite, die an Kuba flossen, also die gesamte RGW-Auslandsschuld der Insel, auf rund 17 Mrd. Transferrubel, sowjetische Quellen sprechen hingegen von 25 Mrd. Rubel.[69] Diese verschiedenen Angaben beruhen nicht auf der Unterschlagung bzw. Übertreibung wirklich geleisteter Finanzhilfen. Eine große Schwierigkeit liegt bei solchen Kalkulationen eher darin, den aktuellen Wert des damaligen Transferrubels zu bestimmen. Beim RGW wurde nämlich mit nichtkonvertierbaren Währungen gehandelt, die als latent überbewertet galten[70], so daß ihre Umrechnung in Weltmarktpreise heute als fragwürdig gilt. Unter Berücksichtigung solcher Unsicherheiten wird Kubas Gesamtschuld an die ehemalige UdSSR auf 5-7,5 Mrd. US-Dollar geschätzt.[71] Andere Autoren geben aber zusätzlich zu bedenken, daß die sowjetischen Kredite Kuba durch ihre Nicht-Konvertibilität auf den RGW-Handel festlegten, auf dem einerseits Fertigwaren zum Teil teurer als auf dem Weltmarkt gehandelt wurden[72] und die andererseits *«eher zu einer verstärkten Isolierung der kubanischen Wirtschaft vom Weltmarkt»*[73] führten. Dies sind nur zwei Gründe, die Kuba zusätzliche Kosten verursachten, die nicht in Geld ausgedrückt werden können, aber die RGW-Kredite zum Teil abwerteten. Trotz solcher Rechenspielereien, deren es zuhauf gibt, kann festgestellt werden, daß die Kreditbedingungen, die Kuba vom RGW erhielt, in kapitalistischen Ländern jeden Halter eines Bankkontos entzücken würden. Zusätzlich ist unbestritten, daß vor allem der UdSSR das Geld für die Hilfe an den kleinen Bruder vor der Küste des Klassenfeindes locker in der Tasche saß und deshalb auch reichlich floß.

Die Berechnung der zweiten Form der Unterstützung für Kuba, der Wirtschaftshilfe, stößt auf noch größere Schwierigkeiten. Zentrale Elemente dieser Schenkungen waren die Vorzugspreise für Kubas Exportgüter sowie militärische und technische Hilfe. Die Probleme, deren Größe und Wert zu schätzen, liegen zum einen ebenfalls in der Bewertung der fiktiven RGW-Verrechnungseinheiten, zum anderen aber auch in den Besonderheiten des sozialistischen Weltmarktes: Kuba sind dort schwer zu berechnende Zusatzkosten entstanden, da die sowjetischen Dienstleistungen und Industriegüter nur zu 29% internationalen Qualitätsstandards entsprachen und darum zu einer Überbewertung der importierten Fertigwaren von 20-40% bzw. zu einer Wertminderung aller sowjetischen Importe um mindestens 20% führten.[74] Daraus resultierte eine Verringerung der internationalen Wettbewerbsfähigkeit, unter der die Insel noch heute leidet. Wer hat sie noch nicht auf Kuba gehört, die Geschichten von den sowjetischen Maschinen, die als Umweltverpester und Energieverschleuderer die Wirtschaft heute vor ungeahnte Probleme stellen. Kuba vergißt bei dieser Diskusssion auch nicht zu erwähnen, daß der kubanische Zucker für die UdSSR durchaus der Weltmarktqualität entsprach und die dafür gezahlten Vorzugspreise immer noch unter den Produktionskosten lagen, die die Sowjetunion bei einer Eigenproduktion von Zucker hätte aufbringen müssen.[75]

Trotz dieses schönen Rechenexempels kann nicht bestritten werden, daß die sozialistische – und vor allem die sowjetische – Bruderhilfe gewaltig war: Offizielle Angaben bestätigen, daß Kuba durch den RGW-Handel eine Verdoppelung seiner Importkaufkraft erlangte. Eine US-Studie schätzt die gesamte sowjetische Wirtschaftshilfe an Kuba, also Kredite und Handelshilfen zusammen, auf 65 Mrd. US-Dollar.[76] Diese und ähnliche Kalkulationen sind aus den oben schon genannten Gründen aber nicht unbestritten und sollten nur als Richtwerte angesehen werden. Trotz widersprüchlicher Ergebnisse ist dennoch festzuhalten, daß unabhängig von ihrem konkreten Volumen diese Unterstützung Kuba eine – mit der Ausnahme von Israel – in der Nachkriegsära einzigartige Hilfe gewährte, die nicht nur die Blockadekosten kompensierte, sondern die Entwicklung der Insel nachhaltig subventionierte und bestimmte. Die Kubaner kommentieren dies gelegentlich mit einer feinen Selbstironie: Dann bezeichnen sie sich selbst als das einzige Volk, dem es je gelungen ist, mehr von seinen «Kolonialherren» zu bekommen als zu geben.

Der massive *externe Ressourcenzufluß* kann also als ein *weiteres äußeres Strukturelement der kubanischen Entwicklung* identifiziert werden. Im folgenden sollen die internen Auswirkungen und der qualitative Charakter dieser Kooperation betrachtet werden.

4.5. Binnenwirtschaftliche Entwicklung und Anpassung

Aus der Integration in die sozialistische Staatengemeinschaft hatte sich für Kuba eine binnenwirtschaftliche Entwicklung ergeben, die sich stark von der der südlichen Nachbarn der Karibikinsel unterschied und als innere Einflußgröße heute noch sehr wichtig ist. Das erste Ergebnis dieses «kubanischen Sonderweges» war eine mittelfristige und breite Erhöhung des Wohlstandes. Trotz unterschiedlicher Ausgangspunkte kommen die meisten Studien über dieses Thema zu dem Schluß, daß es in Kuba vor allem zwischen 1970-85 ein kontinuierliches Wirtschaftswachstum gegeben hat. Daß dieser ökonomische Erfolg im Gegensatz zum restlichen Lateinamerika – dem Kontinent mit den größten Einkommensunterschieden weltweit – gleichzeitig zu einem allgemein steigenden Lebensstandard der Bevölkerung führte, ließ Kuba nicht nur in der Region zum Sinnbild einer gerechteren Entwicklung werden. Wohlstand für alle war in Kuba nicht nur eine plakative Politparole; die Forderung schien sich der Wirklichkeit immer stärker anzunähern.

Diese besseren Lebensbedingungen wiesen wiederum ihre Eigenart auf: Bekanntermaßen pendelten sich die Preise in Kuba nicht über Marktgleichgewichte ein, sondern wurden administrativ festgelegt. Die dafür verantwortlichen Planungsgremien des Staates hatten – vermutlich aufgrund ihrer speziellen Vorstellungen von Sozialismus – beschlossen, die Preise von langlebigen Konsumgütern trotz großer Nachfrage relativ hoch anzusetzen. So lagen die Preise der meisten Konsumgüter wie Fernseher, Kühlschränke etc. in Kuba zwischen 1970-1989 deutlich über dem durchschnittlichen Preisindex von sogenannten Schwellenländern, bei öffentlichen Gütern und Wohnungen aber spürbar unter dem internationalen Niveau.[77] Mit anderen Worten: Kubaner erhielten ihre Wohnungen zwar wesentlich günstiger als ihre vergleichbaren Nachbarn in z.b. Brasilien, mußten für deren Möblierung allerdings auch deutlich mehr bezahlen bzw. länger arbeiten.

Grundsätzlich beziffern kubanische Quellen das jährliche Wirtschaftswachstum des BIP zwischen 1959-89 auf 4,2%, bei einem Wachstum der industriellen Produktion pro Kopf um je 2,8%.[78] Während diese Zahlen nur wenige Autoren völlig bestreiten[79], einige sie relativieren[80], werden sie von anderen Kubanologen auch international bestätigt: «*Cuba has outperformed the rest of Latin America in terms of both equity and economic growth.*»* Besonders ist bei diesem beeindruckenden Konjunkturverlauf, auf den auch so manche Industrienation mit Neid blicken müßte, die Dekade der Achtziger hervorzuheben, die in die Entwicklungsgeschichte Lateinamerikas als «verlorenes Jahrzehnt» eingegangen ist: Zwischen 1980 und 1990 hatte sich die Verschuldung der gesamten sogenannten «Dritten Welt» verdoppelt, während die Rohstoffpreise nach einem Bericht der Weltbank um circa 40% sanken und damit auf dem niedrigsten Stand seit dem Zweiten Weltkrieg fielen. Auch Lateinamerika, dessen Exporte nur zu einem Viertel aus industriellen Gütern bestehen, war davon schwer betroffen. Zusammen mit dem Schuldendienst ergab sich für den Kontinent ein Verlust von fast 500 Mrd. US-Dollar[81], genauso viel, wie die gesamte sogenannte «Dritte Welt» im gleichen Zeitraum an offizieller Entwicklungshilfe erhalten hat. Diese ökonomische Dekapitalisierung übertrug sich häufig auf soziale Bereiche, wo unter dem Konzept des Neoliberalismus eine brutale Sparpolitik durchgesetzt wurde, die besonders die Ärmsten betraf. Nach CEPAL-Angaben ist zwischen 1981-90 das Pro-Kopf-Bruttoinlandsprodukt in Lateinamerika um fast 10% gesunken. Für Kuba verschlechterten sich die externen Rahmenbedingungen in den Achtzigern ebenfalls spürbar: Gemessen an der Einwohnerzahl verlor die Insel nach eigenen Angaben durch die gefallenen Rohstoffpreise sogar mehr als doppelt so viel an Kaufkraft wie Lateinamerika insgesamt[82], das Land rutschte ab 1985 in eine ernste Rezession. Darauf folgte allerdings nicht der gleiche Sozialabbau, wie er sonst auf dem Kontinent zu beobachten war: Der äußere Druck wurde nicht nach innen weitergegeben.

Zum großen Teil wurde das «Wirtschaftswunder» Kubas von der seit 1975 eingeleiteten Industrialisierung getragen. Der Anteil der Industrie am Bruttoinlandsprodukt, der 1958 noch bei 23% lag, verdoppelte sich bis Ende der achtziger Jahre. Dabei unterschied sich die kubanische Industrialisierung weitgehend von zeitgleichen Pro-

---

* Zimbalist/ Brundenius (1989:165) glauben, in Kuba zwischen 1962-85 ein jährliches Durchschnittswachstum des BIP pro Kopf um 4% messen zu können.

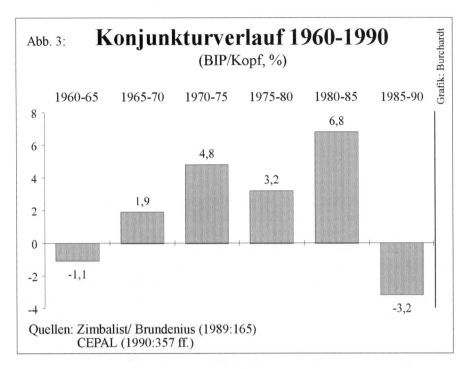

Abb. 3: **Konjunkturverlauf 1960-1990**
(BIP/Kopf, %)

Grafik: Burchardt

Quellen: Zimbalist/ Brundenius (1989:165)
CEPAL (1990:357 ff.)

zessen in Lateinamerika. Während sich dort die Industriepolitik oft an den Gegebenheiten des Binnenmarktes und der vorhandenen Ressourcen orientierte, wurde in Kuba die Industrialisierung als Trockenübung auf dem Reißbrett geplant, ohne die Mittlerfunktion des Marktes zu berücksichtigen. Doch dort, wo politische Entscheidungen getroffen werden, fallen auch Fehlentscheidungen. Die negativen Konsequenzen einer solchen Verfahrensweise zeigen sich momentan deutlicher denn je, z.b. an dem Fehlen einer chemischen Industrie: Obwohl ein Drittel aller zwischen 1959-90 getätigten Investitionen in die Industrie flossen, wurde dem Aufbau eines für Industrialisierungsprozesse strategisch wichtigen Chemiesektors politisch keine Bedeutung beigemessen. *«Die kubanische Entwicklung der Chemie hinkt den großen und mittleren lateinamerikanischen Ländern im Grunde 20 Jahre hinterher.»*[83]

Diese Fehlentscheidung hat fatale Auswirkungen: Da chemisch hergestellte Teile – z.b. aus Plastik – elementarer Bestandteil jeder industriellen Produktion sind, kann ein Ausfall solcher Teile bzw. die Unmöglichkeit eines schnellen Ersatzes ganze Fertigungsprozesse verzögern oder lahmlegen, wie jeder kubanische Betriebsleiter aus eigener Erfahrung weiß.

Ein weiteres Beispiel für Fehlentwicklungen durch falsche Planung ist die Versorgung mit pflanzlichen und tierischen Ölen. Noch zu Revolutionsbeginn verfolgte die Regierung das Ziel, in Kuba Soja anzubauen, um das eigene Angebot von Lebensmittelölen zu verbessern. Mit der erneuten Konzentration auf die Zuckerproduktion fielen diese Pläne Mitte der sechziger Jahre unter den Tisch. Zu diesem Zeitpunkt haben Brasilien, Mexiko, Argentinien und Paraguay begonnen, im großem Rahmen Sojakulturen aufzubauen; so erfolgreich, daß sie heute ein Drittel der Weltproduktion stellen. Doch obwohl es zusätzlich gelungen ist, die Sojabohne besser an subtropische Verhältnisse anzupassen, wurden bis 1990 auf der Insel keine ernsthaften Anstrengungen mehr unternommen, aus diesen Erfolgen zu lernen. So konnte auch nach 30 Jahren Revolution die Versorgung mit pflanzlichen Ölen nicht einmal zu einem Zehntel durch das eigene Land garantiert werden; bei einer Bevölkerung, für die Frittieren zu den Hauptzubereitungsarten ihrer Küche gehört, früher nur reine Ignoranz, heute ein Trauma.

Doch die kubanische Wirtschaftsordnung zeichnete sich nicht nur durch Planung, sondern durch totale Planung aus. Mittels einer hohen Staatsquote, zentralen Organisationsstrukturen und vertikalen Entscheidungshierarchien, die von oben nach unten verliefen, erfüllte der Staat die Funktion eines autoritären Unternehmers und Entwicklungsagenten, der eine Vereinheitlichung und Regulierung des gesamten wirtschaftlichen und sozialen Binnenraums anstrebte: Zehn Ministerien kontrollierten Anfang 1990 85% aller kubanischen Betriebe. Zu einer besseren Kontrolle dieser Unternehmen entwickelte der Staat einen nicht zu bändigenden Drang zur Zentralisierung, kostete es, was es wolle, das heißt, auch wenn eigene Erfahrungen längst gezeigt hatten – wie z.B. in der Landwirtschaft –, daß Betriebszusammenlegungen ökonomisch ineffizient sind: Während Ende der fünfziger Jahre gerade 100 Betriebe (5%) existierten, die mehr als 100 Arbeiter beschäftigten, hatten 1989 fast 40% der Staatsunternehmen mehr als 1000 und nur 15% weniger als 250 Angestellte; außerhalb des Agrarsektors lag der Anteil nichtstaatlicher Beschäftigter 1989 bei gerade einmal 1,1%.[84]

Dieser exzessive Staatszentralismus und die «Gigantomanie» seiner Projekte hatte zu Beginn der Industrialisierung vielleicht sogar positive Effekte. Mit dem Fortschreiten der Revolution verkehrte sich dies allerdings ins Gegenteil. Eine Kooperation und Integration zwischen verschiedenen Industrien und Unternehmen wurde immer schwieriger und führte zu ökonomischen Verlusten: *«In Effizienz ausgedrückt brachte das eine Verdoppelung der Anstrengungen, eine fehlende Auslastung der Kapazitäten und eine Verschwendung von Ressourcen mit sich sowie eine Fehllenkung der besten Talente aus Leitung und Technik in Aufgabenbereiche, die durch Kooperation und interberieblichen Wirtschaftsbeziehungen hätten gelöst werden sollen.»*[85] Ein landwirtschaftlicher Betrieb, der in der Nähe einer Traktorfabrik lag und dessen Traktoren reparaturbedürftig waren, durfte z.B. keine direkten Kontakte mit den Werkstätten dieser Fabrik aufnehmen. Er mußte den Umweg über die bürokratische Zentralverwaltung gehen; und Behördenwege waren bekanntlich auch im Sozialismus nicht gerade die schnellsten. Häufig wurde in solchen Fällen dann z.B. ganz pragmatisch beschlossen, eigene Reparaturwerkstätten einzurichten, anstatt die vor der Tür liegenden zu nutzen.

Schon dieses Beispiel macht deutlich, daß sich die zentralisierten Staatsbetriebe im Sozialismus in einem ganz anderen Umfeld wie die kapitalistischen Unternehmen anderer Länder befanden. An einem anderen Punkt wird dies noch klarer: Kapitalistische Privatunternehmen verfügen ja bekanntlich über die Einsatzfaktoren ihrer Betriebe selbst, haben also eine relativ große Betriebsautonomie. Auf dieser Grundlage versuchen sie in der Regel die effizienteste Kombination ihrer Produktionsfaktoren auszuwählen, mit der sie Gewinne erzielen können und konkurrenzfähig bleiben. Dies schließt häufig Rationalisierungen ein, z.b. durch die Ersetzung von Arbeitskräften durch billigere Maschinen und/oder durch die Ausnutzung der sogenannten «economies of scale», also der Möglichkeit, bei höherem Produktionsausstoß billiger produzieren zu können. Die sozialistischen Unternehmen hingegen haben kaum ein innerbetriebliches Selbstbestimmungsrecht, sind sie doch eher das ausführende Organ zentraler Planungsvorgaben. Sie bekommen ihre Einsatzfaktoren und ihre Produktionsmenge vorgeschrieben und müssen hauptsächlich diese Pläne erfüllen; Gewinne und Konkurrenz interessieren sie nur wenig. Der einzige Faktor, über den die sozialistischen Unternehmen wirklich unabhängig entscheiden können, ist die Arbeitskraft, denn die wird vom Betrieb selbst, und eben nicht von der zentralen Planungsbehörde eingestellt. Ebenso wie jeder andere, der sein Selbstbestimmungsrecht ungern aufgibt, gaben auch die Leiter der Staatsbetriebe ihren einzigen Trumpf – also die Arbeitskräfte – ungern aus der Hand. Sie versuchten, alle ihre Mitarbeiter auch durch laue Produktionsphasen mitzuschleppen und wehrten sich gegen Rationalisierungen, die ihnen ja ihre Arbeiter – also ihr bißchen Autonomie – auch noch geraubt hätten. Daraus folgte z.b., daß sich technische oder arbeitsorganisatorische Innovationen in kubanischen Staatsbetrieben langsamer als in vergleichbaren kapitalistischen Unternehmen verbreiteten. Noch 1975 lag die Umsetzung von Investitionen bei 1,43 Jahren, 1985 waren es schon 7,81 Jahre.[86]

Und die Anekdote von der Fabrik, die seit zwanzig Jahren auf ihre Fertigstellung wartet, kennt die ganze Insel, ohne noch darüber lachen zu können. Eine direkte Verbindung zwischen wirtschaftlicher Zentralisierung und Produktivitätsverlusten ist auch in der jüngeren Geschichte Kubas deutlich nachzuweisen: Nach der Umsetzung der Rezentralisierungsmaßnahmen der «rectificacion» ab 1986 nahm die Rentabilität der staatlichen Unternehmen sofort spürbar ab. Viele von ihnen konnten nur noch durch erhöhte finanzielle Beihilfen über Wasser gehalten werden, so daß sich der Anteil des BIP für die Subventionierung von Betrieben zwischen 1986-89 ungefähr verfünffachte.[87] Dennoch wurden 1988 nur rund 70% der verfügbaren Produktionskapazitäten der Industrie genutzt, was darauf hinweist, daß die staatliche Zentralplanung immer weniger in der Lage war, das wirtschaftliche Geschehen halbwegs rational steuern und koordinieren zu können. Eine genauere Analyse der staatssozialistischen Wirtschaftsordnung und der daraus gewachsenen innovationsfeindlichen Haltung der Betriebe befindet sich im vierten Teil des Buches.

Unter diesen Bedingungen vollzog sich ab 1975 auf der Insel eine Industrialisierung, die zugleich ein Strukturwandel war, der einzelne Wirtschaftsbranchen an sich und ihre Beziehungen untereinander umwälzte. Die Zuckerwirtschaft blieb zwar binnenwirtschaftlicher Leitsektor. Sie baute vor allem durch eine Mechanisierung ihre Produktionskapazitäten um rund 30% aus und erreichte dabei eine Leistungsfähigkeit, die sie – zumindestens theoretisch – in die Lage versetzte, genausoviel Zucker wie die gesamte Karibik und Zentralamerika zusammen – ohne Mexiko – zu produzieren; ohne dies allerdings jemals voll zu nutzen, wie die geringen Wachstumsraten der Exporte schon zeigten. Daran knüpfte aber ab Mitte der siebziger Jahre eine größere Integration zwischen industriellen und landwirtschaftlichen Sektoren an. Dank dieser «Agroindustrialisierung» – die insgesamt 15% des BIP produzierte – konsolidierte sich z.b eine Basisindustrie für Kunstdüngemittel oder verbesserte sich die Veredelung der Zuckerproduktion durch Derivate.* Weitere industrielle Diversifizierungsschwerpunkte waren Energie-, Mineralöl-, Bergbau-, Maschinenbau-, Lebensmittel,- und Baustoffanlagen und entsprachen damit eher der klassischen sowjetischen Industrialisierungsvariante. Dadurch erlangte die Insel einen Ausbau ihrer Infrastruktur und somit eine bedeutsame Aufwertung als Wirtschaftsstandort. So verfügt sie heute z.b über eine integrale und dezentrale Energieerzeugung, die bei entsprechenden Inputs eine solide Stromversorgung sichern könnte oder auch über enorme Kapazitäten im Bausektor. Diese beschleunigte Industrialisierung konnte allerdings nur durch hohe Importe von Investitionsgütern erreicht werden. Da sie außerdem nur wenig an den eigenen Ressourcen orientiert war, erforderte eine effiziente Nutzung vieler Fabriken nach ihrer Fertigstellung wiederum neue Einfuhren, diesmal von zu verarbeitenden Materialien. So entstand letztendlich eine für Lateinamerika beeindruckend schnell entwickelte, aber dafür hochgradig außenhandelsabhängige Industrie. 1989 konzentrierten sich drei Viertel des Importwertes Kubas auf nur drei Gruppen, nämlich auf Brennstoffe (32%), Maschinen/Investitionsgüter (32%) und Lebensmittel (12%), so daß auch überlebenswichtige Produktions- und Konsumsektoren nach 30 Jahren Revolution noch weiter importabhängig waren.

Auffällig ist dabei der hohe Anteil an Lebensmittelimporten. Mit der Landwirtschaft hatte die Revolution nie eine glückliche Hand. Zwar gelang es ihr als Agrarrevolution, die Lebensbedingungen der Landbevölkerung deutlich zu verbessern. Doch die Produktion selbst war immer von einer chronischer Ineffizienz und Wachstumsschwäche gekennzeichnet. Obwohl zwischen 1960-90 ein Viertel aller auf der Insel getätigten Investitionen in die Landwirtschaft gelenkt wurden, blieben deren Ergebnisse unterhalb lateinamerikanischer Vergleichsdaten: So lag z.b die Produktivität des kubanischen Reisanbaus – trotz einer 100%igen Mechanisierung – noch 1989 ein Viertel niedriger als in der Dominikanischen Republik. Die Regierung mußte allein zwischen 1986-90 44% der Binnennachfrage dieses für Kubaner sehr wichtigen Grundnahrungsmittels über Importe decken und war gleichzeitig noch zu Rationierungen gezwungen. Die Produktivität des Tomatenanbaus war im gleichen Jahr in Kuba sogar nur halb so hoch wie auf der Nachbarinsel. Insgesamt mußte noch 1989 der nationale Verbrauch von 55% der Kalorien, von 50% der Proteine und von 90% der Fette über Importe gesichert werden.[88]

---

* Die Zuckerrohrderivate erlangten immerhin einen vierprozentigen Anteil am BIP. Vgl. Figueras (1991:71ff.).

Wohl zu den ruhmreichsten und zweifellos auch zu den sympathischsten Ergebnissen der Revolution gehören die *conquistas soziales*, die sozialen Errungenschaften: Zentrales Element der gesamten kubanischen Entwicklung war ein zusammenhängender Aufbau der Gesundheitsversorgung, des Bildungssystems, verschiedener sozialer Sicherungssysteme wie Rentenversorgung etc. und eine großzügige staatliche Kultur- und Sportförderung. Durch die allgemeine Ausweitung des Bildungswesens hat «*Kuba heute die am besten ausgebildete Bevölkerung der Dritten Welt*».[89] Anfang 1990 besaßen rund 9% der registrierten Arbeitskräfte einen akademischen Titel, 19% eine Facharbeiter- und über 50% eine allgemeine Berufsausbildung, die Alphabetisierungsrate betrug 99%.[90] Ein symptomatischer Wermutstropfen ist allerdings dennoch in der Bildungspolitik der Revolution zu finden, denn auch das kubanische Hochschulsystem hat an den eigenen Bedürfnissen des Landes vorbei ausgebildet: So graduierten sich zwischen 1980-89 fast 50% aller Akademiker als Ärzte oder Lehrer, was für eine deutliche Überwertung des «nicht produktiven» Sektors sorgte.[91] Während solche «Fehlquoten» in Industrienationen gelegentlich noch absorbiert werden, können sie in Entwicklungsländern – in denen wissenschaftliche Ausbildungen unter wesentlich größeren Anstrengungen realisiert werden müssen – bei längerer Dauer einen entwicklungshemmenden Charakter haben.

Neben dem Bildungssystem besitzt die Tropeninsel heute ein kostenloses, effizientes und umfassendes Gesundheitswesen, das in ganz Lateinamerika gerühmt wird. Viele Indikatoren beweisen, daß Kuba in Fragen der Gesundheit den entwickelten kapitalistischen Ländern in nichts nachsteht. Nicht nur bei der häufigsten Todesursache – Herzinfarkt –, sondern bei allen wichtigen Indikatoren dieses Bereiches wie Lebenserwartung, Kindersterblichkeit etc. hat Kuba den Anschluß an die «Erste Welt» längst gefunden.

Auch das stabile soziale Versicherungssystem durch Rentenversorgung, Sozial- und Arbeitslosenhilfen usw. hat für viele unterentwickelte Länder eine Vorbildfunktion. Zusammen mit einer nivellierenden Lohnpolitik wurden so zentrale Strukturelemente der Unterentwicklung überwunden: Soziale und räumliche Unterschiede wichen einer ausgeprägten Egalität; eine Veröffentlichung von 1989 bezifferte den Anteil der 40% Ärmsten Kubas am gesamten Volkseinkommen 1953 auf 6,5% und 1986 auf 26%, den Anteil der 10% Reichsten 1953 auf 38,8% und 1986 auf 20,1%.[92] So entstand auf dem Kontinent mit den größten Einkommensunterschieden der Welt soziale Gleichheit und Gerechtigkeit erstmals in Kuba.

Diese *conquista* wurde von einer gleichgewichtigen Entwicklung des Bevölkerungswachstums begleitet: Die Wachstumsrate halbierte sich in den ersten dreißig Jahren der Revolution und liegt heute gerade halb so hoch wie auf dem lateinamerikanischen Kontinent. Dadurch wurde nicht nur die sonst weit verbreitete doppelte Ausbeutung der Frauen als Erzieherinnen und Arbeiterinnen in den Ländern der sogenannten «Dritten Welt» ausgehebelt; prinzipiell lieferte Kuba auch den empirischen Beweis, daß nicht «Überbevölkerung» für das Elend der Unterentwicklung verantwortlich zu machen ist, sondern im Gegenteil soziale und ökonomische Entwicklung das Bevölkerungswachstum bestimmen. Kubas Realität hat damit dem ideologischen Kampfbegriff «Überbevölkerung» die Spitze gebrochen. Auch andere soziale Phänomene wie Unterernährung, Massenarbeitslosigkeit und -armut waren in Kuba ganz verschwunden, rassistische und geschlechtsspezifische Diskriminierungen nur noch latent vorhanden; die Insel sah sich selbst nicht nur wie ein wehrhaftes Krokodil vor der nordamerikanischen Küste; sie wurde auch zum sozialsten und friedlichsten Land der ganzen Region.

4.6. Der erste Abschied:
Der Traum vom gerechten Handel wird zum Alptraum

Die Diskussion um Kubas Integration in die internationale sozialistische Arbeitsteilung wird immer noch von zwei Positionen dominiert: Während die eine Seite die spezifischen Austauschbeziehungen als Ausdruck eines *«gerechten Handels»* interpretiert, wird sie andererseits als interessensgeleitete Subventionierung neuer Abhängigkeiten begriffen; eine noch harschere Kritik spricht in diesem Zusammenhang gelegentlich von *«Sowjetimperialismus»*. Beide Argumentationen greifen zu kurz und bedürfen deshalb einer weiterführenden Betrachtung: Das Konzept des «gerechten Handels» basiert theoretisch auf der in den fünfziger Jahren entwickelten These der tendenziellen Verschlechterung der Terms of trade für Rohstoffe, also dem fortgesetzten Verfall der Rohstoffpreise gegenüber den Importwerten von industriellen Gütern.

Zwar ist es umstritten, ob es für die Rohstoffexporte der Entwicklungsländer langfristig die Tendenz einer Verschlechterung der Terms of trade gibt, für das «verlorene Jahrzehnt» der Achtziger trifft dies aber auf jeden Fall zu. Und allein zwischen 1989 und Mitte 1991 stürzten die entsprechenden Exportproduktpreise für Entwicklungsländer um 20% ab. Auch Kubas Exportschlager Nummer Eins war davon betroffen, das für Wirtschaftsfragen zuständige Politbüromitglied Carlos Lage resümierte 1992: *«Mit einer Tonne Zucker konnten wir 1959 acht Tonnen Erdöl kaufen und mit den Bedingungen des ungleichen Tausches durch die Jahre hinweg kauft man heute mit einer Tonne Zucker nur 1,4 Tonnen Erdöl.»*[93]

Dieser vermeindliche, permanente Einkommensverlust der rohstoffexportierenden Entwicklungsländer wurde auch innerhalb des RGW als eine Ursache für Unterentwicklung verstanden. Folgerichtig leitete man nach Kubas Eintritt in den RGW eine Strukturpolitik ein, die auch Industrienationen bei der Förderung strukturschwacher Regionen oder Wirtschaftsbranchen nicht unbekannt ist: Über den «gerechten Handel» der internationalen sozialistischen Arbeitsteilung sollte durch wirtschaftliche Fördermaßnahmen, die sich meist in höheren Preisen ausdrückten, der Entwicklung Kubas auf die Beine geholfen werden. Heute weiß man, daß schlechtere Terms of trade nicht zwangsläufig zur Unterentwicklung führen müssen, da solche Verluste – wie Japan beweisen konnte – durch eine Verbesserung der Produktivität und der Ausweitung und Veredelung von Exportgütern überkompensiert werden können. Doch die theoretischen Schlußfolgerungen dieser These sollen uns hier nicht weiter interessieren. Im Mittelpunkt des «gerechten Handels» stehen nämlich die Vorzugspreise des RGW:

Häufig wird davon ausgegangen, daß Kuba seit Beginn der Revolution höhere Zuckerpreise erhielt. Dies entspricht allerdings nicht der Realität. Noch bis 1972 waren die durchschnittlichen Zuckerpreise des Weltmarktes wesentlich höher als die, die die Insel von ihren sozialistischen Verbündeten erhielt.[94] Erst mit Kubas Eintritt in den RGW änderte sich diese Situation maßgeblich. Ab diesem Zeitpunkt erhielt die Insel die sogenannten «gerechten Preise», die im Grunde Erste-Welt-Tauschrelationen entsprachen. Denn nur rund 15% des Weltzuckers werden zu «freien Weltmarktpreisen» verkauft, der größte Teil wird hingegen in der EU und den USA über hochsubventionierte Handelsabkommen vermarktet und nach preisbereinigten Kalkulationen soll der sowjetische Zuckerpreis an Kuba nur geringfügig über vergleichbaren nordamerikanischen Subventionspreisen gelegen haben.[95]

Doch diese «gerechten Preise» hatten durchaus einen Januskopf: Sie besaßen nicht den Charakter eines neutralen Kapitaltransfers, mit dem Entwicklung gefördert werden sollte, sondern den einer preisgeleiteten Einflußgröße, die nicht nur Geld für Entwicklung garantierte, sondern dieses Geld an konkrete Produktionsstrukturen festband. Mit anderen Worten: Die Beibehaltung und Ausdehnung der kubanischen Zuckermonokultur entsprach der ökonomischen Logik und Dynamik des «gerechten Handels». Je mehr Zucker produziert wurde, desto mehr Subventionen, je unabhängiger sich Kubas Wirtschaft gestaltete, desto weniger Unterstützung. Da auch der «gerechte Handel» Außenhandel blieb, förderte er zusätzlich eine relativ ausgeprägte Außenorientierung und nicht das Interesse, die Bedingungen des inneren Marktes zu optimieren. Daß es sich hierbei nicht um die vordergründig politische Absicht handelte, bewußt Abhängigkeit zu schaffen, läßt schon die Tatsache erahnen, daß diese Form der Preissubventionierung kein außergewöhnlicher Mechanismus zwischen Kuba und dem RGW war. Stattdessen wurde nur die sozialistische Wirtschaftspraxis einzelner Staaten auf den Außenhandel übertragen; auch die Wirtschaftsordnungen der Länder Osteuropas zeigten keine besonders ausgeglichenen Produktionsstrukturen.

Doch der «gerechte Handel» hatte auch politische Auswirkungen: Zur Verwaltung und Lenkung des enormen Ressourcentransfers brauchte er einen kompetenten und mächtigen Adressaten und förderte somit die Entstehung und Stabilisierung eines zentralistisch-bürokratischen Staates. Da dieser durch die externen Zuwendungen wiederum nur zum Teil von einer Finanzierung durch interne Steuern abhängig war, erhöhte sich seine innergesellschaftliche Autonomie, was sich letztendlich negativ auf die demokratische Verfaßtheit des Systems auswirkte. Unter heutigen Gesichtspunkten ist der «gerechte Handel» des sozialistischen Weltmarktes also kritisch zu bewerten. Er eröffnete die Chance auf Entwicklung, verführte aber auch dazu, diese nicht allseitig zu nutzen.

Außerdem hatte er keine Zukunft. Denn innerhalb der internationalen sozialistischen Arbeitsteilung begannen sich schon ab Mitte der siebziger Jahre zwei Tendenzen auszuprägen, die langfristig in die Sackgasse führen mußten:

Einmal gelang es selbst den entwickeltsten Ländern des Staatssozialismus wie der DDR oder der CSSR damals nicht mehr, den Anschluß an die globalen technologischen

Innovationen zu finden, wichtige Weltmarktanteile gingen verloren. Jene Staaten versuchten daraufhin, ihre Verluste durch einen stärkeren Export von Rohstoffen oder Gütern niedrigeren Verarbeitungsgrades wettzumachen.

Gleichzeitig verteuerten sich innerhalb des RGW aber auch die sowjetischen Rohstoffe kontinuierlich, der Rohstofflieferant UdSSR konnte allein zwischen 1975-84 seine Terms of trade gegenüber verarbeiteten Industrieprodukten um 45% verbessern. Als Antwort darauf versuchten die sozialistischen Abnehmer selbst, verstärkt Rohstoffe zu fördern und vernachlässigten zusehens ihre technologische Entwicklung.

So war innerhalb des RGW eine wachsende Tendenz der «Entindustrialisierung» zu beobachten – das heißt, die dort gehandelten Waren zeichneten sich durch einen immer geringeren Verarbeitungsgrad aus –, während auf dem Weltmarkt industrielle und technologische Produkte an Bedeutung gewannen. Beide Tendenzen hatten für Kuba fatale Auswirkungen und boten der Insel keine langfristige Entwicklungsperspektive mehr: Die industrielle Produktion von Zucker wurde abgewertet, Kubas Terms of trade verschlechterten sich zwischen 1980-1990 gegenüber der UdSSR um 28%.[96]

Zu Beginn der neunziger Jahre – als der Handel zwischen Kuba und der UdSSR noch zu den alten Bestimmungen abgewickelt wurden – lag der «gerechte Preis» für den traditionellen Exportartikel Nickel sogar wieder unterhalb des Weltmarktniveaus. Für die Insel bedeutete dies eine kontinuierliche Entwertung ihrer wichtigsten Exporte, die innerhalb der RWG-Strukturen nicht kompensiert werden konnte: Die Erschließung eigener Energieträger und Rohstoffe war kurzfristig unmöglich, eine Ausweitung der Exporte zugunsten von verarbeiteten Industrieprodukten widersprach aber der «Entindustrialisierungs»-Logik des RGW. Die ursprünglichen Kapitalzuwendungen des «gerechten Handels» verwandelten sich für Kuba also langfristig in einen Kapitalabfluß. Der Traum von einer «gerechteren» Weltwirtschaftsordnung wäre zum Alptraum geworden. Nur ein Strukturwandel der sozialistischen Handelsbeziehungen hätte diesen Prozeß aufhalten können. Der Zusammenbruch des RGW und der UdSSR ist dem zuvorgekommen.

Betrachten wir nun die Argumente der zweiten Kritik: Dabei wird die «sozialistische Bruderhilfe» z.B. als *«ökonomische und geostrategische Interessenspolitik»* verstanden, *«die sich qualitativ wenig von der unterschied, die der Westen mit dem Instrument der Entwicklungshilfe verfolgte».*[97] Die Auffassung, Kuba sollte durch den RGW-Handel bewußt in eine neue Abhängigkeit gestoßen werden, bezieht sich häufig auf einen in den sechziger Jahren formulierten Entwicklungsbegriff. Nach diesem verursachen die ungleichen Handelsbeziehungen des kapitalistischen Weltmarktes per se Abhängigkeitsverhältnisse, so daß Handel und Weltmarktintegration als die strukturelle Ursache von Unterentwicklung identifziert wurden. Diese Kritik wurde nun einfach auf die internationale sozialistische Arbeitsteilung übertragen, ohne deren Besonderheiten zu berücksichtigen. Im Falle Kubas konzentriert sie sich dann folgerichtig auf die ungleichen Handelsbeziehungen und der durch sie ausgedrückten Interessenskonstellationen, Kubas festgelegte Rolle als Rohstoffexporteur wird schließlich als der zentrale Beweis für Abhängigkeit herangeführt. Der dieser Interpretation oft zugrundeliegende Ansatz, der Unterentwicklung als das Resultat von weltmarktvermittelter Abhängigkeit versteht, kann hier nicht diskutiert werden. Im Falle Kubas soll gar nicht bezweifelt werden, daß die sowjetische Hilfe sich nach der Intensität der politischen Beziehungen beider Staaten richtete und so auch vorhandene Interessen der UdSSR dokumentierte: Während die sowjetischen Unterstützungen bis 1970 z.b. hauptsächlich auf rückzahlbaren Krediten basierten, wurden sie nach der Einführung des sowjetischen Entwicklungsmodells erhöht und primär über Vorzugspreise – also als Schenkungen – abgewickelt. Mit der Einleitung der «rectificacion», der der sowjetischen Perestoika entgegenstand, wurde die Hilfe wieder auf Kreditform umgestellt und verringert.[98] Dennoch ignoriert eine Kritik am «gerechten Handel» – die sich auf die Durchsetzung von Machtinteressen beschränkt – dessen ökonomische Strukturmerkmale. Oben wurde verdeutlicht, daß es sich bei Kubas Konzentration auf die Zuckerproduktion nicht um primär politisch motivierte Absichten handelte, sondern die Exportabhängigkeit vielmehr der besonderen ökonomischen Logik und Dynamik des sozialistischen Weltmarktes entsprach. Außerdem unterschlägt eine solche Kritik unzulässig den relevanten Zusammenhang zwischen externen und internen Entwicklungskomponenten, also wie die äußeren Beziehungen nach innen vermittelt werden und zu welchen Ergebnissen sie führen. Wie wir schon gesehehen haben, steht die Binnenentwicklung der Tropeninsel hier im deutlichen Kontrast zu Erfahrungen mit dem kapitalistischen Weltmarkt, Kuba konnte trotz – oder eben gerade wegen – seiner großen Außenabhängigkeit enormen sozialen und wirtschaftlichen Fortschritt verwirklichen: Sowohl der Aufbau des kubanischen Sozialwesens, die zum Teil erfolgreiche Industrialisierung als auch die innere Entwicklung während der zweiten Hälfte der achtziger Jahre, wo externe Verluste nicht völlig nach innen weitergegeben wurden, belegen, daß die Integration in den RGW primär nicht von Abhängigkeit gekennzeichnet war, sondern der nationalen Regierung zentrale Gestaltungs- und Entwicklungsspielräume eröffnete.

Fassen wir zusammen: Kubas Integration in die sozialistische Weltwirtschaft garantierte langfristig keine gleichgewichtige Entwicklung, verhinderte sie aber auch nicht. Der «gerechte Handel» war kein Prototyp einer «Neuen Weltwirtschaftsordnung», aber auch kein Instrument, das die Insel gezielt in Abhängigkeit preßte. Wenn die Außenbeziehungen der Insel die Entwicklungserfolge und -defizite des kubanischen Sonderweges also nur bedingt erklären können, muß nach der Verfaßtheit des Systems, den inneren Entwicklungspotentialen und -blockaden gefragt werden. Wie gezeigt wurde, kopierte Kuba ab Beginn der siebziger Jahre das sowjetische Entwicklungsmodell. Die Ergebnisse dieses Prozesses können in *interne* und *systemimmanente* Komponenten unterschieden werden. Interne Komponenten sind diejenigen, die von den besonderen Bedingungen eines Nationalstaates abhingen, also von seinen politischen Vertretern, seiner Kultur, seinem ökonomischen Entwicklungsstand etc. Diese treffen dann auf die systemimmanenten Komponenten des Staatssozialismus, wie z.B. Zentralverwaltung, Wirtschaftsplanung usw. Merkmale, die wir in allen staatssozialistischen Regimes finden, sind dann immanent, also dem System eigen; Besonderheiten, die nur in einigen dieser Länder auftreten, intern, also länderspezifisch und damit als solches nicht typisch für ein staatssozialistisches System. Dies soll am Beispiel des Staates selbst verdeutlicht werden: Da der Staatssozialismus bekanntermaßen zentralistisch aufgebaut war, kann eine ungenügende Integrität des Staates zum internen Defizit werden. Dies war eine Erfahrung, die die UdSSR in unterentwickelten Ländern offensichtlich häufiger bei ihren Hilfen zum sozialistischen Aufbau machen mußte. Der damals noch sowjetische Außenminister Schewardnadse formulierte das 1990 so: *«Wir sahen Angola und Mocambique. Dort haben einige Genossen wohl einst an ihre eigenen Interessen gedacht und sie als Landes- und Klasseninteressen ausgegeben. Jetzt gibt es in diesen Ländern die größten und bestbewaffnetsten Armeen der Region und die größte Armut unter der Bevölkerung und eine völlig kaputte Wirtschaft...»*[99] Da also in der sogenannten «Dritten Welt» ein sozialistischer Staat nicht automatisch soziale und ökonomische Entwicklung garantierte, ist das beschriebene Wirtschaftswachstum und die soziale Entwicklung Kubas somit auch ein internes Ergebnis und kann umgekehrt nicht – wie von Kritikern mit Vorliebe getan wird – rein auf eine externe Subventionierung zurückgeführt werden: Es ist das Resultat einer Verteilungspolitik und Ressourcenlenkung, die auf dem Egalitarismus der nationalen Regierung beruhte. *«Alle Milliarden von Entwicklungshilfe oder alle Reformen der Weltwirtschaftsordnung nützen wenig bzw. nur wenigen, wenn die inneren Machtverhältnisse eine entwicklungspolitisch sinnvolle Verwendung der Mittel verhindern.»*[100] Deshalb ist Kubas realisiertes Entwicklungspotential sowohl fremdfinanziert als auch unbestreitbare Eigenleistung der Revolution.

Der entwicklungstheoretische Einwand, in Kuba handelte es sich um einen reinen Rentenstaat, hat dann spätestens mit der Mexiko-Krise Ende 1994 völlig an Relevanz verloren: Mexiko ging nach mehr als zehn Jahren neoliberalen «Aufbaus» – der große Teile der Bevölkerung auf ein menschenunwürdiges Lebensniveau drückte, die Binnenmärkte austrocknete und die wirtschaftliche Unabhängigkeit des Landes verspielte – fast völlig pleite. Die Wirtschaft benötigte zu ihrer Rettung von den internationalen Kreditinstitutionen Kapitaltransfers und Kredite in einem Volumen von mindestens 2/3 der gesamten Wirtschaftshilfe, die Kuba in 30 Revolutionsjahren erhielt. Trotz dieser immensen Summe scheint Mexiko nicht einmal ansatzweise ähnliche soziale Entwicklungen gewährleisten zu können wie sein tropischer Nachbar und stellt nebenbei auch das neoklassische Entwicklungskonzept in seinen Kernthesen in Frage.[101]

Kommen wir zu den systemimmanenten Komponenten der kubanischen Entwicklung. Hierunter werden wie gesagt strukturelle Merkmale verstanden, die nicht nur für Kuba, sondern allgemein für staatssozialistische Systeme typisch waren. Wir wollen uns hier erst einmal damit begnügen, erstens eine zentrale Kontrolle über die fast gesamte Wirtschaft und zweitens einen enormen Ressourcen- und Rohstoffeinsatz als zwei dominante Strukturelemente des sowjetsozialistischen Entwicklungsmodells hervorzuheben, eine genauere Beschreibung dieses Modells folgt dann im Abschnitt 22. Eine Kombination beider Merkmale erlaubte unterentwickelten sozialistischen Gesellschaften während einer ersten Phase eine beschleunigte Industrialisierung, die auf rein

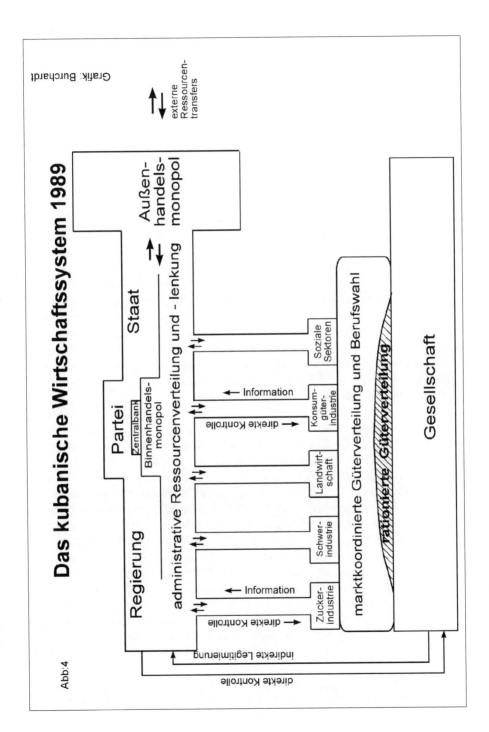

Das kubanische Wirtschaftssystem 1989

Abb:4

Grafik: Burchardt

Partei

Staat

Regierung

Außenhandelsmonopol

externe Ressourcentransfers

Zentralbank

Binnenhandelsmonopol

administrative Ressourcenverteilung und -lenkung

Zuckerindustrie

Schwerindustrie

Landwirtschaft

Konsumgüterindustrie

Soziale Sektoren

Information

direkte Kontrolle

Information

direkte Kontrolle

marktkoordinierte Güterverteilung und Berufswahl

rationierte Güterverteilung

Gesellschaft

indirekte Legitimierung

direkte Kontrolle

extensiven Produktionsformen – also quantitativem Wachstum – beruhte. In einer zweiten Phase provozierten die abnehmenden Ressourcen dann einen strukturellen Anpassungszwang hin zu einer intensiven Produktion – also qualitativem Wachstum – durch autonomere, dezentralere Betriebe, was aber im Widerspruch zu der zentralen Kontrolle des Staates stand und eine Krise auslöste. Wie wir gesehen haben, zeichnete sich auch in Kuba spätestens zu Beginn der achtziger Jahre eine wirtschaftliche Tendenz ab, die von abnehmender Produktivität, sinkender Effizienz der Investitionen etc. geprägt war und damit ganz typisch – also systemimmanent – für den Staatssozialismus war. *«Das klarste Zeichen hierfür war, daß ein immer größerer Teil der Wirtschaftseinnahmen aufgewendet werden mußte, um die gleichen Produktionsergebnisse zu erhalten.»*[102] Diese Entwicklung soll an zwei Beispielen veranschaulicht werden:

Die «Achillesferse» der kubanischen Wirtschaft ist die Energieversorgung, da Kuba hier fast vollständig von Importen abhängig ist. Trotz dieser strategischen Schwäche gehörte die Insel zu den Ländern mit der höchsten Energieintensität – Energieverbrauch pro Bruttosozialprodukteinheit – der Welt. Während es den OECD-Staaten zwischen 1980-1990 gelang, ihren Einsatz von primären Energieträgern um rund 20% zu verringern, ist der Kubas im gleichen Zeitraum weiter gestiegen. Ende der achtziger Jahre lag Kubas Energieeinsatz pro Kopf an vierter Stelle in Lateinamerika.* Bezüglich der Energieintensität konsumierte der Inselsozialismus damit im Vergleich doppelt so viel Energieträger wie die USA und fast dreimal so viel wie Frankreich; das alles nach Energiesparmaßnahmen, die Kubas Energieverbrauch zwischen 1970-85 um mehr als die Hälfte verringert hatten![103]

Das zweite Beispiel betrifft die Zucker- und Landwirtschaft sowie ihre Industrialisierung, hier wurden bis 1990 enorme Investitionen getätigt: Der Traktorpark wurde von 9.000 auf 77.000 Maschinen aufgestockt, die Ausgaben für Pestizide stiegen um das 35fache, die für Düngemittel fast um das 70fache, die Zuckerernte wurde zu 70% mechanisiert, insgesamt flossen in die Landwirtschaft und in die an ihr angekoppelte Agroindustrialisierung bis 1990 die Hälfte aller auf der Insel getätigten Investitionen.[104] Trotz dieser immensen Anstrengungen ist die Beschäftigungszahl im Agrarsektor zwischen 1958 und 1990 nicht gesunken! Die Arbeitsproduktivität stieg nur um 1,5% pro Jahr, außerdem wurden nur zwei Drittel der kultivierten Böden bebaut. Wie schon erwähnt, gelang es der kubanischen Lebensmittelproduktion nicht einmal zur Hälfte, die Bevölkerung aus eigener Kraft zu ernähren; der Agrarsektor wurde zum Subventionsgrab der revolutionären Wirtschaftspolitik.

Das die Ineffizienz von Investitionen und sinkende Produktivität nicht allein ein kubanisches Problem waren, hatte das sozialistische Bruderland Sowjetunion längst bewiesen: Die UdSSR produzierte nach eigenen Angaben schon 1985 mit einem höheren Aufwand an Einsatzgütern nur 67% des nordamerikanischen Volkseinkom-

---

*   Pichs (1992:10). Die Kubaner begründen dies zum Teil auch mit dem hohen Grad der Elektrifizierung: 1958 hatten 56%, 1992 hingegen 94% der Bevölkerung Stromanschluß (Barredo, 1992:36).

mens.[105] Die ökonomische Entwicklung der Insel war also offensichtlich in einen systemimmanenten Zyklus eingetreten, den alle staatssozialistischen Systeme kannten. Während auch in Kuba sinkende Importkapazitäten die gesamte Reproduktionsbasis des außenhandelsabhängigen Systems in Frage stellten, genügte das zentrale Lenkungssystem der komplexer gewordenen Volkswirtschaft offensichtlich noch weniger als früher als hinreichende Bedingung für wirtschaftliche Entwicklung. *«Eine Vorstellung von den heroischen Anstrengungen der Planer [Kubas] geben folgende Zahlen: Bis Mitte der achtziger Jahre hatten diese drei Millionen Arbeitsnormen festzulegen, von denen jedoch nur 23% technisch begründet werden konnten. Eine vorgesehene Preisreform verlangte, daß die Preislisten (sie umfaßten 36 Bände) mit über einer Million neuer Preise neu ausgearbeitet wurden. Vor dieser Aufgabe mußte man kapitulieren und beschränkte sich darauf, nur etwa 100.000 Positionen zu berichtigen.»*[106] Die zentralverwaltete Planwirtschaft stieß endgültig auf ihre Systemgrenzen.

Damit werden die grundsätzlichen Entwicklungspotentiale des staatssozialistischen Modells deutlich: Es konnte der Insel zwar eine zeitlich begrenzte, aber keine langfristige Perspektive bieten. Das sowjetisch orientierte System benötigte für sein extensives Wachstum gewaltige Ressourcen, diese konnten in dem von Unterentwicklung geprägten Kuba vorläufig nur über die Handelsbeziehungen beschafft werden, die wiederum die zentrale Steuerung der Ressourcen legitimierten. Aus der zentralstaatlichen Wirtschaftsplanung wuchs aber gleichzeitig eine innovationsfeindliche Haltung der Betriebe, die Produktivitätssteigerungen bremste und die Effizienz der Binnenproduktion verzögerte. Diese Schwäche des Binnenmarktes zementierte die Funktion der Importe als materielle Basis des Systems. Eine ökonomische Dynamisierung, qualitatives Wachstum sowie die Diversifizierung der Binnenwirtschaft und des Außenhandels wurden durch die eigene Systemlogik ausgeschlossen. *«In Wirklichkeit handelte es sich um ein extensives Wachstumsmodell auf der Grundlage vorteilhafter Finanz- und Technologietransfers aus Osteuropa, mit einem außerdem sicheren, aber vor allem wenig anspruchsvollen Markt. Das in Verbindung damit angepaßte ökonomische Steuersystem... hat in seinen realen Prioritäten den intensiven Einsatz von Technologien und Arbeitskräften nicht eingeschlossen, was in den Beziehungen zwischen den ökonomischen Subjekten ein alarmierenden Grad von Ineffizienz, Vergeudung und Paternalismus hervorbrachte.»*[107] Durch diese Systemlogik konnten sich die beiden zentralen inneren Strukturelemente, die wir schon bei der historischen Betrachtung Kubas entdeckten – nämlich die der Zentralverwaltung und der extensiven Produktionsformen – immer weiter stabilisieren bzw. ausdehnen. Kuba konnte seine entwicklungsstrategischen Zielvorgaben wie Importsubstituierung nicht realisieren, nur allein um die erreichten Standards zu halten, mußte immer mehr importiert werden. Der Inselsozialismus wäre auch ohne die politischen Transformationen in Osteuropa zu einem grundlegenden Strukturwandel gezwungen worden. Soll die Zukunft Kubas in einer «Rettung» dieses Sozialismus bestehen, ist dies nur über seine gleichzeitige Veränderung möglich.

4.7. Außenhandelskrise und Zusammenbruch

Die durch den Zusammenbruch des RGW ausgelöste Außenhandelskrise Kubas verlief parallel zu dem neuen Reformprozeß. Die Abbildung 5 zeigt eindrucksvoll, wie abrupt der Zusammenbruch des Staatssozialismus den kubanischen Außenhandel mit den RGW-Staaten zum Erliegen brachte.

Der Verlust von sämtlichen Kreditgebern sowie von rund zwei Dritteln der Absatzmärkte provozierte eine ernsthafte binnenwirtschaftliche Krise auf Kuba: «...*es gibt keinen Industriezweig ohne einen wichtigen Anteil an Technologie aus dem sozialistischen Lager und mit der Unterbrechung der wirtschaftlichen Beziehungen wurde auch die technische Hilfe und die Möglichkeit, Ersatzteile... zu erhalten, unterbrochen.*»[108]

Der Außenhandel sank bis 1993 um rund 75%. Wie dramatisch allein diese Ziffer ist, verdeutlicht vielleicht ein Vergleich: Selbst in der großen Weltwirtschaftskrise der dreißiger Jahre ist in keiner der Industrienationen der Außenhandel auch nur annähernd so stark eingebrochen wie jüngst in Kuba; die politischen Konsequenzen jener Epoche sind uns heute noch in schrecklicher Erinnerung. Auch die Auswirkungen der Verschuldungskrise in Lateinamerika in den achtziger Jahren, durch die Mexiko in zwei Jahren rund 60%, Chile und Argentinien immerhin 50% ihrer Importkaufkraft verloren und

Abb. 5: **Außenhandel mit den RGW-Staaten 1989-92**

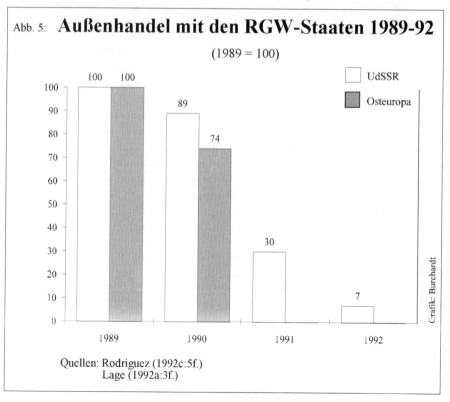

(1989 = 100)

Quellen: Rodriguez (1992c:5f.)
Lage (1992a:3f.)

die zu einer sozialen Demontage der Region führten, sind mit der Dimension der kubanischen Krise noch nicht vergleichbar: Die Importe der Tropeninsel nahmen bis 1993 sogar um mehr als drei Viertel ab! *«Dabei ist die drastische Reduzierung nicht innerhalb von drei Jahren vor sich gegangen, sondern praktisch innerhalb eines Jahres, zwischen 1991 und 1992. Und um noch genauer zu sein: Schon 1990 begannen die Einschränkungen.»*[109]

Hier muß besonders auf die schon erwähnte «Achillesferse» der Inselökonomie hingewiesen werden: Die Energieversorgung des Landes ist hochgradig importabhängig und erfordert zur Aufrechterhaltung selbst minimalster wirtschaftlicher Aktivitäten die Sicherung einer bestimmten Importkapazität. Die durch die Außenhandelskrise verursachten Kaufkraftverluste führten zu einer Halbierung der Erdölimporte von 13 Mio. Tonnen 1989 auf 5,7 Mio. Tonnen 1993[110] und brachten Kuba an den Rand eines totalen wirtschaftlichen Zusammenbruchs. Die Bevölkerung wurde propagandistisch schon auf die *Option Null*, auf das Überleben ohne Erdöl vorbereitet, ein Schreckensszenario, das sich niemand genau ausmalen wollte. Glücklicherweise stabilisierten sich ab 1993 die Einfuhren von Erdöl bei rund 6 Mio. Tonnen, eine Zahl, die bis heute konstant blieb.

Diese Krise zwang Kuba zum zweiten Mal seit 1959 praktisch seinen gesamten Außenhandel neu zu orientieren und setzte die Ökonomie unter extremen Anpassungsdruck, *«da zeitlich gesehen wenig Spielraum für einen allmählichen Strukturwandel besteht.»*[111] Die angesprochenen Versäumnisse frühzeitiger Reformkorrekturen grenzen den Einsatz von vorhandenen Kapitalreserven zusätzlich ein, so daß die nötige Transformation unter denkbar ungünstigen Umständen durchgeführt werden muß. Der *abrupte Zusammenbruch der Außenhandelsbeziehungen* kann deshalb nach der Blockade als *zweites zentrales äußeres Strukturelement* des Reformprozesses betrachtet werden.

5. Einchecken für das neue Jahrtausend: *Eine Bestandsaufnahme*

Im ersten Teil dieses Buches wurden die zentralen Strukturelemente des kubanischen Umbruchs analysiert: Kuba kann zu Beginn des zu betrachtenden Umbruchs als ein teilindustrialisiertes, rohstoffexportierendes und hochgradig importabhängiges Entwicklungsland beschrieben werden, das über einen untypisch hohen Anteil an qualifizierten Arbeitskräften und über ein gut entwickeltes Sozialwesen verfügt; gleichzeitig ist es von einem hohen Konzentrationsgrad der ökonomischen Kontrolle sowie von ineffizienten Produktionsstrukturen geprägt. Nach einem massiven und irreversiblen Verlust von Importen wurde die Wiederherstellung der materiellen Basis des Systems für die Menschen und die Wirtschaft zur Überlebensfrage.

Die bisher skizzierten Charakteristika müssen jetzt noch um einige relevante Aspekte konkretisiert und ergänzt werden, um die Rahmenbedingungen des kubanischen Umbruchs in ihrer ganzen Komplexität darstellen zu können:

Da wäre einmal der Hinweis, das Kuba eine Insel ist, so groß wie die ehemalige DDR mit halb soviel Bevölkerung wie diese. Die scheinbare Banalität dieser Aussage verführt dazu, die besondere soziale Dynamik von bevölkerungsarmen Ländern mit politisch und geographisch identischen Grenzen zu übersehen. Aus der Insellage kann sich eine eigenwillige Mischung aus Isolation und Identität ergeben, die die Durchdringung der Gesellschaft durch den Einfluß von Migrationsprozessen, interkulturellen Kontakten, Weltmedien oder anderen Formen des sogenannten «global village» filtert oder gar ganz zurückhält. Kuba ist aber nicht nur irgendeine Insel, sondern eine Insel mit tropischen klimatischen Bedingungen. Und dieses Klima erlaubt mittelfristig die Befriedigung von bestimmten Grundbedüfnissen auf der Basis von reinem Substanzverzehr, wie z.B. durch den Verzicht auf Heizungen, hochwertiger Kleidung etc.

Zweitens darf nicht vergessen werden, daß Kuba hochverschuldet ist und nur sehr begrenzten Zugang zu internationalen Krediten und Finanzinstitutionen sowie anderen nichthandelsbezogenen Kapitaltransfers hat. Obwohl 1990 Umschuldungsverhandlungen eingeleitet wurden und der IV. Kongreß der PPC 1991 der Schuldenproblematik besondere Priorität einräumte, gibt es bisher keinerlei nennenswerte Fortschritte in dieser Richtung. Zusätzlich haben sich die kubanischen Hoffnungen auf einen sowjetischen Teilschuldenerlaß zerschlagen. Mit der russischen Föderation konnte nur ein Zahlungsaufschub ausgehandelt werden. Damit hatte die Insel die höchste Pro-Kopf-Verschuldung Lateinamerikas und außer durch kurzfristige bilaterale Handelskredite und private Geldüberweisungen bis heute kaum Zugang zu frischem Kapital. Nach der Einstellung des Schuldendienstes 1986 ist allein die Devisenauslandsschuld der Insel bis Ende Dezember 1995 auf 9,1 Mrd. US-Dollar gestiegen.[112]

Drittens weist der kubanische Sozialismus einige für Entwicklungsländer demographische und erwerbsstrukturelle Besonderheiten auf: Von rund 14 Mio. Kubanern residieren mindestens eine Million im Ausland; allein zwischen 1959-89 hatten 716.000 Personen und somit ungefähr 5,5% der momentanen Bevölkerung die Insel verlassen.[113] Die Lebenserwartung der Inselkubaner lag 1989 mit circa 75 Jahren 10 Jahre über dem lateinamerikanischen Durchschnitt[114], bei einem Bevölkerungswachstum von 1,03%, einem Bevölkerungsanteil von Jugendlichen unter 30 Jahren von 54,5% und einer Bevölkerungskonzentration von 26,5% in sogenannten «ländlichen Zonen».[115] Die Urbanisierung der Insel ist von 44% zum Anfang des Jahrhunderts auf 70% am Ende der achtziger Jahre gestiegen und somit höher als in Lateinamerika und Europa. Heute leben fast die Hälfte aller Inselkubaner auf nur 9% des Nationalterritoriums.[116] Mit rund 3,5 Mio. registrierten Erwerbstätigen – eine Zahl, die sich bis 1995 um circa eine Million erhöht hat – war 1989 rund 30% der Bevölkerung berufstätig mit anteilsmäßig 40% weiblichen Beschäftigten.[117] Hierbei sind Frauen auch in «frauenuntypischen» Berufsfeldern vertreten, z.B. wird die wissenschaftliche Forschung zu fast 30% von weiblichen Mitarbeiterinnen durchgeführt, eine Frauenquote, die Industrienationen beschämen sollte. Vor der Krise wurde zuletzt 1988 eine Arbeitslosenstatistik veröffentlicht: Nach ihr waren 6% der erwerbstätigen Bevölkerung als arbeitslos registriert.[118] Fast 95% der Beschäftigten arbeiteten im Staatssektor, davon rund

30% im «nicht-produktiven», also im Verwaltungs- und Dienstleistungsbereich. Das durchschnittliche Monatseinkommen betrug 1989 188 kubanische Pesos.[119]

Von der kubanischen Seite werden zu diesem Kriterienkatalog noch eine hohe Regierungslegitimität und -integrität und die politische und soziale Stabilität als positive Standortfaktoren der Insel hinzugefügt. Darunter fallen dann auch kuriose Hinweise wie auf das Fehlen von Streiks. Nach kubanischen Sozialerhebungen beruhte die Legitimationsbasis der Regierung 1990 auf einer Zustimmung von 91% der Bevölkerung, wobei 30% für eine Vertiefung von Reformen votierten; in der inhaltlichen Debatte des IV. Kongresses der PCC 1991 sahen noch 88% der Befragten ihre persönlichen Interessen repräsentiert.[120]

6. Vom «gerechten Handel» zur «Neuen Weltwirtschaftsordnung»: *Ein Plädoyer für mehr Eigenverantwortung*

Trotz des Scheiterns des sozialistischen Weltmarktes hat die Forderung nach einer «Neuen Weltwirtschaftsordnung» nicht an Bedeutung verloren; im Gegenteil: Sie ist wichtiger denn je zuvor. In einer Zeit, in der die allgemeine Entwicklungsdebatte über die «Zwangsabkoppelung» unterentwickelter Regionen vom Weltmarktgeschehen sinniert, wird tunlichst vergessen, daß vom Süden immer noch ein Nettokapitaltransfer in den Norden verläuft: Allein zwischen 1980-90 haben die armen «Empfängerländer» circa ein Viertel mehr an die «Geberländer» bezahlt als sie selbst erhielten.[121] Dieser ewige Aderlaß des Südens zugunsten des Nordens macht deutlich, daß von Abkoppelung keine Rede sein kann. Ebensowenig sollten sich entwicklungstheoretische Überlegungen nur auf Ansätze berufen, die interne Kräfte zu den alleinigen Trägern von Entwicklungsstrategien hochstilisieren, bzw. Unterentwicklung nur als selbstverschuldetes Ergebnis innerer Blockaden verklären. Entwicklung steht zunehmend im Spannungsfeld zwischen Weltmarkt und Nationalstaaten. Eine Diskussion um sie muß deshalb immer *beides*, äußere sowie innere Faktoren gebührend berücksichten. Dabei stimmt es auch heute noch, daß Entwicklung bei uns – im Norden – anfängt! Dies soll an einigen Beispielen deutlich gemacht werden:

Das Konsum- und Industriemodell des Nordens verletzt unter ökologischen und sozialen Gesichtspunkten das ökonomische Rationalitätsprinzip, vom Ertrag statt von der Substanz zu leben, auf eklatante Weise. Die Industrienationen des Nordens verbrauchen mit einem Fünftel der Weltbevölkerung rund vier Fünftel der Weltressourcen; sie verursachen gleichzeitig zwei Drittel der Treibhausgase; sie setzen zu 100% die Gase frei, die die Ozonschicht gefährden; sie produzieren den größten Anteil des weltweiten Gift- und Nuklearmülls usw. Jeder weiß, daß diese Aufzählung endlos fortgesetzt werden könnte. Der Norden trägt darum die Hauptverantwortung für die globale Umweltzerstörung und Ressourcenverschwendung, deshalb muß er auch die Hauptlast bei den dringend benötigten Veränderungen tragen. Wie hämisch und arrogant muß es z.b. für Brasilianer klingen, wenn sich Nordamerikaner und Europäer für den Schutz des Regenwaldes einsetzen; dies scheint nur zu geschehen, damit sie in ihren eigenen Ländern so weitermachen können wie bisher.

In der Entwicklungspolitik hat die Forderung nach einer globalen Umverteilung deshalb auch in Zukunft an ersten Stelle zu stehen. Neue Initiativen für eine andere Weltwirtschaftsordnung sollten aber – auch aufgrund der Erfahrungen mit dem RGW – ihren Ausgangspunkt außerhalb der internationalen Preispolitik suchen: Einmal waren bisherige Versuche, durch internationale Abkommen die Rohstoffpreise zu stabilisieren, meist erfolglos, wie beispielsweise das spektakuläre Scheitern des Weltkaffeeabkommens 1989 demonstrierte. Zum anderen haben sich die strategisch wichtigsten Positionen des Rohstoffhandels längst von der Produktion zur Verarbeitung und Vermarktung, also zu den Konsumentenmärkten der «Ersten Welt» verschoben. Diese Märkte sind hochgradig «vermachtet» und gegenüber «Dritte-Welt»-Konkurrenten abgeschottet. Die Weltentwicklungsorganisation UNDP z.B. schätzte die Einkommensverluste für die sogenannte «Dritte Welt» aufgrund von Handelsbeschränkungen (Zölle, Normen, Subventionen) allein 1990 auf 40 Mrd. US-Dollar. Rechnet man dazu die Verluste, die durch Marktzugangsbeschränkungen wie reglementierte Arbeits- und Technologiemärkte entstehen, so erhöht sich diese Summe noch erheblich. Globale Umverteilung bedeutet also heute z.B. ein Abbau des Protektionismus für Waren und Dienstleistungen und ein ungehinderter Zugang zu diesen Märkten für die Länder des Südens. Dazu muß eine veränderte Entwicklungspolitik kommen, bei der internationale Finanzinstitutionen weniger auf Exportorientierung setzen, sondern durch eine verantwortungsvolle Kreditpolitik binnenwirtschaftliche und soziale Entwicklungen in den Ländern des Südens fördern. Die Verschuldungsfrage ist in einigen sogenannten «Dritte-Welt» Ländern mittlerweile zur Überlebensfrage geworden. Eine umfassende Entschuldung des Südens durch den Norden steht darum auf der Tagesordnung, und nicht die jetzt diskutierten «Treuhandmodelle», wie der Norden als Weltpolizist den Süden, wenn schon nicht helfen, so doch befrieden kann.

Es gibt daher viele gute Gründe, anhand Kubas in der Bundesrepublik eine zwar nicht exklusive, aber doch exemplarische Entschuldungskampagne durchzuführen: Während die Bundesregierung einerseits die im Wiedervereinigungsvertrag festgelegte Fortführung der DDR-Handelsverträge mit Kuba rücksichtslos gebrochen hatte, entblödete sie sich andererseits nicht, Kubas DDR-Schulden anzuerkennen. Beides hatte zahlreiche Folgen: Zum einen war die DDR Kubas Hauptlieferant für Milchpulver – der Ausfall dieser Lieferungen durch den Vertragsbruch gefährdete den berühmten Liter Milch, den Kubas Kleinkinder täglich bekommen. Als der Kabarettist Dietrich Kittner dies Anfang Dezember 1991 gegenüber dem damaligen Bundespräsidenten Richard von Weizäcker mokierte, ließ dieser antworten, daß die Bundesregierung festgestellt hatte, «daß dieses Kompensationsgeschäft (volumenmäßig identischer Tausch von Milchpulver gegen Futterhefe) unvereinbar sei mit der marktwirtschaftlichen Ordnung und keine privaten Interessen zu seiner Fortführung gefunden werden» konnten.[122] Scheinbar marktwirtschaftlich vereinbar war hingegen die Anerkennung von Kubas Schulden, die sich aufgrund eines umstrittenen Umrechnungskurses zwischen Transferrubel und Deutsche Mark auf die astronomische Summe von 2,5 Mrd. DM belaufen sollen. Daß es sich hier in Wirklichkeit nicht um Marktwirtschaft, sondern um politische Entscheidungen handelt, beweist allein die Tatsache, daß die deutsche Bundesregierung Nicaragua im Herbst 1995 rund zwei Drittel der DDR-Schulden erlassen hat und gleichzeitig in einem Tausch gegen Umweltschutzmaßnahmen auf die Rückzahlungsforderungen sämtlicher bundesdeutschen Entwicklungskredite verzichtete. Gegenüber einer solchen «Ver»wicklungspolitik gibt nur eine Antwort: Die Forderung auf einen bedingungslosen Schuldenerlaß für Kuba, der eine wirtschaftliche Erdrosselung der Tropeninsel verhindert!

Allein dieses Beispiel macht deutlich, daß eine emanzipatorische Entwicklungszusammenarbeit nicht ohne eine Demokratisierung aller beteiligten Gremien möglich ist; an erster Stelle müssen hier internationale Organisationen, und dabei vor allem die UNO, die Weltbank, der IWF und die Welthandelsorganisation (WTO) stehen. Das Gewicht des Südens muß in solchen Institutionen derart gestärkt werden, daß auch die Länder des Nordens durch kreditpolitische Maßnahmen zur ökonomischen Anpassung und zur Herstellung eines wirklich freien Handels gezwungen werden können. Doch selbst unter solchen Bedingungen wird eine Entwicklungszusammenarbeit zwischen Nord und Süd nötig bleiben; viele Staaten werden auch dann aus vielfältigen Gründen nicht in der Lage sein, ihre dringlichsten Probleme alleine zu lösen. Dies fordert Unterstützungen von Nord nach Süd. Auch wenn es immer wieder bestritten wird, die nötigen Ressourcen dafür sind heute durchaus vorhanden und kein Knappheits-, sondern ein reines Verteilungsproblem: Die Rüstungsausgaben der NATO lagen z.B. 1990 noch achtmal höher als die gesamte Entwicklungshilfe der OECD-Staaten zusammen; bei 55,6 Mrd. US-Dollar. Die Kosten des Golfkrieges 1991 werden auf mehr als 100 Mrd. US-Dollar geschätzt.

Entwicklungszusammenarbeit darf sich aber nicht auf monetäre Transfers an Regierungen begrenzen, sie muß zusätzlich demokratisiert werden, indem sie auf *beiden* Seiten der beteiligten Länder von Staats- und Regierungskontakten auf basisnahe Einrichtungen heruntergeschraubt wird: Zusammenarbeit muß in Zukunft z.B. aus Städtepartnerschaften, aus dem Austausch von Bildungseinrichtungen etc. bestehen. So wird aus der Einbahnstraße Entwicklungshilfe der gegenseitige Austausch und der Lernprozeß, der Kooperation auszeichnet.

Die bekannte Formel «Global denken, lokal handel» hat heute also mehr Berechtigung denn je. *«Diese Formel ist nicht falsch, aber sie ist unzureichend. Das politische Handeln ist nicht auf Lokalität zu begrenzen. Es muß auch global gehandelt werden, und dies fordert auch eine Internationalisierung der politischen Kräfte und deren Aktionen. Der Internationalismus, wie er sich in den letzten drei Jahrzehnten in der Bundesrepublik herausentwickelt hat, konzentrierte sich stark auf die jeweilige Unterstützung solcher politischen Kräfte im Ausland, die etwa die politischen Projekte durchgesetzt haben, die man sich so sehnlichst für die BRD wünschte. Diese Stellvertreterpolitik hat nicht selten zu den berüchtigten Identifikationen mit allen möglichen*

Revolutionen der Welt geführt – und zwar zu solchen Identifikationen, die noch jede Verletzung elementarster Menschenrechte, jeden Verrat an demokratischen Prinzipien und jede Abweichung von einem Sozialismus mit aufrechten Gang bereit war mitzutragen. Für einen solchen Internationalismus ist heute kein Platz mehr. Was wir brauchen, ist kein identifikatorischer, sondern ein poblembewußter Internationalismus... Ein solcher Internationalismus ist gegenwärtig nirgendwo zu erkennen. Aber er ist dringend notwenig.»[123]

Genau mit diesem Selbstverständnis will das vorliegende Buch sich mit dem weiteren Umbruch Kubas beschäftigen. Es grenzt sich damit von der sogenannten *kritischen Solidarität* ab – die gerade gegenüber Kuba eine neue Konjunktur erfährt – und die kritisch gerne besonders groß schreibt und darüber oft die Solidarität vergißt. Es grenzt sich aber auch gegenüber dem Internationalismus ab, den *Rosemarie Karges* in einer sehr lesenswerten Bestandsaufnahme über die Nicaraguasolidarität wie folgt beschreibt: *«Das persönliche Interesse an Unterstützung war meist durch Sympathie für eine Befreiungsbewegung und deren wesentliche Ziele sowie durch die Identifikation mit deren führenden Protagonisten geprägt. Diese Identifikation verstärkte häufig das Mißverständnis, daß durch den antiimperialistischen Charakter einer Revolution oder einer Befreiungsbewegung, die eigene Solidarität automatisch zur antiimperialistischen Solidarität werde. Die diesem Irrtum zugrunde liegende Projektion von Inhalten antiimperialistischer Bewegungen auf die Form der eigenen Arbeit verhinderte tendenziell die Einsicht, daß sich die eigene Solidarität in der Regel auf humanitäre Unterstützung beschränkte.»*[124] Stattdessen soll im folgenden ein solidarischer Blick auf den kubanischen Umbruch vorgestellt werden, dem das Problembewußtsein genauso wenig fehlt wie den Kubanern selbst. Ob sich damit Anregungen für die Kubasolidaritätsbewegung ergeben, sei ihr selbst überlassen. Sie wird entscheiden müssen, ob auf sie eines Tages das gleiche Urteil zutrifft, was schon vor zehn Jahren über die deutsche Solidaritätsbewegung gefällt wurde, nämlich *«nichts, aber auch gar nichts anzubieten, was sich anderen zur Nachahmung empfehlen läßt.»*[125] Ein neuer, nämlich problembewußter Internationalismus ist hingegen die Aufgabe all derer, die den Kapitalismus nicht als höchste Form menschlicher Ordnung akzeptieren und sich weiter mit ihm auseinandersetzen wollen. *Ulrich Menzels* selbstgefällige Interpretation, daß sich für die westliche Linke aus den neueren globalen Entwicklungen nur die Erkenntnis ergibt, *«daß allein die weitere Zivilisierung des Kapitalismus mittels sozialpolitischer Reformen auf der Tagesordnung stehen kann»*[126], darf deshalb mit *Perry Anderson* geantwortet werden: *«Der Internationalismus hat die Fronten gewechselt. Solange die Linke auf diesem Gebiet nicht die Initiative zurückgewinnt, kann sich das gegenwärtige System sicher fühlen.»*[127]

II. Teil: **1990-1993:** *Von Reformen und anderen Unbekannten*

Der Malecon, die Uferpromenade Havannas im Sturm – Kuba als feste Burg in der Brandung des Weltkapitalismus?

7. Der frühe Reformdiskurs zwischen alter Ideologie und neuer Theorie

Die Abruptheit und Intensität der politischen Umbrüche Osteuropas überraschte offensichtlich auch die kubanische Regierung. Kubas Politik und Wissenschaft wurden mit dem Scheitern des Staatssozialismus in Europa und der danach sich anbahnenden Krise im eigenen Lande vor zwei außergewöhnliche Herausforderungen gestellt: Einmal mußte eine Erklärung für den Zusammenbruch des osteuropäischen Sozialismus gefunden werden, die gleichzeitig den Fortbestand der kubanischen Revolution legitimierte. Zum anderen mußte eine neue Wirtschaftsstrategie formuliert werden, die den veränderten Rahmenbedingungen angepaßt war und ihnen gerecht wurde, ohne den Sozialismus aufzugeben.

Ein Strategiepapier des Zentralkomitees der PCC von 1992 unterstreicht, daß *«mit dem Vorgefallenen in diesen Ländern [Osteuropas] nicht der Sozialismus als gesellschaftliches System an sich, sondern ein Modell des Sozialismus gescheitert ist.»*[1]

Als die drei zentralen Kriterien dieses Scheiterns werden erstens *«Despotismus, Korruption und Betrug sowohl der Partei als auch des Staates»*[2] benannt, die eine allgemeine Aneignung und Umsetzung der «wahren» marxistischen/leninistischen Ziele verhinderten.

Zweitens der ökonomische Ausdruck dessen durch einen «sozialen Konsumismus», der sich darin äußerte, daß die Bevölkerung angebotene Leistungen nur noch konsumierte, ohne an der Gestaltung oder Entfaltung ihrer Gesellschaft einen größeren Anteil zu nehmen. Als Beispiel wird angeführt, daß die betriebliche Mitbestimmung der Arbeiter durch eine reine Lohnorientierung und autoritätsorientierte Passivität ersetzt wurde, die schließlich Innovationsinitiativen ausbremsten und qualitatives Wachstum generell hemmten. Verantwortlich für diese Entwicklung wurde zum großen Teil die Einführung von Marktmechanismen gemacht, durch die der Arbeiter nur an seinen Lohn dachte, der Konsument hingegen den Gütern und Leistungen vereinzelt und anonym gegenüberstand, und so der sozialistische Bürger immer weiter von seiner Gesellschaft entfremdet wurde.[3]

Dazu kam drittens die Destabilisierung des Staatssozialismus durch die permanente Aggression des Imperialismus, der über Geheimdienste, Spionage, Sabotage, dem Aufbau von künstlichen Oppositionen etc. versuchte, den Sozialismus zu zerstören. Nach dem erwähnten Strategiepapier sind der authentische Charakter und die besondere ideologisch-moralische Ausrichtung der kubanischen Revolution dann folgerichtig die Gründe für das Überleben und den Fortbestand des «anderen» Sozialismusmodells in Kuba. Fidel Castro selbst reduzierte in einer seinen letzten größeren Publikationen das sozialistische Scheitern auf Fehlfunktionen des Staatsapparates: *«Die Sowjetunion hätte nicht zerfallen können, der Imperialismus hätte die Sowjetunion nicht zerschlagen können, wenn die eigenen Sowjetbürger sich nicht selbst zerstört hätten, wenn die strategisch und taktisch Verantwortlichen der politischen und staatlichen Führung des Landes nicht das Land zerstört hätten; und das ist das, was passiert* *ist. Das heißt, der Sozialismus stirbt nicht eines natürlichen Todes: Er begeht Selbstmord, es war ein Mord am Sozialismus... Es gab einen Prozeß der Zerstörung der Parteiautorität, und die Autorität der Partei zu zerstören bedeutete, einen der Pfeiler der Existenz des Sozialismus zu zerstören...»**

Die theoretischen Grundlagen für die ökonomische Strategie folgten dem Kanon dieser Argumentation und setzten damit die wirtschaftspolitische Positionsbestimmung der «rectificacion» fort (vgl. Abschnitt 3.3.). Auf Kuba schon frühzeitig geäußerte Vorschläge nach einer Flexibilisierung des Wirtschaftssystems durch eine Preisreform, einer Dezentralisierung der Großbetriebe, sowie durch die Einführung von Kooperativen und die Öffnung von Bauernmärkten im Agrarsektor wurden ebensowenig diskutiert wie die Rufe nach einer Währungsreform, einer Ausweitung der Handelsstrukturen, einer Aufhebung des Außenhandelsmonopols, einer partiellen Privatisierung von Kleinbetrieben und einer Anpassung der Lohnpolitik.[4] Die sich anbahnende Krise sollte stattdessen durch eine Stärkung des Zentralstaates überwunden werden, der über ideologische und propagandistische Offensiven Massenmobilisierungen garantierte, mit denen neue Ziele gemeinsam und effektiv angegangen werden konnten. Diese Strategie berief sich auf die ökonomischen Thesen Che Guevaras. Mit einer solchen Besinnung auf eigene, authentische Positionen konnte gleichzeitig die nationale Unabhängigkeit und ihre unlösbare Verbindung mit dem Sieg der Revolution beschworen werden; ein Konzept, daß die nationale Identität als Grundlage des kubanischen Sozialismus noch einmal unterstrich.

Auf eine weiterführende Diskussion der guevaristischen Thesen soll hier verzichtet werden.[5] Nur soviel: Guevara wollte durch Erziehung und Moral *«el hombre nuevo»*, den «neuen Menschen» erschaffen. Als er deshalb verkündete, daß sich die ganze Gesellschaft in eine Schule verwandeln müßte, war die europäische Linke so verzückt, daß sie nicht daran dachte, einmal nach den Lehrern zu fragen. Als «Che» dann aber die gesamte Volkswirtschaft wie eine einzige Fabrik leiten wollte, hörte außerhalb Kubas kaum noch jemand hin: *«Während die demokratische Linke Westeuropas in Che Guevara den Vertreter eines demokratischen und partizipatorischen Sozialismus sah, forderte dieser die ‹bewußten Revolutionäre› auf, einen staatlichen Erziehungsapparat zu schaffen, um die zurückgebliebenen Massen im Sinne ‹neuer Werte› voranzutreiben und einen ‹Neuen Menschen› heranzubilden.»*[6] Dadurch, daß Guevara alle Entscheidungsebenen der Produktion vollständig zentralisieren wollte, raubte er den Arbeitern die Möglichkeit, den Produktionsprozeß an sich, direkt und bewußt – also bewußtseinsbildend – mitzugestalten. Stattdessen favourisierte er nur erzieherische Maßnahmen, die zwar innerhalb der Produktion, aber außerhalb der Mitbestimmung über Produktionsformen standen und nur subjektiv erfahrbar waren. Der «Che»

---

* Castro (1992:48ff.) Castro beschreibt im folgenden diesen Zerstörungsprozeß auch als «Zerstörung der eigenen Geschichte» und definiert die Partei nicht als Subjekt, sondern als Objekt historischer Entwicklung, was sein tieferes Verständnis der Rolle der PCC im zu untersuchenden Reformprozeß besonders unterstreicht.

Eine zentrale Verteilungsstelle für rationierte Waren...

verfolgte damit eine rein idealistische Strategie zur Entwicklung des gesellschaftlichen Bewußtseins, da er eine wichtige Voraussetzung vergaß: Die Arbeitsbedingungen des Einzelnen als objektiver Faktor der Bewußtseinsbildung.

Die letzte wirtschaftstheoretische Publikation, die vor der Krise Kubas veröffentlicht und prämiert wurde, ist eine reine Reinterpretation genau dieser Thesen und dementsprechend eine explizite Negation jeglicher marktorientierter Reformansätze.[7] Ohne eine konkrete entwicklungsstrategische Leitlinie formulieren zu können, hat sie den weiteren Diskurs des Reformprozesses durchgehend geprägt.

Bei einer Betrachtung dieser frühen Diskussion um zukünftige Richtlinien sind zwei Aspekte besonders auffällig: Zum einem wird das Scheitern des Staatssozialismus primär endogen erklärt, also über die inneren Defizite des Systems; allerdings nicht durch eine komplexe Strukturanalyse, sondern in einem zur Monokausalität tendierenden Ansatz. Daraus resultiert als Reformstrategie eine Modifizierung verschiedener Elemente des Systems, nicht aber ihre grundsätzliche Infragestellung oder ihr Wandel. Zum anderen sind diese Theorieansätze offensichtlich herrschaftslegitimierend, da sie die Funktion des Staates und der Partei als Entwicklungsagenten und Krisenkatalysator besonders hervorheben. Denn die kubanische Wissenschaft und Politik schreibt der Revolutionsführung zu Beginn der Krise zentrale Gestaltungspotentiale und -funktionen zu: Sie identifiziert den Fortbestand des Sozialismus mit dem der Partei und erteilt der Regierung den Persilschein, über die Zukunft der Insel und ihrer Bevölkerung objektiv und kompetent entscheiden zu können.

Vielleicht markantester Ausdruck dieses Verständnisses, das politische System und die Nation als eine Einheit zu begreifen, war die zu Beginn der Krise neu ausgegebene Parole «Sozialismus oder Tod», mit der sich die Regierung bei ihrer üblichen Propaganda erstmals nicht auf den kubanischen Nationalismus bezog, sondern explizit auf das herrschende System. Die Phrase wurde weltweit als Ausdruck eines nekrophilen Fatalismus kommentiert, der deutlich den politischen Totalitarismus auf der Insel dokumentiert. Beim heutigen Blick auf die damalige Zeit ist diese unglücklich formulierte Losung, die sich aus der Parole *patria o muerte* (Vaterland oder Tod) des kubanischen Befreiungskampfes ableitete, wohl eher als eine Überreaktion zu verstehen: Kuba fand sich zu Beginn der neunziger Jahre in einer zunehmend feindlich gesinnteren Umwelt wieder, in der gerade Forderungen nach dem Sturz des Systems immer lauter wurden.

8. Vom Schrecken zum neuen Pragmatismus

Erst im August 1990 wurde als Konsequenz auf die sich schon abzeichnende Außenhandelskrise politisch reagiert: Mit der Verkündung der *periodo especial in tiempos de paz* (Sonderperiode in Friedenszeiten) leitete die Regierung ein Notstandsprogramm ein, daß gleichzeitig eine Kriseneskalation vermeiden und die Wiederherstellung der ökonomischen Basis vorbereiten sollte. Dabei wurden als Ziele folgende Prioritäten formuliert:

Erstens: Der Erhalt der egalitären Verteilung durch eine totale Rationierung aller verfügbaren Güter und Dienstleistungen.

Zweitens: Die – als *sozialistisches Prinzip* bezeichnete – Aufrechterhaltung der sozialen Errungenschaften, der politischen Stabilität und der nationalen Unabhängigkeit.

Drittens: Das Abfedern der Importverluste durch gezielte Spar- und Importsubstitutionsmaßnahmen.

Und viertens die weltwirtschaftliche Wiedereingliederung durch den Handel mit traditionellen Exportgütern (Zucker, Nickel, etc.) sowie durch eine verstärkte Exportdiversifizierung (Tourismus, pharmazeutische Industrie, usw.).[8]

Wie diese verschiedenen privilegierten Branchen gefördert und entwickelt wurden, werden wir im folgenden noch genauer sehen. Alle anderen Wirtschaftsbereiche aber wurden diesen Zielen untergeordnet: «*Der Rest der Sektoren erhielt den Rang einer zweiten Priorität; in der Praxis haben sie aufgehört, selbst die... für eine einfache Reproduktion nötigen Ressourcen zu erhalten. Die Förderung der strategischen Wirtschaftssektoren wurde so im bedeutsamen Umfang auf Kosten einer Begrenzung oder Ausschaltung anderer [Bereiche] erreicht.*»[9] Dies betraf z.B. die für den Binnenmarkt produzierende Industrie – die gesamten Industriekapazitäten Kubas wurden bis Ende 1993 um 80% heruntergefahren.[10] Davon war die Texilindustrie genauso betroffen wie die Bauwirtschaft, die Lederindustrie ebenso wie die Papierfabriken der Insel; der Konsum der Bevölkerung wurde auf ein Minimum beschränkt, um sich auf die Lösung der gestellten Aufgaben konzentrieren zu können.

Abb: 6   **Wirtschaftsstrategie der periodo especial**

Grafik: Burchardt

Bei dieser Politik handelte es sich nicht um eine integrierte Wirtschaftsstrategie, sondern vielmehr um programmatische Zielvorgaben, die den jeweiligen Gegebenheiten neu angepaßt werden sollten. Für die Regierung glich die Krisensituation einem Kriegszustand, bei der es erst einmal ums Überleben ging. Einer der kommunistischen Überväter der Revolution, Carlos Rafael Rodriguez, machte daraus keinen Hehl: «*Unser Vorteil besteht darin, daß wir als Konsequenz auf die nordamerikanische Aggression unsere Wirtschaft auf Kriegszeiten vorbereitet haben... All dies haben wir jetzt auf Friedenszeiten umgestellt, das heißt, dies sind die Maßnahmen, die wir in der Aktualität anzuwenden beginnen.*»[11]

Die neue Wirtschaftspolitik Kubas läßt sich also am besten als eine Kriegswirtschaft mit zentral gesteuerter Ressourcenlenkung und -verteilung bezeichnen: Auf der Grundlage restriktiver Sparmaßnahmen der öffentlichen und privaten Haushalte sollten die Importverluste über Rationierungen sozial verträglich verteilt und gleichzeitig die Ressourcen für minimale, notwendige Bedingungen zur Wiedereingliederung Kubas in die Weltwirtschaft freigesetzt werden. 1991 wurden diese Maßnahmen auf dem IV. Kongeß der PCC bestätigt und konkretisiert: Die Wirtschaft sollte in zwei Segmente aufgeteilt werden, in einen Export- und einen Binnensektor; während der nach marktwirtschaftlichen Kriterien funktionierende und die vorhandenen Kapazitäten nutzende Exportsektor Devisen erwirtschaften sollte, um die Importe für die Versorgung und die Wirtschaft zu sichern, würde das alte planwirtschaftliche Lenkungssystem weiter die Vereinheitlichung des Binnenmarktes und eine egalitäre Grundbedürfnisbefriedigung garantieren. Der Binnensektor sollte bis nach Abschluß der erfolgten Weltmarktintegration durch staatliche Subventionen gestützt werden, um so ein Auseinanderbrechen der Gesamtwirtschaft zu vermeiden.[12]

Diese Strategie der dualen Wirtschaft ist aufgrund ihrer Ablehnung von zusammenhängenden Strukturanpassungsmaßnahmen in der Binnenwirtschaft vor allem außerhalb Kubas mehrfach kritisiert worden. Denn die genannten Zielvorgaben sind eine wenig originelle Variante bisheriger Politik: Statt eines grundlegenden Strukturwandels sollte die ehemalige Importkaufkraft über die Reformierung eines einzelnen Wirtschaftssegments auf einem niedrigeren Niveau ersetzt werden. Zuckerproduktion, Exportorientierung und Zentralverwaltung blieben dominante Elemente der Wirtschaft, Importsubstitutionsbemühungen und binnenwirtschaftliche Potentiale wurden ihnen untergeordnet, partizipative und dezentrale Lenkungsmechanismen sollten nur sehr selektiv zugelassen werden: «*Kuba befindet sich in einer paradoxen Situation: Es ist eines der letzten Länder, die den Marxismus-Leninismus und die Planwirtschaft kompromißlos verteidigen, aber weder einen zentralen Plan noch ein integrierendes Wirtschaftsmodell vorzuweisen hat.*»[13]

Die geringe Reichweite und Tiefe der Reformen gibt einen ersten Hinweis darauf, daß die Krise von der Regierung als konjunkturell verstanden wurde und man ihre Überwindung unter dem Erhalt der politischen Strukturen als möglich erachtete. Im folgenden wollen wir uns die einzelnen Schritte und Maßnahmen dieses Krisenmanagements genauer anschauen.

8.1. Der Devisensektor: *Kapitalistische Inseln auf dem Eiland?*

Wie wir schon wissen, benötigte Kuba sowohl zur Sicherung der Energie- und der Lebensmittelversorgung ein Minimum an Importen; und auch neue Entwicklungsinvestitionen konnten mangels eigener Reserven oder frischer Kredite nur über den Weltmarkt bezogen werden. Eine Voraussetzung zum Überleben des Inselsozialismus war also die kurzfristige Stabilisierung einer Mindestkaufkraft am Weltmarkt. Importe mußten jetzt aber mit harten Dollars bezahlt werden, der Devisenerwirtschaftung wurde auf der Insel deshalb Priorität eingeräumt. Folgerichtig konzentrierten sich die ersten Strukturreformen Kubas auf eine graduelle Weltmarktöffnung einzelner Wirtschaftszweige. Zentrale Elemente dieser *apertura* (Öffnung) sind die Anpassung der rechtlichen und politischen Rahmenbedingungen, die Zulassung ausländischer Direktinvestitionen über Joint-Ventures sowie der Ausbau von hochtechnologisierten Forschungszentren und der Tourismusindustrie; der folgende Überblick beschreibt die bisherige Entwicklung.

8.2. Die Wandlung der politischen Rahmenbedingungen: *Von der Kontrolle zur Regulierung*

Die Weltmarktöffnung Kubas wurde 1992 durch eine Verfassungsreform vorbereitet, wobei allein die Hervorhebung eines einzelnen Wortes ausreichte, um die Eigentumsverfassung der Gesellschaft grundlegend umzuwälzten; dem Privateigentum wurde Einzug in den Sozialismus gewährt: «*Damit, daß man sagte, daß sozialistisches Eigentum nur über die ‹fundamentalen› Produktionsmittel besteht, führte man eine Begrenzung in seiner Ausdehnung ein. In der früheren Formulierung der Verfassung erschien die Hervorhebung dieses Begriffs nicht, was bedeutete, daß das sozialistische Konzept von Eigentum das gesamte Feld von Besitz umfaßte... Die neue Spezifizierung öffnet eine legale Möglichkeit, das Verständnis von sozialistischen Eigentum neu zu bestimmmen, bis hin zur Erlaubnis einer privaten Ausübung von vielen Tätigkeiten.*»[14]

Die Straße San Lazaro in Centro Habana im zweiten Jahr der Krise: Aus der Hauptverkehrsader wurde ein Fahrradweg.

In einer Reihe von Modifikationen wurde ausländischem Kapital zusätzlich ein Investitionsschutz garantiert, der dieses neue Recht auf Privateigentum konkretisierte und den Investoren vor allem die Angst vor Enteignungen nehmen sollte. Die Revolutionsführung argumentierte dabei gerne damit, daß es in Kuba ja schon eine Revolution gegeben habe, und die Zeit der Enteignungen darum längst vorbei sei.

Mit einer gleichzeitigen partiellen Überschreibung von Außenhandels- und Vertragsrechten an Dritte wurde außerdem das staatliche Außenhandelsmonopol eingeschränkt; dies betraf allein bis 1993 287 Staatsbetriebe, die jetzt mehr oder weniger selbständig auf dem Weltmarkt agieren konnten.

Wie diese Zahl zeigt, waren die Maßnahmen der Eigentumsumwidmung hauptsächlich an den Exportsektor adressiert, erweiterten aber grundsätzlich auch den Spielraum für binnenwirtschaftliche Reformen; das heißt, seit 1992 besteht auf Kuba die legale Möglichkeit, staatliches Eigentum in andere Eigentumsformen zu überführen.

Zusätzlich wurden bis 1993 25% aller kubanischen Betriebe auf das «Prinzip der Devisenselbstfinanzierung» umgestellt, durch das sie bei vergrößerter unternehmerischer Autonomie nach Kostenkalkülen agieren und sich internationalen Standards anpassen sollten. Gleichzeitig hatten sich bis 1994 in Kuba 140 staatliche Firmen wie rund 200 Joint-Ventures als private Gesellschaften in einer neuen unternehmerischen Organisationsform konstituiert.[15] Weder über die genauen Aktivitäten, noch über die wirtschaftliche Bedeutung dieser Betriebe gibt es konkrete Information; die kubanische Regierung hält sich mit dem Hinweis auf die US-Blockade bei solchen Auskünften sehr bedeckt.

Diese Veränderungen wurden von ergänzenden Infrastrukturmaßnahmen begleitet: Mit einem vom Militär schon 1988 gegründeten Ausbildungszentrum für Management sollen die Methoden der westlichen Betriebsführung schrittweise auf der ganzen Insel verbreitet werden; die kubanische Handelskammer wurde als Ansprechpartner für potentielle Investoren aktiviert; zur Verbesserung der handelsbezogenen Dienstleistungen wurden verschiedene juristische, wirtschaftliche und technische Beratungsstellen eröffnet; parallel dazu wurden die internationalen Kommunikationsstrukturen ausgebaut: «*Seit Januar 1992 ist Kuba Mitglied einer Datenbank der Vereinten Nationen (DEVNETTIPS), mit deren Hilfe die Süd-Süd-Kooperation zwischen Unternehmen gefördert werden soll; ferner entstand mit Hilfe der UNIDO eine Börse für die Verpflichtung von Subunternehmern (Bolsa de Subcontratacion) und es wurde ein kubanisches Beratungs- und Dienstleistungszentrum für ausländische Investoren (CONAS) eingerichtet.*»[16]

Trotz der kurzen Anlaufzeit waren die ersten Ergebnisse dieser neuen Politik bemerkenswert: Schon «*im Oktober 1994 hat Kuba mit mehr als 3000 Firmen aus 98 Ländern Beziehungen unterhalten und bei der Handelskammer waren 579 Vertretungen ausländischer Firmen registriert; dazu existierten mehr als 130 private Handelsgesellschaften.*»[17] Im folgenden werden die zentralen Bereiche dieses Sektors, die bis 1993 ungefähr 50% der Deviseneinnahmen des Landes erwirtschafteten[18], vorgestellt.

8.3. Joint-Ventures:
Das trojanische Pferd des Kapitalismus?

Empresas mixtas, Mischbetriebe oder Joint-Ventures, wie wir sie eher nennen, sollen Kuba Direktinvestitionen, Technik- und Wissenstransfers sowie neue Märkte erschließen, um so die weltwirtschaftliche Wiedereingliederung der isolierten Tropeninsel zu sichern. Dafür werden dem ausländischen Kapital in einigen ausgewählten Wirtschaftsbranchen attraktive Investitionsbedingungen angeboten:

Auf der Grundlage eines 1982 verabschiedeten Gesetzesdekretes wurde ausländischem Privatkapital nach der erwähnten Verfassungsänderung von 1992 eine vollständige Rechtssicherheit für alle getätigten Investitionen garantiert. Dazu wurden in bestimmten Wirtschaftszweigen Bedingungen geschaffen, die potentiellen Investoren im internationalen Wettbewerb und auch im Vergleich mit anderen Karibikinseln enorme Kapitalverwertungschancen bieten; dazu zählt einmal die unternehmerische Autonomie der Joint-Ventures: «*Der Betrieb hat die absolute Freiheit, das Führungssteam der Direktion und der leitenden Angestellten zu bestimmen, sein Produktionsprogramm zu definieren, die Preise und Verkaufspläne festzusetzen, direkt zu importieren oder zu exportieren, Personal auszuwählen und Personalpläne zu bestimmen, Verträge mit ausländischen und nationalen Einheiten abzuschließen, das für ihn adäquateste Buchhaltungssystem festzulegen und seine Finanzpolitik selbst zu gestalten.*»[19]

Zum anderen verweist Kuba meistens auf seine vorteilhaften, nämlich niedrigen Lohnsätze. Die beiden Tarifparteien der Joint-Ventures gestalten ihre Verhandlungen nicht selbst, sondern werden durch ein zwischengeschaltetes, staatliches Arbeitsvermittlungsunternehmen vertreten. Diese Institution stellt Arbeitskräfte nach dem Prinzip der Leiharbeit zur Verfügung, für die es vom ausländischen Investor nach den nationalen Tarifbestimmungen Löhne in konvertibler Währung erhält und die

Altstadt Havanna: Alte und Neue Symbole treffen aufeinander...

relativ niedrig sind. Den kubanischen Arbeitnehmern werden hingegen die gleichen Löhne in Landeswährung ausgezahlt. Im Falle mangelnder Arbeitsleistung, Disziplinlosigkeit oder aus betriebsbedingten Gründen kann das Mischunternehmen vom staatlichen Arbeitsvermittler die Kündigung von Arbeitnehmern verlangen.[20]

Die Gewerkschaften spielen dabei häufig eine zwiespältige Rolle: Da sie sich einerseits der Regierung verbunden fühlen, unterstützen sie die Politik der Schaffung attraktiver Investitionsbedingungen. Das bedeutet häufig, das sie in den Joint-Ventures Co-Managementfunktionen wahrnehmen, wie z.B. die Kontrolle der Arbeitsdisziplin, die Überwachung der Arbeitsleistungen, die Bewahrung des sozialen Friedens etc; eine Gewerkschaftspolitik, die nicht gerade dem originären Verständnis einer Arbeitervertretung entspricht. Andererseits sind die Gewerkschaften aber immer noch in der Lage, sich auf ihren ursprünglichen Auftrag zu besinnen: Als eines der Wahrzeichen der Revolution, das ehemalige Hilton-Hotel, das heute *Habana-Libre* heißt, von einer spanischen Tourismuskette übernommen wurde, beabsichtigte die neue Hotelleitung, beim Abbau mehrerer hunderter Arbeitsplätze hauptsächlich Schwarze «freizusetzen». Die Gewerkschaft konnte diese rassistische Personalpolitik verhindern. Doch selbst dieses Beispiel macht deutlich, daß die kubanischen Gewerkschaften ihre Rolle grundsätzlich überdenken und neu bestimmen müssen; bis jetzt gibt es auf Kuba immer noch keine rechtlich verankerte Betriebsverfassung für ausländische Joint-Ventures.

Zu diesen «Standortvorteilen» kommen noch das Recht auf den unbeschränkten Transfer aller Kapitaleinlagen und Nettogewinne ins Ausland sowie vollständige Steuerbefreiung auf Bruttoerträge, Dividenden, Importe etc. Die Regierung hebt als Standortvorteile zusätzlich die soziale und politische Stabilität des Systems, die Effizienz einer nicht korrupten Verwaltung und das Angebot der in der Region überdurchschnittlich hochqualifizierten Arbeitskräfte hervor. Auch eine vom exilkubanischen *Miami Herald* veröffentlichte Studie in den USA blies 1994 in das gleiche Horn, als sie Kuba kurzum eine hohe politische Stabilität attestierte und die Insel in einer Liste über internationale Investitionssicherheit immerhin auf Rang 29 plazierte.[21]

Um die nationale Kontrolle über die *apertura* und die mit ihr verbundenen neuen Unternehmenspolitik nicht zu verlieren, geht der Gründung jedes Mischunternehmens ein staatliches Genehmigungsverfahren voraus, über das auf der höchsten Regierungsebene entschieden wird. Mit anderen Worten: Die zentrale Logik des Staatssozialismus, also daß die letzte Entscheidungsinstanz immer bei der Zentrale liegt, wurde auch bei dieser wirtschaftlichen Öffnung nie in Frage gestellt. Prinzipiell gestattete man anfangs in strategisch wichtigen Wirtschaftsbereichen wie z.B. dem Zucker oder der Lebensmittelproduktion keine Investitionen von ausländischem Kapital. Und kam es zu einem Abschluß, blieb der ausländische Anteil am Gemeinschaftsunternehmen auf 49% begrenzt. Die Praxis der letzten Jahre zeigte allerdings, daß die Regierung pragmatisch nach ökonomischen Prioritäten und konjunkturellen Notwenigkeiten entschied: Die Regierungsrestriktionen weichten parallel zur Verschärfung der ökonomischen Krise immer mehr auf. Während schon Ende 1992 über die Möglichkeit auch hundertprozentiger Betriebsübernahmen durch ausländische Investoren laut nachgedacht wurde, bestätigte ein Regierungsvertreter im Oktober 1993 den ersten definitiven Verkauf von 50% einer Industrieanlage.[22] 1994 wurde eine weitere Liberalisierung des Investitionsgesetzes angekündigt, ab 1995 werden ausländische Investitionen dann selbst in strategisch «sensiblen» Sektoren zugelassen, wie wir später noch sehen werden (vgl. Abschnitt 15.).

Dank dieser Öffnungspolitik nahm das Volumen ausländischer Direktinvestitionen in Kuba kontinuierlich zu: Die Anzahl von nur 10 Gemeinschaftsunternehmen 1987 hatte sich nach offiziellen Angaben bis Ende 1994 auf zwischen 146 bis 180 erhöht, wobei rund 130 weitere wirtschaftliche Kooperationsverträge mit Privatinvestoren gerade überprüft wurden.[23] Diese wenig genauen Zahlen dokumentieren den widersprüchlichen Informationsgehalt kubanischer Quellen: Während die Regierung Ende 1993 gerade 99 abgeschlossene Joint-Ventures bestätigte[24], wurden von einer anderen staatlichen Behörde zum gleichen Zeitpunkt schon ganze 129 Neugründungen registriert. «*So darf man wohl davon ausgehen, daß diese Abweichung entweder unterschiedlichen Definitionen oder gewissen Kommunikationsproblemen bezüglich einer doch sehr dynamischen und komplexen Entwicklung geschuldet ist.*»[25]

Daß in einer zentralverwalteten Wirtschaft wie der kubanischen nicht gewußt wird, wieviel Investoren sich eigentlich schon auf der Insel tummeln, ist dann doch eher unglaubwürdig. Viel wahrscheinlicher ist es daher, daß die widersprüchlichen Informationen gezielt gestreut werden, um eine Strategie der Desinformation zu verfolgen. Denn solange Kuba immer noch dem Druck der US-Blockade ausgesetzt ist, gehört es zum «Investitionsschutz» der Insel, auch die Namen von Investoren als Staatsgeheimnis zu betrachten, um sie vor nordamerikanischen Sanktionen zu bewahren. Nachdem, was man dennoch über die Herkunft der Direktinvestitionen erfährt, muß anerkannt werden, daß der trotzigen Karibikinsel auch gegen den Widerstand der USA eine zum Teil erstaunlich erfolgreiche Wiedereingliederung in die Region und in die Weltwirtschaft gelungen ist: 1994 wurden Joint-Venture-Abkommen mit 38 Staaten registriert; 35% der ausländischen Direktinvestitionen sind dabei spanischen Ursprungs, 12% kommen aus Mexiko, 9% aus Kanada, 8% aus Italien und 5% aus Frankreich.[26] Damit sind sowohl zwei der NAFTA-Partner als auch die Europäische Union wichtige Handelspartner Kubas geworden.

Über die Gesamtdimension der Direktinvestitionen liegen ebenfalls widersprüchliche Zahlen vor: Nach der letzten offiziellen Veröffentlichung von Ende 1995 wurden vom Ausland in Kuba zwischen 1990 und 1995 insgesamt 2,1 Mrd. US-Dollar

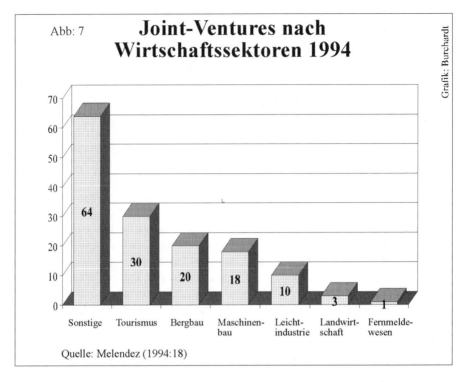

Joint-Ventures nach Wirtschaftssektoren 1994

Abb: 7

Grafik: Burchardt

Sektor	Wert
Sonstige	64
Tourismus	30
Bergbau	20
Maschinenbau	18
Leichtindustrie	10
Landwirtschaft	3
Fernmeldewesen	1

Quelle: Melendez (1994:18)

investiert.* Doch wohin auf der Tropeninsel fließt eigentlich das ganze Geld? Während die Abbildung 7 eine weitgehende Streuung der Direktinvestitionen suggeriert, konzentriert sich das Investitionsvolumen in Wirklichkeit auf die Tourismusindustrie, die Erdölförderung und den Bergbau (vgl. auch Abschnitt 15.).

Die Funktion und die Rolle, die die neuen Joint-Ventures in Kuba übernehmen, werden kontrovers diskutiert. Die zentralen Positionen meinen entweder, daß sie *«einen wichtigen Beitrag zur Problemlösung in Teilbereichen leisten und dynamisierend auf die Volkswirtschaft im Ganzen wirken»*[27], oder sie identifizieren diese Dynamisierung mit den *«Ausverkauf des kubanischen Sozialismus.»*[28]

Eine differenzierte Betrachtung der *empresas mixtas* muß zunächst die entwicklungspolitischen Folgen ausländischer Direktinvestitionen in sogenannten «Dritte-Welt»-Ländern betrachten. Den entwicklungspolitischen Beitrag multinationaler Unternehmen zu beurteilen, stößt dabei auf methodische und empirische Schwierigkeiten. Die Ausgangsbedingungen, unter denen sich Entwicklungsländer für die Einbeziehung

---

*   Zimbalist (1992b:412) vermutete noch für 1991 ein Investitionsvolumen von einer halben Mrd. US-$, für 1993 wurden Investitionen im Werte von 400 Mio. US-$ offiziell bestätigt (Fritsch, 1995:49). Im Nov. 1994 bezifferte die Regierung das bisherige Investitions-Gesamtvolumen auf 1,5 Mrd. US-$ (El Pais, 1.11.1994).

von multinationalen Unternehmen in ihre Entwicklungsstrategien entschieden haben, unterscheiden sich sowohl historisch als auch länderspezifisch. Eine zusammenfassende Betrachtung, die alle jeweiligen ökonomischen, politischen und sozialen Aspekte berücksichtigt, kann darum nicht zu einer allgemeingültigen Aussage kommen, die die Aktivitäten der Multis pauschal begrüßt oder verdammt. Um dennoch zu einer Aussage zu kommen, sollen im folgenden als erster Refernzpunkt einzelne Kriterien überprüft werden, die multinationalen Unternehmen häufig nachgesagt werden; dies sind Beschäftigungseffekte, Technologietransfers und die Stabilisierung des Zahlungsbilanzausgleiches.[29]

Die direkten und indirekten Beschäftigungseffekte von multinationalen Unternehmen in Entwicklungsländern werden dabei seit Beginn der achtziger Jahre als marginal eingeschätzt und mit 1,5% der Gesamtbeschäftigung der sogenannten «Dritten Welt» beziffert. Die Tendenz der Abkoppelung von Wirtschaftswachstum und Beschäftigung hat sich auch hier durchgesetzt, so daß vor einer «*optimistischen Beurteilung des aktuellen Beitrags von TNCs zur Verbesserung der weltweiten Beschäftigungssituation und deren Möglichkeiten zur Beschaffung von Arbeitsplätzen, gewarnt werden muß*».[30]

Zu problematisieren sind außerdem die Arbeitsbedingungen der Beschäftigten, wobei multinationale Unternehmen häufig fehlende oder schwache Arbeiterinteressensvertretungen ausnutzen, um konjunkturelle Krisen in nahezu vollem Umfang auf die Belegschaften abzuwälzen, um Arbeitsschutzmaßnahmen zu vernachlässigen und um Mitbestimmungsrechte zu verweigern. Wie wir schon gesehen haben, verläuft hier auch in Kuba eine der zukünftigen Konfliktlinien zwischen gewerkschaftlichem Selbstverständnis und ausländischen Kapitalinteressen.

Der zweite Aspekt – der Technologietransfer – wurde schon früh zum elementaren Bestandteil der Bemühungen unterentwickelter Staaten, die eine nachholende Industrialisierung anstrebten. Sie erhofften sich über die Kooperation mit multinationalen Unternehmen den Zugang zu den technisch-wissenschaftlichen Innovationen der entwickelten kapitalistischen Länder. Dem stand allerdings häufig das Interesse multinationaler Unternehmen gegenüber, die neuen, mit hohen Forschungs- und Entwicklungskosten verbundenen Technologien oft nur als Exklusivrechte zur Monopolisierung von Marktpositionen einzusetzen und nur ausgereifte und weit verbreitete Technologien zu transferieren. Erst 1994 wurde mit den TRIPs-Abkommen – handelsbezogene Aspekte der Schutzrechte für geistiges Eigentum – bei der Unterzeichnung des GATT-Freihandelsabkommens die Monopolstellung multinationaler Technologieentwicklung wieder weiter ausgebaut.

Dennoch hat sich die Erwartung der Entwicklungsländer, den Anschluß an das technologische Niveau der Industrieländer zu erhalten, zum Teil und vor allem in einzelnen Branchen erfüllt. In jenen Staaten, in denen sich multinationale Unternehmen im größeren Umfang angesiedelt haben, konnte eine beträchtliche Verringerung der technologischen Lücke erreicht werden. Diese Teilindustrialisierung hat allerdings keineswegs die technologische Abhängigkeit der Entwicklungsländer von multinationalen Unternehmen reduziert, da sie sich auf einen reinen Transfer der Technik begrenzte. Gleichzeitig verzichtete sie weitgehend auf eine Übertragung technischen Wissens, die die Voraussetzung zur Schaffung eines sozialen und ökologisch angepaßten Technologieeinsatzes gewesen wäre. Auch heute muß von den Entwicklungsländern Technologie zur Aufrechterhaltung der eigenen Wettbewerbsfähigkeit importiert werden.

Die politische Absicht, sich durch Technologietransfers ein entwicklungsrelevantes Potential aufzubauen, ist durch das Motiv eines möglichst gewinnbringenden Einsatzes von Technologien behindert worden. Allerdings hat Kuba hier durch seine hochqualifizierten Arbeitskräfte die außergewöhnliche Chance, importierte Technologien eher den lokalen Bedingungen anpassen zu können und müßte nicht zwangsläufig die Erfahrungen anderer Länder wiederholen.

Als Drittes erwarten die Entwicklungsländer und neuerdings auch die postsozialistischen Staaten durch das Engagement multinationaler Unternehmen eine Linderung ihrer chronischen Kapital- und Devisenknappheit und eine ausgeglichenere Zahlungsbilanz im Außenhandel. Joint-Ventures sollen einen Zufluß von Investitionskapital, steigende Exporterlöse durch die Förderung des Außenhandels und eine Deviseneinsparung aufgrund von binnenmarktorientierten Investitionen für Importsubstitutionen mitsichbringen. Und wirklich scheint die Ankurbelung von Ex-portaktivitäten durch Multis vor allem in den Ländern Ostasiens zu einer Entlastung der Zahlungsbilanzen geführt zu haben. Auch in Kuba unterstützten sie bisher die kurzfristige und überlebensnotwendige Außenhandelsstabilisierung als Prämisse für jede weitere Entwicklung. Solange Direktinvestitionen aber unter Renditeerwägungen getätigt werden, ergibt sich daraus häufig ein Netto-Kapitaltransfer zuungunsten der Gastländer. Der mittelbare Kapitalzufluß durch Joint-Ventures kann sich in Kuba bei zunehmender Amortisation der Investitionen in einen Kapitalabfluß verwandeln, gefördert von der – im internationalen Vergleich – einzigartigen Deregulierung der Gewinnrückführung.

Zusätzlich hat die Rolle multinationaler Unternehmen hier ein zweites Handicap: Über die Transferpreise des Intrakonzernhandels können die Multis durch Preismanipulationen in Entwicklungsländern erzielte Gewinne künstlich reduzieren und so die Ertragssteuereinnahmen dieser Länder bedeutsam verringern. In Kuba, wo die Joint-Ventures sowieso nur Steuern auf Nettoerträge zahlen, wird solchen – im internationalen Handel üblichen – Machenschaften Tür und Tor geöffnet.

Eine Bewertung der Aktivitäten multinationaler Unternehmen muß also auch im Falle Kubas zu den Ergebnis kommen, daß Joint-Ventures vermutlich die in sie gesetzten Erwartungen nur unzureichend erfüllen werden.*

---

*   Allerdings läßt dies keineswegs den vor allem in den siebziger Jahren häufig formulierten Gegenschluß zu, daß multinationale Unternehmen für die ökonomische und soziale Misere in den Ländern des Südens verantwortlich seien und ein originäres Interesse an der Unterentwicklung der sogenannten «Dritten Welt» haben. Zwar gehören multinationale Unternehmen zu den wichtigsten Kräften bei der Gestaltung der globalen ökonomischen Rahmenbedingungen und sind maßgebliche Akteure des wirtschaftlichen Geschehens in den Entwicklungsländern. Dies nutzen sie natürlich aus und verfolgen mit ihren Strategien ihre subjektiven Interessen. Aber ihre Tätigkeit ergibt sich prinzipiell

Als zweiter Referenzpunkt zur Beurteilung von Joint-Ventures in Kuba muß ihre Integration in die Binnenwirtschaft betrachtet werden. Als isolierte «Effizienzinseln» gehen sie meist mit einem sichtbaren Auseinanderfallen der sozioökonomischen Strukturen einher, die häufig als direktes Resultat ihrer Aktivitäten interpretiert wird. Mit anderen Worten: Wenn ein Kubaner nach mehreren Stunden Schlangestehen für seine Wochenration Reis an einem Restaurant des Dollartourismus vorbeikommt, und ihm das dortige Angebot ins Auge springt, wird er sich nicht nur ausgegrenzt und ungleich behandelt fühlen; für ihn scheint dann oft auch die sichtbare Existenz dieses Restaurants der wahre Grund seiner Benachteiligung zu sein und eben nicht die – insgesamt nur abstrakt erklärbare – Mangelwirtschaft, die ihn selber schlechterstellt.

In die gleiche Richtung gehen Warnungen, die Joint-Ventures in Kuba als quasi-kapitalistische Betriebe kritisieren, die zu einer schrittweisen Erosion des sozialistischen Systems und durch die Entstehung einer «Arbeiteraristokratie» zu einer neuen Spaltung innerhalb der Arbeiterschaft führen können.[31] Ohne diese Gefahr unterschätzen zu wollen, muß einer solchen Auffassung widersprochen werden: Sie abstrahiert unzulässig vom volkswirtschaftlichen Gesamtzusammenhang der Joint-Ventures, in den sie eben nicht als integrativer Bestandteil, sondern von der Regierung bewußt als abgekoppelte weltmarktorientierte Enklaven eingebettet wurden: «*In der aktuellen Krisensituation unterminiert freilich weniger die mögliche Herausbildung einer Arbeiterelite die Legitimationsbasis des kubanischen Systems, als vielmehr dessen zunehmende Unfähigkeit, die Versorgung zu gewährleisten, in Verbindung mit einer Generalisierung des Illegalen.*»[32]

Joint-Ventures sind deshalb nicht der *Grund*, sondern ein konkreter *Ausdruck* der zunehmenden Ungleichheit in der Binnenwirtschaft Kubas. Erst durch vielfältige und subtile Rückkoppelungseffekte forcieren die neuen *empresas mixtas* eine weitere Dynamisierung der ungleichgewichtigen Entwicklung der dualen Wirtschaft. Diese fehlende Integrität der Joint-Ventures in den Binnenmarkt raubt Kuba zusätzlich eine zentrale Entwicklungsstrategie; nämlich die des Versuches, mit Auslandsinvestitionen nachhaltige Importsubstitutionen auf der Insel durchzusetzen.

Als dritter Referenzpunkt soll die wirtschaftliche Bedeutung von ausländischen Direktinvestitionen betrachtet werden. Kubanische Zahlen und offizielle Berechnungsgrundlagen vorausgesetzt, betrug die bisherige Summe ausländischer Direktinvestitionen in Kuba zwischen 1990 und 1995 gerade einmal 2,3% des im gleichen Zeitraum erwirtschafteten Bruttoinlandsproduktes.[33] Dies ist eine verschwindend geringe Summe. Zum Vergleich: Während der achtziger Jahre floß auf Kuba jährlich bis zu einem Viertel des BIP in Investitionen – und damit durchschnittlich mehr als in den

---

aus den Strukturzwängen des kapitalistischen Wettbewerbs und nicht aus der Orientierung an entwicklungspolitischen Zielsetzungen; politische Ziele verfolgen sie höchstens zur Erreichung von Konkurrenz- oder anderen ökonomischen Vorteilen. Daß sie dabei allerdings nicht gerade zimperlich sind und keinerlei moralische Kategorien berücksichtigen, zeigt ihre häufige Unterstützung für menschenverachtende Militärdiktaturen.

OECD-Ländern und fast doppelt so viel wie im Rest Lateinamerikas. Auch im internationalen Kontext ist die Bedeutung von ausländischen Direktinvestitionen noch relativ gering: Die Direktinvestitionsbestände in Lateinamerika sind zwischen 1967 und 1988 um mehr als 10% gefallen und hatten 1990 den Anteil von nur 5% an allen weltweiten Direktinvestitionen in Entwicklungsländern.

Die mittlerweile fast schon hysterisch beschwörte Globalisierung von Standorten (vgl. auch Abschnitt 20.) schrumpft beim genauen Hinsehen ebenfalls zu einem zwar wachsenden, aber immer noch marginalen Trend zusammen: Von den gesamten Nettoinvestitionen der OECD-Welt – in der immerhin vier Fünftel aller ausländischen Direktinvestitionen abgewickelt werden – stellen die von Inländern im Ausland getätigten Investitionen lediglich den kleinen Anteil von 5-10% dar.[34] Für Kuba kann sich daraus nur die Konsequenz ergeben, zukünftig nicht auf ausländische Investitionen zu vertrauen, sondern langfristig eigene Investitionsquellen zu erschließen: «*Die Kapazität, effektiv in die Zukunft zu investieren, bedingt das Schaffen eines nationalen Sparfonds, der während des letzten Drittels des Jahrhunderts sehr gering war. Die hohen Bruttoinvestitionsraten, die in der Vergangenheit 20-24% des BIP ausmachten, wurden zum größten Teil über ausländische Kredite finanziert. In der Zukunft wird die Finanzierung von Investitionen notwendigerweise aus internen Quellen gespeist werden müssen.*»[35]

Als vierter und letzter Referenzpunkt der *empresas mixtas* müssen die Rahmenbedingungen bei der Gründung von Joint-Ventures beleuchtet werden: Wie wir schon wissen, wird das vorgeschriebene Genehmigungsverfahren allein von der Regierungsspitze entschieden, so daß die Zentralverwaltung hier ihre Machtfülle vollständig bewahren konnte.* Auch nach der Legalisierung von ausländischem Privateigentum 1992 regiert in Kuba also noch immer das «Primat der Politik»; die *apertura*, die neue Weltmarktöffnung ist kein «Ausverkauf» des Sozialismus, sondern sein systemkonformes Ergebnis. Das dies nicht automatisch intelligente Lösungen garantiert, wird an einer anderen Tendenz deutlich: Die Regierung hat immer noch einen gewissen Hang zu Großprojekten und zum Zentralismus. Kleineren und mittelständischen Unternehmen wird es z.B. mit horrenden Mietpreisen für Büros geradezu unmöglich gemacht, in Kuba Firmenvertretungen aufzubauen. Interessenten sind häufig sogar darauf angewiesen, über informelle Vermittler Geschäftsabschlüsse vorzubereiten, da die offiziellen Kosten für Consultings oft nicht im Verhältnis zum beabsichtigten Handelsvolumen stehen.

So tummeln sich in Kuba nicht eine Vielzahl kleiner und mittlerer Unternehmen, sondern gerade solche Multis, die zwar über die größten Investitionspotentiale, aber auch über die meiste Wirtschaftsmacht verfügen. Dies entspricht durchaus der Logik des sozialistischen Systems, wie wir schon an der Größe der kubanischen Staatsbetrie-

---

*   Während Gunn (1994:181f.) die zentralen Kontrollmechanismen als stabilisierend ansieht, werden sie mittlerweile auch von kubanischen Analysen als ökonomisch ineffizient kritisiert, vgl. z.B. Marquetti (1994a:32f.).

be gesehen haben: Wenige Große sind leichter zu kontrollieren als viele Kleine. Die gewollte Dominanz der multinationalen Konzerne ist aber entwicklungsstrategisch nicht unproblematisch und kann tragische Folgen haben.

Halten wir also fest: Sowohl die graduelle und auf Leistungsinseln begrenzte Weltmarktöffnung als auch die Präsenz von Multis auf Kuba entsprechen voll und ganz der Systemlogik des kubanischen Sozialismus. Gerade die Verfechter des «klassischen» staatssozialistischen Modells sollten also diese neuen Elemente des Inselsozialismus nicht als schmerzhafte, aber notwendige Maßnahmen verteidigen oder in harscherer Form als Kapitalisierung der Wirtschaft geißeln, wie es gelegentlich mit einem wehmütigen Unterton geschieht. Stattdessen wäre es angemessener, spätestens jetzt die eigenen Sozialismuskonzeptionen zu überprüfen.

8.4. Technologiepools:
Ein Paddel für den Dampfer?

Dem Ausbau von Technologie und Forschung wurde in Kuba frühzeitig Beachtung geschenkt und sollte zur Steigerung der internationalen Konkurrenzfähigkeit beitragen. Mit der Eröffnung eines Entwicklungszentrums für Gen- und Biotechnologie, dem *Centro De Ingenieria Genetica Y Biotecnologia* im Jahre 1986 an der Peripherie von Havanna – das seitdem die Rückseite der größten Geldscheine auf Kuba, den 50-Peso-Scheinen, ziert – konzentrierte sich die Insel schließlich auf die Forschung im medizinisch pharmazeutischen Bereich. Ab 1989 räumte die Regierung dem Sektor noch mehr Priorität ein: Seitdem wurden mehr als zehn Wissenschaftszentren aufgebaut, in denen durch die Bündelung von Forschungspotentialen versucht wird, ausgewählte Produkte und Technologien herzustellen. Ein weiterer Schwerpunkt liegt bei der Erweiterung der Kommunikationsstrukturen und der Intensivierung des internationalen Informationsaustausches; Kuba ist Mitglied in verschiedenen Programmen der Vereinten Nationen für die regionale Kooperation im biotechnischen Bereich.

Dabei ist es den kubanischen Forschern gelungen, erstaunlich schnell an internationale Standards anzuknüpfen. Aufmerksamkeit erregte eine Produktpalette mit mehreren Impfstoffen, die Kuba als eine führende Nation in diesem Sektor auswies und die 1993 zur Patentierung von drei kubanischen Produkten durch das nordamerikanische Patentamt führte. Zuletzt Furore machte das cholesterinsenkende Präparat *PPG*, das in Lateinamerika zu einem Verkaufsschlager wurde. Ob dabei nur unter zu hohem Cholesterin leidende Patienten beglückt wurden, ist nicht einmal gesagt. Denn Fidel Castro versäumte es nicht, bei der Präsentation des neuen Produktes mehrmals beiläufig, aber doch mit einem Schmunzeln, darauf hinzuweisen, daß *PPG* auch beeindruckende potenzsteigernde Wirkungen nachgesagt werden.

Unter dem Eindruck dieser ersten Erfolge wuchs wieder einmal die Erwartung, mit der Biotechnologie *den* Hoffnungsträger der Revolution gefunden zu haben: «*Man muß sich klar sein, daß wir Zehntausende von Personen in den Forschungszentren haben, Hunderttausende von Universitätsgraduierten, Wissenschaftlern und anderen*

Professionellen. Ich glaube, die Rettung [der Revolution] hängt an erster Stelle von der Wissenschaft ab, von ihrer Hilfe bei vielen Problemen...»[36] Diese Einschätzung beruhte schon 1991 auf einen konkreten Hintergedanken und der hatte auch einen Namen: AIDS! Kuba forscht seit Jahren intensiv an einem Präparat gegen die Krankheit und hat gute Aussichten, dieses als erster – und noch vor der Jahrtausendwende – auf den internationalen Markt zu bringen.[37] Doch das Wunschdenken nach dem Allheilmittel, daß gleichzeitig tödlich Erkrankten und einem kränkelnden Sozialismus retten soll, hat sich bekanntermaßen bisher nicht bewahrheitet. Die von Fidel Castro noch zu Beginn der neunziger Jahre angekündigten Milliardeneinnahmen aus der Pharmaindustrie reichten darum bis 1992 gerade zur Amortisierung der Investitionen*, ab 1993 erzielten die pharmzeutischen Produkte auf den internationalen Märkten erstmals Nettogewinne, 1994 z.B. von rund 100 Mio. US-Dollar.[38]

Die kubanischen Medizinpräparate trafen dabei auf starke Vermarktungsprobleme, die hauptsächlich den oligopolistischen Strukturen des pharmazeutischen Weltmarktes, aber auch nationalen Marketingdefiziten geschuldet waren und die die unmittelbare Nutzung dieser Devisenquelle erschwerten. Der Zugang zum Weltmarkt für die relevanten pharmazeutischen Produkte der Karibikinsel wird von drei europäischen und einem japanischen Unternehmen kontrolliert, mit denen Kuba nicht konkurrieren kann. Langwierige und kostspielige Patentrechtsbestimmungen sowie Normvorgaben sichern diesen multinationalen Konzernen eine Quasi-Monopolstellung: *«Es sieht nicht so aus, daß sich diese Produkte kurzfristig in wichtige und stabile Einkommensquellen der Volkswirtschaft verwandeln werden. Das Eindringen in hochgradig transnationalisierte Märkte, wie wir sie bei Medikamenten vorfinden, ist langsam, komplex und teuer.»*[39] Während sich bis 1994 der lateinamerikanische Markt als primäres Exportziel kubanischer Pharmazieprodukte *«definitiv konsolidiert»*[40] hatte, wird seitdem verstärkt versucht, über strategische Allianzen und Joint-Ventures den Zugang zu anderen Märkten zu verbessern.

Eine genauere Betrachtung der kubanischen Pharmaindustrie weist zwei Besonderheiten auf: Einmal verfügt sie über einen bedeutsamen Integrationsgrad in die Binnenwirtschaft. Sie ist nämlich auch für die Entwicklung und Versorgung des nationalen Gesundheitssystems entscheidend; Kuba produzierte vor der Krise auf der Basis von Rohstoffimporten 83% der pharmazeutischen und medizinischen Erzeugnisse des Eigenverbrauches selbst.[41] Außerdem gewann die potentielle Nutzung dieser Branche sowohl für die Landwirtschaft (vgl. Abschnitt 9.1.) als auch für die Lebensmittelversorgung an Bedeutung. Damit ist die Biotechnologie eine kombinierte Strategie der Importsubstitution und der Exportdiversifizierung, die Kuba die entwicklungspolitische Perspektive bietet, die Abhängigkeit von Rohstoffpreisen gegen die Integration in einen der dynamischsten Wirtschaftsbereiche der Zukunft einzutauschen. Die Biotechnologie kann dank ihrer effizienten Ausnutzung von entwickelten Strukturen (vor

---

*   Marquetti (1994a:18). Kuba hatte zwischen 1988 und 1992 mehr als 300 Mio. US-$ in 121 Objekte der medizinisch-pharmazeutischen Industrie investiert (Lage, 1992a:7).

allem des hohen Ausbildungsgrades der Kubaner) und ihrer Importsubstitutionseffekte als einer der innovativsten Teilbereiche der jüngeren kubanischen Wirtschaftspolitik bezeichnet werden.*

Zum anderen wurde die Funktion dieses Sektors vom Staat deutlich hochstilisiert und überinterpretiert: Bei einem Exportanteil der pharmazeutischen Produkte von rund 2% im Jahre 1989 kann das von der Revolutionsführung anfangs anvisierte Exportpotential auch bei exponentiellen Wachstumschancen nur als unrealistisch bezeichnet werden.** Dies gibt einen weiteren Hinweis darauf, daß die Regierung keine zusammenhängende Strategie zur Stabilisierung des Außenhandels verfolgte, also eine Politik, in der sich die Devisenerwirtschaftung und eine Ersetzung von Importen durch binnenwirtschaftliche Produktionssteigerungen gegenseitig ergänzten; stattdessen wurden nur ausgewählte und einzelne Bereiche gefördert, die weiterhin die vollständige Kontrolle der Zentrale gewährleisteten und die die Insel nach Münchhausener Art aus dem Sumpf des wirtschaftlichen Verfalls ziehen sollten. Noch war man auf der Suche nach dem Strohhalm, der vor dem Untergang rettete.

8.5. Die Revolution als Tourismusattraktion:
Der bleierne Rettungsring

Nach einer abrupten Reduzierung des Tourismus in den ersten beiden Jahrzehnten des Inselsozialismus wurde diesem Industriezweig schon seit 1986 wieder mehr Beachtung geschenkt. Doch erst mit dem Beginn der *periodo especial* erhielt der Tourismus seine spezifische Bedeutung als Devisenbringer zurück, so wie er sie nur vor der Revolution kannte: Mit seinen *«über 2000 größtenteils noch unerschlossenen Stränden, seiner Unzahl von vorgelagerten kleinen Inseln und seiner abwechslungsreichen Vegetation, seinen trotz Zerfall in ihrer Pracht unerreichten Städten wie Havanna, Santiago de Cuba oder Trinidad, seinem gut ausgebauten Straßennetz und seinem für Ausländer auf europäischem Niveau funktionierenden Gesundheitssystem»*[42] bot Kuba beste Voraussetzungen für eine Erschließung durch den Tourismus; dies war auch der Revolutionsführung nicht entgangen. So entschloß sich die kubanische Regierung, sich von dem Kuchen dieses in der Karibik enorm wichtigen Wirtschaftszweiges ein gehöriges Stückchen abzuschneiden. Schließlich winkten nach den Erfahrungen der Inselnachbarn durchaus verlockende Gewinne und kurze Amortisationszeiten von Investitionen; und das, wobei die wichtigsten Ressourcen wie Sonne und Strand auch ohne Appelle an die sozialistische Arbeitsdisziplin fast täglich garantiert waren.

---

*   Natürlich muß auch der Einsatz dieser Technologie problematisiert werden, allerdings kann hier nicht weiter darauf eingegangen werden. Eine kritische Auseinandersetzung mit der Biotechnologie und entwicklungspolitisch relevanten Fragestellungen findet sich bei Spangenberg (1992) oder in einer Artikelserie der Blätter der iz3w unter der Nr. 202, 1994.

**   CEE (1991:269). Die relative Zunahme der pharmazeutischen Produkte am Exportanteil Kubas auf circa 5% ab dem Jahre 1994 beruht dann auch nicht auf einer raschen Exportsteigerung der Produkte, sondern im Gegenteil auf einer Abnahme anderer Exportgüter.

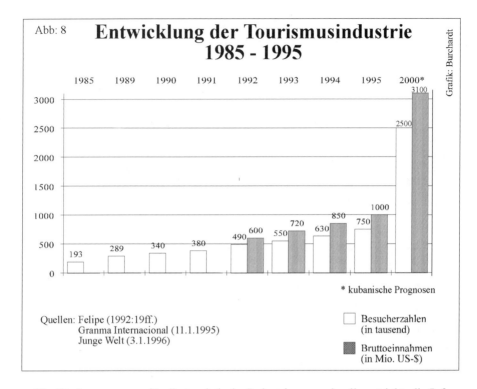

Abb: 8

Entwicklung der Tourismusindustrie
1985 - 1995

Grafik: Burchardt

| 1985 | 1989 | 1990 | 1991 | 1992 | 1993 | 1994 | 1995 | 2000* |

3000 — 3100

2500 — 2500

2000

1500

1000 — 1000

193 289 340 380 490 600 550 720 630 850 750

* kubanische Prognosen

Quellen: Felipe (1992:19ff.)
Granma Internacional (11.1.1995)
Junge Welt (3.1.1996)

☐ Besucherzahlen
(in tausend)

▨ Bruttoeinnahmen
(in Mio. US-$)

Ein Förderprogramm für die touristische Industrie war schnell gestrickt; die Infrastruktur wurde spürbar ausgebaut, die Serviceleistungen der kubanischen Seite merklich verbessert. Dazu wurden potentiellen Investoren Bedingungen unterbreitet, die ein – nicht nur vom Wetter abhängiges – «sensationelles Investitionsklima» schufen, wie es der Vertreter der deutschen LTU in Kuba bescheiden ausdrückte.[43] Die Gründe für solche Verzückungen sind z.b., daß die Zulieferungen von Lebensmitteln für die Hotels staatlich garantiert werden, oder daß alle Steuern auf Gewinne und Gehälter der ausländischen Mitarbeiter sowie die Zölle für branchenabhängige Importe auf zehn Jahre ausgesetzt wurden, «was eine Kapitalamortisation in nur vier Jahren erlaube, während der globale Durchschnitt im Tourismusgewerbe bei 7-8 Jahren liege.»[44] Die durchschnittlichen Nettogewinne liegen damit bei jährlich über 30%! Diese Bedingungen zogen Investoren genauso schnell an wie das Licht die Motten und führten zu einem raschen Boom in der Branche. Während Kuba noch 1990 nur 2% vom Karibiktourismus für sich vereinnahmen konnte, stiegen die Bruttoeinnahmen und Besucherzahlen ab diesem Jahr kontinuierlich an, so daß sich Kubas Anteil an diesem Geschäft bis 1995 mehr als verdoppelte. Die kubanische Tourismusindustrie schien sich zum *Akkumulationsmotor* der Devisenwirtschaft zu mausern.*

---

*   Dabei wurde die Tourismusindustrie zu dem stärksten Marktsektor der kubanischen Volkswirt-

Die Regierung und die Kommunistische Partei betrachteten die sozialen Auswirkungen dieser Entwicklung anfangs nicht ohne Argwohn, waren sie sich den Risiken eines Massentourismus doch durchaus bewußt. Noch zu Beginn des touristischen Booms ließen sie in der *Granma* laut überlegen: «*Man kann nicht bestreiten, daß der Tourismus seine unbequemen Seiten hat, bis zur Gefahr hin, sich gelegentlich als unsympathisch zu erweisen... Es gibt diejenigen, die ihn kritisieren, die die Unzufriedenheit des nationalen Verbrauchers hervorheben... aber man muß Lösungen zeigen, die in erster Linie die vitalen Interessen des Landes berücksichtigen und nicht Salz auf die Wunden streuen. Der Tourismus ist delikat, es ist, wie mit dem Feuer zu spielen. Aber wir müssen fähig sein, es zu machen, ohne uns die Hände zu verbrennen.*»[45]

Die feinen Sandstrände Kubas locken jährlich mehr Touristen...

Die Erfolge der nächsten Jahre schienen solche Bedenken zu zerstreuen und veranlaßten die Revolutionsführung zu ehrgeizigen Plänen: Die Besucherzahlen sollen bis 1996 auf 1 Million Touristen gesteigert werden und bis zur Jahrtausendwende «rechnet das Tourismusministerium (MINTUR) mit mehr als 2,5 Millionen Feriengästen, die etwa 3,1 Milliarden Dollar auf der Karibikinsel lassen werden.»* Zur Zeit verfügt Kuba mit knapp 24.000 Hotelbetten über ein Fünftel der Kapazitäten in der Karibik. Auf der Insel sollen langfristig circa 200.000 Hotelzimmer entstehen. Touristen, die schon in Kuba waren, erstaunen solche Zahlen. Halbleere Hotels und Restaurants vermitteln den Eindruck, daß in Kuba eine ewige Touristenflaute

schaft: Das 1976 gegründete nationale Tourismusinstitut INTUR wurde ab 1987 um zwei weitere staatliche Unternehmen ergänzt, die nun zu dritt als voneinander unabhängige und unter Wettbewerbskriterien arbeitende Organisationen den gesamten kubanischen Tourismusbereich vermarkten. Diese Unternehmen haben den Status von Aktiengesellschaften, verfügen autonom über die ihnen übergebenen Installationen, operieren relativ unabhängig von der Regierung auf den internationalen Märkten und sind die Basis für ausländische Direktinvestitionen, von denen 1991 50% im Tourismus getätigt wurden. Vgl. auch Felipe (1992:20f.).

* Junge Welt (3.1.1996). Um dieses Ziel zu erreichen, müßte die Insel ab 1996 ihre schon beeindruckenden Wachstumsraten bei Besucherzahlen und Bruttoeinnahmen nochmals vervierfachen. Auch bevor schon bekannt wurde, daß die Pläne für den Hotelbau im Jahre 1995 nur zu 60% erfüllt wurden (NZZ, 29.12.1995), erschienen solche Planvorgaben eher zu der Kategorie «sozialistisches Wunschdenken a la tropical» zu gehören.

herrscht. Und dieser Eindruck trügt nicht, häufig sind die Anlagen nur bis zur Hälfte ausgebucht. Warum dies dem Expansionswillen der Regierung keinen Abbruch tut, erklärte im April 1995 auf Anfrage der kubanische Chef einer Hotelgruppe: *«Wir können nicht daran denken, daß die Wachstumszahlen von heute die von morgen sein werden... Man muß sich fragen, was passieren würde, wenn die Blockade fällt, oder man könnte sich auch vorstellen, daß die ursprüngliche Blockadepolitik variiert wird.»*[46]

Bei solchen Spekulationen ist es nicht verwunderlich, daß auch Fidel Castro schon im Herbst 1993 das nicht näher definierte Fernziel von zehn Millionen Touristen anvisierte. Dabei vollzog er einen bemerkenswerten Positionswechsel in seiner Konzeption des kubanischen Internationalismus. Früher als Revolutionsexporteur geschmäht, soll der Inselsozialismus dem «Klassenfeind» heute auf dem eigenem Territorium und mit anderen Mitteln begegnen: *«Und wenn wir eines Tages fähig sind, zehn Millionen Touristen zu empfangen, gibt es keinen Grund, warum wir unsere Identität oder unsere Kultur verlieren sollten, sondern im Gegenteil, wir werden vielleicht die Möglichkeit haben, unsere nationale Identität, unseren kulturellen Einfluß, und, warum es nicht sagen, auch unseren politischen Einfluß vervielfältigen zu können.»*[47] Daß dieses Szenario in den nächsten Jahren Wirklichkeit wird, ist seit der jüngsten Verschärfung der US-Blockade wieder unwahrscheinlicher geworden. Ob es zu begrüßen wäre, wenn es eines Tages Realität wird, steht auf einem ganz anderen Blatt. Bis dahin bleibt Kuba weiterhin das einzige Land der Region, das es sonnensüchtigen lateinamerikanischen, kanadischen und europäischen Touristen erlaubt, sich weiterhin ihren Lüsten hinzugeben, ohne auf den sonst überall präsenten oder schon dagewesenen *gringo* – den der kubanische Volksmund *yuma* nennt – zu stoßen.

Daß eine kontinuierliche Expansion des Fremdenverkehrs zwangsläufig zu einer Verschärfung der sozialen Folgen von Tourismus führen würde, ist offensichtlich. Doch auch Fidel Castros Vision, die Botschaft des Sozialismus jetzt durch Touristen in die Welt zu senden, ist nicht nur fragwürdig, sondern kann sich ganz ins Gegenteil verkehren: *«Die völkerverbindende Funktion des Tourismus... ist zweifelhaft... Das Verhalten der Touristen, das häufig gesellschaftliche Normen und Tabus verletzt, schafft mehr Distanz als gegenseitiges Verständnis... Die tägliche Demonstration anderer Lebensart schafft bei den Einheimischen einerseits Nachahmungseffekte in den Lebensgewohnheiten (Kleidung, Konsumverhalten), andererseits Entfremdungs-effekte von der eigenen Kultur. Das einfache Leben wird zur primitiven Lebensweise abgewertet. Die tägliche Bewertung mit den Wohlstandsbürgern aus dem Norden macht die eigene Armut und Benachteiligung bewußt.»*[48]

Dieses entwicklungspolitische Resümee über Ferntourismus ist nicht nur eine leere Warnung, wie uns Kuba selbst beweist. Denn die Tropeninsel hat sich trotz aller Vorsicht die Hände schon verbrannt: Die Bevölkerung, deren Lebensstandard bis an die Schmerzgrenze gesunken ist (vgl. Abschnitt 9.3.), wird täglich mit der Existenz von touristischen Konsumtempeln konfrontiert, dessen Bewohner in Saus und Braus zu leben scheinen. Die dort ein- und ausgehenden *pepes*, also die Touristen – und im begrenzten Umfang Einheimische – genießen dabei ein reichhaltiges Waren- und Dienstleistungsangebot, von dem die Mehrheit der Kubaner ausgeschlossen bleibt. In Kuba selbst wird dieses Phänomen als «Touristenpartheid» kritisiert, als nur ein Ausdruck davon, wie deklassiert sich die Bevölkerung fühlt. Ein anderer Ausdruck ist der Witz von dem kubanischen Sohn, der seinem Vater auf die Frage, was er einmal später werden möchte, stolz antwortet: Tourist natürlich!

Die subtilen Folgen solcher Selektionsprozesse sind für das Wertesystem und dem Egalitarismus der Revolution heute schon abzusehen. Hier spielt die demographische Zusammensetzung der Insel eine wichtige Rolle, da über die Hälfte der Bevölkerung jünger als die Revolution ist und die Realitäten einer kapitalistischen Gesellschaft nur aus Erzählungen, der Schule, den Medien oder eben im Kontakt mit ihren aktuellen Vertretern kennt. Und diese sind jetzt häufig Touristen aus der unteren Mittelklasse der industrialisierten Länder, die sich bei den günstigen Angeboten Kubas auch einmal 14 Tage karibische Träume und Nächte gönnen wollen. Nach einer neueren kubanischen Sozialstudie wird die Inseljugend mittlerweile von drei sozialen Verhaltensweisen dominiert: Bei zwei Minderheiten zeichnet sich die eine durch ihre Übereinstimmung von individuellen und gesellschaftlichen Zielen als «Avantgarde» aus, während die andere unter sozialer Unzufriedenheit leidet, da sie den «Konsumismus» westlicher Vorbilder als ihren zentralen Wert angenommen hat und diesen in Kuba aber nicht befriedigen kann. Die große Mehrheit hingegen ist von einer desorientierten «Passivität» gekennzeichnet.[49]

Wie der Tourismus die kulturellen Werte der Karibikinsel verändert, beweist nicht nur die Nachricht, daß der traditionelle kubanische Karneval 1996 aus Rücksicht auf touristische Bezucherzahlen vom Sommer auf den Februar verlegt wurde. Auch die bettelnden Kinder, die Touristen vor Museen und Restaurants auflauern, sind neu für

Begegnung der «Dritten Art»? Der Kontakt zwischen Touristen und Kubanern wurde längst zum Alltag...

eine Gesellschaft, in der es bisher weder Kinderarbeit und Bettelei gab. Hier entwickelt sich eine Armutskultur, von der die kubanische Jugend nicht einmal zu träumen wagte, an die die ältere Generation aber häufig mit Schrecken zurückdenkt.

Zunehmend in die Schlagzeilen ist allerdings ein ganz anderes Phänomen des kubanischen Fremdenverkehrs geraten: Und zwar die Gelegenheitsprostitution, die sich längst als fester Bestandteil der touristischen Zentren etabliert hat; nach offiziellen Angaben sind Ende 1995 allein in Havanna 6000 Prostituierte registriert[50], die Dunkelziffer ist vermutlich erheblich höher – zum Vergleich: 1958 zählte man in Kuba rund 100.000 Prostituierte.

Was der Weltpresse in anderen Entwicklungsländern kaum noch einen Zweizeiler Wert ist, wird in Berichten über Kuba nicht ohne Häme ausgesponnen. Beflissen wird die Rolle des Sextouristen, der die Prostitution erst möglich macht, übersehen und das ganze als neuester Beweis für die Perversion des Sozialismus angeführt; einige Beobachter äußern sogar die Vermutung, die Revolution toleriert oder fördert die Prostitution als weitere Tourismusattraktion.

Das dieser Schuß aber auch einmal nach hinten losgehen kann, mußte die *Süddeutsche Zeitung* am eigenen Leibe erfahren. Noch Ende November 1995 veröffentlichte sie einen Artikel, der Kuba schon im Titel als *«das neue Paradies der Sextouristen»* entlarvte und die Insel mit üblen Unterstellungen diffamierte.[51] Am 10. Februar 1996 beklagte die Zeitung hingegen unter dem Titel *«Wie man Freier in Havanna wird»* eine völlig erlogene Berichterstattung einer Spiegel-TV-Dokumentation über Prostitution in Kuba, in der eine Fotografin zur Edelhure und ein SDZ-Journalist zum geilen Sextouristen abgestempelt wurden.[52] Beim Fazit des betroffenen Journalisten über die Verfälschungen – *«Man ist so wehrlos»* – müßten sich nicht nur die verantwortlichen Auslandsredakteure der Süddeutschen Zeitung an die eigene Nase fassen, sondern die des fast gesamten deutschen Blätterwaldes.

Doch auch solche Anekdoten können nicht von der eigentlichen Problematik ablenken. Nicht nur Zeitungsredakteure sind hilflos, wenn sie zufällig statt vom Täter zum Opfer der Berichterstattung über Kuba werden. Auch die kubanische Regierung selbst weiß nicht recht mit dem Problem der Prostitution, also mit den Anbietern dieser Dienstleistung umzugehen. Für sie besteht das Dilemma darin, daß es der gleiche Sozialismus ist, der einst aus dem «ehemaligen Puff der Karibik» die erste prostitutionsfreie Zone Lateinamerikas machte, der jetzt ein schon in Vergessenheit geratenes Phänomen wieder zum Leben erweckt; damit hat die Prostitution einen hohen symbolischen Stellenwert für die Revolution. Dennoch wird unschlüssig reagiert: Moralische Appelle an die «gefallenen» Töchter und Söhne der Revolution – die der kubanische Volksmund als *jineteros/as* betitelt, also als «Reiter/innen», die auf die Touristen aufsatteln und sich ein Stück Weges von ihnen tragen lassen –, deren Bildungsniveau häufig das ihrer Kunden ums mehrfache übersteigt, wechseln sich ab mit internationalen Verlautbarungen, daß Kuba nur einen «sauberen familienfreundlichen Tourismus» will. Dem folgt dann wieder eine repressive Verfolgung der betroffenen Kubaner, die auch schon einmal aus deftigen Gefängnisstrafen bestehen kann; zuletzt Anfang 1996 wurden in Kuba vor allem die Gesetze zur Verfolgung organisierter Prostitution massiv verschärft.*

Alle diese staatlichen Reaktionen ignorieren den wahren Hintergrund dieses vermeindlichen Rückfalls in die vorrevolutionäre Zeit. Wie überall in der sogenannten «Dritten Welt» ist auch in Kuba die auferstandene Prostitution eine Reaktion auf die wirtschaftliche Krise. Hier allerdings weniger aufgrund einer allgemeinen existenziellen Misere, sondern mehr wegen den Auswirkungen der dualen Wirtschaft, die die kubanische Binnenwährung im Vergleich zum Dollar ins Bodenlose stürzen ließ (vgl. Abbildung 13) und damit eine verbrachte Nacht mit einem Touristen zu einem einträglicheren Geschäft machte als ein Monat Arbeit als Arzt.

Der bisher wohl stärkste Protest gegen diesen sichtbaren Zustand der sozialen Ungleichheit, den der Tourismus auf Kuba schuf und den er der Bevölkerung täglich von neuem ins Gedächnis ruft, waren die Ausschreitungen im August 1994 in Havanna. Nicht ohne Grund entlud sich die Aggression der Massen in einer Plünderung mehrerer Touristenhotels; was von den betroffenen Touristen – die unbehelligt blieben – übrigens als spannungsgeladene Anreicherung ihres Programmes interpretiert wurde und nun auf vielen Urlaubsfilmen abgelichtet ist. Weitere Folgekosten einer expandierenden Tourismusindustrie, die in anderen unterentwickelten Ländern zu prekären Problemen führten, konnten in Kuba bis jetzt durch die Regulierungen des Staates weitgehend vermieden werden. Der erklärte Expansionswille der Revolutionsführung läßt aber Zweifel aufkommen, ob den zunehmenden Gefahren einer wachsenden Tourismusindustrie ausreichend Rechnung getragen wird.

Wie ist der Tourismus in Kuba zu bewerten? Bei der Beantwortung dieser Frage müssen sowohl allgemeine entwicklungspolitische Aspekte als auch die konkrete Situation der Insel berücksichtigt werden.

Der Nord-Süd-Tourismus ist mittlerweile zu einer internationalen Wachstumsbranche geworden. Er war 1995 mit etwa 15% am Umsatzvolumen des weltweiten Tourismus beteiligt und ist nach Angaben der *Word Tourismus Organization* seit Ende der achtziger Jahre nach dem Erdöl der zweitgrößte Devisenbringer für die Länder des Südens. In der Karibik spielt der Tourismus häufig sogar eine wirtschaftliche Schlüsselrolle, wie sein prozentualer Anteil am Bruttoinlandsprodukt einzelner Karibikstaaten von 1994 beweist: St. Lucia (46%), Bahamas (43%), Barbados (31%), Jamaika (28%), Dominikanische Republik (15%) und Kuba (15%).[53]

Noch in den fünfziger und sechziger Jahren, als sich die Ferntourismusindustrie zu entwickeln begann, wurden dem Fremdenverkehr große Entwicklungsimpulse zugeschrieben. Man ging z.B. davon aus, daß ein Angestellter im Tourismus zwei bis drei weitere Arbeitsplätze in der Binnenwirtschaft schaffen würde. Mit der Zeit wurden solche Prognosen relativiert: Weltbankstudien in der Karibik bewiesen, daß dieser sogenannte Multiplikatoreffekt des Tourismus ganz entscheidend von seiner Integra-

---

* Zuhälter müssen demzufolge mit Strafen bis zu zwölf Jahren rechnen, ebenso hart werden Kinderprostitution bzw. -pornographie bestraft (ND, 8.1.1996).

tion in die Binnenwirtschaft abhing, auf einigen Karibikinseln war er darum marginal; das heißt, je stärker der Tourismus vom Binnenmarkt isoliert wurde, desto geringer seine wirtschaftlichen Impulse. Auch in Kuba sollten aus dieser Schlußfolgerung Lehren gezogen werden, vertraut man den Erläuterungen von Carlos Lage, der häufig als der Architekt der kubanischen Wirtschaftsreformen angesehen wird: «*Der Tourismus ist eine Aktivität, der die gesamte Entwicklung des Landes fördert und nicht nur die eines Wirtschaftszweiges*»[54], beteuerte er noch Ende 1992 in einem Fernsehinterview gegenüber der Bevölkerung.

Trotz dieser Absichtserklärung ist der reale Integrationsgrad des kubanischen Tourismus in die Binnenwirtschaft ungewöhnlich niedrig; die Versorgung der touristischen Zentren erfolgt fast ausschließlich über das staatliche Verteilungsmonopol. Das bedeutet beispielsweise, daß Bauern, die in der Nähe von touristischen Anlagen leben, die dortige Nachfrage nach Lebensmitteln nicht lokal und direkt befriedigen dürfen, sondern alles an den Staat abliefern müssen, der dann wiederum weiter an die Tourismuszentren verteilt. Diese Umleitung führt zu großen Reibungsverlusten, bei denen ein Teil der Waren häufig verschwindet oder verdirbt. Immer wieder hört man in Kuba die Geschichte des Bauern, der seine Freizeit damit verbringt, die Flugzeuge zu beobachten, mit denen Salat aus der Dominikanischen Republik eingeflogen wird, da seine eigenen Produkte nicht frisch auf den Tisch kommen. Der wahre Kern dieser Anekdote ist, daß die zur Gewährleistung internationaler Touristikstandards nötigen Güter in Kuba oft nur über Importe garantiert werden können, der Anteil an kubanischen Produkten in Tourismusläden betrug noch 1989 gerade einmal 30%[55]; und dies erst nach enormen Anstregungen. Die fehlende Integration des kubanischen Tourismus verschwendet aber nicht nur Potentiale der Binnenwirtschaft, sondern sabotiert auch das eigentliche Ziel der Devisenbeschaffung: Solange die touristische Nachfrage über Importe befriedigt werden muß, die wiederum in Devisen bezahlt werden, fließt ein Großteil der gigantisch erscheinenden Bruttogewinne wieder ab, um allein den Tourismus am Laufen zu halten.

So reduzieren sich die realen Einnahmen der Branche, die Nettogewinne – also das, was nach allen Abzügen für Kuba wirklich übrigbleibt – erheblich: Noch 1992 wurden in Kuba Zahlen publiziert, die die Nettogewinne aus der Tourismusindustrie auf 62% der Bruttoeinnahmen bezifferten[56]; eine jüngere Analyse setzt die Nettogewinne von 1993 nur noch auf nüchterne 27% fest und schränkt zusätzlich ein: «*Ein Teil dieser erzielten Einkünfte des Sektors gehört dem ausländischem Kapital, bedingt durch seine relativ hohe Präsenz, die es bei diesen Geschäften hat.*»[57]

Da mehr als 50% der touristischen Anlagen mit Fremdkapital finanziert wurden, ist es wahrscheinlich nicht übertrieben, anzunehmen, daß der Anteil, der Kuba aus dem Tourismus zusteht, höchstens die Hälfte dieser ausgewiesenen Nettogewinne ausmacht. Sollte diese Zahl stimmen, ist sie erschreckend niedrig: Kuba hätte 1993 mit einem bedeutsamen Aufwand an Ressourcen, einer langfristigen Inkaufnahme der Präsenz ausländischen Kapitals und der Massen sonnenhungriger Touristen sowie nicht absehbarer touristischer Folgekosten gerade einmal Devisengewinne für 100 Mio. US-Dollar erwirtschaftet.* Fast genausoviel, wie die Biotechnologie im Folgejahr einbrachte.

Warum wurde die Förderung des Tourismus dann zur zentralen Überlebensstrategie der Revolution? Ein Blick auf die Organisationsstruktur des neuen Sektors klärt uns schnell auf: Über die Joint-Venture-Gesetzgebung, die die Grundlage allen touristischen Engagements des Auslands in Kuba ist, hat die Revolutionsführung trotz relativer Zugeständnisse an den Markt auch hier ihre zentrale Kontrolle bewahrt. Das parallele Anwachsen der Besucherzahlen und der Bruttogewinne während der bisherigen Expansionsphase (vgl. Abbildung 8) beweist außerdem, daß diese Industrie auch von dem zweiten zentralen Strukturelement des Staatssozialismus – des extensivem Wachstums – geprägt ist. In Kuba sind die Mehreinnahmen des Tourismus primär nicht durch mehr Produktivität oder durch bessere Qualitätsstandards der Branche erzielt worden, sondern hauptsächlich durch eine einfache Erhöhung der Besucherzahlen: Was zählt, ist Masse statt Klasse.**

Und auch unter Effizienzkriterien ist der Tourismus schon von der symptomatischen Schwindsucht staatssozialistischer Systeme befallen: Während die Besucherzahlen kontinuierlich steigen, sind die relativen Zuwächse der Bruttoeinnahmen tendenziell am Sinken. Da der Karibiktourismus hart umkämpft ist und der starke Konkurrenzdruck der Tropeninsel kaum die Chance gibt, mit Preiserhöhungen diese Verluste wieder rauszuholen, wäre eine Umkehr dieses Trends nur durch eine stärkere Integration des Tourismus in den Binnenmarkt möglich.

Auf eine einfache Formel gebracht: Die Insel muß die Produktion des kubanischen Erfrischungsgetränkes *Tropi-Cola* soweit erhöhen und das Angebot so attraktiv gestalten, daß sie auf den Import von *Coca-Cola* zunehmend verzichten kann. Nur so bleibt auch mehr Geld im Lande.

Was bei kubanischen Getränken fast schon klappt, führt aber nur zum Erfolg, wenn es auf die meisten Produkte der touristischen Nachfrage ausgeweitet wird; und dies ist bei einer Kontrolle der Zentrale über alle Bereiche der Wirtschaft nicht möglich, wie uns das Beispiel des kubanischen Bauern lehrte. Die Perspektive der verstärkten Integration des Tourismus wird also durch den Erhalt der alten Wirtschaftsordnung strukturell verhindert. Mit anderen Worten: Trotz gewisser Marktkoordination ist der Tourismus als ein erweitertes immanentes Element des analysierten Inselsozialismus zu verstehen und eben nicht das Ergebnis eines grundlegenden Strukturwandels. Der niedrige Integrationsgrad und der formulierte Expansionswille beweisen außerdem erneut, daß die Revolutionsführung eine rein sektorale Strategie der Anpassung verfolgt, die Suche nach *einer* Zauberformel zur Rettung der *gesamten* maroden Wirtschaft wurde fortgesetzt.

---

*   Andere Quellen kommen für das gleiche Jahr auf einen Betrag von 150 Mio. US-Dollar, vgl. NZZ (9.9.1995).

**   Es ist der Insel damit allerdings gelungen, ihren Anteil am Karibiktourismus zwischen 1990 und 1995 auf 4,3% zu steigern.

Trotz dieser Kritik ist der Tourismus als Entwicklungsstrategie für Kuba nicht grundsätzlich diskreditiert, er bietet auch Chancen. Das *World Travel and Tourism Council* rechnet damit, daß sich der Welttourismus bis zum Jahr 2005 noch verdoppeln wird: Die Karibikinsel kann sich mit ihrem Tourismus also an einer der prosperierendsten Wachstumsbranchen der Welt beteiligen. Es liegt an Kuba selbst, die Risiken einer touristischen Expansion zu verringern und die Vorteile dieser Industrie zu nutzen. Wie wir schon gesehen haben, muß dabei ein zentrales Element zukünftiger Politik in der binnenwirtschaftlichen Integration dieser Branche liegen: «*Wenn das Wachstum dieser Branche mit einer Integration und Anpassung an die landwirtschaftliche und industrielle Infrastruktur sowie den vorhandenen Dienstleistungen verknüpft wird, könnte die touristische Entwicklung im Falle Kubas einen mehrfachen Effekt haben: Sie wäre eine wichtige Einnahmequelle, hätte hohe Beschäftigungseffekte und würde Importe substituieren.*»[58]

Kuba verfügt dabei über enorme natürliche und ökologische Ressourcen, an die die Insel anknüpfen kann. Auch eine Infrastruktur ist ausreichend vorhanden, so daß nicht wie in vielen anderen Entwicklungsländern erst immense Anschubinvestitionen zum Ausbau des Tourismus nötig sind. Eine Tourismuskonzeption, die zwischen Devisenerwirtschaftung und sozialen Folgekosten abwägt, müßte aber verstärkt durch eine dezentrale Koordination erfolgen, die die Nutzung lokaler Kapazitäten erlaubt und es möglich macht, intelligente Tourismusformen, wie den sogenannten «sanften Tourismus» zu fördern. Dabei kann durchaus auf positive Erfahrungen anderer lateinamerikanischer Länder wie z.b. Costa Rica zurückgegriffen werden.

Und weiter: Mit einem qualitativ hochwertigen Tourismus könnte die Insel nicht nur eine Marktnische innerhalb der Karibik finden, sondern trotz geringerer Besucherzahl ihre Einnahmen steigern. Ein erster Schritt in diese Richtung ist der schon auf Kuba existierende Gesundheitstourismus, bei dem die Insel Aufenthalte in Spezialkliniken und besondere Heilmethoden anbietet und damit vor allem in Lateinamerika auf einen Markt gestoßen ist, auf dem sie deutlich konkurrenzfähig ist. Ein weiteres Signal in diese Richtung könnte die Ankündigung des französischen Club Mediterranee vom Anfang Februar 1996 sein, bis zum Herbst des gleichen Jahres in Varadero sein erstes Tourismuszentrum mit 600 Zimmern eröffnen zu wollen: «*Auch wenn über finanzielle Aspekte dieser Übereinkunft Stillschweigen gewahrt wird, liegt ihre Bedeutung darin, daß damit ein klares Zeichen gesetzt wird, daß auch vom französischen Großunternehmen im Tourismusbereich Kuba als der Markt mit den besten zukünftigen Entwicklungschancen in der Karibik gesehen wird. Zudem will Kuba damit von seinem Image als Billigdestination wegkommen und sich neue Klienten im gehobeneren Tourismusbereich erschließen.*»[59]

Doch auch mit solchen Konzepten darf der Tourismus als «stiller Export» nicht zum zentralen Träger des Außenhandels werden, sondern nur eine Ergänzung bleiben. Tourismus schafft immer neue Abhängigkeiten, die dann intern nicht mehr beeinflußbar sind. Hier soll ein Hinweis auf die sensible touristische Nachfrage genügen, die schon aufgrund von globalen Konjunkturschwankungen oder regionalen Konflikten abrupt einbrechen kann. Kubas Entscheidung, sich dem Karibiktourismus zu öffnen, ist nicht mehr rückgängig zu machen. Die sich daraus ergebenden Konsequenzen sind aber noch nicht eindeutig abzusehen und werden von den Weichenstellungen der nächsten Jahre abhängen.

9. Ein Sonderweg und seine Eigenarten: *Anatomie des Inneren*

Wie wir gesehen haben, mußte die abrupte Außenhandelskrise für die importabhängige Wirtschaft Kubas zu einer ökonomischen Katastrophe führen. Die Regierung hielt sich ab 1990 sehr bedeckt mit Angaben über das Ausmaß dieser Krise und erklärte alle volkswirtschaftlichen Kennziffern kurzum zum gutgehüteten Staatsgeheimnis. Dies spornte in den Folgejahren Kubanologen und andere selbsternannte Experten umso mehr an, über das Ausmaß des Einbruchs der Inselökonomie zu spekulieren. Bis Ende 1993 vermuteten sie mittels unterschiedlicher Berechnungsgrundlagen einen Rückgang des kubanischen Bruttoinlandsprodukts um bis zu 50%.[60] Diese Zahlen wurde von kubanischer Seite mittlerweile bestätigt und dann wieder bestritten: Die erste offizielle Veröffentlichung über die gesamtwirtschaftliche Entwicklung Kubas präsentierte die kubanische Monatszeitschrift *Bohemia*, die im Oktober 1994 für die Krisenjahre 1990-93 einen Rückgang des BIP um 54% angab.[61] Diese Zahlen wurden von der gleichen Zeitschrift im April des Folgejahres aktualisiert, danach war das BIP im gleichen Zeitraum «nur» noch um 37% geschrumpft.[62] Das Gesundschreiben der Inselökonomie setzte sich noch bis Juni 1995 fort, als das jetzt in «Nationalbüro» (ONE) umbenannte ehemalige Staatskomitee für Statistik seine erste offizielle Veröffentlichung seit vier Jahren vorlegte. Die in der Abbildung 9 vorgestellten Zahlen basieren auf dieser Quelle – die auch vom CEPAL übernommen wurde – und geben bis 1993 einen gesamtwirtschaftlichen Einbruch von 34,8% an.

Welchen Zahlen soll man glauben? Kuba hatte ebenso wie viele andere Entwicklungsländer schon immer ein recht lockeres Verhältnis zu statistischen Daten, wie zum Teil schon im Abschnitt 2. beschrieben wurde. Daß sich daran bis heute offensichtlich nicht viel geändert hat, beweist ein Bericht des Kubakorrespondenten der *Neuen Zürcher Zeitung*, der Ende 1995 vor seiner finanzkräftigen Leserschaft beklagte: «*So erklärte Wirtschafts- und Planungsminister Rodriguez, es werde ein Wirtschaftswachstum für 1995 von 2,5% erwartet, während am gleichen Tag Fidel Castro an der Handelsmesse in Havanna bekanntgab, es würden 2,7% erreicht. Während das für Wirtschaftsbelange zuständige Politbüromitglied Carlos Lage das Haushaltsdefizit bei 6% des Bruttosozialproduktes ansiedelt, spricht der Finanzminister von 4%. Und nicht zu vergessen die Einnahmen aus dem Tourismus, die sich oftmals um Hunderte von Millionen Dollars unterscheiden. Das erweckt den Eindruck einer gewissen Beliebigkeit im Umgang mit grundlegenden Datenmaterial.*»[63] Heute braucht man kein Akademiker zu sein, um zu wissen, wie mit Statistiken weltweit manipuliert, geschönt

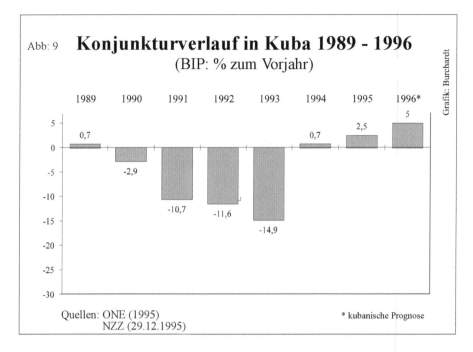

Abb: 9 **Konjunkturverlauf in Kuba 1989 - 1996**
(BIP: % zum Vorjahr)

Grafik: Burchardt

Quellen: ONE (1995)
NZZ (29.12.1995)

* kubanische Prognose

oder taktiert wird. Ob es sich bei den widersprüchlichen Angaben zu Kuba mehr um Nachlässigkeit, verschiedene Bemessungsgrundlagen oder gezielte Desinformation handelt, soll hier dahingestellt bleiben; es genügt ein weiterer Hinweis auf die begrenzte Aussagekraft solcher Zahlen.

Das Besondere an der kubanischen Entwicklung liegt auch nicht in der Tiefe der Krise, sondern in der Art und Weise, wie auf der Insel mit ihr umgegangen wurde: Der Tropensozialismus wurde nicht zum letzten Dominostein einer Kettenreaktion des staatssozialistischen Zusammenbruchs. Die Revolution sprang auch nicht auf den neuen Trend auf, der die postsozialistischen Regimes umtrieb und unter den Stichwörtern Demokratie und Marktwirtschaft eine Kapitalisierung der Länder einleitete. Im Gegenteil: Kuba pochte auf sein Recht auf einen eigenständigen, selbstbestimmten Entwicklungsweg. Erneut versicherte die Revolutionsführung der Bevölkerung, *«jetzt den wahren Sozialismus zu schaffen!»* Während sich diese noch fragte, was sie dann vorher hatte, begann die Regierung, ihr eigenes Anpassungsprogramm einzuleiten.

Die kubanische Strategie hatte dabei wenig mit dem gemeinsam, was seit 1990 weltweit als Wirtschaftspolitik durchgesetzt wird: Kuba weigerte sich, die berühmtberüchtigten Strukturanpassungsmaßnahmen durchzuführen, die häufig vom IWF und der Weltbank gefordert werden. Diese Programme beruhen seit den achtziger Jahren auf dem Außenhandelstheorem der komparativen Kostenvorteile, das davon ausgeht, daß jedes Land spezifische Standortvorteile hat, die bei einem liberalisierten Welthandel allen zugute kommen können. Entwicklungsländer sollten sich danach z.B. auf die

«Alles was ich habe, ist meins!» Im Hintergrund eine Tourismusanlage, die längst nicht mehr nur kubanisch ist...

Ausbeutung ihrer Rohstoffvorkommen konzentrieren. Zur optimalen Nutzung solcher Standortvorteile wurde grundsätzlich eine makroökonomische Stabilisierung und eine Deregulierung des Binnenmarktes verordnet. Ronald Reagan brachte diese Doktrin auf den Punkt, als er sie die *«Magie des Marktes»* nannte, heute spricht man in der Regel vom Neoliberalismus. Übliche Forderungen von Strukturanpassungsmaßnahmen sind dann auch staatliche Haushaltskürzungen (verringerte Subventionen von Grundnahrungsmitteln, für Bildung und Gesundheitsdienste oder Entlassungen von Staatsbediensteten) bzw. eine allgemeine Demontage des Staates (Deregulierung), Währungsabwertungen (um die Preise der exportierten Waren auf dem Weltmarkt zu senken), die Liberalisierungen der Investitionsgesetze (zur Attraktion für ausländisches Kapital) und Exportfördermaßnahmen. Häufig werden solche Anpassungsmaßnahmen durch sogenannte «Schocktherapien», also sehr abrupt und rasch durchgeführt. Dabei geht es gar nicht um die Umsetzung einer bestimmten Theorie oder um möglichst effiziente Maßnahmen: *«In Wirklichkeit hat die Anwendung von ‹shock›- oder ‹big bang›-Konzepten weniger mit theoretischen Überlegungen zu tun als vielmehr mit politischer Taktik: Es geht darum, die wirtschaftlichen Veränderungen schnell durchzusetzen, bevor die betroffenen Bereiche der Gesellschaft Zeit haben, politische Opposition dagegen zu organisieren.»*[64]

Schocktherapien haben nicht nur in der sogenannten «Dritten Welt», sondern auch bei den postsozialistischen Umbrüchen eine gewisse Beliebtheit erlangt. Dabei wurde implizit mit der Totalitarismustheorie argumentiert. Diese stellte die These auf, daß die staatssozialistischen Regimes im Grunde von einer totalitär regierenden Elite beherrscht wurden, die die gesamte Gesellschaft mit Terror und Repression knebelte. Ein schnelles Ausschalten dieser Elite – mittels einer «Schocktherapie» –, müßte dann folgerichtig den

Weg für Markt und Demokratie freimachen. Die reale Entwicklung der osteuropäischen Länder hat allerdings gezeigt, daß die staatssozialistischen Gesellschaften doch komplexer und heterogener waren, wie die Totalitarismustheorie annahm.

Daß Theorien nicht nur geduldiges Papier sind, sondern auch morden können, beweisen die neoliberalen Strukturanpassungsmaßnahmen eindringlich, da sie immer wieder beträchtliches Elend hervorbrachten. Die UNICEF schätzt, daß allein im Jahre 1988 die Verlangsamung bzw. Umkehrung von Entwicklungsprozessen in Zusammenhang mit Strukturanpassungsmaßnahmen für den Tod von 500.000 Kindern verantwortlich war!

Kuba scheint aus diesen Erfahrungen gelernt zu haben und weigerte sich, vergleichbare Maßnahmen durchzuführen. Stattdessen sollten die beispielhaften sozialen Errungenschaften der Revolution aufrechterhalten werden. Wie dies versucht wurde und zu welchen Ergebnissen die Verteidigung des «*sozialistischen Prinzips*» führte, wird im folgenden dargestellt.

9.1. Die versuchte Importsubstitution von Lebensmitteln: *Ein Faß ohne Boden*

Die Lebensmittelproduktion der Insel war schon früh zum Stiefkind der Revolution geworden und hatte bald ihre traditionelle Bedeutung verloren. 1989 waren nur 43% der Agrarproduktion für die nationale Eigenversorgung bestimmt, dies entsprach 0,14 ha Anbaufläche pro Kopf. Zum Vergleich: Die Vereinigten Staaten – größter Lebensmittelexporteur der Welt – kultivierten im gleichen Jahr pro Einwohner 0,6 ha Anbaufläche für ihre Selbstversorgung. Wie schon erwähnt, mußte Kuba wegen der chronischen Schwäche seiner Landwirtschaft einen Großteil der eigenen Lebensmittelnachfrage über Importe decken, im Jahre 1989 z.B. im Werte von einer Milliarde US-Dollar.

Der kubanische Agrarsektor war von einer starken Konzentration der Anbauflächen gekennzeichnet: 74,3% des kultivierten Landes wurden von zentralisierten Staatsbetrieben, 11,4% von staatlichen Produktionsgenossenschaften zusammengeschlossener Privatbauern und 14,3% von unabhängigen Privatbauern bewirtschaftet.[65] «*Außerhalb des Zuckeranbaus gab es in der Landwirtschaft 106 Staatsbetriebe mit 210.000 Arbeitern; 746 Produktionsgenossenschaften mit 30.612 Kooperativisten und ungefähr 50.000 Bauern, die Mitglieder von Dienstleistungs- und Kreditkooperativen waren; circa 10.000 Bauern waren in keinem Kooperativentyp integriert. Insgesamt arbeiten in diesem Bereich rund 300.000 Personen.*»[66] Auffällig ist dabei, daß rund ein Viertel des bäuerlichen Besitzes an der landwirtschaftlichen Nutzfläche nicht verstaatlicht wurde. Im Gegensatz zu anderen sozialistischen Ländern hat es in der kubanischen Landwirtschaft niemals eine Zwangskollektivierung gegeben.

Der Anbau der zentralisierten Flächen war hochgradig mechanisiert worden und stand damit im deutlichen Widerspruch zu dem hohen Arbeitskräftebedarf. Die kubanische Agrarproduktion ähnelte mit ihrem kapitalintensiven Einsatz von Pestiziden, Düngemitteln, etc. und großen Anbauflächen der «grünen Revolution» Indiens und wies sich gleichzeitig als typisch staatssozialistische, nämlich als extensive, Produktionsform aus. Nach der Abschaffung der freien Bauernmärkte im Jahre 1986 wurde die Landwirtschaft noch ineffizienter als sie es vorher schon war und rutschte schon vor der *periodo especial* in eine neue Produktionskrise: Für 1989 konnte für die gesamte Agrarproduktion gerade noch ein Anstieg von 0,4% ausgewiesen werden.[67]

Als die Bedrohung der Außenhandelskrise näher rückte, forcierte die Regierung 1990 die Umsetzung eines in den Vorjahren entwickelten Importsubstitutionsprogrammes in der Lebensmittelproduktion. Dieses sogenannte *programa alimentario* war in der üblichen Tradition der kubanischen Planvorgaben sehr ambitioniert. Es wollte bis 1995 über Produktionssteigerungen von 15% (Reis) bis 120% (Milch) rund 40% aller Lebensmittelimporte substituieren sowie gleichzeitig die Exportproduktion von Lebensmitteln steigern.[68] Die Verringerung der für die Landwirtschaft vorgesehenen Importe sollte durch die Anwendung neuer Techniken und den verstärkten Rückgriff auf Arbeitskräfte kompensiert werden. Das zentralisierte Planungs- und Produktionssystem wurde nicht angetastet.

Ein Bündel von Maßnahmen wie neue Drainage- und Bewässerungstechniken, die Nutzung von Zuckerderivaten bei der Viehfutter- und Düngemittelproduktion sowie die rasche Umsetzung biotechnologischer Erkenntnisse auf dem Gebiet der Schädlingsbekämpfung und zur Potenzierung von Saatgut wurden eingeleitet. Bis 1992 hatten sich über 200 Zentren zur biologischen Schädlingsbekämpfung auf der Insel konstituiert, im gleichen Jahr wurde die zentrale Koordinationsstelle «Frente Bioagricola» zur Erforschung und bedürfnisorientierten Anwendung biotechnologischer Kenntnisse im Agrarsektor errichtet.

In den Städten sollte jetzt mit staatlicher Förderung jegliche brachliegende Fläche beackert werden; mit dem *plan autoconsumo* wollte man mit einer Art Subsistenznebenwirtschaft die angespannte Versorgungslage in den demographischen Ballungszentren der Insel zusätzlich stabilisieren. Scharen von Büroangestellten wurden nebenberuflich zu Kleingärtnern. Dazu kam der Aufbau einer Infrastruktur wie z.B. durch die Schaffung von 350 neuen «campamientos» (Arbeitscamps), die kurzfristige Massenmobilisierungen von Arbeitskräften und eine tendenzielle Militarisierung der landwirtschaftlichen Produktion ermöglichten.

Und dies war das Herzstück der neuen Strategie: Mit einem enormen Propagandaaufwand wurden vor allem die Bewohner der Großstädte aufgerufen, der neuen Produktionsschlacht durch vierzehntägige freiwillige Ernteeinsätze zum Siege zu verhelfen. Hunderttausende von *habaneros* folgten dem Ruf ihrer Revolution, nicht nur, um ihren Anteil für die nationale Lebensmittelversorgung zu leisten, sondern auch, um die eigene Ernährungssituation – die sich besorgniserregend zu verschlechtern begann – kurzfristig aufzubessern. Mit enormen Transportkosten wurden alle zwei Wochen bis zu 20.000 Hauptstädtler aufs Land gekarrt, um einer Arbeit nachzugehen, die sie als Angestellte oder Industriearbeiter kaum kannten und häufig auch gar nicht intensiv kennenlernen wollten. Die Arbeitsproduktivität ließ dementsprechend zu wünschen übrig, die Arbeitscamps strahlten manchmal eher das Ambiente von Ferienlagern aus. Auch die zentralen Planungsinstanzen waren kaum noch in der Lage, daß Kommen und Gehen der Massen und die Verteilung der geernteten Lebensmittel zu koordinieren: «*So erreicht erwiesenermaßen von der landwirtschaftlichen Produktion nur ein Drittel der Erntemenge auch die Läden; ein Drittel verrottet unterwegs oder geht sonstwie verloren, ein Drittel wird für den Schwarzmarkt abgezweigt.*»[69]

Unter diesen Bedingungen ließen sich die ehrgeizigen Ziele des Programmes nicht einmal annähernd realisieren: Die für eine mechanisierte Bearbeitung sehr groß angelegten Anbauflächen konnten einfach mit den wesentlich geringeren Mitteln – die nach offiziellen Angaben ab 1992 auf ein Fünftel der bisherigen Einsatzfaktoren abgesunken waren – nicht ausreichend kultiviert werden. Nach der Einschränkung des *plan alimentario* im April 1992 wurde seine Effizienz Ende des gleichen Jahres von der Regierung erstmals öffentlich in Frage gestellt[70], um schließlich im Dezember 1993 aufgegeben zu werden. Fidel Castro verteidigte dabei in der Nationalversammlung zwar noch grundsätzlich die Richtigkeit dieses Programmes, erklärte aber dann doch, daß «*der Staat mit den großen Agrarbetrieben keinen Erfolg hatte.*»[71] Vier Jahre nach seinem Beginn muß das *programa alimentario* als einer der größten Mißerfolge der kubanischen Wirtschaftspolitik bezeichnet werden, dessen Ergebnis eine hochsubventionierte Landwirtschaft mit stetig sinkenden Erträgen war. Eine kubanische Untersuchung kam nachträglich zu dem resignierenden Schluß, daß der produktive Output des *programa alimentario* nur einem Zwölftel von dem entsprach, was vorher investiert wurde: «*Mit dem Plan Alimentario scheiterte der Grundpfeiler der staatlichen Wirtschaftsstrategie im Bereich der Binnenökonomie.*»[72] Die Landwirtschaft wurde dabei weiter geschwächt. Der Anteil des Agrarsektors am Bruttoinlandsprodukt von 1993 war 20% geringer als der von 1989; und dies, obwohl im gleichen Zeitraum die Industrieproduktion um 80% geschrumpft war.

Da Kuba über keinen landwirtschaftlichen Subsistenzsektor verfügte, konnte die durch den Ausfall der Importe verursachte Verschlechterung der Lebensmittelversorgung nicht aufgefangen werden; das Scheitern des *programa alimentario* provozierte schließlich eine traumatische Versorgungskrise: Schon seit 1990 erfolgte die Verteilung von Lebensmitteln nur noch über eine staatlich kontrollierte Rationierung. Die berüchtigten *colas*, die Warteschlangen beim Anstehen um die wenigen garantierten Lebensmittel wurden zum allgegenwärtigen Merkmal der kubanischen Krise. Spätestens ab 1993 war aber trotz dieser Maßnahme die Grundversorgung auf der Insel nicht mehr ausreichend gesichert. Nach offiziellen Angaben sank der tägliche Pro-Kopf-Verbrauch an Kalorien von 2845 Einheiten im Jahre 1989 auf 1780 Einheiten im Jahre 1993.[73] Die Bevölkerung konnte einer drohenden Mangelernährung nur noch durch ein Ausweichen auf einen rasch wachsenden Schwarzmarkt entgehen. Doch dies war nicht überall und nicht jedem möglich.

Eine Augenneuropathie, die sich ab 1991 epidemieartig auf Kuba verbreitete und der im März 1993 bis zu 4.000 Personen pro Woche zum Opfer fielen, gilt heute als der deutlichste Hinweis auf die chronische Unterernährung von Teilen der Bevölkerung. Während die kubanische Regierung beim anfänglichen Auftreten der Krankheit

«Ich werde dir treu bleiben!» Systemloyalität und Überlebenstechniken auf kubanisch: *Der illegal angebotene Fisch kostete 1994 mehrere Monatsgehälter.*

öffentlich über die Möglichkeit eines von den USA ausgesetzten Virus spekulierte, ist es mittlerweile bewiesen, daß es sich stattdessen um einen Mangel an B-Komplex-Vitaminen handelte.[74] Die ursprünglichen Beteuerungen der Regierung, es gäbe keinen Hunger in ihrem Inselsozialismus, müssen also nachträglich relativiert werden. Die Kubaner taten dies längst auf ihre Art; seit der traumatischen Lebensmittelkrise nennen sie ihre Kühlschränke nur noch *cocos* (Kokusnüsse): Denn genau wie diese enthalten sie nur Wasser...

Beim Scheitern des *programa alimentario* fallen uns zwei Aspekte ins Auge: Zum einen finden wir auch hier die beiden Elemente der extensiven Produktionsform und des Zentralverwaltungsapparats wieder, der als Lösungen offensichtlich nur altbackende Rezepte hervorzaubern kann. Denn analog zur ersten großen Krise Kubas 1967-70 (vgl. Abschnitt 3.1.) wurde versucht, die für die Wirtschaft nötigen Ressourcen durch Massenmobilisierungen von Arbeitskräften und einer Militarisierung der Wirtschaft zu sichern, anstatt mit Maßnahmen wie einer Dezentralisierung der Agrarproduktion und der Lebensmittelverteilung einen tragenden Strukturwandel in der Landwirtschaft einzuleiten. Zum anderen verschärfte der Mißerfolg dieser Strategie die binnenwirtschaftliche Krise. Erstmals wird deutlich, daß die angespannte Wirtschaftslage Kubas nicht nur durch äußere Einflüße verursacht wurde, sondern zusätzlich durch interne Fehlentscheidungen und -planungen erklärt werden muß. Die Lösung der prekären Versorgungslage der Bevölkerung geriet neben der Devisenbeschaffung so zum zentralen Kriterium der Überlebensfähigkeit des kubanischen Systems.

9.2. Bittere Erfahrungen mit dem Süßstoff: *Ein Leitsektor stürzt ab*

Auch in Zukunft wird keine Wirtschaftspolitik an dem Produkt vorbeikommen, das Kuba zu Recht den Zusatz Zuckerinsel eintrug. Der Zuckersektor spielt in allen Bereichen Kubas eine dominante Rolle: Zu ihm gehören fast 50% der landwirtschaftlichen Nutzfäche, mit 450.000 Arbeitern ein Achtel der erwerbstätigen Bevölkerung von 1989, und er verbraucht ein Drittel der nationalen Energie. In ihn flossen in 30 Jahren Sozialismus 15% aller Investitionen, was zu einer Humanisierung der Arbeitsplätze durch Mechanisierung und zum Entstehen eines agroindustriellen Komplexes mit Maschinenbau-, Elektrotechnik-, Montagefabriken und anderen Anlagen geführt hat. Die Revolutionsführung ließ zu Beginn der Krise keinen Zweifel daran, daß sie diese Potentiale auch weiter nutzen wollte: *«Die Zuckerrohrkulturen sind Kulturen mit hohem landwirtschaftlichen Ertrag. Wir haben die Infrastruktur für ihre Produktion, wir haben die Mühlen, wir haben die Häfen, wir haben die Eisenbahnen, wir haben die Lager, die Hauptinvestitionen dieser Industrie sind im Lande, wir kennen den Markt und im gewissen Sinne spielen wir eine Rolle auf diesem Markt... Unsere Politik ist es darum nicht, uns vom Zucker zugunsten anderer Produkte zurückzuziehen, unsere Politik ist es, der Zuckerindustrie gleichzeitig mit anderen Exportgütern Priorität zu geben...»*[75] Allerdings waren die neuen Ausgangsbedingungen ungünstiger denn je: Die Zuckerindustrie wurde von der Außenhandelskrise mit am stärksten betroffen, da sie

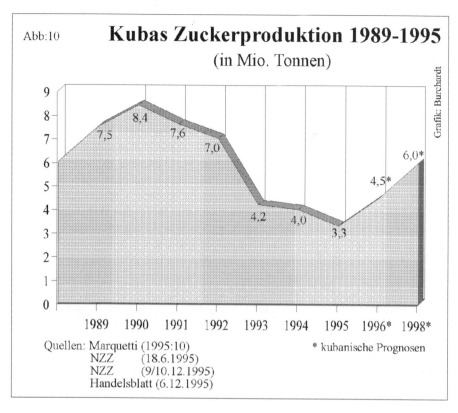

Abb:10

Kubas Zuckerproduktion 1989-1995
(in Mio. Tonnen)

Grafik: Burchardt

Quellen: Marquetti (1995:10)   * kubanische Prognosen
NZZ   (18.6.1995)
NZZ   (9/10.12.1995)
Handelsblatt (6.12.1995)

gleichzeitig fast 80% ihrer Einsatzfaktoren und einen Teil ihrer Absatzmärkte verlor. Bis heute blieben die UdSSR-Nachfolgestaaten zwar weiter der wichtigste Absatzmarkt für kubanischen Zucker, allerdings werden nicht mehr die gleichen Mengen wie früher abgenommen. Die Insel wurde gezwungen, ein Teil ihres Zuckers zu Dumpingpreisen auf dem Weltmarkt zu verramschen, nach Regierungsangaben 1992 z.B. zu 8,8 Centavos (Cents) das Pfund.[76] Kubanische Ökonomen bezifferten aber allein die Materialkosten Kubas zur Erzeugung eines Pfundes Zucker zwischen 1981 und 1989 auf ungefähr 10-13 Centavos pro Pfund und kommen zu dem Ergebnis: «*Wenn man den Großteil des produzierten Zuckers zu 40 oder mehr Centavos das Pfund verkaufen könnte, würde man mit diesem Preis alle Kosten für Material und Löhne decken.*»[77]

Die ganze Dramatik dieser Aussage wird schnell deutlich, wenn man weiß, daß die Regierung trotz dieser Zahlen darauf beharrte, daß sich die Zuckerproduktion unter den alten Bedingungen lohnte; die Zuckerindustrie – die sich wie die Landwirtschaft durch zentrale Verwaltungsstrukturen, einer extensiven Produktionsform und durch einen hohen Arbeitskräftestamm auszeichnete – wurde in ihrer ursprünglichen Struktur erhalten und nicht angetastet. Daraus konnten sich nur zwei Konsequenzen ergeben: Entweder produzierte Kuba den Zucker seit Beginn der Krise teurer als er verkauft wurde – dies würde zu einem Kapitalabfluß führen, der die Insel langsam ausblutet. Oder die Regierung senkte die Produktionskosten an dem einzigen Punkt, wo es ihr selbst möglich war, nämlich bei den Lohnkosten. Durch eine schleichende Geldentwertung wäre ihr dies auch möglich, während die Löhne offiziell konstant gehalten wurden. Betrug an den Zuckerarbeitern oder wirtschaftliche Inkompetenz, sei hier dahingestellt. Die Unwilligkeit, den Zuckersektor zu reformieren, hatte auf jeden Fall ernste Konsequenzen.

Denn als Resultat dieser Unbeweglichkeit brach die *zafra* (Zuckerernte) 1993 erstmals massiv ein. Äußere Einflüsse, wie ein sogenannter «Jahrhunderthurrican» im März 1993, der in der Landwirtschaft Schäden im Wert von einer Milliarde US-Dollar verursacht haben soll, verschlechterten die Produktionsergebnisse noch zusätzlich, beschleunigten aber nur eine grundsätzlich rezessive Tendenz, wie die nächsten Jahre zeigten. Obwohl bis 1995 in der Zuckerindustrie die Hälfte aller vorhandenen landwirtschaftlichen Geräte, die Hälfte aller Düngemittel und Pestizide sowie ein Drittel des im Agrarsektor genutzten Wassers eingesetzt wurden, reduzierte sich zwischen 1989 und 1995 die Zuckerproduktion insgesamt um fast 60% und verringerte so empfindlich die Devisenkaufkraft der Insel. Das Zentralorgan des kubanischen Gewerkschaftsverbandes CTC beklagte im Oktober 1995: «*Wenn wir vom Durchschnitt unserer früheren Ernten und der damaligen Zuckerpreise ausgehen, hat das Land Einnahmen von zwei Milliarden Dollar verloren, ausgerechnet dann, als unsere Not am größten war und unsere Devisenknappheit am schlimmsten.*»[78]

Früher mit Abstand größte Quelle der Exporteinnahmen, verlor die Zuckerindustrie diese exponierte Stellung trotz umfangreicher staatlicher Hilfen; zusammen mit der Landwirtschaft hat sie zwischen 1990 und 1993 zu 54% zum kubanischen Staatshaushaltsdefizit beigetragen.[79] Die fallenden Produktionsergebnisse machten eine Reformierung des Sektors immer dringlicher. Experten der CEPAL gehen in einer Analyse vom Oktober 1995 z.B. davon aus, daß die Produktivität des kubanischen Zuckersektors verdoppelt werden muß, um auf dem Weltmarkt wieder wettbewerbsfähig anbieten zu können.[80] Die Regierung reagierte dennoch lange nicht auf die warnenden Signale.

Diese Reformunwilligkeit unterstreicht nicht nur erneut die Regierungsverantwortung für die Krise Kubas, sondern präzisiert sie: Die Revolutionsführung hatte zu Beginn der Krise nämlich verschiedene Optionen für die von ihr anvisierte Devisenbeschaffung: Da war einmal eine Öffnung hin zum Tourismus, wie es schließlich auch geschehen ist. Da war zum anderen aber auch – oder besser zusätzlich – eine Reformierung der Zuckerindustrie vonnöten, die ja ebenfalls Devisenbringer ist. Als Leitsektor bietet der Zucker verschiedene Entwicklungspotentiale, wie eine wettbewerbsfähige Technik oder das Fachwissen von allein 15.000 Akademikern in der Branche, die vielen anderen Spezialisten gar nicht mitgezählt. Bei einer adäquaten Nutzung dieser Wettbewerbsvorteile wären vermutlich Ergebnisse zu erzielen gewesen, die die noch relativ geringen Gewinne im Tourismus ergänzt bzw. überflügelt hätten, anstatt sie – wie geschehen – durch noch größere Verluste verpuffen zu lassen. Dies hätte allerdings einen profunden Strukturwandel des Sektores vorausgesetzt, der Dezentra-

1992: Die überfüllten Ikarusbusse – guaguas – in Aktion...

lisierungen, Rationalisierungen und Entlassungen mit einschließt. Da die Regierung die Zuckerindustrie aber nicht angetastet hat, ist daraus zu folgern, daß sie genau solche Reformen grundsätzlich ablehnt. Der bisherige Reformprozeß hat also einen *strukturkonservativen* Charakter, das heißt, er basiert mehr auf einem Erhalt, als auf einer Veränderung schon vorfindbarer Strukturen. Offensichtlich fand bei denen für Reformen Verantwortlichen in Kuba die Öffnung zum Tourismus eine größere politische Akzeptanz als ein Strukturwandel der funktional gleichbedeutenden Zuckerindustrie. Während das erstere als rein sektorale Systemerweiterung mit den alten Mechanismen kontrollierbar bleibt, hätte das zweite eine Veränderung der bekannten Spielregeln bedeutet.

Nun kann natürlich argumentiert werden, daß es immerhin keine Entlassungen gegeben hat, was ja auch einiges wert ist. Der Vergleich zwischen Tourismus und Zuckerbranche wirft aber im Gegenteil auch einen ersten Schatten auf diese häufig gelobte «soziale Verträglichkeit» der kubanischen Reformen. Denn ob die sozialen Folgen einer expandierenden Tourismusindustrie den Entlassungen in der Zuckerindustrie vorzuziehen sind, ist nicht einmal die Streitfrage. Kuba wird um das Zweite nicht herumkommen, obwohl es das Erste schon hat: Wenn auch in Zukunft keine kubanische Politik am Zucker vorbeikommt, kommt an einem Strukturwandel der Branche erst recht niemand vorbei...

9.3. Verteilungsgerechtigkeit bis zur Substanz:
Die Verwaltung von Mangel als sozialistische Domäne

Kurzfristig konnten die Importverluste, die Kuba durch die Außenhandelskrise erlitt, nur durch eine Drosselung des privaten und öffentlichen Konsums aufgefangen werden. Um bei dieser massiven Verknappung des Warenangebots eine gleiche Verteilung aufrecht erhalten zu können, wurde die Bevölkerung durch ein rigides staatliches Rationierungsprogramm in ihrer Konsumgüter- und Energieversorgung sowie in ihrer Mobilität empfindlich beschnitten. In einem Zwei-Stufenprogramm wurden schon zwischen 1990-1991 die meisten Konsumgüter rationiert, die Wochenarbeitszeit eingeschränkt und aufgrund des Papiermangels alle Zeitschriften mit Ausnahme der Zentralorgane der Kommunistischen Partei PCC, des Zentralen Gewerkschaftsbundes CTC und der Kommunistischen Jugend UJC eingestellt.

In der zweiten Phase – die im Januar 1992 begann und von Regierungsseite offiziell als das «*Jahr Eins der Periodo Especial*» bezeichnet wurde – leitete man zusätzlich scharfe Energiesparmaßnahmen wie die Reduzierung des täglichen Fersehprogrammes auf fünf Stunden und eine Verringerung des gesamten Freizeitangebotes (Kino, Gastronomie, Theater, Discotheken etc.) ein. Ab Juni 1992 kamen im ganzen Land programmierte Stromabschaltungen dazu. Während diese in den Stadtvierteln Havannas z.B. dreimal die Woche mit dreistündigen Stromsperren begannen, weiteten sie sich im Folgejahr gelegentlich auf bis zu 16 Stunden täglich aus. Die Stromversorgung der privaten Haushalte wurde bis 1993 dabei um circa die Hälfte gedrosselt.

Gleichzeitig erfolgte eine einschneidende Reduzierung des gesamten öffentlichen Transportsystems: Die ungarischen Ikarusbusse – in Kuba als *guaguas* bekannt – die schon früher brechend vollgestopft durch Havanna dröhnten, und als ein Wahrzeichen der Hauptstadt zum Motiv mancher literarischer und musikalischer Betrachtung wurden, kämpften sich zu Beginn der Krise noch mit Menschentrauben an ihren Türen durch die Straßen, bis sie schließlich immer weniger wurden und fast ganz verschwanden. Ersetzt wurden sie durch Lastwagen und vor allem durch ein Heer chinesischer Fahrräder, die Kuba importierte, um zumindest eine gewisse Mobilität aufrechtzuerhalten. So wurde der als *chivo* – die Ziege – titulierte Drahtesel zum neuen Symbol kubanischer Dynamik und tauchte entsprechend dem Erfindungsreichtum seiner Besitzer in allen Variationen und Farben auf. Havanna wurde zum ersten Fahrradparadies Lateinamerikas, viele Straßen erhielten ihre speziellen Fahrradwege und ein Netz von Fahrradwerkstätten und -parkplätzen liegt heute über der Stadt. Autos verschwanden zusehends, selbst die Luft wurde wesentlich reiner.

Was sich für Europäer wie die Vision einer ökologischen Zukunftsstadt anhörte, war für die *habaneros* aber nur eine mühselige Anpassung an neue Zeiten. Wie alle Lateinamerikaner besitzen sie keine Kultur des Radfahrens und haben trotz der idealen Wetterbedingungen kaum Freude am Fahrradfahren; ihre Passion beschränkt auf die reine Fortbewegung, und man muß kein Prophet sein, um zu wissen, daß bei einem wirtschaftlichen Aufschwung der Insel die Räder genauso schnell wieder verschwin-

Kubas Fortbewegungsmittel Nummer 1 kennt keine Grenzen...

den werden, wie sie die Städte eroberten. Trotz des Imports von mehr als einer Million Rädern und dem Bau eigener Fahrradfabriken nahm die Mobilität in Kubas Städten spürbar ab, Havanna versank langsam in Lethargie.

Ein weiterer Grund dafür war die totale Rationierung aller Konsumgüter. Ein Großteil des Alltags der Stadtbevölkerung bestand ab 1992 nur noch in der Existenzsicherung des gleichen – und bei viel Glück – sogar des nächsten Tages. Dies bedeutete einmal stundenlanges monotones Warten in den *colas*, den Schlangen, um die wenigen staatlichen Güter zu sichern. Dabei erlebte man häufig Enttäuschungen, das befürchtete «*se acabó*» – es ist schon aus –, bekam man immer häufiger zu hören. Und wirklich wurden die Verteilungsraten selbst für Waren zur Befriedigung von Grundbedürfnissen (z.B. Hygieneartikel wie Zahnpasta, Toilettenpapier, Seife usw.) kontinuierlich weniger. Manche Artikel verschwanden für mehrere Monate und 1993 waren viele Verteilungsraten der *libretta* – der Lebensmittelkarte – gerade einmal so hoch wie zu Zeiten der Krise Ende der sechziger Jahre; Brot wurde zum ersten Mal seit dem Bestehen der Revolution rationiert. Nach dem Warten verbrachte man den Rest des Tages auf der Suche nach Schwarzmarktangeboten, wo sich immer häufiger das wiederfand, was bei den staatlichen Verteilungsstellen verschwunden war. Sollten alle diese Anstrengungen von Erfolg gekrönt sein, und man abends gar ein Stückchen Huhn ergattert haben, konnte es gut passieren, daß es kein Gas oder kein Wasser oder keinen Strom gab, die Zubereitung des Mahls also ausfallen mußte, und es wieder einmal das Glas Zuckerwasser war, das den Magen beruhigte.

Trotz dieser angespannten Lage legte die Regierung großen Wert auf die Rationierungen, die es erlaubten, daß die Kosten der Krise auf die gesamte Bevölkerung möglichst gleich verteilt wurden, und so die enorme Verschlechterung des Lebensstandards besser kanalisierten: «*Die Revolution hat eine Formel angewandt, die sozialistisch ist, die human ist, die die einzige Formel ist, um sich einer Situation diesen Types entgegenzustellen: Die Mittel, über die wir verfügen, mit allen zu teilen.*»[81]

Allein nach Regierungsangaben ist das Güter- und Dienstleistungsangebot auf der Insel bis 1993 um rund ein Drittel gesunken. Da das den privaten Konsum beeinflußende Pro-Kopf-Importvolumen Kubas im gleichen Zeitraum aber um mehr als 70% und damit unter den lateinamerikanischen Durchschnitt fiel, ist diese offizielle Zahl vermutlich noch gewaltig «geschönt».[82] Der geordnete Rückzug des ersten lateinamerikanischen Wohlfahrtsstaates ging in Wirklichkeit bis an die Substanz, «*seitdem lebt die kubanische Gesellschaft im Zeichen einer harschen, aber unumgänglichen Austeritätspolitik mit Versorgungsmängeln, die hier und da hart an die Grenze zur Verelendung und offenen Not heranreichen*».[83]

Nachdem sich die Versorgungslage auch nach «*dem härtesten Jahr*»* 1992 weiter verschlechterte und durch das Scheitern des *programa alimentario* landwirtschaftliche Produkte besonders in den Städten einen echten Seltenheitswert bekamen, spitzte sich die soziale Unzufriedenheit immer mehr zu. Aus diesen Zeiten stammen Witze wie der von dem Hühnerei, das zufällig auf Kuba fiel und dort vor hungernden Massen von Kubanern flüchten mußte. Bis es auf einen Schinken traf, der dem Ei anbot, sich hinter ihm zu verstecken, denn ihn kannte schon längst niemand mehr auf der Insel. Doch auch dieser Galgenhumor, der die schönsten Stilblüten trieb, konnte die größer werdende Verzeiflung kaum noch aufheitern. So kam es im Spätsommer 1993 in Havanna zu «*spontanen und isolierten Tumulten*»[84], die sich z.B in einem massenweisen Zerschlagen von Gläsern und Flaschen, in einzelnen Übergriffen auf Ordnungskräfte oder in dem Anzünden von Barracken äußerten; der Reformdruck auf die Regierung erhöhte sich spürbar.

Die rigide Rationierungspolitik der Regierung muß trotzdem als ein Erfolg gewertet werden. Die relativ gerechte Verteilung der Krisenverluste und das geordnete Absinken des Lebensstandards haben verhindert, daß die Gesellschaft auseinanderfiel, also daß Einzelne versuchten, ihre eigene Lage auf Kosten der Mehrheit zu verbessern, bzw. daß politische Einzelinteressen entstanden, die den Reformprozeß sabotierten. Damit konnte trotz des gigantischen Ausmaßes der Krise der nationale Konsens des Regimes gerettet werden und mit ihm die politische Stabilität als Voraussetzung für alle weitere Entwicklung. Dieses erfolgreiche Krisenmanagement unterstreicht die Fähigkeit der sozialistischen Regierung, soziale Integrationsprozesse zu sichern, solange diese zentral steuerbar bleiben.

---

* Ein gleichnamiger Artikel versuchte noch im April 1992 ein baldiges und absehbares Ende der Versorgungskrise zu suggerieren (Barredo, 1992:34). Mittlerweile hat die Regierung von solchen Prognosen Abstand genommen.

9.4. Die Sonnenseite des socialismo tropical: *Die sozialen Errungenschaften*

Im Gegensatz zum privaten Konsum wurde versucht, die soziale Versorgung auf der Insel so weit wie möglich aufrechtzuerhalten. Hier handelt es sich vor allem um die *conquistas sociales*, die sozialen Errungenschaften, die zweifellos zu den Sonnenseiten des *socialismo tropical* gehören. Trotz der sich verschärfenden Krise hat es die Regierung vermieden, auf der Insel einen Sozialabbau einzuleiten. Die Staatsausgaben wurden stattdessen in einzelnen Bereichen sogar erhöht: Die Ausgaben in der Gesundheitsversorgung stiegen nach Regierungsangaben allein 1993 um 10%, die Leistungen zur Sozialversicherung um 33% und bis 1995 wurden für die sozialen Dienste insgesamt jährlich rund 30% des Staatshaushaltes ausgegeben.[85] Zum Vergleich: Zwischen 1985 und 1990 hatten die Gesamtausgaben aller Entwicklungsländer für Bildung einen Anteil von 3,6% und die für Gesundheit einen Anteil von 1,4% am gemeinsamen Bruttoinlandsprodukt.[86]

Diese überdimensionalen Sozialausgaben Kubas dürfen aber nicht darüber hinwegtäuschen, daß auch in den sozialen Sektoren hauptsächlich ein Substanzverzehr stattgefunden hat, wie ihn Fidel Castro schon 1991 ankündigte: *«Auch wenn Kuba fünf Jahre keine Schule bauen würde, verbessert sich unser Bildungssystem, weil wir in der sozialen Sphäre hohe akkumulierte Investitionen haben... wir können auch fünf Jahre lang unser Gesundheitssystem jährlich verbessern, ohne ein neues Hospital zu bauen.»*[87] Der *maximo lider* schien mit seiner Einschätzung nicht ganz Unrecht zu haben. Denn auch heute noch – nach sechs Krisenjahren und allen Unkenrufen zum Trotz – garantiert das Gesundheitssystem Kubas der gesamten Bevölkerung eine kostenlose Grundversorgung. Die größten Einschränkungen hatte es bisher durch Material- und Medikamentenmangel gegeben: 1992 wurde von der Regierung bestätigt, daß auf Kuba 229 der 1303 üblicherweise angewendeten medizinischen Präparate fehlen und 1994 wurde auch für Basismedikamente eine restriktive Rationierung eingeführt.[88]

Anerkannte soziale Indikatoren beweisen aber, daß in der Gesundheitsversorgung dennoch keine einschneidenden Effizienzverluste stattgefunden haben: Schon die Bekämpfung der 1992 aufgetretenen Augenneuropathie, die die Regierung zur täglichen Verteilung von Vitaminen an die gesamte Bevölkerung veranlaßte, machte ihr Anliegen, die Gesundheitsversorgung zu erhalten, mehr als glaubwürdig. Auch die Bedrohung Lateinamerikas durch die Cholera hat sich nicht auf Kuba ausgeweitet, so daß das Land weiter seuchenfrei blieb. In Kuba wurde in den letzten sechs Jahren kein Krankenhaus geschlossen, kein Arzt entlassen; die medizinische Versorgung wird durch einen Arzt für rund 300 Einwohner sichergestellt. Die Kindersterblichkeit bei Neugeborenen ist 1993 weiter auf 9,4 (1989:11,1) von 1000 Lebendgeburten gesunken und konnte auch bis 1995 unter 10 gehalten werden. Damit liegt die durchschnittliche Lebenserwartung der Kubaner mit 75,5 Jahren fast acht Jahre höher als im restlichen Lateinamerika.[89]

Das anerkannte Bildungssystem der Insel wurde ebenfalls nicht angetastet und ermöglicht weiterhin allen Kubanern kostenlosen Zugang zu den von ihnen gewählten Bildungseinrichtungen. Davon profitierten 1994 noch 2,3 Mio. Schüler und Studenten.[90] Einschnitte sind hier ebenfalls primär auf Materialprobleme zurückzuführen: Kuba blieb bis heute das einzige Land Lateinamerikas, das weder Kinderarbeit noch Analphabetismus kennt. Nicht ohne Grund also waren nach einer nordamerikanischen Umfrage noch Ende 1994 75% der Bevölkerung mit dem Gesundheitssystem und 89% mit dem Bildungssystem vollständig oder halbwegs zufrieden.[91]

Weitere Elemente des sozialistischen Sozialstaats sind das Rentensystem, von dem 1,3 Mio. Alte profitieren, sowie die Arbeitslosenversicherungen, die entsprechend der Krisensituation ausgeweitet wurden: Das Recht auf Arbeit blieb in der veränderten Verfassung von 1992 verankert und verpflichtet den Staat, bei Arbeitsverlust einen gleichwertigen Arbeitsplatz bzw. Umschulungen anzubieten oder nach einer einmaligen Leistung von 100% der letzten Gehaltszahlung erst unbefristet – und seit 1994 für zwei Jahre – ein Arbeitslosengeld von 60% auszuzahlen. Diese offensichtlich sozial verträglichen Maßnahmen stabilisierten kurzfristig die prekäre Arbeitsmarktsituation und federten die Auswirkungen der ökonomischen Krise ab.

Auch andere Faktoren dürfen hier nicht unerwähnt bleiben. So ist z.B. die Chancengleichheit in Kuba immer noch größer als in anderen lateinamerikanischen Ländern: Ohne vorhandene Probleme zu ignorieren, kann behauptet werden, daß rassistische und geschlechtsspezifische Diskriminierungen in Kuba nicht mehr auf der Tagesordnung stehen. Zwar sind diese Probleme noch latent vorhanden, werden aber staatlich nicht toleriert oder gefördert, wie z.B. in vielen anderen lateinamerikanischen Staaten oder wie auch hier in Deutschland. Dies ist in einer Gesellschaft, die traditionell vom *machismo* geprägt ist und einen rund 20prozentigen Anteil an schwarzer Bevölkerung hat, ein deutlicher sozialer Fortschritt. Andere stabilisierende Sozialfaktoren sind z.B. der berühmte Liter Milch, der Kleinkindern bis zum sechsten Lebensjahr täglich garantiert wird, und der in ganz Lateinamerika als Sinnbild des kinderfreundlichen Sozialismus bekannt wurde; ein allgemeiner Zugang zu Trinkwasser, den die Regierung mit ernsthaften Anstrengungen weiter zu sichern versucht; eine der niedrigsten AIDS-Raten der Welt, so waren 1995 auf Kuba nur 1196 HIV-positive Personen gemeldet und das bei einer Gesamtbevölkerung von 11 Mio. Einwohnern[92]; ein flächendeckendes Angebot an Kinderbetreuung durch die *circulos infantiles*, die staatlichen Kinderhorte, die die Frauen von ihrer Doppelbelastung als Erzieherinnen entlasten; oder die – trotz gegenteiliger Behauptungen – immer noch geringen Kriminalitätsraten in den Städten sowie das Fehlen von Drogenproblemen und ausschweifender Korruption.

Einige der eben genannten Sozialindikatoren veranlaßten UNICEF dazu, Kuba in einer Studie Ende 1993 mit die höchste Lebensqualität Lateinamerikas zu bescheinigen. Ein erfreuliches Zeugnis, welches von Kuba immer wieder gerne zitiert wird[93]; es ist allerdings irreführend. Bei den von UNICEF berücksichtigten Daten handelte es sich um ausgewählte Sozialindikatoren, die Rückschlüsse auf die gesamte Grundbedürfnisbefriedigung eines Landes geben sollen. Der hohe Organisationsgrad der kubanischen Gesellschaft erlaubt es aber, die von diesen Indikatoren gemessenen sozialen Leistungen selektiv und isoliert zu verbessern, ohne daß eine Übertragung auf andere Lebensbereiche nötig wird. So wäre es z.B. möglich, die Kindersterblichkeit niedrig zu halten, während die Lebensmittelversorgung der Schwangeren oder Kleinkinder – trotz der Milch – unzureichend bleibt. Das dies genauso stattgefunden hat, beweist, daß auf der Insel zusammen mit der geringen Kindersterblichkeit bei Kindern im Alter bis zu fünf Jahren neuerdings gehäuft Anämie auftritt und der Prozentsatz von Neugeborenen mit Untergewicht bis 1993 um mehr als 15% zugenommen hat.[94]

Die *conquistas sociales* Kubas sind also als alleiniger Indikator unzureichend, um den Lebensstandard der kubanischen Bevölkerung zu bewerten oder zu vergleichen. Dies gibt aber im Umkehrschluß nicht das Recht, sie unterzubewerten. In einer Welt, in der nach neueren Angaben 1,1 Mrd. Menschen in Armut leben, davon 630 Millionen in extremer Armut, 1 Mrd. Menschen nicht schreiben können und 1,5 Mrd Menschen keinen Zugang zu sauberen Trinkwasser haben, 1 Mrd. Menschen hungern, 150 Mio. Kinder unter fünf Jahren fehlernährt sind und 12,9 Mio. Kinder sterben, bevor sie ihr fünftes Lebensjahr erreicht haben, in so einer Welt sind die *conquistas sociales* Kubas nicht nur Errungenschaften, sondern Hoffnung für Millionen. Gleichzeitig sind sie vermutlich das wichtigste Kapital, das die Insel hat, um auch in der Zukunft bestehen zu können.

9.5.   Vom Recht auf Arbeit zur Pflicht zur Untätigkeit

Wie schon erwähnt, war der Erhalt des verfassungsmäßig garantierten Rechts auf Arbeit ein Kernstück des Reformkonzeptes der kubanischen Regierung. So sollte verhindert werden, daß mit dem Beginn der wirtschaftlichen Rezession eine Massenarbeitslosigkeit entstand, die zu einer wachsenden sozialen Unzufriedenheit und somit zur Destabilisierung des politischen Systems führte. Unabhängig davon, ob es überhaupt noch Arbeit gab, wurden die Arbeitsplätze durch astronomisch hohe Subventionen an die staatlichen Unternehmen finanziert. Bei den abnehmenden Auslastungen oder sogar vollständigen Paralysierungen der Produktionsanlagen führte dieser Verzicht auf Entlassungen zu einer massiven Unterbeschäftigung.

Dabei pumpte die Regierung fast zwei Drittel ihres Staatshaushaltes in die unrentablen Betriebe: Über sechs Mrd. kubanische Pesos wurden allein 1993 aufgebracht, um diese Form der Arbeitsplatzgarantie zu bewahren. Mit einer solchen Politik konnte Kuba selbst auf dem Höhepunkt der Wirtschaftskrise stolz eine registrierte Arbeitslosenquote von nur 3,4% Prozent vermelden.[95] Und ein interner Bericht des gewöhnlich gut informierten CEPAL dokumentierte Ende 1995, daß der absolute Beschäftigungsstand im Staatssektors Kubas zwischen 1988 und 1995 um insgesamt sogar sechzig Personen zugenommen hat.*

---

*   Vgl. CEPAL (1995). Dabei muß allerdings berücksicht werden, daß nach dem gleichen Bericht die Anzahl der Erwerbstätigen im erwähnten Zeitraum um fast 20% gestiegen ist.

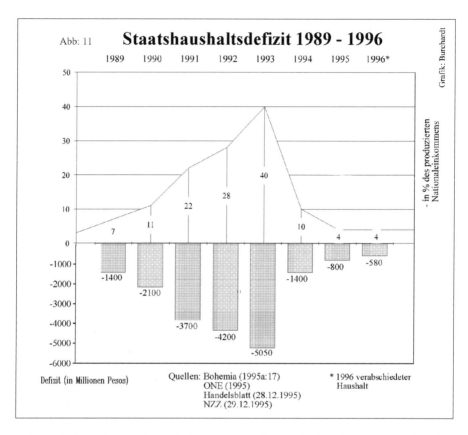

Abb: 11 Staatshaushaltsdefizit 1989 - 1996

Grafik: Burchardt

- in % des produzierten Nationaleinkommens

Defizit (in Millionen Pesos)

Quellen: Bohemia (1995a:17)
ONE (1995)
Handelsblatt (28.12.1995)
NZZ (29.12.1995)

* 1996 verabschiedeter Haushalt

Diese Subventionen wie auch die Ausgaben für die Sozialleistungen standen aber längst nicht mehr im Einklang mit den realen Einnahmen des Staates. Dieser finanzierte sich nämlich über die Steuerabgaben von Unternehmen. Von denen waren aber aufgrund der Krise schon 1993 71% unrentabel[96] und benötigten selbst finanzielle Spritzen, anstatt Steuern zahlen zu können. Da der Staat auf keine anderen Geldquellen zurückgreifen konnte, wurden die Staatsausgaben großteils über die nationale Notenbankpresse abgedeckt und provozierten ein Staatshaushaltsdefizit, das sich nach offiziellen Angaben 1993 auf 40% des Nationaleinkommens belief.

Die staatlichen Arbeitsmarktregulierungen garantierten aber nicht nur einen Arbeitsplatz, sondern banden die Arbeitnehmer regelrecht an ihn fest. So mußten z.B. Verkäufer häufig ihre vollen Arbeitstage in den Geschäften verbringen, obwohl keinerlei Waren zum Verkauf mehr angeboten wurden. Und so manche Kellner waren zu fünft damit beschäftigt, einen der wenigen Gäste mit der noch geringeren Speisekartenauswahl zu traktieren. Aus der sozialen Errungenschaft des Rechts auf Arbeit wurde eine Verpflichtung zum Nichtstun. Daraus resultierte nicht nur eine enorme Verschwendung von Arbeitskraft, Wissen und Qualifikation, vermutlich einem der wichtigsten Entwicklungspotentiale, mit dem Kuba wuchern kann. Die monotone Unterbeschäftigung führte unter den Arbeitern und Angestellten auch zu einer steigenden Motivationslosigkeit, die sich immer häufiger durch *ansentismo* (Abwesenheit vom Arbeitsplatz) äußerte.

Die Arbeitsmarktpolitik der Regierung ist also zwiespältig zu bewerten. Einerseits trug sie entscheidend dazu bei, die Auswirkungen der Krise sozial abzufedern und stabilisierte damit das politische System. Gleichzeitig förderte sie die Lethargie der Bevölkerung, sich individuell auf den täglichen Existenzkampf zu konzentrieren, anstatt kollektive Lösungen zu entwickeln und eigene Ressourcen zu nutzen. Die Arbeitsmotivation sank rapide: «*Seit 1990 haben sich sowohl die Produktivität als auch die Intensität der Arbeit auf bemerkenswerte Weise verringert, und gleichzeitig sind die relativ hohen und unflexiblen Reproduktionskosten der Arbeitskräfte hoch geblieben, was zu einer Verschärfung der Krise und einer Vertiefung der finanziellen Ungleichgewichte geführt hat.*»[97]

Langfristig löste diese Option also keine Probleme, im Gegenteil: Durch das hohe Staatshaushaltsdefizit entstanden makroökonomische Verzerrungen, die zu immer mehr Ungerechtigkeit führten, anstatt die soziale Gerechtigkeit und Gleichheit zu bewahren. Denn die oft als vorbildlich gepriesene Arbeitsmarktpolitik Kubas hatte einen Pferdefuß: Sie schuf einen enormen Geldüberhang, der in immer größerem Umfang einen Schwarzmarkt ernährte; mit dessen Betrachtung kann die Beschreibung der ersten Reformetappe abgeschlossen werden.

9.6. Wer hat Angst vorm schwarzen Markt:
Die neue Macht im Plan

Die kubanische Regierung lehnte als Reaktion auf die abrupte Krise nicht nur Entlassungen ab und sicherte so den größten Teil der privaten Einkommen. Gleichzeitig hielt sie die schon 1981 eingefrorenen Preise für Konsumgüter und Lebensmittel stabil. Der Wert der rationierten Warenzuteilungen entsprach jedoch nur einem Viertel des nominalen Durchschnittslohnes eines kubanischen Arbeiters. Die Bevölkerung hielt darum plötzlich immer mehr Geld in ihren Händen, ohne es ausgeben zu können: Dem immer weiter sinkenden staatlichen Angebot an hochsubventionierten Gütern stand eine fast gleichbleibende Nachfrage gegenüber, die nicht befriedigt werden konnte, es entstand ein anschwellender Geld- und Nachfrageüberhang. Der kubanische Peso begann wie Spielgeld milliardenfach zu zirkulieren. Dieses Ungleichgewicht führte zu einem Liquiditätszuwachs, der 1993 fast ans Bruttoinlandsprodukt heranreichte, bis Mitte 1994 weiter anschwoll und erst in der zweiten Jahreshälfte von 1994 abgebaut werden konnte: «*Im den ersten drei Monaten von 1994 belief sich das akkumulierte Liquiditätsniveau auf anderthalb Jahresgehälter pro Person.*»[98]

Ökonomen nennen dieses Phänomen gelegentlich eine *rückgestaute Inflation*: Da die Preise nicht steigen, bzw. die Löhne nicht entwertet werden – wie es bei einer offenen Inflation der Fall ist – werden trotzdem vorhandene inflationäre Tendenzen

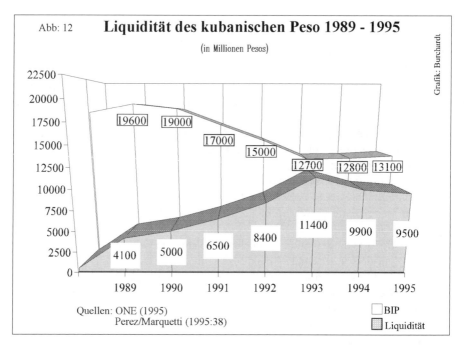

Abb: 12   Liquidität des kubanischen Peso 1989 - 1995

(in Millionen Pesos)

Grafik: Burchardt

22500
20000
17500 — 19600   19000
15000 — 17000
12500 — 15000
          12700   12800   13100
10000
7500
5000 —   11400   9900   9500
2500 — 4100   5000   6500   8400
0

1989   1990   1991   1992   1993   1994   1995

Quellen: ONE (1995)
Perez/Marquetti (1995:38)

☐ BIP
▨ Liquidität

zurückgehalten und das Geld sammelt sich wie in einem Staubecken an. Da Geldbewegungen aber sehr flexibel sind, können sie nicht wie Wasser durch einen Staudamm begrenzt werden. Auch in Kuba wurde dieser imaginäre Damm löchrig und es entstand eine illegale Geldzirkulation, die die rasch wachsende *bolsa negra*, den Schwarzmarkt ernährte.

Schwarzmarkt gab es schon immer in Kuba, früher wurden dort in der Regel Produkte zu leicht erhöhten Preisen verkauft, die die staatliche Verteilung nicht liefern konnte. Nach kubanischen Angaben gaben schon 1989 etwas mehr als zwei Drittel der Bevölkerung rund 20% ihres Einkommens auf dem Schwarzmarkt aus, hauptsächlich für Dienstleistungen; 1993 waren es 87% der Bevölkerung, die 66% ihres Einkommens auf den Schwarzmarkt trugen![99]

Auf diesem Schwarzmarkt traten die inflationären Tendenzen nun umso deutlicher hervor, wie die informelle Kursentwicklung des konvertiblen US-Dollars zeigt: Es war den Kubanern verboten, Devisen zu besitzen und der offizielle Pflichtumtausch zwischen Dollar und kubanischem Peso betrug 1:1. Da der Devisensektor bei der angespannten Versorgungslage aber mittlerweile den einzigen Zugang zu knappen und qualitativ hochwertigen Waren bot, kristallisierte sich der US-Dollar nun als heimliche Leitwährung heraus. Es setzte ein *run* auf die Währung des Klassenfeindes ein, der *fula* – der Dollar – begann die Funktion einer stabilen Krisenwährung zu erfüllen und erfreute sich einer kontinuierlichen Aufwertung gegenüber der Landeswährung.

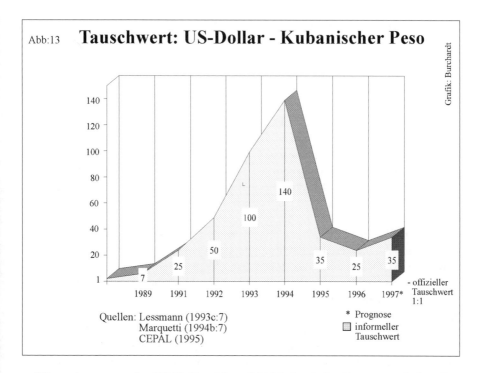

Abb:13   Tauschwert: US-Dollar - Kubanischer Peso

Grafik: Burchardt

140

120

100

80

60   140

40   100

20   50

       25   35   25   35

1   7   - offizieller

1989 1991 1992 1993 1994 1995 1996 1997*   Tauschwert
                                                   1:1

Quellen: Lessmann (1993c:7)   * Prognose
         Marquetti (1994b:7)   ☐ informeller
         CEPAL (1995)   Tauschwert

Wertsteigerungen des US-Dollars bis auf 140 kubanische Pesos veranlaßten Beobachter aus dem Ausland schließlich zu der Milchmädchenrechnung, daß das
durchschnittliche Monatseinkommen in Kuba 1993 auf zwei bis drei US-Dollar
abgesunken war. Geflissentlich wurden dabei die realen Kaufkraftparitäten vernachlässigt: Allein 1993 betrugen die Subventionen der sogenannten «indirekten Ne-
beneinkommen» – mit denen die kostenlosen Sozialleistungen wie Gesundheitsversorgung, Ausbildung usw. gemeint sind – 24% des kubanischen BIP.[100] Wenn diese
Leistungen den privaten Einkommen dazugerechnet werden, so wie es in vielen
Ländern der Fall ist, hatte Kuba auch 1993 noch ein höheres Einkommensniveau als
das restliche Lateinamerika.

Allerdings schmolzen die monatlichen Durchschnittslöhne von rund 180 Pesos auf
dem Schwarzmarkt dahin wie Eis in der tropischen Sonne Kubas. Beschränkte sich
der illegale Handel anfangs mehr auf gehobenere Konsumgüter, so führte die traumatische Versorgungskrise in den Städten zu einer steigenden Nachfrage nach Gütern der
Grundversorgung. Da auf dem Schwarzmarkt primär nicht produziert, sondern hauptsächlich anders verteilt wurde, stammten die angebotenen Waren dementsprechend
immer häufiger aus der staatlicher Produktion. 1992 schätzten kubanische Experten,
daß zwei Drittel aller Schwarzmarktwaren direkt oder indirekt aus staatlichen Quellen
stammten und das bis 1993 sage und schreibe 60% der Warenzirkulation über den
mercado negro abgewickelt wurde.[101]

Die Regierung weigerte sich bis Ende 1993, daß Phänomen des Schwarzmarktes anzuerkennen und dieser Entwicklung mit strukturellen oder monetären Maßnahmen zu begegnen: «*Unser Volk verdient es nicht, so unterschätzt zu werden, daß eine monetäre Politik nötig ist, um seine Arbeitsmoral zu garantieren*»[102], hieß die offizielle Version dieser Scheuklappenpolitik. Die Verantwortlichen beharrten darauf, die Verringerung des Geld- und Nachfrageüberhangs allein durch eine Angebotserhöhung erreichen zu wollen und beschränkten sich auf moralische Appelle und auf verbale Angriffe gegen die Schwarzmarktaktivitäten. Durch die zunehmenden Produktionsverluste der staatlichen Landwirtschaft begann die informelle Verteilung aber eine ergänzende, kurzfristig systemstabilisierende Versorgungsfunktion einzunehmen und zwang die Regierung, von angedrohten repressiven Maßnahmen abzusehen und die Schattenwirtschaft zu tolerieren; schließlich wußte man auch in der Regierung, daß man nicht die Henne schlachtet, die goldene Eier legt.

Die Generalisierung des *mercado negro* hatte dabei vielfältige Auswirkungen: Je stärker die staatliche Verteilung schrumpfte, desto größer war die Nachfrage auf dem Schwarzmarkt. Dem standen fast monopolistisch organisierte Anbieter gegenüber, die bei der stabilen Nachfrage die Preise in die Höhe treiben konnten und riesige Gewinne einfuhren. Zusätzlich wurden noch Risikozulagen für die illegalen Aktivitäten draufgeschlagen. Deshalb unterlagen die Schwarzmarktpreise starken inflationären Tendenzen und stiegen nach einer kubanischen Kalkulation zwischen 1989 und 1994 um das Fünzigfache![103] Dies animierte nicht nur Spekulanten, auf dem Schwarzmarkt zu investieren und zog weitere staatliche Mittel ab. Ein immer größer werdender Teil der Bevölkerung wurde auch gezwungen, sich selbst über den Schwarzmarkt neue Einkommensquellen zu erschließen, allein um die immer schneller steigenden Preise bezahlen und um so die Grundversorgung ihrer Familien sichern zu können.

Je mehr Ressourcen und Arbeitskräfte nun aber vom Schwarzmarkt absorbiert wurden, desto stärker geriet dieser Sektor in Konkurrenz mit der Staatswirtschaft. Die daraus folgenden Verluste der staatlichen Produktion und Verteilung erforderten ein weiteres Ausweichen der Verbraucher auf den Schwarzmarkt, erhöhte wiederum die Nachfrage, die Preise, die Teilnahme der Bevölkerung an den illegalen Aktivitäten usw. Es begann ein Kreislauf, der als klassisches «Gefangenendilemma» bezeichnet werden kann. Dabei büßte die Regierung ganz erheblich an Kontrollmöglichkeiten ein. Wie die letzte Grafik schon zeigte, wurde diese Ausdehnung des informellen Sektors von einer Abwertung der Landeswährung begleitet. Der kubanische Peso verlor jegliche Funktion als Instrument der ökonomischen Steuerung und des Lohnanreizes. Da die offiziellen Löhne das Familieneinkommen oft nicht mehr alleine bestimmten, wurde die eigentliche Arbeit häufig auch nicht mehr als wichtigste Einkommensquelle angesehen. Dies wirkte sich durch einen bedeutsamen Motivations- und Disziplinverfall aus, der die Arbeitsproduktivität in den staatlichen Sektoren noch stärker fallen ließ. Daraus ergaben sich auch nichtökonomische, nämlich ernste politische Konsequenzen: «*Wenn das Einkommen als die wirtschaftliche und soziale Anerkennung der Arbeit nicht mehr die zentrale Form zum Erhalt des persönlichen und familiären*

Wohlergehens ist, hat dies sehr negative Auswirkungen auf eine Arbeitergesellschaft, nicht nur unter ökonomischen, sondern auch unter ideologischen Gesichtspunkten.»[104] Durch das Preisgefälle auf dem Schwarzmarkt erhöhten sich auch die Einkommensunterschiede zwischen den Arbeitern der Devisen- und der Binnenwirtschaft. Es war nicht mehr entscheidend, was man arbeitete und wie gut man arbeitete, sondern nur noch wo, also für welche Währung. So unterminierte der staatlich nicht zu kontrollierende Schwarzmarkt die gerechte Verteilung und untergrub gleichzeitig die Systemloyalität: Gesellschaftliche und materielle Privilegien wurden nicht länger nach sozialen Kriterien oder leistungsspezifisch verteilt, sondern verstärkt über informelle Netze, illegale Aktivitäten sowie Spekulationen. Dadurch wurde eine enorme Geldakkumulation ermöglicht, aus der sich vermutlich eine neue soziale Gruppe mit eigenen politischen Interessenslagen konstituierte. Über die Größe und den Einfluß dieser Gruppe konnte bisher nur spekuliert werden. Eine im Mai 1994 gesetzlich verordnete Konfiszierung von «*unrechtmäßig erwobenen Eigentum*» hat bereits dokumentiert, daß die soziale Umverteilung des Schwarzmarktes Ausmaße erreicht hatte, auf die die Regierung mit interventionistischen Maßnahmen und Repression antworten mußte.[105]

In Kuba wurde dieses Gesetz als «*ley contra las macetas*» bekannt, als das Gesetz gegen die «*macetas*», wie die Kubaner die Schwarzmarktgewinnler und Reichen – in Anspielung auf prall gefüllte Blumentöpfe – nennen. Nach Auskunft des kubanischen Generalstaatsanwaltes Juan Escalona Reguera wurden bis Ende 1995 dank dieser Maßnahme über 500 Untersuchungen eingeleitet und fast 16 Mio. kubanische Pesos, 691 Autos und 373 Motorräder, 170 LKWs und 677 Wohnungen beschlagnahmt oder vorläufig eingezogen.[106] Was einem kubanischen Bürger – der nicht selten mehrere Stunden auf seinen Bus warten muß, um nach Hause zu kommen, wo er seine Zweizimmerwohnung mit drei Familienmitgliedern teilt – als eine gigantische Ansammlung an Eigentum erscheinen muß, ist mit Sicherheit nur die Spitze des Eisberges. Die Dimension des informellen Sektors läßt kaum einen Zweifel daran, daß auch staatliche Stellen hier involviert sind: «*In Verbindung mit den absurden Preis- und Wechselkursverhältnissen stellt diese Grauzonenwirtschaft einen Nährboden par exellence für die Entstehung einer ‹Lumpenbourgeoisie› aus Schiebern, Schmugglern und Spekulanten dar; inwieweit Exilkubaner aus Miami oder Funktionäre ihre Hände mit im Spiel haben, ist eine Frage von womöglich größter Tragweite...*»[107]

Anfang 1995 wurden auf Kuba ernüchternde Zahlen veröffentlicht, die solche Überlegungen stützen: «*6% aller nationalen Sparkonten repräsentieren rund 70% allen angelegten Geldes und ungefähr 15% aller Familien kontrollieren 70% alles vorhandenen Geldes, also sowohl des zirkulierenden, als auch das auf Bankkonten registrierten [Geldes].*»[108] Damit scheint es auch im Inselsozialismus Kubas vorbei zu sein mit der sozialen Gleichheit. Während noch viele Kritiker davor warnen, daß in Kuba eine schleichende Aufweichung der einst egalitären Einkommensstrukturen zu beobachten ist, hat schon längst eine enorme Umverteilung stattgefunden. Es ist aber nicht nur eine Schicht Neureicher am Gedeihen: Gleichzeitig werden einkommensschwache Gruppen wie Rentner oder Auszubildende durch die inflationären Tenden-

Zerfall und Erneuerung nebeneinander: Der Alltag Havannas in Architektur gegossen. Häuserzeile am Prado.

zen des Schwarzmarktes von einer zunehmenden Verarmung bedroht, da sie sich mit ihrem staatlichen Monatseinkommen auf dem *mercado negro* gerade einmal ein üppiges Essen für einen Tag zusammenkaufen könnten. Der Schwarzmarkt hat einen Prozeß gesellschaftlicher Spaltungen ausgelöst, der auf Kuba noch zu tiefgreifenden sozialen Konflikten und politischen Auseinandersetzungen führen kann. Die Sozial- und Arbeitsmarktpolitik der kubanischen Regierung bedarf einer dringenden und raschen Revision, ihre langfristigen Ziele haben sich ins Gegenteil verkehrt.

Wie ist die Ausdehung des Schwarzmarktes in Kuba theoretisch einzuordnen? Dafür müssen erst einmal die neueren wissenschaftlichen Erkenntnisse über solche Phänome herangezogen werden: Das Wachstum informeller Strukturen ist eine Erscheinungsform, die weltweit und unabhängig von gesellschaftlichen Systemen beobachtet werden kann. Der informelle Sektor definiert sich dabei durch widersprüchliche Eigenschaften; am besten kann man ihn durch seine Negativität definieren, nämlich in dem Bereich von Aktivitäten, die erstens untypisch für die legale und formelle Produktion und Beschäftigung sind und/oder die zweitens illegal sind und/oder die drittens bislang statistisch nicht oder nur unzulänglich erfaßt werden können. Während man früher immer vermutete, daß informelle Sektoren primär ein Ausdruck von Armut und Unterentwicklung sind, hat man heute solche Aussagen relativiert. Mittlerweile wird die Existenz informeller Strukturen häufig als Abgrenzung von einem vorhandenen formellen Sektor verstanden: In den archaischen Gesellschaften z.B. waren die Handlungen meistens ganzheitlich, multifunktional und die ökonomischen Tätigkeiten gleichsam in die familiären, politischen, religiösen und militärischen Funktionen mit eingeschmolzen. Erst durch die Aufspaltung des erwerbswirtschaftlichen Systems und durch zunehmende Arbeitsteilung wurde eine Bewertung von Tätigkeiten möglich und z.B. Hausarbeit abgewertet. Das Duo formell-informell resultiert also selbst aus der Arbeitsteilung und der dadurch möglich gewordenen Bewertung von einzelnen Arbeitsprozessen. Je stärker diese Arbeitsteilung ausgeprägt ist, umso stärker kann ein informeller Sektor von einem formellen abgegrenzt werden. Oder anders ausgedrückt:

In einer idealtypischen Marktwirtschaft mit keinerlei Regulierungen würde die Unterscheidung zwischen formellen und informellen Sektor ihre Bedeutung verlieren, weil alle ökonomischen Beziehungen eine Form hätten, die wir heute informell nennen. Auf der anderen Seite, je mehr eine Volkswirtschaft ihr wirtschaftliches und soziales Beziehungsgeflecht institutionalisiert, und je mehr Individuen versuchen, dieser institutionalisierten Logik zu entgehen, umso schärfer können wir zwischen beiden Sektoren unterscheiden.

Nach der marxschen Beschreibung von Krisenphänomen dehnen sich nun in Krisenzeiten Systemgrenzen weiter aus. Der informelle Sektor wird hier in Anlehnung an Marx als ein relevantes Phänomen für eine derartige Ausdehnung der kubanischen Systemgrenzen verstanden. Das bedeutet, der Schwarzmarkt zeigt uns zwei Seiten einer Münze: Einerseits besitzt er ein innovatives Potential, da er schon auf neue Entwicklungen und Tendenzen hinweist, die aber noch strukturell vom System behindert werden und sich darum nur informell zeigen können. Andererseits fördert er aber auch ein destruktives Potential der sozialen Selektion, solange dieser Ausdruck neuer Innovation nicht gebändigt und reguliert wird. Die Ausdehnung des kubanischen Schwarzmarktes läuft nun eindeutig in die Richtung einer horizontalen Koordination, also auf eine Form der flexiblen Ressourcenlenkung und der dezentralen Güterverteilung zu: Denn auch ein Schwarzmarkt ist ein Markt, allerdings eine sehr primitive und hochgradig deformierte Marktform. Nach diesem Verständnis von informellen Phänomen bestehen die Systemgrenzen Kubas dann in einem unflexiblen Zentralismus, einer zu starken Institutionalisierung und einer Überregulierung aller wirtschaftlichen Aktivitäten. Daraus ergibt sich ein erster Hinweis auf die Eigendynamik des Reformprozesses: Kubas Umbruch driftet trotz aller Widerstände in Richtung marktkoordinierter Wirtschaftsbeziehungen und der informelle Sektor ist eine erste Ausdrucksform davon.

9.7. Das Scheitern der ersten Reformetappe:
Vom verteidigten zum ungewollten Sozialismus

Die kubanische Strategie, die Gesamtwirtschaft allein durch den Devisensektor stabilisieren zu wollen, scheiterte im Herbst 1993 durch die sich zuspitzenden Auswirkungen verschiedener Fehlentwicklungen und Strukturdefizite: Der Einbruch der Zuckerproduktion (vgl. Abbildung 10) schmälerte in jenem Jahr erstmals erheblich die Deviseneinnahmen der Insel und konnte auch durch die Erfolge der Weltmarktintegration nicht ausreichend ausgeglichen werden. Das nötige Importvolumen zur minimalen Aufrechterhaltung der Wirtschaft und der Versorgung der Bevölkerung wird von kubanischen Ökonomen auf nicht viel weniger als 2 Mrd. US-Dollar beziffert, die Exportkapazität Kubas betrug 1993 aber nur 1,1 Mrd. US-Dollar. Das Scheitern des *programa alimentario* machte gleichzeitig erhöhte Lebensmittelimporte notwendig: Kubanische Quellen bezifferten die staatliche Gesamtsubvention der Grundversorgung 1993 auf 800 Mio. US-Dollar und damit auf über 40% des Importwerts des gleichen Jahres.[109]

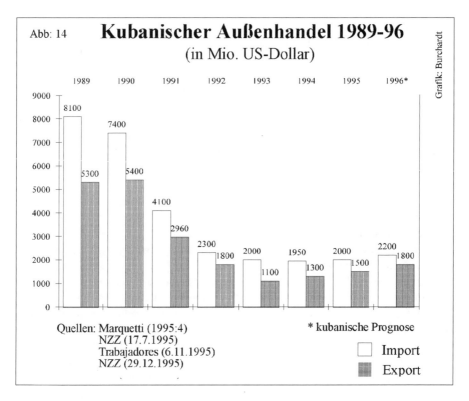

Abb: 14 **Kubanischer Außenhandel 1989-96**
(in Mio. US-Dollar)

Grafik: Burchardt

Quellen: Marquetti (1995:4)
NZZ (17.7.1995)
Trabajadores (6.11.1995)
NZZ (29.12.1995)

* kubanische Prognose

☐ Import
▦ Export

Die Regierung war in einer Zwickmühle: Sie hatte zuwenig Devisen, um ausreichend Lebensmittel und Erdöl zu importieren, konnte aber aufgrund der angespannten Versorgungslage den privaten Konsum kaum stärker einschränken, ohne soziale Unruhen zu provozieren. Der wirtschaftliche Kollaps stand bevor. Die einzigen Quellen, die noch angezapft werden konnten, um den chronischen Devisenmangel zu überwinden, waren jetzt die Schwarzmarktdollars und die Stimulierung von Geldüberweisungen aus dem Ausland an auf der Insel lebende Familienangehörige. Kubanische Studien rechneten durch die Abschöpfung der illegal zirkulierenden US-Dollars sowie der ausländischen Zuwendungen über staatliche Konsumgüterläden mit jährlichen Mehreinnahmen in einer Höhe von 500 Mio. US-Dollar.[110] Diese Summe war verlockend: Die Revolutionsführung legalisierte kurzum den US-Dollar als Zweitwährung auf der Insel und verkündete für alle Kubaner die Straffreiheit des Devisenbesitzes. Mit dieser spektakulären Maßnahme zog die Regierung eine ökonomische Notbremse – die drohende Liquiditätskrise konnte noch einmal abgewendet werden.

Das am 13. August 1993 in Kraft getretene Gesetz[111] dieser Dollarlegalisierung markierte das Scheitern der bisherigen Reformschritte. Die Regierung mußte zum ersten Mal offiziell das von ihr vertretende Gleichheitsprinzip aufgeben: Nicht nur die Gewinne aus illegalen Devisenspekulationen wurden legalisiert, womit erfolgreiche

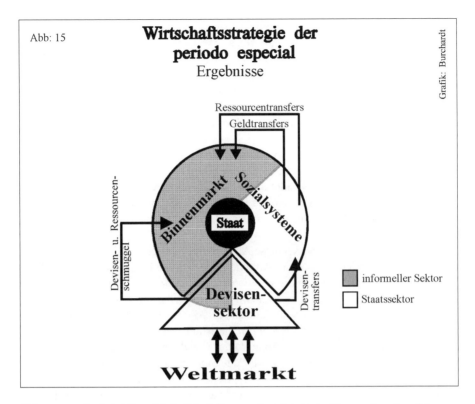

Wirtschaftsstrategie der periodo especial

Ergebnisse

Abb: 15

Grafik: Burchardt

Ressourcentransfers

Geldtransfers

Binnenmarkt Sozialsysteme

Staat

Devisen- u. Ressourcen- schmuggel

Devisen- transfers

Devisen- sektor

informeller Sektor

Staatssektor

↕↕↕

Weltmarkt

Schwarzmarktaktivitäten faktisch belohnt wurden. Jetzt schafften auch unterschlagene Einkommen aus dem Devisensektor und private Zuwendungen aus dem Ausland den legalen Zugang zu den heißbegehrten Konsumgütern, die es nur in den Dollarshops gab. Nach kubanischen Quellen hatten Anfang 1994 21% der Bevölkerung Zugang zu Devisen; eine Zahl, die sich bis März 1995 verdoppelt haben soll.[112] Da dabei allerdings auch schon der Besitz eines Eindollarscheins berücksichtigt wird, bleibt der reale Anteil von Kubanern, die über ein kontinuierliches Deviseneinkommen verfügen, vermutlich eher auf rund ein Fünftel der Gesamtbevölkerung begrenzt.

Die neue Selektion, ein Teil des privaten Verbrauchs legal über Dollars verteilen zu lassen, hat einen brisantem Charakter: Gerade die Funktionsträger der Revolution, die aufgrund der Isolation Kubas und den Bedingungen des Kalten Krieges alle Verbindungen zum westlichen Ausland abbrachen sowie die ehemals schwarze Unterschicht, aus der nur wenige in die Vereinigten Staaten emigrierten, da die Revolution ihnen bessere Lebensbedingungen ermöglichte, haben kaum Kontakte oder Familienangehörige im Ausland. Die Dollarisierung diskrimierte somit zwei besonders staatsloyale Gruppen und erodiert die Integrität des Staates. Denn der Anreiz, sich die begehrten Devisen dort über die gesellschaftliche Position zu verschaffen, wo familiäre Bande versagen, erhöht die Gefahr der Korruption erheblich. Die scharfen Attacken Fidel

Castros gegen die Staatskorruption im Spätsommer 1995 bestätigen, daß aus dieser latenten Bedrohung mittlerweile ein ernstes Problem geworden ist.[113] Gleichzeitig wurde auch die allgemeine Legitimationsbasis des Regimes untergraben, da der schon auf dem Schwarzmarkt zerriebene Anspruch der sozialen Gerechtigkeit von der Regierungspolitik jetzt offiziell eingeschränkt wurde: Die in der Schattenwirtschaft noch verdeckten Differenzierungsprozesse wurden Bestandteil von offizieller Regierungspolitik und die Tendenz sozialer Polarisierung wurde jetzt auch in Kuba eine gesellschaftliche Realität.

Die «*dolarizacion*» festigte über das jetzt duale Währungssystem zusätzlich den doppelten Charakter der Volkswirtschaft. Die Kluft zwischen Binnen- und Devisensektor vergrößerte sich. Als Resultat dieser Dualisierung wurde die Landeswährung immer stärker abgewertet (Vgl. Abbildung 13), die unproduktive Binnenwirtschaft zunehmend diskreditiert, während der informelle Sektor noch risikoärmer expandieren konnte.

Der Revolutionsführung waren diese Auswirkungen offensichtlich bewußt, so daß Fidel Castro die programmatische Ankündigung der Dollarlegalisierung wie folgt kommentierte: «*Das Leben und die Wirklichkeit veranlaßen uns, Dinge zu tun, die wir sonst niemals getan hätten... Das ist kaum der Sozialismus, den wir wollen.*»[114] Die Freigabe des Dollarbesitzes, das «trojanische Pferd», wurde auch außerhalb der Insel gelegentlich als Fehlentscheidung interpretiert, und war für einige Beobachter der Wendepunkt, der auch in Kuba die Abkehr vom Sozialismus kennzeichnete. Wurde es doch zugelassen, daß mit dem US-Dollar das Sinnbild des «kapitalistischen Bösen» auch im Inselsozialismus sein zersetzendes Werk beginnen kann.

Doch wieder einmal ist die Realität komplexer: Wer die Dollarfreigabe als falsche Entscheidung kritisiert, vergißt, daß sie zu ihrem Zeitpunkt alternativlos war. Hier wurde keine Maßnahme ausgewählt, sondern ein Überlebensmechanismus eingeschaltet. Der «ungewollte Sozialismus» gewährte dem Land einen letzten Aufschub zur Stabilisierung der Wirtschaft. Wer die Dollarfreigabe hingegen als *Ursache* für eine weitere Kapitalisierung der Gesellschaft geißelt, unterschlägt, daß sie stattdessen die zwangsläufige *Folge* einer Anpassungsstrategie war, die genau der Logik des Systems folgt, dessen Deformierung danach beklagt wird: Es war der kubanische Staatssozialismus zum Teil selbst, der sich mit seinem Strukturkonservativismus und trägem Reformverlauf in diese Lage manövrierte. Die Revolutionsführer erkannten dies schneller als viele ihrer ausländischen Unterstützer. Die soziale Polarisierung durch Schwarzmarkt und Dollarbesitz ließ den gesellschaftlichen Konsens des Regimes schmelzen und machte ein Handeln nötig, um eine Systemkrise zu vermeiden. Der steigende Reformdruck gab Impulse für ein neues Verständnis von der Krise und leitete in einer zweiten Reformetappe einen zögerlichen, aber notwendigen Umbruch der alten Ordnung ein.

9.8. Der zweite Abschied:
Die Revolution irrt nie – oder wenn aus sozialem Recht Unrecht wird...

Der Verlauf der ersten Reformetappe zwischen 1990 und 1993 zeigte uns deutlich, daß der kubanische Umbruch weiterhin von den inneren Strukturelementen (Zentralverwaltung/extensive Produktionsformen) geprägt war, die im ersten Teil dieses Buches herausgearbeitet wurden. Das Scheitern der Reformbemühungen bestätigt gleichzeitig, daß Zentralverwaltung und extensive Produktionsformen in Kuba nur im Zusammenhang mit massiven Importen existieren konnten. Da ein gewaltiger Ressourceneinsatz auch eines der zentralen Charakteristika bei der Entstehung und Konsolidierung der UdSSR war, wird deutlich, daß der kubanische Staatssozialismus nicht als ein «anderer Sozialismus», sondern als eine spezifische Ausprägung des sowjetsozialistischen Entwicklungsmodells angesehen werden kann. Die These, daß eine Transformation in Richtung intensiver Produktionsformen (qualitativen Wachstums) für die Zukunft Kubas schon vor Krisenbeginn wichtig war, ab 1990 aber existenziell wurde, bestätigte sich am Scheitern der ersten Etappe ebenfalls. Die Ablehnung dieser Fakten seitens der Regierung äußerte sich in ihrem Verständnis von einem konjunkturellen Charakter der Krise.

Ob die Interpretation der konjunkturellen Krise als politische Taktik oder als Selbstverständnis der Regierung zu verstehen ist, kann aufgrund widersprüchlicher Signale nicht eindeutig geklärt werden. Doch viele Kriterien sprechen dafür, daß ein derartiges Krisenverständnis der immanenten Logik des Systems entspricht: Die Identifikation des Sozialismus mit dem Staatsapparat erlaubt deren Vertretern einen profunden, dezentralisierenden Strukturwandel nur unter Infragestellung der eigenen Existenz. Noch 1993 wurde dies von Carlos Lage mit frappierender Offenheit zugegeben: «*Es muß klar sein, daß wir es nicht nötig haben, ein ökonomisches Modell auszuarbeiten, denn was wir wollen und tun, ist den Sozialismus zu verteidigen.*»[115]

Die Verteidigung des Sozialismus wird hier gleichgesetzt mit der Verteidigung des eigenen Machtanspruchs des Staates; und der stand während der ersten Reformetappe auf keinem Fall und zu keinem Zeitpunkt zur Disposition. Unter diesem Gesichtspunkt war es nur logisch, daß versucht wurde, das alte System zu konservieren: Es sollte einfach die kontinuierliche Ressourcenzufuhr, die der Staatssozialismus als materielle Reproduktionsbasis zum Überleben benötigt, auf einem niedrigeren Niveau durch Importe gesichert werden; darum Kubas angestrengter Versuch einer Weltmarktintegration. Wäre dies gelungen, hätte das System zwar auch nicht ewig überleben können, da es ja allein zum Erhalt erreichter Standards immer mehr Ressourcen brauchte, strukturelle Reformen wären aber nicht nötig gewesen. So kann die erste Reformetappe also als gescheiterter Versuch beschrieben werden, das alte politische und ökonomische System über eine Wiederherstellung der externen Ressourcenzufuhren (Importe) zu retten. *Die erste Reformetappe war also nicht durch eine zusammenhängende und aufeinander abgestimmte Strategie eines qualitativen Strukturwandels, sondern durch eine auf einzelne Branchen begrenzte Strategie der quantitativen*

Systemerweiterung gekennzeichnet. Mit anderen Worten: Das System hatte sich nicht gewandelt, es hatte sich nur ausgedehnt, wie die Abbildung 16 anschaulich zeigt.

Dieser Strukturkonservativismus mußte zu einer intern verursachten Verschärfung der Krise führen, da das System seine Reproduktionsbasis irreversibel verloren hatte. Das Ergebnis war das Entstehen einer *dualen Wirtschaft.* Dieser Begriff darf nicht mit dem Modernisierungskonzept der bürgerlichen Ökonomie verwechselt werden, die ebenfalls ein dualistisches Modell von unterentwickelten Gesellschaften entworfen hat: Dort wird zwischen einem «modernen» und einem «traditionellen» Sektor unterschieden, der sich ökonomisch (z.b. Fabrik/Handwerk), geografisch (z.b. Stadt/Land), sozial (z.b. westlich orientierte Eliten/mit Traditionen verbundene Armut) usw. manifestiert. Nach dieser auch unter dem Überbegriff Modernisierungstheorie bekannten Doktrin besteht das zentrale Entwicklungsproblem in der Zählebigkeit des rückständigen «traditionellen» Sektors. Entwicklung wird gleichgesetzt mit der Zurückdrängung dieser traditionellen Teile der Gesellschaft und der Ausdehnung des «modernen» Sektors, der sich – natürlich – an den westlichen Industriegesellschaften orientiert. Auch in Kuba wird mittlerweile zwischen einem «traditionellen» und einem «aufstrebenden» Sektor *(sector emergente)* unterschieden, was Assoziationen zum *take-off* von sogenannten Schwellenländern weckt. Doch diese Analogie täuscht: *«Der duale Charakter der aktuellen Volkswirtschaft Kubas besteht nicht in der Existenz eines modernen und eines zurückgebliebenen Sektors innerhalb der gleichen Wirtschaftsdynamik, sondern in der von zwei schwach verknüpften Sektoren mit unterschiedlichen Finanz-, Bilanzierungs-, Planungs- und Rechtssystemen.»*[116]

Um dennoch konzeptionelle Mißverständnisse zu vermeiden, läßt sich die kubanische Volkswirtschaft statt über den Begriff *dual* besser über den Terminus *strukturelle Heterogenisierung* beschreiben, der die Betonung auf die strukturellen Unterschiede legt, anstatt nur auf ihren Dualismus hinzuweisen. Wie in den vorherigen Seiten schon beschrieben wurde, entwickelte sich diese strukturelle Heterogenisierung auf verschiedenen Ebenen: Da sind einmal die makroökonomischen Ungleichgewichte des Außenhandelsdefizits, des Liquiditätsüberhangs und des Staatshaushaltsdefizits. Dazu kommt dann die Abkoppelung der monetären von der produktiven Sphäre und damit der Verlust der Möglichkeit, innerbetriebliche Produktivität messen und ökonomisch rational planen zu können. Weiterhin muß das beobachtete Effizienzgefälle zwischen Binnen- und Devisensektor erwähnt werden, das die Kluft der beiden ökonomischen Bereiche vergrößert hat und durch das scheinbar einzelne «Leistungsinseln» aus dem Meer der Mangelwirtschaft herausragen. Damit haben sich auch die Lohnstrukturen von Produktivitätskriterien abgekoppelt: Aufgrund der ungleichen Tauschbeziehungen zwischen konvertibler und nationaler Währung ist die reale Kaufkraft nicht mehr an Leistung orientiert, jeder Türsteher eines Touristenhotels verdiente plötzlich mit seinen zwei Dollar Trinkgeld am Tage mehr, wie ein Ingenieur im Monat. Daraus folgte dann ein Transfer von hochqualifizierten Arbeitskräften in unterqualifizierte Tätigkeitsfelder des Devisensektors, unser Ingenieur z.B. wurde Kellner. Die Generalisierung der Schattenwirtschaft förderte eine ungeplante Umlenkung von Ressourcen – unser

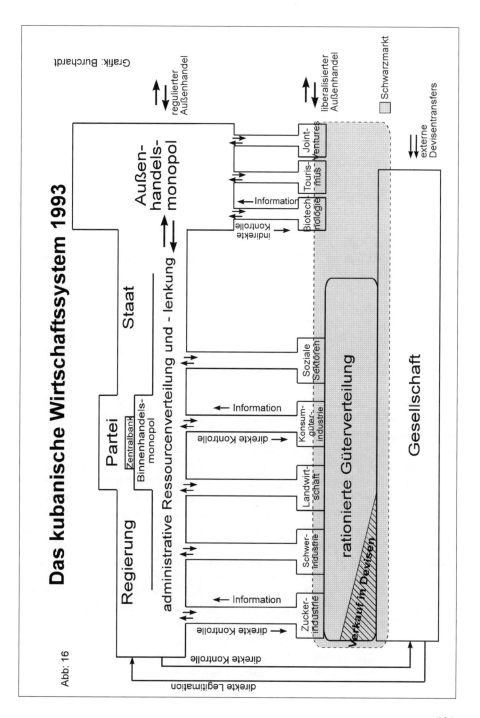

Das kubanische Wirtschaftssystem 1993

Abb: 16

Grafik: Burchardt

Staat

Partei

Regierung

Zentralbank

Binnenhandels-monopol

Außen-handels-monopol

administrative Ressourcenverteilung und -lenkung

regulierter Außenhandel

liberalisierter Außenhandel

Schwarzmarkt

externe Devisentransfers

indirekte Kontrolle

direkte Kontrolle

Information

Zucker-industrie

Schwer-industrie

Landwirt-schaft

Konsum-güter-industrie

Soziale Sektoren

Biotech-nologie

Touris-mus

Joint-Ventures

rationierte Güterverteilung

Verkauf in Devisen

Gesellschaft

direkte Kontrolle

direkte Legitimation

Ingenieur begann z.B. aus dem Hotel Lebensmittel und Hygieneartikel für seinen eigenen Verbrauch oder vielleicht sogar zum Verkauf abzuzweigen –, schwächte die Staatswirtschaft und schränkte so die staatlichen Steuerungsmöglichkeiten ein; vor allem ergab sich über den unterirdischen Umverteilungsprozeß aber eine Fragmentierung der Sozialstruktur, die zu einer Formierung neuer sozialer Interessen führte. Daraus resultierten letztendlich die Aufweichung des revolutionären Gleichheitsprinzips und die Erosion der staatlichen Legitimationsbasis.

Mit anderen Worten: Die kubanische Volkswirtschaft war völlig aus den Fugen geraten. Und zwar nicht nur wegen der US-Blockade oder der Außenhandelskrise, sondern aufgrund zunehmend kontraproduktiv wirkender innerer Faktoren. Damit trägt auch die Revolutionsführung ihren Teil Verantwortung an den binnenwirtschaftlichen Ungleichgewichten: Es ist der Regierung in den ersten drei Jahren der Krise nicht gelungen, ein tragendes Fundament für eine nachhaltige Entwicklung zu schaffen. Die Chancen Kubas auf eine friedliche Zukunft, die die soziale Gerechtigkeit, die nationale Unabhängigkeit und mit ihr wichtige *conquistas sociales* erhält, waren kleiner geworden.

Trotz dieses negativen Ergebnisses war es gelungen, die soziale und politische Stabilität des Systems aufrechtzuerhalten, was neben der graduellen Wiedereingliederung in die Weltwirtschaft und dem Erhalt der sozialen Sektoren als der wichtigste Erfolg der bisherigen Reformstrategie bezeichnet werden muß. Dieses Ergebnis kann nicht hoch genug eingeschätzt werden, ist die politische Stabilität doch die Voraussetzung jeglichen Gelingens eines Reformprozesses, wie uns zuletzt die Umbrüche Osteuropas gelehrt haben. Dort provozierten die Reformversuche durch den Abbau der materiellen Basis oft eine Verschlechterung der Lebensverhältnisse, die ins Politische umschlug und die Systeme erst zum Erzittern und dann zum Einstürzen brachte. In Kuba führte aber eine wesentlich schärfere Verschlechterung der wirtschaftlichen Lage und der Versorgungssituation nicht in dem gleichen Maße zu einer Legitimationskrise des Systems und weist darum auf eine breite soziale und politische Akzeptanz der Bevölkerung für die Durchführung systemkonformer Reformen hin. Die Politik der kubanischen Regierung bis 1993 rückblickend und abschließend bewerten zu wollen, würde darum heißen, zu entscheiden, ob diese Akzeptanz *dank* oder *trotz* der von ihr eingeleiteten Maßnahmen vorhanden ist, ob es also dank oder trotz ihrer Reformstrategie keinen Zusammenbruch des Systems gegeben hat. Da man erstens immer erst hinterher klüger ist und zweitens die meisten definitiven Antworten auf diese Frage einen stark spekulativen und tendenziösen Charakter haben, soll ihre Beantwortung hier offen und der Entscheidung des Lesers und der Leserin vorbehalten bleiben. Unabhängig von diesem Urteil macht uns aber die Stabilität des Inselsozialismus – die bisher selbst durch die neuen Einkommensumverteilungen nicht erschüttert werden konnte – auf ein weiteres Merkmal des kubanischen Systems aufmerksam: Die *Existenz* einer offensichtlich *hochgradigen Einheit des sozialen und nationalen Konsens* kann spätestens jetzt als *drittes inneres zentrales Strukturelement* des Umbruchs identifiziert werden.

III: Teil: **Die Entwicklungen ab 1993:**
Wandel statt Wende

Dem kubanischen Improvisationstalent hat die Krise keine Grenzen gesetzt: Hier ein achttüriger Lada als eine der letzten Errungenschaften des Sozialismus.

10. Die aktuelle Reformdebatte:
Von der Theorie zur Pragmatik und zurück

Beeinflußt vom Scheitern der ersten Reformetappe im Spätsommer 1993 wurde die Reformdiskussion wieder lebhafter. Dabei sind grundsätzlich zwei Tendenzen auffällig: An dem schon seit 1990 betontem Selbstverständnis von der Einzigartigkeit des kubanischen Sozialismus und an dem monopolisierten Führungsanspruch der PCC und der Revolution wurde weiterhin festgehalten. So faßte ein Kommentar der *Bohemia* das Ergebnis eines Marx/Engels-Kongresses vom 19.-22.9.1995 in Havanna zusammen: «*Bezüglich Kuba wurde sehr deutlich, daß der Marxismus eine Voraussetzung für unsere [nächsten] Schritte bleiben wird. Und zwar ein Marxismus, der mit dem besten unserer nationalen Traditionen, mit den Ideen von Marti und der revolutionären Praxis des kubanischen Volkes unter der Führung von Fidel bereichert wird.*»[1]

Ausgehend von dieser Prämisse der Unantastbarkeit staatlicher Macht gab es eine Art «Frühlingserwachen» in der kubanischen Wissenschaft; es entfachte sich eine bisher in dieser Form unbekannte und vielfältige Diskussion über die konkreten Reformmaßnahmen Kubas, die von Analysen über die aktuelle Situation untermauert wurde. Im Frühjahr 1995 nahm das mittlerweile direkt dem Wirtschaftsministerium unterstellte *Instituto Nacional De Investigaciones Economicas* (INIE) wieder seine 1989 eingestellten Veröffentlichungen auf und diskutiert seitdem vierteljährlich in Aufsätzen Einzelaspekte der kubanischen Volkswirtschaft. Im Juni 1995 veröffentlichte das *Oficina Nacional de Estadistica* (ONE) ebenfalls erstmals seit 1989 wieder Wirtschaftsdaten. Die magere, nur elf Seiten umfassende Broschüre geizt zwar noch sehr mit Informationen, stellt die Schätzungen über die ökonomische Entwicklung Kubas aber dennoch wieder auf eine solidere Grundlage. Andere Äußerungen zur inneren Lage des Tropensozialismus folgten. Tenor wurde dabei immer stärker die Forderung nach einer Vertiefung der binnenwirtschaftlichen Reformen, die mittelfristig zu einer Angleichung des Devisen- und des Binnensektors führen sollte.

Schon 1994 wurde von verschiedenen Autoren des *CEA* ein mehrstufiges Reformszenario entwickelt, das aber noch über ein Jahr unter staatlichem Verschluß blieb. Schließlich wurde es im Herbst 1995 in einer bescheidenen Auflage in Kuba als Buch veröffentlicht und versprach im Untertitel einen «*Beitrag zur Debatte.*»[2] Dieses Buch war aus verschiedenen Gründen bemerkenswert: Einmal war es die erste öffentliche wirtschaftspolitische Publikation Kubas seit Beginn der Krise und damit weniger ein Beitrag, sondern eher eine Verankerung der kubanischen Positionen in die wissenschaftliche Diskussion um den Reformprozeß, der zu diesem Zeitpunkt mehr außerhalb als innerhalb der Insel geführt wurde. Zum anderen brach das Buch mit mehreren ideologischen Vorgaben des Staatssozialismus: Während sich Generationen marxistischer, sozialistischer und bürgerlicher Ökonomen darüber stritten, ob im Sozialismus*

---

*   Eine Einführung über die theoretische Auseinandersetzung zu Markt und Sozialismus geben Brus/Laski (1990:65ff.).

das von Marx beschriebene Wertgesetz des Warentausches Gültigkeit behalten würde–
und gerade aus Kuba von Che Guevara eine der engagiertesten Polemiken gegen
sozialistische Warentauschverhältnisse kam – wurden von den Autoren des CEA diese
Meinungsunterschiede schon in der Einleitung ihres Buches mit einem Federstrich
beiseitegefegt, indem sie propagierten: *«Während man den Sozialismus meistens als
die erste warenlose Gesellschaft betrachtet hat, ist er im besten aller Fälle die letzte
der Warengesellschaften.»*

Auch mit einer anderen ideologischen Prämisse räumten die neuen Reformstrategen
kurzerhand auf. Anstatt weiter auf die Einheit der Gesellschaft und auf das historische
Klassenbündnis des Sozialismus zu schwören, setzten sie auf Vielfalt: *«Der Sozialismus darf sich nicht als makelloses System begreifen. Interessenskonflikte sollten als
ein normaler Bestandteil seines Funktionierens und nicht automatisch als ein Über-
bleibsel der Vergangenheit, eine Unvollkommenheit oder eine Konspiration verstanden werden.»*

So gerüstet, war es den Reformern möglich, eine neue Perspektive zu skizzieren.
Diese unterscheidet sich deutlich von den öffentlichen Vorschlägen der ersten Reformetappe, da es nicht mehr nur um eine Verbesserung, Vervollkommnung usw., also
um eine Modifizierung des alten Systems gehen sollte, sondern vielmehr *«um einen
grundsätzlichen und fundamentalen Wandel des sozialistischen Modells. Schematisch
handelt es sich dabei um Reformen, die vom klassischen sozialistischen Modell zu
einer anderen Form des Sozialismus führen.»* Dieser «alternative» Sozialismus gewinnt im Verlauf der Vorschläge durchaus an Konturen, es handelt sich dabei um ein
System, bei dem *«der Markt einen, wenn auch nicht exklusiven noch dominanten, so
doch aktiven Anteil bei der Verteilung der Ressourcen und dem allgemeinen Funktionieren der Wirtschaft hat».*

Nachdem der Markt als ein Ziel weiterer Reformanstrengungen eingeführt wurde,
hieß es nun, von ihm zum Sozialismus, also zum Marktsozialismus zu kommen. Dies
soll einerseits dadurch ermöglicht werden, indem man verhindert, daß aus dem Markt
eine Hegemonie des Kapitals entsteht. Als Garantie dafür wird dem kubanischen Staat
auch weiterhin eine zentrale Entwicklungsrolle und Kontrollfunktion zugeschrieben,
die er auch als aktiver Unternehmer ausführen soll: *«Der staatliche Betrieb, Träger
sozialistischer Produktionsbeziehungen, muß die Lokomotive der Entwicklung sein,
diesmal aber in einem vielfältigeren wirtschaftlichen Zusammenhang.»* Der Spagat
zwischen der Unantastbarkeit des politischen Systems und einem weiterführenden
Reformkonzept konnte theoretisch gelingen, da die vorgeschlagenen Maßnahmen auf
eine rein ökonomische Ebene verlagert wurden. Kritikpunkte an diesem Reformvorschlag wären dann auch sein «Etatismus» – also sein Verständnis von Nationalstaat
als eine einzige sinnvolle Analyse- und Handlungseinheit – und sein technokratischer
Charakter – also die Diskussion der technischen Durchführung verschiedener Maßnahmen, ohne nach den politischen Trägern, Interessen und Widerständen bei der Reali-
sierung dieser Vorschläge zu fragen. Wie wir noch sehen werden, fiel das CEA dieser
Ausblendung von politischen Interessen später selbst zum Opfer.

Fast zeitgleich mit der Vorstellung dieses Buchprojektes feierte auch die wirtschafts-
wissenschaftliche Fachzeitschrift *Economia Y Desarrollo* an der Universität von
Havanna ihre Auferstehung. Gegründet im Jahre 1970, gehörte sie zu den renommier-
testen Universitätspublikationen der Insel, mußte aber im Jahre 1990 aus Gründen des
Papiermangels eingestellt werden. Auch hier plädieren in der Erstausgabe vom September 1995 verschiedene Ökonomen dafür, daß der weitere Reformprozeß eine
Einführung von Marktmechanismen besonders berücksichtigen müßte und warnen:
«*Die Überzeugung, Marktmechanismen zu nutzen, darf man nicht als einen simplen
Imperativ der aktuellen Konjunktur verstehen, sondern der Markt muß sich in eine
grundsätzliche Komponente der wirtschaftlichen Regulierungsmechanismen verwan-
deln.*»[3]

Die kubanische Regierung ließ mit ihrer Antwort nicht lange auf sich warten. Bei
der Einführung eines neuen Steuersystems Anfang Februar 1996 betonte sie erst
einmal, daß «*die wenigen marktwirtschaftlichen Mechanismen vorübergehend seien
und ausschließlich der Rettung des Sozialismus dienten*».[4] Von einem neuen, anderen
oder alternativen Sozialismus war keine Rede mehr. Der Widerspruch zwischen
Zentralverwaltung und Markt ließ sich offensichtlich theoretisch kleinschreiben, politisch aber nicht kleinkriegen und schien eine Trockenübung zu bleiben. Am 23. März
1996 bestätigte sich diese Vermutung: An diesem Tag gab Raul Castro eine Stellungnahme des Politbüros vor dem V. Plenum des Zentralkomitees der PCC ab, daß die
ideologische Orientierung der Partei zum Thema hatte und mit den kubanischen
Wissenschaftlern hart ins Gericht ging: «*Die erste Schiene der antikubanischen
Strategie der Vereinigten Staaten ist die Blockade, die versucht, die Insel ökonomisch
zu erdrosseln. Die zweite Schiene ist die innere Subversion, die uns subtil von innen
her zerstören will... Dabei vernachlässigten wir unsere Aufmerksamkeit, wir hörten
auf, die Befolgung unserer eigenen Regeln zu überwachen und es erschienen Veröffentlichungen, die ohne Zurückhaltung nicht wenige ihrer Seiten [ans Ausland] ver-
schacherten. In solchen Publikationen erschienen – neben interessanten und politisch
korrekten Arbeiten – immer mehr andere, die sich kaum von dem unterschieden, was
die der Revolution feindlich gesinnten nordamerikanischen Akademiker machen, aber
mit einer scheinbar revolutionären Sprache, die für die Vernebelung ihrer wahren
Inhalte bestimmt ist... Ohne, daß wir rechtzeitig reagiert haben, vereinigten sich –
heute einen Schritt wagend und morgen einen anderen – Naivität mit Pedanterie, der
Verlust von klassischen Prinzipien mit der Versuchung zu reisen und Artikel und Bücher
für die zu schreiben, die sie finanzieren. Verschiedene Kollegen fielen in das ausgelegte
Spinnennetz der ausländischen Kubanologen, die in Wirklichkeit mit ihrer Politik eine
fünfte Kolonne bilden und so den Vereinigten Staaten dienen. Genau dies ist im Centro
de Estudios sobre America geschehen.*»[5]

Damit stieß der Bruder von Fidel Castro und zweitwichtigste Mann im kubanischen
Staat nicht nur leere Warnungen aus, er nannte auch Namen und Adressen. Der Direktor
des *CEA* wurde noch im gleichen Monat ausgewechselt und dem renommierten
wissenschaftlichen Institut, das den pluralistischen Dialog um Reformalternativen in

Kuba bisher mit am weitesten vorangetrieben hat, wurde so im Namen der «*revolutionären Reinheit*» ein deutlicher Dämpfer erteilt. Die gesamten Auswirkungen dieser Rede Raul Castros auf die wissenschaftliche Begleitung des kubanischen Umbruchs sind noch nicht abzusehen.

Im folgenden sollen die einzelnen Maßnahmen der zweiten Reformetappe im Detail beschrieben werden.

11. «Trabajo por cuenta propia»: *Die Arbeit* auf eigene Rechnung *als Einfallstor für die Privatwirtschaft?*

Spätestens ab Anfang 1995 zeichnete sich in Kuba eine sichtbare Veränderung ab. Zwar gab es noch keine «blühenden Landschaften», die einmal jemand anderes in einem anderen Zusammenhang versprochen hatte, doch das Straßenbild der kubanischen Städte hatte sich in wenigen Monaten lebhaft gewandelt. Die immer häufiger zu beobachtende Unzufriedenheit der Bevölkerung machte einer regen Betriebsamkeit und einem bescheidenen Optimismus Platz. Schon vergessene Straßenlokale öffneten wieder ihre Pforten und neue kamen hinzu: Allein in Havanna soll es mittlerweile mehr als 300 private *paladares* (Gaumen) – so nennen die Kubaner ihre Privatrestaurants – geben, die ihren Namen gerecht werden wollen. Nach Auskunft des Ministeriums für Arbeit und Soziale Sicherheit wurden bis Ende August 1995 in Kuba insgesamt 36854 Lizenzen für die private Verarbeitung von Lebensmitteln erteilt – 35957 für Straßenverkäufer, 141 für Hausläden und 766 für *paladares*. Auf neuen Märkten werden zusätzlich von privaten und staatlichen Händlern Haushaltsartikel, Textilien und Schuhe angeboten, Waren, deren Existenz früher längst bezweifelt wurde. Die «Privaten» drängen sogar immer stärker in die staatlichen Kaufhäuser und füllen die dortige Leere der Vitrinen und Schaufenster mit ihren Produkten. Essensstände mit karibischen Spezialitäten beleben Straßen, wo früher nur leere Häuserschluchten vor sich hin gähnten. Familiäre Kleinbetriebe werben mit kunstvoll bemalten Schildern für ihre Dienste. Aus dem Meer der Trostlosigkeit tauchen immer mehr Oasen auf, doch das Betreten dieser Konsuminseln können sich immer weniger leisten. Was war geschehen?

Am 8. September 1993 – also knapp ein Monat nach der Dollarlegalisierung – wurde der Privatinitiative in Kuba wieder etwas mehr wirtschaftlicher Freiraum eingeräumt. In 117 Berufen war es ab diesem Tag möglich, private Dienstleistungen und Produkte anzubieten.[6] Dies war ein Novum: Gingen Ende 1995 schon mehr als 5% aller registrierten Beschäftigten einer privaten Erwerbstätigkeit nach, waren es noch 1989 gerade einmal 0,7% gewesen – private Arbeit hatte auf der Insel ein anrüchiges Ansehen, war sozial diskreditiert und wurde häufig an der Grenze zur Illegalität eingeordnet. Nun wurde die zu Revolutionsbeginn noch weitverbreitete Gewerbefreiheit wieder zum Leben erweckt. Es handelt sich dabei um die Möglichkeit der sogenannten *trabajo por cuenta propia*, d.h. von selbständiger Arbeit ohne lohn-

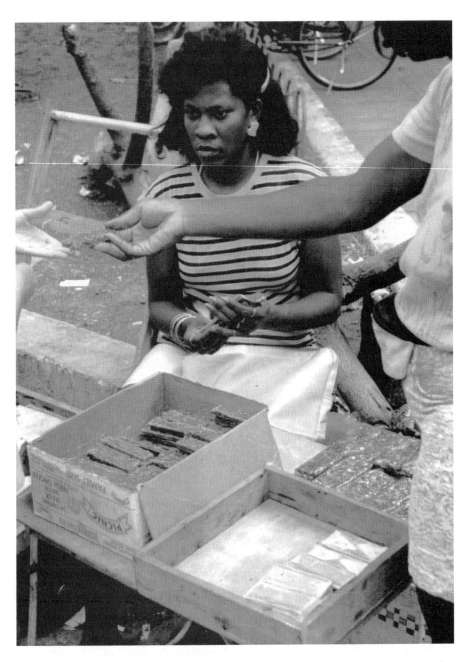

Erdnuß- und Kokosriegel gehören nach den jüngeren Wirtschaftsreformen zu den Lebensmitteln, die privat hergestellt und verkauft werden dürfen.

Die Haushaltswaren der privaten Gewerbetreibenden erfreuen sich in Kuba einer großen Nachfrage...

abhängige Beschäftigung von Arbeitern und Angestellten – damit wurde hauptsächlich Familien die Möglichkeit gegeben, ihr Einkommen über private Aktivitäten aufzubessern oder sogar ganz zu bestreiten. Die «Privaten» können die Preise für ihre Waren und Dienstleistungen dabei frei festlegen, diese richten sich also nach Angebot und Nachfrage. Die Behörden behielten sich allerdings das Recht auf regulierende Eingriffe vor, und zwar in nicht näher definierten «*...klaren Fällen von Mißbrauch oder offensichtlich exzessiven Preisen, ...[um] mit allen Mitteln das Entstehen von Spekulanten oder Parasiten, die sich bereichern und sich auf Kosten aller Vorteile verschaffen, zu verhindern*».[7]

Dieses Interventionsrecht garantiert den privaten Gewerbetreibenden nur eine geringe Rechtssicherheit gegenüber dem Staat, diesem hingegen auch weiterhin eine hohe Einflußnahme. Die staatliche Kontrolle fand in der Regel aber nur über Lizenzvergaben und durch fixierte – noch geringe Steuersätze statt –, bis nach dem Aufbau eines Verwaltungsapparates Anfang 1996 progressive Gewinnsteuern erhoben werden konnten. Die Regierung verstand diese Politik als Förderung von familiären Handwerks- und Dienstleistungsbetrieben und somit als Maßnahme zur Bekämpfung der verdeckten und offenen Arbeitslosigkeit; staatlichen Funktionären sowie Universitätsgraduierten und Angestellten der sozialen Sektoren wurde die Ausübung einer privaten Betätigung dabei gesetzlich untersagt. Neben der Bekämpfung der Unterbeschäftigung sollte der Gewerbesektor die extrem reduzierten Staatsleistungen ergänzen, deren Defizite öffentlich nicht mehr geleugnet werden konnten: Der immer krasser werdenden Versorgungskrise und Mangelwirtschaft wurde private Eigeninitiative entgegengesetzt, die die schlimmste Not lindern sollte. Im Grunde wurde aber nur ein erster Teilbereich der auf dem Schwarzmarkt schon lange angebotenen Leistungen legalisiert, ins Licht gezerrt und so erneut staatlicher Kontrolle unterworfen.

Die Regierung verfolgte bei der Öffnung dieses ersten binnenwirtschaftlichen Marktsektors anfangs eine punktuelle Strategie: Die zur Verarbeitung notwenige Materialbeschaffung wurde in die Reform nicht mit einbezogen, so daß das Kleingewerbe in der Grauzone zwischen Schwarzmarkt und Legalität verbleiben mußte. Zwar war es jetzt schon möglich, bei privaten Schustern Schuhe zu kaufen, allerdings hatte der Schuster keine Chance, daß von ihm benötigte Leder legal zu erwerben. Dies war auch den Behörden bewußt – man fragte deshalb erst gar nicht, woher die verarbeiteten Materialien kamen. Ab dem 1. Dezember 1994 erübrigte sich diese halblegale und scheinheilige Verfahrensweise: Durch die Öffnung von Märkten und sogenannten Messen für Industriegüter und handgefertigte Produkte wurden den «Privaten» neue Vermarktungsmöglichkeiten gegeben sowie eine Versorgungsbasis für sie aufgebaut, über die sie einige ihrer Materialien und Rohstoffe jetzt legal erwerben konnten; die Spielräume des privaten Kleingewerbes vergrößerten sich etwas.

Die Einführung des Privatgewerbes wurde Ende 1994 nach einer von der exilkubanischen Zeitschrift *Miami Herald* gesponserten Umfrage von 16% der Bevölkerung als die bisher wichtigste Reform betrachtet und stieß auf eine breite positive Resonanz: Mehr als die Hälfte der kubanischen Bevölkerung wollte bei weiteren Wirtschaftsliberalisierungen mit großem oder einigem Interesse privaten Aktivitäten nachgehen.[8] Die Regierung schien Volkes Wille ernst zu nehmen und öffnete am 13. Juni 1995 weitere Berufsfelder für Selbständige; in mehr als 180 Privatberufen war es nun vom Eselstreiber über den Friseur bis hin zum Restaurantbesitzer und Taxifahrer möglich, im Inselsozialismus seines «Glückes eigener Schmied» zu werden. Dabei war es jetzt auch vorher ausgeschlossenen Berufsgruppen wie z.B. dem Personal des Gesundheitswesens erlaubt, private Nebenerwerbstätigkeiten auszuüben, wenn die Pflichten des Hauptberufes nicht vernachlässigt wurden. Die Revolutionsführung demonstrierte also ein ernsthaftes Interesse an der Stabilisierung eines kleingewerblichen Privatsektors und unterstützte so die Prognose, «*daß sich das cuenta-propia-System in absehbarer Zeit zu einer Gesetzgebung für eine private Kleinindustrie weiterentwickeln wird*».[9] Mit diesem Privatsektor sollten nach staatlichen Kalkulationen langfristig rund 10% der erwerbsfähigen Bevölkerung beschäftigt werden.[10]

Der Privatsektor führte dabei zu insgesamt widersprüchlichen Ergebnissen: Für alle sichtbar haben sich die privaten Konsummöglichkeiten der Bevölkerung verbessert und die Versorgungslage entspannt. Unterbeschäftigung und offene Arbeitslosigkeit konnten teilweise ausgeglichen werden, die Beschäftigung im Privatsektor wuchs zwischen 1989 und 1995 um das Mehrfache. Allerdings wurden damit nicht annähernd die realen Wachstumspotentiale des Kleingewerbes ausgenutzt. Nach kubanischen Untersuchungen bestehen verschiedene Barrieren, die es sehr erschweren, sich im

Privatsektor zu engagieren: Dabei werden z.B. die restriktiven Gesetze, eine geringe Rechtssicherheit und Behördenwillkür, fehlende Informationen, geringe Mobilität der Bevölkerung, Angst vor sozialer Deklassifizierung durch die Arbeit etc. genannt.

Wie wir ja schon aus dem zweiten Teil des Buches wissen, sind in den kubanischen Städten viele Transportmöglichkeiten eingeschränkt oder häufig sogar ganz lahmgelegt worden. Das bedeutet für die meisten Verbraucher, das sie kaum Möglichkeiten haben, außerhalb ihres *barrios* – ihres Viertels – einkaufen zu gehen; ihre Versorgungskäufe reduzieren sich auf die wenigen Straßenblocks, die sie täglich zu Fuß bewältigen.

Die dort neu angesiedelten privaten Handwerker und Dienstleister sind aufgrund der oben genannten Barrieren häufig nur einer oder zwei pro Branche. Diese fehlende Konkurrenz ermöglicht es ihnen, willkürlich hohe Preise festzulegen, die die Verbraucher bezahlen müssen, da sie keine Alternativen haben: «*Alle diese Barrieren verringern die Höhe des Angebots, und die unzureichenden Kommunikations- und Transportmöglichkeiten, die bis runter zum Wohnviertel Monopole und Oligopole ‹sui generis› ermöglichen, schaffen hier einen sehr lukrativen Markt.*»[11]

So steht der hohen Nachfrage ein nur langsam wachsendes Angebot an Gütern und Dienstleistungen gegenüber, das aufgrund seiner exklusiven Stellung sehr teuer anbieten kann. Während dies in der Gründungsphase des Kleingewerbes zwischen 1993 und 1994 noch durch die überschüssige Geldmenge kompensiert wurde, bei der der Bevölkerung das Geld locker in der Tasche saß, hat sich diese Situation mittlerweile verändert. Die breite Masse verfügt wegen verschiedener Sparmaßnahmen der Regierung über immer weniger Einkommen; dennoch sind die Preise im Privatsektor kaum am Sinken.

Wie kann das erklärt werden? Offensichtlich hat der erste Marktsektor Kubas sein Gleichgewicht auf einer sehr exklusiven Ebene gefunden: Fehlende Konkurrenz auf der Angebotsseite treibt die Preise in die Höhe und hält sie oben. Aufgrund der schon erwähnten Einkommenskonzentrationen (vgl. Abschnitt 9.6.) und dank der aus dem Ausland geschickten Devisen, von dem ein Teil der Bevölkerung profitiert, kann sich auf der Nachfrageseite eine kleinere Schicht Kubaner diese hohen Preise aber offensichtlich leisten. Das heißt, der neue Markt der «Privaten» ist eine Art Luxusgütermarkt, wo zwar gewöhnliche Gebrauchswaren verkauft werden, diese aber aufgrund ihrer Knappheit zu besonderen Artikeln werden; und wenn sich eine kleine Schicht diese besonderen Artikel auch noch leisten kann, haben wir eben eine Art Luxusgütermarkt. Das begrenzte Angebot befriedigt vollständig die begrenzte Nachfrage; es besteht für die Marktteilnehmer also weder die Notwendigkeit, das Angebot zu erhöhen, noch bei insgesamt sinkender Nachfrage die Preise zu senken. Der Privatsektor kann sich nicht mehr ausdehnen, stagniert und wird für die Mehrheit der Bevölkerung unerschwinglich.

Kubanische Analysen bestätigen genau diese Entwicklung: Nach einer Erhebung von Mitte 1994 entsprachen die niedrigsten Tageseinkommen privater Handwerker häufig ganzen Monatslöhnen in der staatlichen Wirtschaft. Diese Teuerungsraten des Privatsektors sind aber kein typisches Marktsymptom, sondern stattdessen der beson-

Die Schuhe zum Anziehen...

deren Situation der neueröffneten Märkte in Kuba geschuldet. Bei einem 1994 durchgeführten Vergleich des Kleingewerbes in acht lateinamerikanischen Staaten waren die Einkommen von Gewerbetreibenden in sieben Ländern geringer bzw. nur wenig höher als die von Lohnabhängigen; nur in einem anderen Land konnte ein ähnliches Phänomen wie in Kuba beobachtet werden.[12] Aus dieser Exklusivität des kubanischen Privatsektors ergeben sich weitreichende Konsequenzen: Durch die hohen Gewinne entsteht auf der einen Seite eine neue Einkommensverteilung zugunster der Privatunternehmer, während auf der anderen Seite die Devisenbesitzer und Schwarzmarktgewinnler ihre Privilegien jetzt legal genießen können; dies muß langfristig zu einer erneuten Aufsplitterung der Sozialstruktur und zu einer Vertiefung schon vorhandener sozialer Gräben führen. Die guten Einkommenschancen des privaten Gewerbes diskreditieren zusätzlich besonders viele staatliche Berufe und vor allem die dort beschäftigten hochqualifizierten Arbeitskräfte, die im Vergleich zu den «Privaten» gerade mal ein Taschengeld bekommen. Noch Ende 1995 konnte ein fleißiger Friseur in Havanna in wesentlich kürzerer Zeit das gleiche verdienen wie ein Chefarzt in einem Klinikum. Durch diese neuen Ungleichgewichte werden die staatlichen Sektoren weiter geschwächt und höhlen so auch die Sozialsysteme aus.

Der Regierung sind diese Probleme durchaus bewußt. Fidel Castro selbst kritisierte in einer Ansprache vor der Nationalversammlung am 26. Dezember 1995 die «*maßlose Bereicherung einiger auf Kosten der Mehrheit*». Er machte keinen Hehl daraus, daß

...bleiben für die Mehrheit der Bevölkerung nur Schuhe zum Anschauen...

er dabei die neuen Selbständigen und deren Angebote im Auge hatte, denn «*etliche dieser Preise sind ein Raub, ein wirklicher Raub, den wir jetzt legale Preise nennen, weil wir ihn erlaubt haben.*»[13]

Zur Lösung dieses durchaus ernsten Problems bieten sich grundsätzlich zwei Möglichkeiten an: Einmal kann versucht werden, über eine Angebotserweiterung auf den Privatmärkten das bisherige hohe Preisniveau durch die Steigerung des Konkurrenzdrucks zu senken. Andererseits ist es möglich, das Kleingewerbe nach «klassischen» staatssozialistischen Rezepten entweder durch direkte Interventionen zu beschneiden oder durch erdrückende Steuern abzuwürgen. Welche Option die kubanische Regierung langfristig ergreifen wird, ist fraglich; Hinweise genug gibt es für beide Szenarien: Nach Auskunft des Ministeriums für Arbeit und Soziale Sicherheit waren Anfang 1996 mehr als 220.000 Kubaner im Privatsektor registriert und die Regierung will nach eigenen Angaben diese Zahl im gleichen Jahr auf rund 500.000 steigern.* Sie diskutiert gleichzeitig, private Kleinbetriebe mit bis zu 50 Beschäftigten zu legalisieren.[14]

Doch während hier noch Absichtserklärungen verteilt werden, haben die «Traditionalisten», die lieber auf altbackene Rezepte setzen als neue Wege zu beschreiten, längst

---

*   Der wahre Anteil der Privaten liegt aber wohl eher bei über 300.000, da viele eine Registrierung scheuen, um Steuern zu vermeiden und ihre Produkte stattdessen über schon registrierte Kleinunternehmer verkaufen.

gehandelt; die erste Runde ging an sie: So wurde das schon länger angekündigte Steuergesetz zur progressiven Gewinnbesteuerung der Privatunternehmen Anfang Februar 1996 vorgestellt und in Kraft gesetzt. Es wurde dabei nicht ein Steuersystem ausgetüftelt, das nicht nur staatliche Einkünfte erhöht, sondern gleichzeitig in einer Art intelligenter Mittelstandsförderung bestimmte Bereiche bzw. Produktionen des Privatsektors unterstützt, andere bremst und ungleiche Einkommensentwicklungen ausgleicht. Stattdessen wurde Fidel Castros Drohung, dem «Raub» der zu hohen Marktpreise über noch höhere Steuern ein Ende zu bereiten, von den Verantwortlichen des neuen Steuergesetzes mehr als Ernst genommen: Für 144 der 162 noch zugelassenen Privatberufe wurden die Steuern massiv – daß heißt um 400% bis 1000% – erhöht! Raul Castro lieferte Ende März 1996 die ideologische Begründung für diese Maßnahme gleich nach: «*Die Psychologie des privaten Produzenten und des privaten Gewerbetreibenden neigt grundsätzlich – aufgrund der Funktion seiner Arbeit mit einem persönlichen oder familiären Charakter und bezüglich der Herkunft seiner Einkünfte aus dem privaten Handel mit Produkten oder Dienstleistungen – zum Individualismus und ist keine Quelle sozialistischen Bewußtseins. Es sind nicht wenige negative Effekte, die das private Kleingewerbe hervorbringen kann, so wie die Förderung alter Formen oder die Entstehung neuer Formen von Delikten, die eine ausnutzerische Bereicherung in unserer Mangelsituation fördern und damit das Fundament zum Entstehen, zum Zusammenschluß und zum Handeln von Organisationsformen setzen, die weit weg vom Staat sind...*»[15]

Die Konsequenzen dieser Politik liegen auf der Hand: «*Für fast alle der für die Privatwirtschaft freigegebenen Tätigkeiten lohnt sich die Arbeit mit den neuen Steuersatz nicht mehr im bisherigen Umfang. Und so wird erwartet, daß ein Teil dieser Aktivitäten austrocknet.*»[16] Diese Maßnahme wird also einerseits eine erneute Angebotsverringerung zur Folge haben und andererseits bestimmte Teile der privaten Anbieter wieder auf den Schwarzmarkt drängen. Da die Nachfrage der Verbraucher gleichzeitig aber nicht abnimmt, sind weitere Preissteigerungen, mit denen die neuen Steuern auf die Konsumenten abgewälzt werden, mehr als wahrscheinlich. Die unsoziale Selektion über zu hohe Preise wird also nicht – wie beabsichtigt – abnehmen, sondern weiter steigen; dem «Raub» der Preise nicht ein Riegel vorgeschoben, sondern unter die Arme gegriffen. Der typische Reformzyklus aller staatssozialistischen Länder zwischen Marktliberalisierung und Staatsinterventionismus könnte damit auch in Kuba in seine nächste und vermutlich letzte Runde zu gehen.

Die besonderen Charakteristika bei der Einführung des ersten Privatsektors im sozialistischen Kuba kennzeichnen gleichzeitig zwei wichtige Aspekte des Umbruchs und erleichtern uns seine weitere Analyse: Die staatliche Freigabe der gewerblichen Privatinitiative wurde schon 1991 auf dem IV. Parteitag der PCC beschlossen[17], die Umsetzung dieses Beschlusses begann erst Ende 1993. Es dauerte bis zur Konsolidierung der Maßnahme 1995 insgesamt vier Jahre, um diesen Reformvorschlag zu verwirklichen; um ihn ein Jahr später dann wieder grundsätzlich in Frage zu stellen zu. Bei der im Grunde relativen Bedeutungslosigkeit des privaten Sektors gibt diese lange Zeitspanne einen erneuten Hinweis darauf, daß der politische Strukturkonservativismus auch während der zweiten Reformetappe nicht geringer geworden ist.

Zusätzlich weist der anfängliche Boom in der privatwirtschaftlichen Beschäftigung auf die binnenwirtschaftliche Eigendynamik von Marktaktivitäten hin. Da dieser Austausch auf Marktbasis sich aber nur auf einem sehr exklusiven Gleichgewicht einpendelte, scheint der Ersatz staatlicher Zentralverwaltung durch Märkte nicht per se sogenannte Marktmechanismen wie konkurrenzbedingte Preissenkungen und Qualitätserhöhungen zu garantieren. Märkte verfügen also nicht aus ihrer eigenen Funktionslogik heraus über Entwicklungspotentiale, die automatisch anfangen zu wirken, wenn man sie nur machen läßt. Die bloße Liberalisierung von Tauschverhältnissen ist keine Initialzündung in Richtung effizienter Wirtschaftsaktivitäten, wie sie dem Markt immer wieder zugesprochen werden, im Gegenteil: Offensichtlich bedarf die Ausnutzung der ökonomischer Vorteile von Märkten einer starken und zielgerichteten Regulierung, dessen Durchsetzungspotential *vor* der Liberalisierung der Preise gesichert werden muß. Zusätzlich müssen sowohl die Verhältnisse auf der Angebotsseite als auch auf der Nachfrageseite berücksichtigt werden und muß darauf geachtet werden, daß beide Seiten einen möglichst breiten Zugang zu den Märkten erhalten.

12. Die dritte Agrarreform: *Die Kooperativierung der staatlichen Agrar- und Zuckerbetriebe*

Lapidar verkündete das Politbüro der PCC am 15. September 1993 in ihrem Zentralorgan *Granma* die bisher weitreichendste und radikalste Maßnahme binnenwirtschaftlicher Reformen: Die Anbauflächen der zentralisierten Zucker- und Agrarbetriebe sollten ab sofort in überschaubare Einheiten aufgeteilt und auf unbestimmte Zeit kostenlos an selbstverwaltete Kooperativen verpachtet werden.[18] Mit der Formierung dieser nichtstaatlichen *unidades basicas de produccion cooperativa* – Basiseinheiten der Kooperativproduktion, kurz UBPC – und parallelen Schenkungen kleinerer Parzellen an Selbstversorger verfolgte die Regierung «*die Erhöhung der Produktion mit geringstmöglichem Kostenaufwand, das heißt, die Potenzierung der vorhandenen nationalen Produktionsreserven*».[19] Dies sollte einmal durch eine Verknüpfung des Menschen mit seiner Arbeitssphäre, zweitens durch eine Selbstversorgung mittels einer Subsistenznebenwirtschaft der Arbeitskollektive, drittens durch eine rigorose Ankoppelung der Einkommen an die Produktivität und viertens durch die Weiterentwicklung der kooperativen Selbstverwaltung realisiert werden. Die den Kooperativen dabei zugeschriebene Funktion «*der bestmöglichen Nutzung und Bewahrung des verfügbaren Landes, ... [da] sie Eigentümer der Produktion werden*»[20] hatte eine ungewollt verräterische Note, gesteht sie nicht nur die vorherige Ineffizienz der Produktion ein, sondern läßt zusätzlich darauf schließen, daß die Arbeitnehmer bisher gar nicht Eigentümer ihrer Produktionsmittel waren.

Die Regierung wollte mit dieser neuer Besitzverteilung mehrere Fehlentwicklungen korrigieren: Kuba hatte sein Staatshaushaltsdefizit und seine Krise in der Lebensmittelversorgung, die dadurch notwenige Bindung von mindestens 30% aller Deviseneinnahmen an Lebensmittelimporte sowie bestimmte Exportverluste – vor allem beim Zucker –, zum Teil der Ineffizienz der hochsubventionierten Landwirtschaft zu verdanken. Die kleineren Anbauflächen sollten dem gesunkenen Einsatz von Ressourcen jetzt gerechter werden und Innovationen und Arbeitsleistung als produktivitätssteigernde Kräfte betonen. Die dabei unvermeidlichen Entlassungen – nach offiziellen Angaben bis zu 30% der nicht direkt produktiven Arbeitskräfte[21] – wurden von der staatlichen Verantwortung auf die interne Entscheidungsebene der Kooperativen verlagert, während sich ein Teil der freigesetzten Arbeitskräfte durch neue Kooperativen reorganisieren konnte. Die Subsistenznebenwirtschaft sollte zusätzlich als Produktivitätsanreiz dienen und zu einer Entspannung in der Lebensmittelversorgung führen; ein Regierungssprecher bezifferte die mögliche Zahl der sich durch Kooperativen selbstversorgenden Kubaner Ende 1993 euphorisch auf fast ein Drittel der Gesamtbevölkerung.[22] Nicht zuletzt hatte die Kooperativierung eine wichtige politisch-strategische Bedeutung: Sie betraf circa drei Viertel der ländlichen Arbeitnehmer und so knapp 20% aller kubanischen Erwerbstätigen; so stabilisierte die Landverteilung gleichzeitig die Legitimationsbasis der Regierung.

Die Mitglieder der Kooperativen wurden zwar nicht «Eigentümer» des ihnen zugewiesenen Landes, da dieses rechtlich weiter dem Staat gehört. Aufgrund der kostenlosen und unbefristeten Verpachtung wurden sie aber Land-«Besitzer», da sie die Nutzung des Landes zum großen Teil autonom gestalten können: Die Mitglieder der UBPCs haben über alle Produktionsmittel, die sie kaufen und über staatliche Kredite finanzieren, über die eigene Arbeitsorganisation wie auch über die Beschäftigungspolitik volles Selbstbestimmungsrecht. Der Staat blieb Landeigentümer, *«doch wurden die gigantischen Staatsbetriebe im Grunde privatisiert.»*[23] Gleichzeitig wurden die Entscheidungsstrukturen innerhalb der Kooperativen deutlich demokratisiert: Jede UBPC-Leitung muß in Wahlen von 75% aller Mitglieder bestätigt werden. Die Produktionsziele der Kooperativen werden ebenfalls gemeinsam abgestimmt und sichern so ein großes Maß an innerbetrieblicher Selbstverwaltung.

Im Widerspruch zu diesen neuen Freiräumen hat es sich der kubanische Staat ebenso wie schon beim privaten Kleingewerbe vorbehalten, das letzte Wort über die neuen Kooperativen zu sprechen. Mit dem Recht *«der Auflösung jeder UBPC, die die institutionalisierten Prinzipien verletzt, oder aufgrund anderer ökonomischer und sozialer, von der Regierung festgelegter Interessen»*[24] bewahrte sich die Regierung starke Interventionsmöglichkeiten, die nicht an genaue Kriterien gebunden sind, jederzeit angewendet werden können und wie ein Damoklesschwert über den Kooperativen hängen. Weitere wichtige Begrenzungen der kooperativen Autonomie bestehen im staatlichen Weisungsrecht über die Wahl der anzubauenden Agrarkulturen und im staatlichen Monopol über Vermarktung und Preise: Die Kooperativen waren bis zur Einführung der Bauernmärkte im Oktober 1994 gezwungen, ihre gesamte Produktion zu staatlichen Niedrigstpreisen zu verkaufen; und seit besagtem Oktober trifft dies immerhin noch auf 80% der produzierten Agrargüter zu. Der Ansprechpartner und Regierungsvertreter ist für die Kooperativen dabei die immer noch mächtige Verwaltung der ehemaligen Staatsbetriebe geblieben. Dieses beschriebene Spannungsfeld zwischen staatlicher Intervention und kooperativer Autonomie macht deutlich, daß die UBPCs im Grunde ein Mischsystem auf halbem Wege zwischen Staatsbetrieb und wirklicher Kooperative sind.

Der Kooperativierungsprozeß wurde angesichts der bevorstehenden Ernte beim Zuckeranbau besonders vorangetrieben und war schon nach knapp zwei Monaten, also Ende Dezember 1993, fast vollständig abgeschlossen. Mitte 1994 existierten über 1500 Zuckerkooperativen, die die gesamte staatliche Anbaufläche und somit 80% des kubanischen Zuckeranbaus bewirtschafteten.[25] Die Kooperativierung der Lebensmittelbetriebe ging langsamer voran und konnte erst 1995 beendet werden, wobei der Staat eine direkte Kontrolle über die Hälfte seiner Anbaufläche behielt. Er setzte dabei zum Teil auf eine Militarisierung der Landwirtschaft, allein bis Mitte 1994 wurden mehr als 100 militärische Agrarbetriebe aufgebaut. Dabei leisten die jugendlichen Wehrpflichtigen ein Teil ihres Militärdienstes auf von der Armee geführten Agrarbetrieben ab.[26]

Nach CEPAL-Angaben waren im März 1994 25% der kultivierten Fläche Kubas weiterhin staatlich, 64% in Kooperativbesitz und 11% in Privatbesitz.[27] Ende 1995 kontrollieren die UBPCs insgesamt «28% der vorhandenen Fläche, 50% des ehemaligen staatlichen Besitzes und damit 80% der kultivierten Anbaufläche des Landes».[28] Agrarsoziologische Studien von 1993, die die persönlichen Anreize der Arbeitskräfte bei der Integration in die UBPCs untersuchten, kamen zu dem nicht überraschenden Ergebnis, daß das zentrale Motiv für eine Eingliederung in die neuen Kooperativen der Wunsch nach einer Verbesserung der eigenen Lebensverhältnisse war. Im Mittelpunkt des Interesses stand dabei eine Absicherung der Lebensmittelversorgung über die mögliche Subsistenznebenwirtschaft, gefolgt von einer Vergrößerung der Produktionsautonomie, einer Verbesserung der Einkommen und der Wohnsituation.[29] Diese Wunschliste spiegelt deutlich den Zustand der kubanischen Krisengesellschaft des Jahres 1993 wieder: Die angespannte Lebensmittelversorgung hatte ein solches Ausmaß angenommen, so daß sie bei allen Vorschlägen auf Verbesserung an oberster Stelle stand, Geld hingegen hatte seinen Wert als wichtigster materieller Anreiz weitgehend verloren.

Trotz der verhältnismäßig raschen Kooperativierung sind die bisherigen Ergebnisse der UBPCs unbefriedigend. Wie wir schon gesehen haben, konnten die Kooperativen die Talfahrt der Zuckerproduktion nicht nur nicht aufhalten, sondern mit ihnen beschleunigte sie sich 1995 noch (vgl. Abbildung 10). Auch in der Lebensmittelproduktion waren anfangs nur Verluste zu verbuchen: Eine repräsentative Erhebung aus dem Frühjahr 1994 ermittelte, daß circa 60% der untersuchten UBPCs in dieser Branche unproduktiv arbeiteten.[30] Obwohl für jenes Jahr keine umfassenden Wirtschaftssdaten aus der Landwirtschaft vorliegen, werden für 1994 fast nur Produktionseinbrüche gemeldet, bei Kartoffeln und Tomaten z.B. um über 50%. Nach Angaben der statistischen Nationalbehörde ONE nahm der Produktionsanteil der Landwirtschaft zwischen 1993 und 1994 um insgesamt circa 5% ab, während das BIP im gleichen Zeitraum fast konstant blieb[31]; andere Schätzungen gehen noch von wesentlich höheren Verlusten aus. Unbestritten ist, daß sich die Lebensmittelversorgung bis Mitte 1994 unerträglich verschlechterte, wie es schon im zweiten Teil des Buches beschrieben wurde. Ein durchschnittlicher Monatslohn reichte nach kubanischen Angaben zu jenem Zeitpunkt nicht einmal mehr aus, um selbst die minimalen Grundbedürfnisse an Lebensmitteln über die staatliche Rationierung und den Schwarzmarkt zu decken.[32] Hier ist sicherlich einer der Gründe zu suchen, die im August des gleichen Jahres die bisher schwersten sozialen Unruhen auf der Insel provozierten.

1995 soll es schließlich eine Stabilisierung der Lebensmittelproduktion durch Zuwachsraten von 11% gegeben haben, genauere Angaben liegen aber auch hier nicht vor.[33] Nach den bisherigen Mißerfolgen der UBPCs werden aber die Stimmen, die eine stärkere staatliche Intervention verlangen, wieder lauter. So resümierte die kubanische Monatszeitschrift *Bohemia* im November 1995: «*Ein existenzieller Alptraum bedroht die UBPCs. In ihren zwei Jahren Lebenszeit haben sie mehr Zweifel als Bäuche genährt... Scheinbar hat für die staatlichen Agrarbetriebe in Kuba noch nicht die letzte Stunde geschlagen.*»[34] Bis heute gibt es noch keine eindeutigen Anzeichen dafür, wie die Revolutionsführung weiter mit den Kooperativen verfahren wird. Die letzten Maßnahmen beim privaten Kleingewerbe, wo durch die enormen Steuererhöhungen die anfängliche Öffnung der Wirtschaft faktisch wieder zurückgenommen wurde, läßt aber erahnen, daß dies auch in der Landwirtschaft möglich wäre. So wird vielleicht auch die kubanische Landwirtschaft in der Warteschleife der letzten Runde des sozialistischen Reformzyklus stecken bleiben.

Was sind die wirklichen Gründe für das bisherige Fehlschlagen dieses Kooperativierungsprogrammes? Dabei sind einerseits die substantiellen Probleme zu nennen, die ein Umbruch von einer mechanisierten, extensiven und fremdverwalteten Produktionsform in eine arbeitsintensive und selbstverwaltete Produktionsweise mit geringen Einsatzfaktoren immer verursacht, und die einen mehrjährigen Erfahrungs- und Konsolidierungsprozeß nötig machen. So wird z.B. berichtet: «*Mehr als 60% der UBPC-Führer verfügten bei der Einführung der neuen Maßnahmen nicht im mindesten über die nötigen Kenntnisse von betriebswirtschaftlicher Lenkung.*»[35]

Zusätzlich muß die noch ausgeprägte Bevormundung der staatlichen Verwaltung gegenüber der kooperativen Selbstverwaltung verantwortlich gemacht werden. In der Praxis zeigte sich, «*daß die Mitbestimmung der neuen Kooperativen und Arbeitskollektive nur formal und unzureichend war, besonders in der Ausarbeitung und Kontrolle ihrer Versorgung mit Produktivgütern, was ein entscheidendes Element der Autonomie und Unabhängigkeit dieser Einheiten und bei ihrer Ausübung von partizipativer Demokratie ist. An der inneren Funktionsweise und den Beziehungen dieser neuen Organisationsformen haben die staatlichen Verwaltungen aktiv teilgenommen, was anzeigt, daß sich im Grunde nichts geändert hat. Die Prinzipien von Besitz und Selbstbestimmung sind noch weit davon entfernt, angewandt zu werden.*»[36]

Doch dabei spielte nicht nur das funktionale Verhalten zwischen Staat und Kooperative eine Rolle. Schließlich erfolgte die Kooperativierung auf Beschluß des Politbüros, war also ein von oben autoritär vorbestimmter Prozeß und keine von unten evolutionär und organisch wachsende Entwicklung. Ein schneller Erfolg hätte eine relativ rasche Veränderung der Verhaltensmuster aller Akteure vorausgesetzt, die kaum gelang. Denn über Menschen läßt sich schneller entscheiden, als diese ihre angewohnten Verhaltensweisen aufgeben: *«Eines der ernstesten Probleme bei der Funktionsweise der UBPCs ist die Unfähigkeit, die Mentalität der beteiligten Akteure – sowohl die der zusammengeschlossenen Produzenten, als auch die der staatlichen Funktionäre – auf die Schnelle zu ändern. Die Letzteren geben nicht leicht die Ausübung ihrer Vorrechte und Funktionen, die ihnen vom vorhergehenden Verwaltungsschemata zugestanden wurden, auf, ebenso wie sich die Ersteren sich nicht als Herren der Produktion fühlen.»*[37]

Die zentrale Diskrepanz bei der bisherigen Kooperativierung liegt aber zwischen dem Anspruch der Produzenten auf eine Verbesserung ihrer Lebensbedingungen und der staatlich monopolisierten Preispolitik: Sowohl auf dem Schwarzmarkt wie auf den neuen Bauernmärkten erzielen die Agrarkooperativisten höhere Einkünfte als über die staatlich fixierten Preise. Kubanische Wissenschaftler zitieren z.B. das Leitungsgremium einer UBPC, das mit dem seit Ende 1994 legalen Verkauf von 20% der Produkte auf den freien Märkten einen höheren Ertrag erwartet als durch den 80prozentigen Anteil, der an den Staat abgegeben werden muß.[38]

Das ursprüngliche Ziel bei der Gründung der UBPCs, die Arbeit zu intensivieren und so die Produktivität zu erhöhen, wird von solchen Relationen unterminiert: Es ist naheliegend, daß jeder Kooperativist, der primär seine eigenen Lebensbedingungen anheben will, dort seine Kräfte konzentriert, wo ihm dies auch möglich ist. Da die Einkommen der staatlich angestellten Landarbeiter vor der Kooperativierung fast zwei Drittel geringer als die der Privatbauern und immer noch ein Drittel geringer als die der Genossenschafter waren[39], besteht bei den neuen Kooperativmitgliedern außerdem ein gewisser Nachholbedarf. Die neue Freiheit der Selbstverwaltung wird deshalb mit Sicherheit dazu genutzt werden, die eigene Lage zu verbessern. Solange der Staat dabei behindert (z.B. durch die Festschreibung von Absatzpreisen, die zu niedrigen Einkommen führen), werden immer wieder neue Strategien entwickelt, um die privaten Ziele doch noch zu erreichen. In den Zuckerkooperativen war diese Situation am deutlichsten zu beobachten: Die zuckeranbauenden UBPCs haben im Grunde keinen Zugang zu nichtstaatlichen Einkommen, da sie ihren gesamten Zucker an den Staat verkaufen, also für den Export produzieren. Es ist aber auch ihnen möglich, zur Eigenversorgung eine Subsistenznebenwirtschaft zu führen. Mit dem Verkauf von Lebensmittelprodukten aus dieser Nebenwirtschaft erzielten die Mitglieder von Zuckerkooperativen nun oft höhere Einkommen als durch die Zuckerproduktion selbst. Dies hat zu einer Konzentration auf den Lebensmittelanbau und zu einer enormen Vernachlässigung der Zuckerrohrkulturen geführt: So sollen 1994 nach CEPAL-Angaben 20% der dortigen Arbeiter ihren Arbeitsplätzen fern geblieben sein,

Ein privater Schlachter, der Träume verwirklicht, an die die Lebensmittelmarken seit Jahren nur erinnern...

andere Quellen sprechen von bis zu 50%[40]; hier findet sich einer der Gründe, der das katastrophale Ernteergebnis von 1995 erklären kann.

Der landwirtschaftliche Kooperativierungsprozeß ist also auf halbem Wege stecken geblieben. Er hat nur die Basis der Produktion reformiert und umstrukturiert, die Rahmenbedingungen aber im vollen Umfang erhalten. Bei der «Entstaatlichung» der Kooperativen leistete der Staat hingegen umso gründlichere Arbeit. Die Regierung kürzte dem Agrar- und dem Zuckersektor 1994 die Hälfte aller Subventionen und zog ihre Mittel dabei hauptsächlich von den UBPCs ab.[41] Mit der Logik, daß nicht staatliche Produktionsformen auch nicht staatlich gefördert werden müssen, waren die Staatsausgaben für die neuen Kooperativen 1994 nur noch so hoch wie für die staatliche Sportförderung und um die Hälfte geringer wie für die staatliche Kunstförderung. Mit 100.000 kubanischen Pesos betrugen sie einen Bruchteil von dem, was der Staat den unrentablen Betrieben im gleichen Jahr an Subventionen zahlte.[42] Mit anderen Worten: Die kubanischen Regierung, die sich 1994 einer sich zuspitzenden Versorgungskrise gegenüber sah, hielt es gleichzeitig für opportun, der eigenen Landwirtschaft ein Großteil der Finanzhilfen zu streichen. Hier findet sich ein zweiter Grund, der das bisherige Scheitern der Kooperativen erklärt.

Zu den fehlenden Starthilfen gesellte sich noch die ausbleibende Unterstützung von Infrastrukturmaßnahmen, die es den Kooperativen ermöglicht hätten, sich über die

Bauernmärkte neue Einkommensquellen zu erschließen, wie z.B. durch Transport- und Vermarktungshilfen. So war es den UBPCs kaum möglich, zu den lukrativen Einkommensmöglichkeiten der Privatbauern aufzuschließen. Während letztere im Mai 1995 noch 85% des Marktangebotes von Lebensmitteln abdeckten, waren die Kooperativen dort gerade einmal zu 2% vertreten.[43] Die angestrebte Verkoppelung von Produktivität und Einkommen ließ also bisher auf sich warten.

Eine Analyse des bisherigen Kooperativierungsprozesses muß zu dem Ergebnis kommen, daß hier – ebenso wie im Privatsektor – einerseits ein qualitativer Strukturwandel stattgefunden hat: Die Zentralverwaltung wurde innerhalb der landwirtschaftlichen Basisproduktion abgebaut. Gleichzeitig bedeutete die Reform *«ein Schritt von einer Landwirtschaft mit extensiven Ressourceneinsatz zu einer arbeitsintensiven Landwirtschaft».*[44] So hatte sich die tägliche Arbeitszeit in den UBPCs z.B. verdoppelt. Die überkommenen inneren Strukturelemente der Zentralverwaltung und der extensiven Produktionsform wurden also einer Transformation unterzogen, was einen Hinweis auf ein neues Verständnis von der Krise gibt.

Die Probleme des Reformverlaufs haben andererseits aber auch gezeigt, daß ein struktureller Umbruch, der technokratisch eingeleitet und von oben befohlen wird, bei den Beteiligten auf verschiedenartige Widerstände stößt. Ein weiteres Kriterium ist es, daß bei der Kooperativierung der Zusammenhang zwischen innerbetrieblichen und gesamtwirtschaftlichen, also zwischen mikro- und makroökonomischen Beziehungen unberücksichtigt blieb. Dies kennzeichnet die zweite Reformetappe als zwar schon qualitativen, aber noch nicht als einen in seinen Maßnahmen aufeinander abgestimmten Strukturwandel. Der fehlende Aufbau stützender regionaler und nationaler Organisations- und Kommunikationsstrukturen für die Kooperativen kann als weiterer Hinweis gewertet werden, daß für diese Reform nur ein Einzelbereich herausgegriffen wurde, ohne dessen Umfeld einzubeziehen: Die Kooperativmitglieder blieben weiter im zentralen kubanischen Gewerkschaftsbund CTC organisiert, sie haben keine Möglichkeiten eines selbst organisierten überregionalen Erfahrungsaustausches, geschweige denn von gemeinsamen politischen Stellungnahmen und von einer Präsentation in der Öffentlichkeit. Dementsprechend ist die Kooperativierung in Kuba auch kaum populär: Ende 1994 wurde diese Maßnahme von nur 7% der Bevölkerung als die bisher wichtigste Reform betrachtet.[45]

Die bisherigen Erfahrungen aus der Kooperativierung geben uns dennoch einen wichtigen Hinweis für zukünftige Reformschritte. Offensichtlich ist eine alleinige Veränderung der Besitzverhältnisse, also wie z.B. die Verteilung zentralen staatlichen Eigentums an Kooperativen nicht per se ausreichend, um ein klassisches staatssozialistisches System um Elemente wie partizipative Mitbestimmung und ökonomische Effizienz zu bereichern – Produktionsgenossenschaften allein reichen nicht aus, um den Sozialismus zu reformieren. Dies bedarf einer größeren Anstrengung, die alle wirtschaftlichen und politischen Bereiche miteinbezieht.

13. Die Sanierung des Staatshaushaltes: *Vom Sein und (Geld)-Schein monetärer Politik*

Ende Dezember 1993 wurde in der kubanischen Nationalversammlung erstmals offen über die Staatshaushaltskrise und den Liquiditätsüberhang debattiert, ohne allerdings zu definitiven Ergebnissen zu kommen.[46] Erst fünf Monate später – am 2. Mai 1994 – wurden im Parlament auf einer außerordentlichen Sitzung verschiedene Entscheidungen getroffen, die den Staatshaushalt konsolidieren und die Geldzirkulation verringern sollten.[47] Es handelte sich dabei um monetäre Anpassungsmaßnahmen, von denen man hoffte, daß sie über eine Verringerung der Staatsausgaben und der Geldmenge das aus dem Gleichgewicht geratene Finanzsystem Kubas wieder sanieren würden. Zentrale Punkte waren dabei die Freigabe der Preise von einigen wenigen Genußmitteln und die Preiserhöhungen verschiedener staatlicher Dienstleistungen, insgesamt um rund 250%[48] – bei dieser gigantisch anmutenden Zahl muß allerdings berücksichtigt werden, daß sie häufig von sehr geringen Basispreisen ausging. Zusätzlich wurden 1994 einem großen Teil der unrentablen Betriebe rund 40% der Subventionen gekürzt, wie schon erwähnt, waren davon hauptsächlich die Kooperativen betroffen.[49] Die FAZ bezeichnete diese Pläne als *«den tiefsten Einschnitt in das sozialistische Wirtschaftssystem Kubas seit der Revolution von 1959».**

Was die FAZ nicht schrieb und was ein bemerkenswertes Merkmal auch bei diesen Kürzungen blieb, war der Verzicht auf einen größeren Sozialabbau: Es gab keinerlei Abstriche in den sozialen Bereichen und die einkommensschwachen Gruppen sollten von den direkten Mehrbelastungen ausgenommen werden; die Regierung bezeichnete zu diesem Zeitpunkt 20% der Bevölkerung als einkommensschwach.[50]

Neben diesem ersten Einsatz von Geldpolitik, der zwei Jahre vorher noch vom Chefreformer Carlos Lage als unnötig bezeichnet wurde, regte die Nationalversammlung bei ihrem gleichen Treffen zusätzlich den Aufbau eines Steuersystems an. Diese Empfehlung wurde am 4. August 1994 vom Parlament aufgegriffen: Es wurde eine schrittweise Einführung von direkten Steuern sowie von Arbeitnehmerbeiträgen zu den Sozialversicherungen diskutiert und ein entsprechendes Steuergesetz verabschiedet. Im Zentrum der neuen Steuernovelle stand eine Steuer auf Nettogewinne; weitere vorgesehene Steuern wie eine Einkommensteuer sowie Umsatz-, Transport-, Kfz-, Erbschaftssteuern etc. und eine einzigartige Ökologiesteuer sind bis Mitte 1996 nicht konkretisiert worden.** Dem Steuergesetz folgte erst acht Monate später – also im

---

* FAZ (4.5.1994). Die Zeitung hat damit wieder einmal bewiesen, daß sich die hochgelobte ökonomische Kompetenz ihrer Wirtschaftsredakteure auf kapitalistische Volkswirtschaften beschränkt. Geldpolitik macht nämlich nur dort Sinn, wo Geld auch eine aktive Rolle innerhalb des Wirtschaftsgeschehens einnimmt. Dies ist im Staatssozialismus aber erst einmal grundsätzlich nicht der Fall und war es in der kubanischen Krisenwirtschaft noch viel weniger. Fazit: Dort, wo angeblich immer ein kluger Kopf dahintersteckt, steht nicht immer etwas kluges drin.

** Granma (5.8.1994), Netzwerk Cuba Nachrichten (1995:8ff.). Die einzige Ausnahme davon ist die Einführung einer Einkommensteuer für Deviseneinkommen, die am 1.1.1996 in Kraft trat. Ab

März 1995 – die Gründung einer nationalen Steuerbehörde und am 1. Juli 1995 öffneten die ersten Finanzämter auf Kuba ihre Pforten.[51] Bis heute finden direkte Steuererhebungen aber nur für die privaten Sektoren des Kleingewerbes und der freien Bauernmärkte statt und ab Februar 1996 kommt dabei erstmals die erwähnte progressive Gewinnsteuer zur Anwendung. Dabei leidet das neue Steuersystem noch unter Geburtswehen, so hat die nationale Steuerbehörde ONAT hauptsächlich mit Steuerbetrug zu kämpfen. Nach Auskunft ihres Direktors Luis Delage betrug die Steuerschuld 1995 150 Mio. Pesos und damit etwas mehr als ein Prozent des Staatshaushaltes des gleichen Jahres.[52]

Neben dem neuen Steuersystem wurden weitere geldpolitische Maßnahmen, wie eine schon mehrere Jahre früher anvisierte Konvertibilität des kubanischen Peso und eine Währungsreform von der kubanischen Nationalversammlung bisher nicht umgesetzt; zwar wurde am 20. Dezember 1994 der konvertible Peso eingeführt, allerdings nur zur Ablösung schon im Umlauf befindlicher Devisenzertifikate und Dollarscheine.[53] Dieser sogenannte konvertible Peso blieb damit ohne Effekt auf das duale Währungssystem Kubas, erlaubte der Regierung aber, auch bei knappen Devisenvorräten die Dollarzirkulation im eigenen Land mittels der eigenen Notenpresse aufrecht zu erhalten.

Eine der letzten Maßnahmen in diesem Bereich war Ende 1995 die Ankündigung einer Bankenreform. Bisher hatte die *Banco Nacional de Cuba* (BNC) das Bankensystem des Tropensozialismus monopolartig beherrscht und gleichzeitig die Funktionen einer Zentralbank, einer Handelsbank und eines Kreditinstitutes ausgeübt. Zur Seite stand ihr die *Banco Popular de Ahorro*, eine Art Sparkasse, in der Überweisungen vorgenommen werden können und Löhne ausgezahlt werden. Verschiedene Aufgaben der BNC, die mit dem Außenhandel zu tun haben, wurden ab Beginn von 1996 auf unabhängige Banken übertragen; Ende 1995 hatten bereits acht ausländische Banken Filialen in Kuba eröffnet, denen allerdings noch keine Ausübung der vollen Bankgeschäfte gestattet ist. Ergänzt werden diese Banken mittlerweile von drei weiteren Staatsbanken, von denen zwei Aktiengesellschaften sind. Ziel der Bankenreformen ist es, das Bankensystem zu flexibilisieren und über die ausländischen Banken Zugang zu internationalen Kreditinstitutionen zu erhalten. Auffällig ist dabei, daß auch die Bankenreform nur den Devisensektor betrifft: Für den Geldmarkt für kubanische Pesos gibt es z.B. immer noch keine Anreize wie Zinsen oder staatliche Wertpapiere, die dazu stimulieren, Geld zu sparen. Auch feht die Möglichkeit, Bankkredite aufzunehmen, die Investitionen oder die Anschaffung teurer Konsumgüter erlauben. Damit bleibt Kuba weiterhin eines der letzten Länder der Welt, das sich weigert, anerkannte ökonomische Steuerinstrumente wie Zinsen und Kredite zuzulassen und einen eigenen Geldmarkt zu begründen.

---

diesem Datum unterliegen Einkommen in Devisen einer progressiven Besteuerung, die mit 10% bei 2400 US-Dollar beginnt und bis auf 50% steigt, wenn der Jahresverdienst mehr als 60.000 US-Dollar beträgt. Vgl. NZZ (30.11.1995).

Die neue Geld- und Fiskalpolitik der Regierung hatte insgesamt widersprüchliche Impulse auf den Reformprozeß: Einerseits ist es gelungen, durch die Subventionsstreichungen und vor allem durch die Mehreinnahmen – über den Genußmittelverkauf zu freien Preisen – das Staatshaushaltsdefizit bis Ende 1995 um 90% zu verringern (vgl. Abbildung 11). Auch die riesige Geldmenge wurde bis Mitte Oktober 1995 um insgesamt 24% abgebaut.[54] Da nun weniger Geld im Umlauf war, konnte auch weniger für den US-Dollar bezahlt werden. Der informelle Dollarkurs stabilisierte sich nach einem rapiden Wertverfall Ende 1994 bei 35 Pesos, um in den letzten Augusttagen 1995 ohne ersichtbaren Grund sogar auf 10 Pesos abzustürzen. Spekulationen über künstliche Kursmanipulationen der kubanischen Regierung wurden offiziell zurückgewiesen, sind aber relativ wahrscheinlich.[55] Kurz danach begann sich der Schwarzmarktkurs des Dollars bei 25 kubanischen Pesos einzupendeln (vgl. Abbildung 13).

Damit wurde der aufgewerteten Nationalwährung wieder ein Teil ihrer ökonomischen Steuerfunktionen zurückgegeben, was eine der wichtigsten Voraussetzungen für die Gesundung der kubanischen Wirtschaft ist und in Kuba dementsprechend als eines der positivsten Ergebnisse des Jahres 1995 gefeiert wurde. Unkenrufe bestritten zwar diesen Erfolg und meinten, der kubanische Peso hätte gegenüber dem Dollar nicht einen einzigen *centavo* an Wert gewonnen, denn der relative Tausch*wert* zwischen beiden Währungen wäre völlig identisch geblieben, nur der absolute Tausch*preis* ist gesunken, da es ja schließlich auch weniger Pesos gebe; zum Beweis ihrer Argumentation führten sie an, daß die Pesopreise für Lebensmittel zwischen 1990 und 1995 zwar enorm schwankten, die Dollarpreise für die gleichen Waren aber fast konstant blieben. Die Regierung ignorierte solche Kritik. Ermutigt von ihren Erfolgen eröffnete sie erstmals seit Beginn der Revolution wieder Wechselstuben für den Dollartausch. Ohne vorherige Ankündigung nahmen Ende Oktober 1995 in einer Pilotphase in der Hauptstadt Havanna und im Strandbad Varadero sieben dieser Büros ihre Arbeit auf.[56]

In diesen sogenannten *casas de cambio* wird jetzt nicht mehr nach dem offiziellen Pflichtumtausch von 1:1 gewechselt, sondern nach dem illegalen Tauschkurs des Schwarzmarktes bezahlt. Es wird damit versucht, eine Art Binnenkonvertibilität für Privatpersonen zu erproben, scheinbar als erster Schritt auf dem Weg zu einer allgemeinen Konvertibilität der kubanischen Nationalwährung. Diese Maßnahme wird aber nur teilweise von kubanischen Ökonomen begrüßt: Zwar formalisiert sie endlich die Tauschverhältnisse zwischen den konkurrierenden Währungen auf Kuba und stoppt damit Spekulationen und den *run* auf den Dollar als Krisenwährung; wer jederzeit zu einem sicheren Kurs Dollars gegen Pesos tauschen kann, besteht bei seinem Einkommen nicht mehr auf die harten Devisen des Klassenfeindes. Gleichzeitig kann der Staat mehr Dollars einnehmen und ihre Zirkulation auf der Insel besser kanalisieren.

Doch die neuen *casas de cambio* bergen auch gewaltige Nachteile. Sie zementieren die ungleiche Einkommensverteilung: Dollarbesitzer haben jetzt auch legalen Zugang zum Binnenangebot, also zu dem Kleingewerbe und den Bauernmärkten, reiche Pesobesitzer hingegen zu den Dollargeschäften. Und solange es weder die Möglichkeit gibt, mit kubanischen Pesos im eigenen Land zu investieren noch hochwertige Kon-

Brechend volle Devisenläden...

sumgüter damit gekauft werden können, sind die neuen Pesoeinkommen aus den Bauernmärkten und dem Kleingewerbe nur für den Umtausch in Dollars gut. Mit anderen Worten: Der jetzt legale Devisentausch löst ohne ergänzende Maßnahmen eine steigende Nachfrage nach Dollars aus, die bei der chronischen Devisenschwäche der Regierung zwangsläufig zum Steigen des informellen Dollarkurses führen muß. Ein stärkerer Dollar will aber bezahlt werden und wird die Anbieter verführen, auch ihre Preise zu erhöhen. So setzen die neuen Wechselstuben den gerade vom Spekulationshimmel wieder mühsam heruntergeschraubten kubanischen Peso erneut unter massiven Inflationsdruck.

Aber die Geldpolitik der Regierung steht auch aus anderen Gründen im Kreuzfeuer der Kritik: Denn die rigiden Sparmaßnahmen ersetzten die rückgestaute Inflation des Schwarzmarktes durch eine «offene» Inflation der Marktpreise und Mehrbelastungen. So wurde bei der Verringerung der Geldmenge 80% der kubanischen Pesos über die Erhöhung der Preise abgeschöpft. Während diejenigen, die über den Schwarzmarkt Geld angespart haben oder Devisen besitzen, solche Mehrausgaben leicht ertrugen und dafür nun legal konsumieren dürfen, was früher rationiert war, waren es jetzt hauptsächlich die Erwerbstätigen der staatlichen Sektoren sowie Funktionäre und Akademiker – denen bis Mitte 1995 jegliche Nebenbeschäftigung untersagt war – die von einer zunehmenden Verarmung betroffen wurden. Denn die monetären Stabilisierungsmaßnahmen blieben vorerst ohne Produktionsschub, eigentlich ein Ziel, was jede Geldpolitik im Auge haben sollte. Damit waren die neuen Maßnahmen der Regierung für die staatlichen Beschäftigten nichts anderes als eine faktische Reallohnsenkung. Die Handlungsspielräume der Bevölkerung wurden weiter eingeengt und nur begrenzt mit einer Liberalisierung ökonomischer Gestaltungsmöglichkeiten ausgeglichen. Die staatliche Wirtschaft wurde durch ihre eigene Geldpolitik am stärksten geschwächt; die Regierung erodierte einen Grundpfeiler des Systems und förderte nochmals die Polarisierung zwischen Reich und Arm.

Die Ergebnisse dieser Politik bestätigen die bisherige Einschätzung der zweiten Reformetappe: Die Regierung hat erstmals seit der Revolution geld- und fiskalpolitische Steuerungsinstrumente entwickelt, die statt einer direkten Kontrolle als indirekte Regulierungsmechanismen wirken und damit einen qualitativen Sprung im Reformprozeß andeuten. Die verzögerte Nutzung dieses Instrumentariums weist neben strukturellen Defiziten hingegen auf den schon identifizierten Konservativismus hin. Dies wird schon an der Auswahl der einzelnen Maßnahmen deutlich: Die Freigabe von einigen Konsumgüterpreisen ist der Revolution als Maßnahme zur Abschöpfung von überschüssigem Geld noch aus den siebziger Jahren in guter Erinnerung und wurde darum reibungslos durchgeführt. Komplexere Aufgaben wie die Umsetzung des neuen Steuersystems schreiten stattdessen auffällig träge voran. Wie bei allen Reformen fehlt bei der neuen Geldpolitik der Revolutionsführung eine Verknüpfung mit anderen Maßnahmen, was auch hier ein fehlendes zusammenhängendes Konzept vermuten läßt.

14. Bauernmärkte als Krisenkatalysator: *Von der ideologischen Suche nach Nahrung*

Die sich über den ganzen Sommer 1994 zuspitzende Versorgungskrise explodierte am 5. August in Havanna und führte zu den bisher heftigsten sozialen Unruhen der revolutionären Geschichte Kubas. Schon am frühen Morgen dieses Tages kursierten in Havanna Gerüchte, daß am Hafen Bootsfähren entführt werden sollten, um die Insel Richtung Florida zu verlassen. Kräftig geschürt wurden solche Meldungen von dem von Miami aus sendenden exilkubanischen Propagandasender *Radio Jose Marti*, der Kuba 24 Stunden täglich mit einer geschickten Mischung aus wahren, halbwahren und falschen Informationen versorgt und so subtil eine anticastristische Stimmung auf der Insel schaffen will. Die Gerüchte reichten aus, um Tausende von *habaneros* zum Hafen zu bewegen, sei es aus Gründen der berühmten kubanischen Neugierde, aus der Hoffnung, dem Elend zu entfliehen oder dem fehlenden Willen, sich dem Sog bewegender Menschenmassen entziehen zu können.

Die Massenkonzentration der Menschen schlug schnell in ein kollektives Bewußtsein vereinter Stärke um und begann, der gemeinsamen Frustration lauthals und schließlich gewalttätig Luft zu machen. Verschiedene Hotelanlagen und Devisenläden wurden zerschlagen und geplündert, vereinzelt Polizeikräfte angegriffen, verletzt oder sogar getötet. Der Verlauf der Unruhen machte klar, daß es sich hier um eine spontane

Erhebung und nicht um einen organisierten Protest handelte: Konkrete politische Forderungen wurden nicht erhoben, zusätzlich fehlte jeder thematische Bezug zu den zwei Tage vorher verabschiedeten Steuergesetzen. Zu Beginn der Unruhen wurden die Rufe «*Nieder mit Fidel*» immer lauter. Als dieser schließlich leibhaftig auf der Szenerie erschien, schlug die Stimmung der Massen schnell um. «*Viva Fidel*» schallte es nun von allen Seiten; diese Ereignisse bestätigen nicht nur das Charisma und das Ansehen, das der Führer der Revolution immer noch genießt, sie zeigen auch die Zerrissenheit der kubanischen Bevölkerung. Deutlicher wurde dies noch auf den Loyalitätskundgebungen der nächsten Tage, bei denen auf der ganzen Insel mehr als eine halbe Million Kubaner für das Regime auf die Straße gingen.

Die Regierung selbst agierte sehr vorsichtig bei den Tumulten. Sie vermied es tunlichst, Polizei oder Militär offen einzusetzen, sondern mobilisierte stattdessen paramilitärische Arbeitsbrigaden, die *contingentes*, die als Vertreter des «gesunden Volkszorns» auch nicht zimperlich mit den Aufrührern umgingen. Allerdings wurde so eine direkte Konfrontation zwischen Staats- und Straßengewalt verhindert, wodurch die Situation noch am gleichen Tag deeskalierte. Die Gründe der Unruhen sind in einem Zusammenfallen verschiedener Ursachen zu suchen: Einmal sind da die verschärfte Versorgungskrise durch das Scheitern des *programa alimentario* und die Mißerfolge des Kooperativierungsprozesses zu nennen. Dazu kommt, daß die seit der Dollarlegalisierung tiefer gewordene Kluft zwischen Devisen- und Binnenwirtschaft auf immer mehr Ablehnung stößt, was sich vor allem durch die Plünderungen von touristischen Anlagen und Devisenläden manifestierte. Zusätzlich spielten die stark ansteigenden Preise des Schwarzmarktes eine Rolle, die viele Kubaner an den Rand ihrer Existenz drängten und andere maßlos bereicherten. All dies zusammen förderte die soziale Polarisierung der Gesellschaft, so daß der nationale Konsens einen ersten Riß bekam und einen Augenblick erahnen ließ, welch sozialer Sprengstoff unter ihm im Verborgenen begraben liegt.

Wie schon im Abschnitt 4.1. beschrieben, reagierte Fidel Castro auf die Unruhen am folgenden Tag mit einer spektakulären Maßnahme: Er öffnete kurzfristig die Grenzen Kubas und gestattete so eine legale Flucht von der Insel. Offensichtlich sollte die hochgekochte Stimmung einmal ganz kräftig Dampf ablassen. In den nächsten Wochen waren die Küsten voll von fluchtwilligen Kubanern. Was am Anfang noch eine Kuriosität war und neugierig begafft wurde, wurde mit den Wochen zum Alltag. Schließlich konnte man die abfahrenden *balseros* an fast allen Küsten und Stränden Kubas beobachten, ohne das dies die Aufmerksamkeit der kubanischen Bevölkerung noch besonders erregte. Nur das kubanische Kleingewerbe und die internationalen Medien entfachten rege Tätigkeiten: Während die ersten sich nicht selten auf den lukrativen Bau von Flößen oder anderen schwimmbaren Gegenständen spezialisierten, hatten die zweiten plötzlich eine heuchlerisch ungewohnte Anteilnahme an Wirtschaftsflüchtlingen entdeckt, die allerdings genauso schnell wieder abflachte wie der kubanische Flüchtlingsstrom versiegte. Letztendlich gelang es bis zum erneuten Grenzschluß nach einem Monat «*more than 33.000 Cubans to flee the island for the U.S.*».[57]

Mit diesem diplomatischen Schachzug hatte Castro die innenpolitischen Spannungen zu einem Außenpolitikum gemacht und die USA unter enormen Handlungsdruck gesetzt. Im Lande selbst wurden die Tumulte offiziell mit einer für sozialistische Staaten typischen Regierungsrhetorik geschmäht: Man verurteilte die Ausschreitungen als Ergebnis ausländischer Provokationen und *«asozialer Gruppen».*[58] Intern wurde die Tragweite der Geschehnisse und des Exodus aber wesentlich ernster genommen, sie hinterließen einen tiefen Schock in der kubanischen Gesellschaft und waren mit Sicherheit ausschlaggebend dafür, daß das bisherige Reformkonzept noch einmal gründlich überdacht wurde. Obwohl kein direkter Zusammenhang nachzuweisen ist, kann vermutet werden, daß die Zulassung von freien Bauernmärkten in Kuba eine erste konkrete Reaktion auf die Unruhen war. Die Maßnahme wurde offiziell von dem kubanische Vizepräsident Raul Castro angekündigt, was für Eingeweihte als Hinweis dafür gewertet wird, daß sie gegen den Willen seines Bruders beschlossen wurde. Die Erklärung für diesen Kurswechsel war vielsagend: So betonte Raul Castro in einem Interview mit der spanischen Zeitung *El Mundo* Ende September des gleichen Jahres, daß das wichtigste *«politische, militärische und ideologische Problem unseres Landes jetzt die Suche nach dem Essen ist... Und um diesen Prozeß zu beschleunigen, wird der Bauernmarkt aufgebaut».*[59] Damit gestand erstmals einer der einflußreichsten Revolutionsführer den zuletzt als antisozialistisch diffamierten Marktmechanismen auf Kuba wieder einen wirtschaftlichen und gesellschaftlichen Nutzen zu.

Die Einführung der Bauernmärkte war seit ihrem Verbot im Jahre 1986 nie von der politischen Tagesordnung der Insel verschwunden. Raul Castro leitete z.B. im Vorfeld des IV. Kongresses der PCC im März 1990 durch einen offenen Aufruf *«llamamiento»* gegen bürokratische und dogmatische Tendenzen eine breite gesellschaftliche Debatte ein. Sie sollte die Bevölkerung in zukünftige Entscheidungsfindungen einbinden und löste eine rege Partizipation aus. Eine der zentralen Forderungen der Bevölkerung war dabei die Wiedereröffnung der Bauernmärkte. Auf dem IV. Parteikongreß 1991 wurde diese Forderung breit und kontrovers diskutiert, dann aber aus ideologischen Gründen von der PCC abgelehnt.[60] Wie schon beim Verbot der Bauernmärkte 1986 trat Fidel Castro dabei als heftigster Kritiker von Marktstrukturen und als Protagonist der Zentralverwaltung ins Rampenlicht. Am 19. September 1994 – also gut zwei Wochen nach den Unruhen in Havanna – wurden die umstrittenen Bauernmärkte dann doch wieder legalisiert und schließlich am 1. Oktober eröffnet.[61] Ihre Wiederbelebung stieß bei der Bevölkerung sofort auf positive Resonanz: Einen Monat nach ihrer Eröffnung bezeichneten 51% der Bevölkerung die Bauernmärkte als die bisher wichtigste Reform, 66% fanden diese Maßnahme gut oder sehr gut.[62]

Die neuen Bauernmärkte, als *mercados agropecuarios* bezeichnet, unterscheiden sich von den bis 1986 existierenden *mercados libres campesinos* nicht nur in ihrem Namen: Neben den freien Marktpreisen wurde durch die Erhebung von Steuern, Lizenzverteilungen und hygienischen Kontrollen erstmals die indirekte Regulierung wirtschaftlicher Marktaktivitäten in der Praxis erprobt. Gleichzeitig wurde durch die Zulassung von Zwischenhändlern und privaten Transportdiensten eine Ausweitung der

Die neuen Bauernmärkte lösten eine rege Betriebsamkeit aus...

Vermarktungsmöglichkeiten erlaubt. Dabei waren erstmals die Gemeindeverwaltungen für alle Aktivitäten und gesetzlichen Bestimmungen der Märkte verantwortlich, es fand also eine Demokratisierung der Entscheidungsstrukturen statt. Die neue Funktion der Bauernmärkte – von denen bis Mitte 1995 auf der ganzen Insel 198 eröffnet wurden – sollte so eine «*Entlastung des scharfen Mangels an Lebensmitteln, eine Stimulierung der Produktion, eine Konsolidierung der Binnennachfrage an Basisgütern und eine Stärkung der Nationalwährung*»[63] herbeiführen.

Anfangs verkauften nur die staatlichen Landwirtschaftsbetriebe ihre Überschußprodukte auf den Märkten und erweckten den Eindruck, daß es sich hierbei weitgehend um eine staatlich konzertierte Aktion handelte. Diese Impression wich nach der Konstituierung der Märkte relativ schnell einer starken Partizipation von Privatbauern und Genossenschaften: Schon Ende 1994 wurde mittels einer repräsentativen kubanischen Erhebung ein 67prozentiger Anteil von privaten Anbietern gezählt und dieser Anteil erhöhte sich bis Mitte 1995 sogar auf 89%.[64] Trotz einer Ausweitung des Angebots – auf den Bauernmärkten wurden bis Mitte 1995 rund 30% aller Agrarprodukte verkauft – ist es nicht zu bedeutsamen Preissenkungen gekommen, so daß das Preisniveau der Märkte bis dato immer noch als überdurchschnittlich hoch bezeichnet werden muß. So konnte sich ein Pensionär von seiner durchschnittlichen Monatsrente Ende 1995 auf den Märkten gerade einmal zwei Kilo Fleisch kaufen, ein Arbeiter von einem Monatslohn circa sechs Kilo Bohnen.

Dieses hohe Preisniveau entstand aus ähnlichen Gründen wie beim privatem Kleingewerbe: Auf der Angebotsseite gibt es einerseits sehr starke Konzentrationstendenzen, die Preisabsprachen erlauben und eine Angebotserweiterung behindern: So wurden Mitte 1995 rund 85% der Waren von kleinen Privatbauern angeboten. Der Marktanteil der neuen UBPCs und anderer, schon älterer Genossenschaften hatte sich hingegen von Ende 1994 bis Mitte 1995 insgesamt auf je 2% halbiert und bei den Staatsbetrieben sank der Marktanteil im gleichen Zeitraum immerhin um ein Drittel auf 10%. Die Privatbauern, die *individuales*, hatten schon jahrelange Erfahrungen mit dem Verkauf ihrer Produkte auf Märkten; bis 1986 verkauften hauptsächlich sie auf den damaligen Bauernmärkten und ab dem Beginn der Krise versorgten sie zu einem nennenswerten Anteil den Schwarzmarkt mit Lebensmitteln. Sie hatten ihre Kontakte untereinander, ihre Transportmittel und ihre Zwischenhändler, mit denen ihre Waren in die Städte einsickerten. Für die Privatbauern war es darum ein leichtes, sich jetzt auf den wiedereröffneten Märkten zu etablieren. Ganz anders die neuen Landwirtschaftskooperativen, die UBPCs: Wie wir schon wissen, wurde ihnen nicht nur der Großteil der Subventionen gestrichen, gleichzeitig mußten sie auch auf jegliche staatliche Vermarktungs- und Transporthilfen verzichten. Dies erschwerte ihren Zugang zu den neuen Märkten ungemein und sicherte den Privatbauern vorübergehend eine Art Oligopolstellung auf den Märkten.

. Auf der Nachfrageseite ist aber andererseits aufgrund der schon genannten sehr ungleichen Einkommensverteilung auch für dieses hohe Preisniveau eine begrenzte Kaufkraft vorhanden. Während die breite Nachfrage stagnierte, konnte sich auch auf den neuen Bauernmärkten ein exklusives Preisgleichgewicht – wie auf Luxusgütermärkten – einpendeln, daß eine Ausweitung der Nachfrage durch ein Sinken der Preise verhindert.

Trotzdem konnten durch die neuen Bauernmärkte meßbare Stabilitätseffekte erzielt werden: Die Lebensmittelversorgung hat sich verbessert, ihre private Koordinierung ist leichter geworden, der Schwarzmarkt wurde in diesem Bereich fast völlig ausgetrocknet. Da auf den Märkten die Waren mit kubanischen Pesos bezahlt werden, wurde damit gleichzeitig die Nationalwährung gegenüber dem US-Dollar aufgewertet. Die *mercados agropecuarios* haben bisher allerdings zu keinem bedeutsamen Produktionsschub in der Landwirtschaft geführt; denn es gibt für die privaten Anbieter keinen Grund, mehr zu produzieren: Für ihr begrenztes und teures Angebot finden sie gerade ausreichend kaufkraftstarke Kunden. Wenn die Privatbauern mehr verkaufen wollten, müßten sie mehr arbeiten und für die weniger betuchte Kundschaft die Preise senken, daß heißt, sie hätten trotz mehr Arbeit wegen der niedrigeren Preise den gleichen Gewinn wie bei weniger Arbeit und hohen Preisen. Solange die fehlenden Vermarktungsstrukturen die Konkurrenz seitens der leistungsstarken UBPCs verhindert, wird sich dies auch in Zukunft nicht ändern. Damit sind die *mercados agropecuarios* primär eine neue Verteilungsform geblieben. Da diese Verteilung auf der Basis ungleicher Einkommensstrukturen stattfindet, muß sie langfristig die soziale Ungleichheit vergrößern. Dabei werden vor allem die anbietenden Privatbauern, die privaten Gewerbetreibenden, die Schwarzmarktgewinnler und die Devisenbesitzer von den neuen Märkten profitieren, während all diejenigen, die auf staatliche Einkommen angewiesen sind, von einem zusätzlichen Einkauf auf den Märkten systematisch ausgeschlossen werden.

Die verzögerte Einführung der freien Bauernmärkte dokumentiert vielleicht am deutlichsten, daß sich die zweite Reformetappe bisher noch nicht an einer zusammenhängenden Strategie orientiert, sondern daß stattdessen im Spannungsfeld zwischen ideologisch legitimierten Strukturkonservativismus und pragmatischen Zwängen taktisches Handeln überwiegt. Die ungenügende Ausweitung und Verbesserung der Vermarktungsstrukturen gibt einen weiteren Hinweis auf das noch geringe Integrationspotential der Märkte und erklärt zusammen mit der sozial hochkonzentrierten Kaufkraft die ausbleibenden Produktionsimpulse, denen Marktaktivitäten sonst immer zugeschrieben werden.

Dennoch muß die Legalisierung der Bauernmärkte als eine der bisher innovativsten Strukturreformen verstanden werden: Durch ihre faktische Begrenzung des staatlichen Binnenhandelsmonopols und die – zumindestens theoretische – Zulassung von Marktkonkurrenz steht sie im Widerspruch zu den bisher dominanten inneren Strukturelementen des Systems. Dies gilt ebenso für die Anwendung von indirekten Steuerungsmechanismen wie Qualitätskontrolle, Steuern etc., wie für dessen Umsetzung durch die Gemeindeverwaltung, also der niedrigsten politischen Entscheidungsebene. Die kurzfristig stabilisierenden Effekte der Bauernmärkte vermittelten sowohl den ökonomischen als auch den politischen Akteuren eine kurze Verschnaufpause zur Entwicklung neuer Reformperspektiven und sicherten gleichzeitig die Legitimationsbasis der Regierung: 60% der Bevölkerung waren Ende 1994 überzeugt, daß sich ihre Lebenssituation im nächsten Jahr verbessern würde.[65]

Die begrenzten Erfolge des Bauernmarktes und seine wachsenden Gefahren durch die Schaffung neuer Ungleichheit beweisen wieder einmal mehr, daß Markt alleine nicht die Zauberformel für ökonomische Effizienz ist, geschweige denn zu breiten Wohlstandseffekten führen muß, sondern gleichzeitig einer zielgerichteten Regulierung und ständigen Aufsicht bedarf.

15. Die neue Dynamik im Devisensektor:
Ready for business

Ab 1994 begannen langsam die Reformen des Devisensektors zu tragen: Erstmals konnte die ökonomische Talfahrt gestoppt und ein bescheidenes Wirtschaftswachstum erzielt werden, daß sich im Folgejahr mehr als verdreifachte (vgl. Abbildung 9) und hauptsächlich exportgetragen war. Zur Jahreswende 1995/96 waren in Kuba 212 Joint-Ventures registriert und nach Regierungsangaben wurde über 290 weitere Investitionsprojekte verhandelt. Es existierten bereits Investitionsschutzabkommen mit Rußland, Italien, Spanien, England und Kolumbien, weitere Abkommen mit Deutschland, Holland und der Schweiz waren noch in Vorbereitung. Auch die Neuorientierung des Außenhandels war nicht erfolglos: Kuba wickelt seinen Außenhandel heute im wesentlichen mit drei Ländergruppen ab: Mit den Ländern der Europäischen Union, den früheren sozialistischen Staaten sowie mit Lateinamerika und der Karibik. Der wichtigste Handelspartner ist dabei die Russische Föderation geblieben, die am 17. Oktober 1995 mehrere Handelsabkommen mit Kuba unterzeichnete, die der Insel bis 1998 für mehr als einem Drittel ihrer Zuckerproduktion sichere Absatzmärkte garantieren.[66]

Ein ebenfalls wichtiger Wirtschaftsblock für Kuba wurde die EU, die in 90 Joint-Ventures investiert und heute circa ein Drittel des Außenhandels der Insel abdeckt. Damit ist der kubanisch-europäische Austausch nach Angaben des Präsidenten der Handelskammer Carlos Martinez Osvaldo zwischen 1993 und 1995 um stolze 30% gewachsen.[67]

Lateinamerikanische Investitionen sind bisher in 50 Joint-Ventures geflossen. Gleichzeitig verhandelt Kuba mit dem Mercosur, dem Verband des gemeinsamen Marktes des Südens, über die Bildung einer Freihandelszone. Dem Mercosur gehören bislang Argentinien, Brasilien, Paraguay und Uruguay an. Von dieser Integration verspricht sich die Insel den Zugang zu internationalen Foren und die Möglichkeit, von internationalen Finanzorganisationen Kredite zu erhalten. Daß die Süd-Süd-Kooperation Kubas aber noch nicht so erfolgreich verläuft, wie sich die Regierung das vermutlich wünscht, beweist, daß der Handel Kubas mit dem Mercosur keine nennenswerte Rolle spielt. Importe von der Insel machten gerade mal 1,7% des gesamten Handelsvolumens des Mercosur aus. Mit 0,4% aller Exporte des Mercosur ist Kuba auch als Importeur zur Zeit noch ein unbedeutender Handelspartner. Ein weit wichtigerer Partner ist da Kanada, das vor allem im Tourismus und bei der Erdölsuche aktiv ist. Die kanadische Ölfirma Sherrit tätigte bis 1995 alleine ein Viertel aller ausländischen Direktinvestitionen in Kuba.[68] Insgesamt befanden sich Ende 1995 610 Firmenrepräsentationen auf der Insel.

Die Kluft zwischen der binnenwirtschaftlichen Rezession und dem außenwirtschaftlichen Aufschwung führte zu einer Verschiebung bei den Exporten, die zum einen auf eine neue Abhängigkeit von der Tourismusindustrie hinweist. Zudem hat der traditionelle Nickelexport spätestens ab 1996 wieder enorm an Bedeutung gewonnen, wie die Neue Zürcher Zeitung am 12.2.1996 verkündete: *«Zwischen der australischen Firma WMC Ltd., dem viertgröße Nickelproduzenten der Welt, und der kubanischen Gesellschaft Commercial Caribbean Nickel wurde ein Vertrag über 500 Mio. US-Dollar unterzeichnet...[damit hat sich] die Nickelproduktion mit Investitionen von über 1 Mrd. US-Dollar innerhalb weniger Monate zum wichtigsten Export- und Wirtschaftsbereich Kubas entwickelt.»*[69]

Vermutlich von den jüngeren Stabilitätseffekten stimuliert, kündigte die Regierung schon im November 1994 ein neues Investitionsgesetz an, um die Basis für eine *«irreversible und kohärente Öffnungspolitik für Kapitalinvestitionen»* zu schaffen.[70] Dieses Gesetz sah eine relativ großzügige Liberalisierung von ausländischen Direktinvestitionen vor. Zentrale Punkte eines ersten Kriterienkatalogs waren: Die Möglichkeit, jetzt in fast allen Wirtschaftszweigen – also auch in bisher als strategisch sensibel

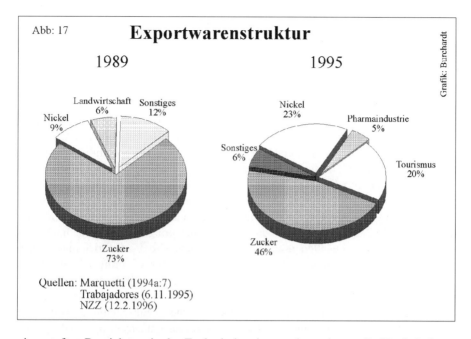

Exportwarenstruktur

Abb: 17

1989   1995

Grafik: Burchardt

1989:
Landwirtschaft 6%
Sonstiges 12%
Nickel 9%
Zucker 73%

1995:
Nickel 23%
Pharmaindustrie 5%
Sonstiges 6%
Tourismus 20%
Zucker 46%

Quellen: Marquetti (1994a:7)
Trabajadores (6.11.1995)
NZZ (12.2.1996)

eingestuften Bereichen wie der Zuckerindustrie – zu investieren; die Vereinfachung und schnellere Bearbeitung der Genehmigungsverfahren für Joint-Ventures; die Erlaubnis von Mehrheitsbeteiligungen oder sogar die 100prozentige Übernahme von staatlichem Eigentum; die direkte Auswahl und Beschäftigung von Arbeitskräften durch die ausländischen Firmeneigner; die Öffnung des Immobilienmarktes und die Einrichtung von Freihandelszonen. Allerdings schien diese Gesetzesvorlage innerhalb der PCC und der kubanischen Regierung auf ungewöhnlich starken Widerstand zu stoßen. So kam es trotz vereinzelter neuartiger Kooperationsabkommen bis zum Juni 1995 nicht zu der angekündigten Konkretisierung und Verabschiedung des Gesetzes, eine dafür vorgesehene Einberufung der Nationalversammlung wurde Zeit verschoben und fand erst Anfang September statt.[71]

Bei der Diskussion um das Gesetz selbst wurde in der Nationalversammlung – die sich sonst meistens durch einen relativ einheitlichen Konsens auszeichnete – ausgesprochen kontrovers diskutiert. Dabei dominierten drei Auffassungen: Die auch von Fidel Castro unterstützte Position wollte direkte Beschäftigungsverhältnisse zwischen Joint-Ventures und Arbeitnehmern unterbinden, alle anderen Bestimmungen aber durchsetzen. Eine zweite Position wollte verhindern, daß auch Exilkubaner in Kuba investieren können; Befürchtungen, daß dem Exil jetzt die Übernahme der Insel ökonomisch gelingen könnte, nachdem sie politisch scheiterte, konnten zwar nicht völlig zerstreut werden, fanden aber auch keine Mehrheit. Die dritte Kritik an der Gesetzesvorlage beklagte, daß die Investitionen auch in Zukunft nur Ausländern vorbehalten bleiben, oder wie es ein Abgeordneter ausdrückte: «*Was mich sehr stört*

und wovon ich glaube, daß es vielen ebenso geht, ist, daß alle Bürger der Welt das
Recht haben, das wir nicht haben dürfen [in Kuba zu investieren]... Werden wir denn
nicht mehr sozialistisch sein, wenn auch die Kubaner Kubas in ihr Land investieren?»[72]
Offensichtlich nicht! Denn wie zu erwarten, setzte sich die Fraktion um Castro durch,
die eine weitgehende Liberalisierung von Auslandsinvestitionen unterstützte, aber
gleichzeitig strategische Entscheidungspositionen nicht aus der Hand gegeben hat.

Das neue Gesetz, daß schließlich am 6.9.1995 in Kraft trat[73], erlaubt außer im
Gesundheits-, Bildungs- und Militärsektor ausländische Investitionen in allen wirtschaftlichen Bereichen, billigt erstmals ausländische Kapitalübernahmen von 100%
und öffnet auch dem Exil die Möglichkeit von Anlagen auf der Insel.

Die Reaktionen auf die neue Gesetzesvorlage waren im Ausland gemischt. Während
die FAZ einen *«Durchbruch in der wirtschaftlichen Öffnung des Landes»* feierte,
sprachen Kritiker resigniert wieder einmal vom jetzt aber endgültigen Ende des
Sozialismus. Bei genauerer Betrachtung der Gesetzesvorlage greifen beide Interpretationen zu kurz: Denn bei allen größeren Joint-Ventures wird die Autorisierung auch in
Zukunft nur von der Regierungsspitze selbst genehmigt, nur bei geringen Investitionen
von weniger als 10 Mio. US-Dollar genügt die Entscheidung einer speziell zu diesem
Zweck eingerichteten Kommission des Ministerrats. Die Anregungen, Investitionsentscheidungen zu demokratisieren und den nachgeordneten Entscheidungsebenen wie
Provinzparlamenten oder Gemeinden mehr Mitspracherecht zuzubilligen – da sie von
solchen Entscheidungen ja direkt betroffen sind – wurden ignoriert. Für 100prozenti-
gen Eigentumserwerb ist neben dieser Genehmigung zusätzlich die positive Stellungnahme einer kubanischen Staatsfirma der gleichen Branche nötig, der Einblicke in die
geplante Geschäftsstrategie und -tätigkeit gewährt werden müssen; auch der Verkauf
ausländischer Anteile an Dritte ist nur mit staatlicher Einwilligung möglich.

Von zentraler Bedeutung ist ebenfalls die Gestaltung der Arbeitsverhältnisse: Die
freie Anwerbung von Arbeitskräften wurde nicht legalisiert, diese werden weiterhin
nur über eine staatliche Leihfirma vermittelt, so daß der Staat auch in Zukunft
entscheidet, wer in welchen Joint-Ventures arbeiten darf. Kubanische Arbeiter benöti-
gen außerdem eine Erlaubnis ihres alten Arbeitgebers, um in ausländischen Betrieben
arbeiten zu dürfen und dieser Arbeitgeber ist in der Regel ebenfalls der Staat. Ausländische Firmeneigner haben dazu bis auf Ausnahmen nicht das Recht, ihren kubanischen Mitarbeitern legal Devisenlöhne auszuzahlen, diese Angestellten erhalten ihre
Löhne weiterhin in der Nationalwährung. Wichtigste Deregulierung ist hier ein
fristloses Kündigungsrecht innerhalb einer halbjährigen Probezeit, die den kubanischen Wirtschaftsminister Jose Luis Rodriguez auf einer Veranstaltung vor Exilkubanern Ende 1995 vermutlich dazu veranlaßte, stolz zu verkünden, daß das kubanische
Arbeitsrecht in wichtigen Punkten liberaler und flexibler sei als das vieler ostasiati-
scher Länder.[74]

Doch auch solche Werbeslogans können nicht darüber hinwegtäuschen, daß bei den
neuen Investitionsrichtlinien der Staat in allen wichtigen Bereichen seinen Machteinfluß bewahrt hat. Das neue Investitionsgesetz ist deshalb kein Kniefall vor ausländi-

schen Investoren, sondern nur die konsequente Weiterverfolgung der Strategie der Weltmarktintegration bei gleichzeitigem Erhalt der zentralstaatlichen Gewalt. Im Grunde wurden wieder einmal nur frühere Ausnahmen zur Regel und die Regel legalisiert: So ist die Gründung der ersten privaten Immobiliengesellschaft auf Kuba drei Monate älter als das dazugehörige Gesetz.*

Die Beschleunigung der kubanischen *apertura* durch das neue Investitionsgesetz gibt uns dennoch einen wichtigen Hinweis auf den möglichen Reformverlauf der nächsten Zeit: Auch wenn der kubanische Wirtschaftsminister Jose Luis Rodriguez Anfang November 1995 beteuerte, daß *«die ausländischen Investitionen zwar ein wichtiges, aber kein entscheidendes Element der Entwicklung»*[75] waren, scheint die Regierung immer noch eine wirtschaftliche Konsolidierungspolitik über den Devisensektor zu bevorzugen; die Binnenreformen spielen eine untergeordnete Rolle. Auch die Strategie der zweiten Reformetappe ist damit vom Versuch geprägt, die materielle Reproduktionsbasis des Systems hauptsächlich über den Außenhandel wiederherzustellen; die binnenwirtschaftlichen Reformen wirken dagegen wie Flickwerk. Durch die Aufrechterhaltung der beiden Währungen wird die Verkoppelung des Binnen- und des Devisensektores weiterhin verhindert und eine tragende Entwicklungsperspektive sabotiert, wie wir schon an einigen Beispielen – Tourismus – im zweiten Teil des Buches gesehen haben. Die neuesten Auswirkungen dieser dualen Wirtschaft sollen jetzt kurz skizziert werden.

16. Dem wirtschaftlichen Dualismus droht ein Duell

Kubas ökonomische Entwicklung wurde zwischen 1990 und 1995 hauptsächlich vom Devisensektor getragen; von hier kommen die wichtigsten Impulse des neuen Wachstums, hier konzentrieren sich neben Gewinnen und Produktivitätszuwächsen jetzt auch die Konsummöglichkeiten: Während bei der Dollarlegalisierung im Spätsommer 1993 Devisenbesitzern gerade einmal ein paar touristische Hotelshops und noch weniger Devisenläden offenstanden, wurde die Infrastruktur seitdem emsig ausgebaut. Spätestens seit 1995 fehlt es den Kubanern an nichts mehr, was ihr Herz begehrt, wenn es ihnen nicht an Devisen fehlt. Inzwischen erstreckt sich ein Netz von 275 *Diplotiendas* über das ganze Land und in Havanna locken Kaufhäuser mit der gleichen Warenvielfalt, wie wir sie auch bei uns in jedem mehrstöckigen Konsumtempel finden.

Für die Regierung ist dies ein durchaus lohnendes Geschäft, sie hat so allein 1994 mehr als 200 Mio. US-Dollar eingenommen: *«Grundsätzlich wurden die gemeinsamen Maßnahmen, die 1994 auf die Abschöpfung von Devisen abzielten, zu einer der wichtigsten Deviseneinnahmenquellen der Volkswirtschaft und waren in Bezug auf die Nettoeinkünfte sogar größer als die des Tourismus.»*[76] Im Folgejahr 1995 sollen allein

---

*   Anfang Juli 1995 wurde mit argentinischer Hilfe die erste private Immobiliengesellschaft gegründet (FAZ, 7.8.1995).

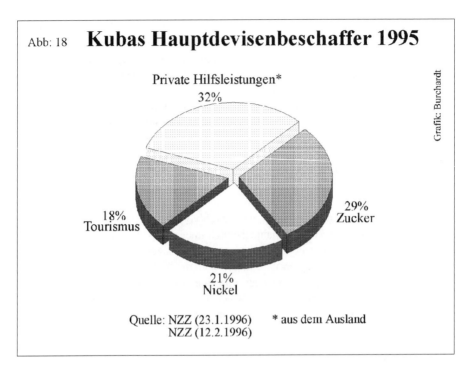

Abb: 18 **Kubas Hauptdevisenbeschaffer 1995**

Private Hilfsleistungen*
32%

Grafik: Burchardt

18%
Tourismus

29%
Zucker

21%
Nickel

Quelle: NZZ (23.1.1996)   * aus dem Ausland
NZZ (12.2.1996)

die Devisen, die von im Ausland lebenden Kubanern an auf der Insel wohnende Familienangehörige geschickt wurden, nach Auskunft der kubanischen Nationalbank 574,8 Mio. US-Dollar betragen haben, also rund ein Drittel von dem, was die Insel im gleichen Jahr exportierte.[77] Sollten diese Zahlen stimmen, sind die Hilfeleistungen vom im Ausland lebenden Kubanern ab 1995 Kubas größter Devisenbringer, *«da sie aber größtenteils zur Befriedigung von Konsumbedürfnissen eingesetzt werden, haben sie keinen Einfluß auf die Produktionssphäre und machen Kuba neuerdings zu einem Almosenempfänger».*[78]

Die kubanische Regierung beteuert bei jeder Neueröffnung von Devisenläden, -restaurants, -drogerien, -boutiquen etc., daß diese Ausweitung des Dollarbereichs allen zugute käme, da die vom Staat eingenommenen Devisen teilweise wieder an bedürftigere Bevölkerungsteile verteilt würden und außerdem zur Finanzierung der sozialen Sektoren eingesetzt würden. Doch auch dieses Argument kann nicht darüber hinwegtäuschen, daß eine der mittlerweile wichtigsten Devisenquellen Kubas nur durch die Entstehung extremer Ungleichheit erkauft werden konnte; die Existenz zweier Währungen hat in Kuba zu einer Einkommensverteilung geführt, die der Ungleichheit anderer lateinamerikanischer Länder wenig nachsteht. Dieses Bild trifft auch auf die Einkommenschancen zu: Was mehr als eine Million Rentner als wöchentliche Altersversorgung ausbezahlt bekommen, reicht auf den neuen Bauernmärkten für etwas mehr als ein Kilo Reis; soviel erhält ein Kofferträger täglich als Trinkgeld –

wenn er einen schlechten Tag hatte. So mancher Ingenieur muß mittlerweile mit Verbitterung feststellen, daß er als Taxifahrer sein Monatseinkommen an einem Tag verdienen könnte. Kellnerjobs in Touristenhotels sind längst eins der lukrativsten Berufsziele für Akademiker; in Kuba macht schon lange der Witz von dem Arzt die Runde, der sich als Hotelpförtner ausgab, weil er größenwahnsinnig wurde. Über was dabei gelacht wird, hat einen bitterernsten Hintergrund. Mit der Disqualifizierung ihrer hochbegabten und umfassend ausgebildeten Töchter und Söhne verspielt die Revolution ihre wichtigste Ressource: Die menschliche Qualifikation. Die staatlichen Löhne in Nationalwährung machen die Arbeit allgemein nur wenig attraktiv, gibt es doch ein hochwertiges Warenangebot nur gegen harte Währung. Kommt es nicht bald zu einer Einkommensverbesserung im Staatssektor – in dem 1995 immerhin noch 80% der Erwerbstätigen beschäftigt waren – wird die Kluft zwischen bitterer Armut der Massen und dem wachsenden Lebensstandard von Wenigen irgendwann unüberbrückbar. Dann kann der Regierung genau das wegbrechen, was bis jetzt das Überleben des kubanischen Sozialismus gesichert hat: Der soziale Konsens und die politische Stabilität des Systems.

Der frühere Wirtschaftsminister und jetzige Präsident der Wirtschaftskommission des Parlaments, Osvaldo Martinez, beantwortete Ende 1995 eine Kritik an der kubanischen Reformträgheit mit der Überzeugung, daß «*der gesellschaftliche Konsens der Kubaner*»[79] die Schnelligkeit des Prozesses bestimme. Ungewollt plädierte er damit für eine Dynamisierung der Reformen; denn der monetäre Dualismus führt schnurstracks in die gesellschaftliche Spaltung.

Und schon jetzt rächen sich die ökonomischen Ungleichgewichte und beginnen immer stärker auch das Wachstum des Exportsektors zu bedrohen: Wie wir schon wissen, ist die Steigerung der Zuckerproduktion für die Stabilisierung der kubanischen Wirtschaft kurzfristig ohne Alternative. Ob dies bei der geringen Arbeitsproduktivität auf den Plantagen in Zukunft gelingen wird, ist mehr als zweifelhaft; schon 1995 erschien ein nennenswerter Teil der Arbeiter nicht oder unregelmäßig am Arbeitsplatz. Während Fidel Castro den Erntearbeitern deshalb in der Parlamentssitzung vom 26.12.1995 vorgeworfen hat, daß sie «*die Revolution im Stich gelassen*» hätten[80], plagen diese ganz andere Sorgen: Die berühmten *macheteros* z.B., die ein Drittel des kubanischen Zuckerrohrs noch mit der Hand schlagen – und dabei wohl die schwerste Arbeit der Welt ausüben – verdienen im Monat weniger als eine Putzfrau im Hotel. Solange ihnen kein angemessenes Einkommen geboten wird, werden sie sich weiterhin auf die Suche nach lukrativeren Tätigkeiten machen und z.B. Schweine züchten, die sie dann gewinnbringend auf den Bauernmärkten verkaufen.

Daß der kubanischen Regierung diese Probleme nur zu gut bekannt sind, beweist ihr letzter Versuch, für die Arbeiter der Zuckerindustrie neue Anreize zu schaffen: Für die *zafra* 1995/96 wurden mehrere Millionen US-Dollar darin investiert, in allen Zuckerbetrieben rund 100 Läden einzurichten, in denen besonders fleißige und bewährte Arbeiter Dollarwaren zum Preis von 1:1 mit kubanischen Pesos kaufen können. Dieses altbekannte Prämiensystem des Staatssozialismus ist bei einer halben Million

Beschäftigten aber wohl weniger als der berühmte Tropfen auf dem heißen Stein. Hier ist vielmehr eine breite Anhebung der Kaufkraft gefragt. Die erzielt man nicht damit, daß immer mehr Arbeitern der Zugang zu importierten Dollarwaren ermöglicht wird, sondern vielmehr dadurch, daß hauptsächlich nationale Produkte hergestellt werden, die dann auch mit der eigenen Währung bezahlt werden können. Erst wenn wieder eine leistungsorientierte Angleichung der verschiedenen Lohnniveaus in Kuba hergestellt wird, ist auch eine tragende Konsolidierung der Wirtschaft in Sicht. Solange dies nicht gelingt, steht jede Entwicklung des Inselsozialismus auf tönernen Füßen, denen gleichzeitig das Fundament der nationalen Einheit wegzusacken droht.

17. Der dritte Abschied:
Mit Fidel sicher in die Zukunft – oder vom tendenziellen Drang einer Revolution, sich selbst abzuschaffen

In einer abschließenden Betrachtung der zweiten Reformetappe können wir zwei zentrale Ergebnisse herausarbeiten: Zum einem wurden die dominanten inneren Strukturelemente des kubanischen Systems (Zentralverwaltung/extensive Produktionsform) teilweise reformiert und umgestaltet. Durch die Zulassung des Privatgewerbes, durch den landwirtschaftlichen Kooperativierungsprozeß und durch die neuen Bauernmärkte wurden die direkten Kontrollmechanismen der Zentralverwaltung durch indirekte Regulierungsformen wie Steuern etc. ergänzt, die extensive Produktion durch arbeitsintensive Produktionsformen ersetzt. Zum anderen beruhen diese Reformen aber offensichtlich nicht auf einer zusammenhängenden, aufeinander abgestimmten Strategie, sondern sind das taktische und pragmatische Ergebnis eines steigenden Reformdrucks und werden scheinbar im Spannungsfeld zwischen Strukturkonservativismus und Anpassungszwängen formuliert. Dieser in Brüchen verlaufende Reformprozeß weist wiederum darauf hin, daß die immanente Handlungslogik des Systems eine offensive Transformation der genannten Strukturelemente bisher nicht zugelassen hat. Das System hat sich in einigen wenigen Bereichen zurückgezogen, ohne gleichzeitig ausreichend neue Funktionsmechanismen zu entwickeln.

Die Kubaner selbst bezeichnen dieses Flickwerk binnenwirtschaftlicher Reformen gelegentlich als *desahogarmiento*, also als Versuch, sich immer dann vorm Ertrinken zu retten, wenn das Wasser bis zum Halse steht, ohne dabei aber systematisch schwimmen lernen zu wollen. Ein deutlicher Beleg für diese Interpretation ist der zeitliche Ablauf einzelner Reformmaßnahmen. Die osteuropäischen Erfahrungen haben gezeigt, daß es nicht nur wichtig ist, bestimmte Maßnahmen zu ergreifen, sondern genauso wichtig, wenn nicht sogar noch entscheidender, in welchen Sequenzen – also in welcher Reihenfolge – diese Maßnahmen umgesetzt werden. Um eine Strategie zu entwickeln, die ein mehrphasiges Reformszenario erlaubt, muß man aber genaue Vorstellungen über den Weg und die Ziele der Politik haben. Dies ist im Falle einer

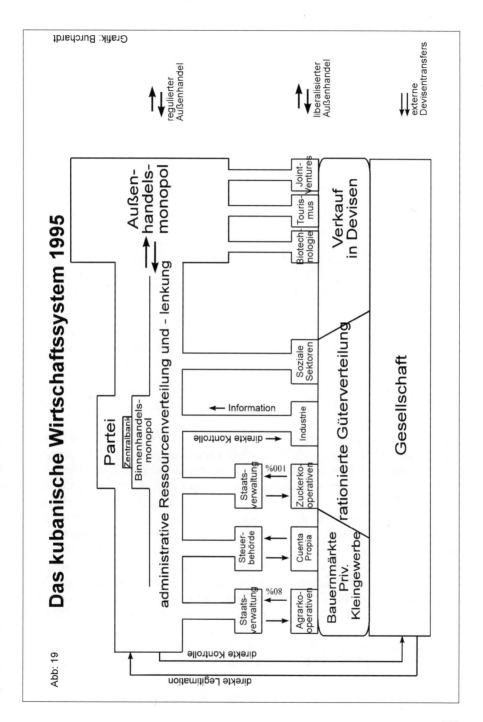

Abb: 19

Das kubanische Wirtschaftssystem 1995

Grafik: Burchardt

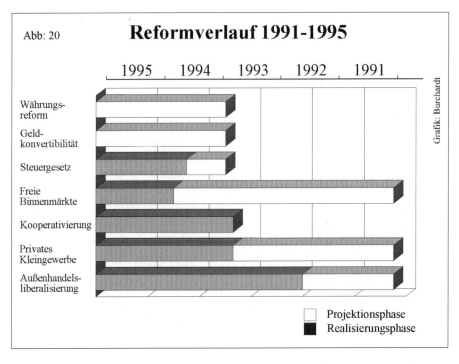

Abb: 20   **Reformverlauf 1991-1995**

1995   1994   1993   1992   1991

Währungsreform

Geldkonvertibilität

Steuergesetz

Freie Binnenmärkte

Kooperativierung

Privates Kleingewerbe

Außenhandelsliberalisierung

Grafik: Burchardt

☐ Projektionsphase
■ Realisierungsphase

reiner Überlebensstrategie, wie der des *desahogarmiento* allerdings nicht möglich, insofern kann jede der als einzelne vielleicht sinnvollen Maßnahmen zusammen ein negatives Gesamtergebnis bringen.

Kubas zweite Reformetappe hat genau dies bewiesen: Der fehlende Zusammenhang zwischen den betriebs- und gesamtwirtschaftlichen Bedingungen des Kooperativierungsprozesses blockierte die realisierbaren Produktivitätsimpulse. Zudem führten die Formalisierung des dualen Währungssystems durch die Dollarlegalisierung, die staatliche Sparpolitik und die unkontrollierten Tauschverhältnisse des Kleingewerbes und der Bauernmärkte auf der Basis von ungleichen Einkommensbedingungen nicht zu einer breiten Konsolidierung der Wirtschaft, sondern zu einer sozialen Fragmentierung der Gesellschaft. *Die zweite Reformetappe kann also schon als qualitativer, aber noch nicht als aufeinander abgestimmter und zusammenhängender Transformationsprozeß bezeichnet werden.* Der zeitliche Verlauf des Reformprozesses macht deutlich, daß Maßnahmen, die unbedingt zusammengehören müßten, wie z.B die Sicherung eines ausgeglichenen Einkommensniveaus (durch eine Währungsreform) und die Öffnung der Märkte nicht aufeinander abgestimmt wurden.

Die mögliche Alternative eines zusammenhängenden Reformverlaufs ab 1993 hätte z.B. aus folgenden Schritten bestehen können: Zu Beginn der Reformen hätte eine Währungsreform stehen müssen, die die aus dem Schwarzmarkt hervorgegangene ungleiche und illegale Einkommensverteilung wieder ausgleicht. Eine sogenannte

«Stunde Null», die allen die gleiche Chance gibt, war zwar beim westdeutschen Währungsschnitt 1948 eine ideologische Lüge, da sie das Produktivkapital nicht berücksichtigte. In Kuba aber, wo der Staat noch 1993 die gesamten Produktionsmittel in den eigenen Händen hielt und sich der Großteil vom Reichtum deshalb auf Geldbesitz beschränkte, wäre eine Währungsreform – ähnlich wie zu Beginn der Revolution – eine reale Chance gewesen, die ersten krassen Einkommensunterschiede auszugleichen. Gleichzeitig wäre die riesige Geldmenge auf einem Schlag entwertet worden und hätte eine neue Geldpolitik ermöglicht. Danach hätte ein staatlich festgelegter Wechselkurs zwischen Dollar und kubanischen Peso eingeführt werden können, der es Privatpersonen erlaubt, im Land nur noch eine Leitwährung – nämlich die des kubanischen Pesos – zirkulieren zu lassen. Sowohl die Kubaner als auch die Touristen hätten danach ihre im Land gekauften Waren und Dienstleistungen nur noch in Pesos bezahlt. Dies wäre der erste entscheidende Schritt gewesen, um die strukturelle Heterogenität des Binnen- und des Devisensektors zu durchbrechen und um zu versuchen, wieder zu einem einheitlichen Wirtschaftsraum zu gelangen.

Als zweiten Schritt in diese Richtung hätte es eine graduelle Freigabe von Preisen durch die Einrichtung von erst Konsum- und später Investitionsgütermärkten geben können, die sich nach Angebot und Nachfrage richten und die Produktivitätsanreize stimuliert hätten. Gleichzeitig mit der Freigabe der Preise hätten die betrieblichen Arbeitsplatzsubventionen auf direkte Einkommensbeihilfen umgestellt werden müssen, um die staatlichen Betriebe zu entlasten und ihnen Produktivitätssteigerungen zu ermöglichen. Für alle sozialen Leistungen hätte eine neue Bemessungsgrundlage gefunden werden müssen, um bei den neuen Preisen soziale Härten zu vermeiden. Ebenfalls gleichzeitig zur graduellen Preisfreigabe hätten ergänzende Vermarktungs-, Informations- und Transportstrukturen sowie indirekte Kontrollmechanismen wie die Erhebung von Steuern etc. auf- und ausgebaut werden müssen, die möglichst breit den Zugang zu den Märkten steuern und garantieren, daß sich dort keine Monopolisierungstendenzen durchsetzen können. Auf dieser Grundlage hätte dann die Kooperativierung der Land- und Zuckerwirtschaft durchgeführt und je nach Erfolg auf andere Wirtschaftsbranchen ausgeweitet werden können. Der staatliche Subventionsabbau hätte dann parallel zum Anstieg der betrieblichen Produktivität eingeleitet und ein wirtschaftlicher Privatsektor zum Ausgleich für entlassene Arbeitskräfte geschaffen werden können.

Wie man schnell merkt, handelt es sich bei diesem alternativ-fiktiven Reformverlauf um fast die gleichen Maßnahmen, die auch die kubanische Regierung getroffen hat, nur in einer veränderten Reihenfolge. Ein Szenario, das nach solchen Sequenzen verlaufen wäre, hätte vielleicht eine Angleichung der Gesamtwirtschaft und einen Erhalt der sozialen Gleichheit stärker gefördert als es jetzt in Kuba der Fall ist. Allerdings nur vielleicht! Denn es ist immer einfach, im Nachhinein und vom Schreibtisch aus Planspiele zu entwerfen, die dann aber Menschen ausführen müssen und die deshalb eine ganz andere Richtung als die Erwartete nehmen können. Doch in der Regel haben Regierungen mehr Möglichkeiten als Buchautoren; und außerdem gibt es mittlerweile ausreichend wissenschaftliche Erkenntnisse über die osteuropäischen postsozialistischen Erfahrungen, die es der kubanischen Regierung erleichtert hätten, eine deutlichere Vorstellung von ihrer Reformpolitik zu bekommen. Wir müssen also *als weiteres zentrales Ergebnis der bisherigen Betrachtung festhalten, daß es der Regierung auch nach der fünfjährigen Krise nicht gelungen ist, eine zusammenhängende Entwicklungsstrategie zu formulieren.*

Dabei weist der träge Reformverlauf darauf hin, daß es innerhalb des Zentralverwaltungsapparates relevante Widerstände gegen Reformen des Staates gibt. Mit anderen Worten: Der kubanische Staat steht sich bei den Reformen selbst im Wege und droht letztendlich, über sich selbst zu stolpern. So ist es dieser Apparat, der in den letzten fünf Jahren als einziger kaum an Machtfülle eingebüßt hat. Zwar ist es trotzdem zu einer ökonomischen Stabilisierung des Systems gekommen, allerdings auf einer fragilen Basis und durch eine starke Außenabhängigkeit.

Dabei hat der unkoordinierte Reformverlauf zu einer sozialen Fragmentierung der Gesellschaft geführt, die dem weiteren Umbruch mehr als gefährlich werden könnte. Zur Zeit kann neben der politischen Nomenklatura die Existenz verschiedener sozialer Gruppen vermutet werden. Da gibt es einmal die Krisengewinnler. Dazu zählt eine aus den informellen Aktivitäten entstandene ökonomisch (einfluß)reiche Gruppe, dessen Größe nicht präzise festgelegt werden kann. Mit Sicherheit kontrolliert sie einen größeren Anteil des Volkseinkommens und vermutlich auch eine erhebliche Devisenmenge.* Dazu kommen die neuen Gruppen des privaten Kleingewerbes und der Privatbauern, die zur Zeit überdurchschnittlich viel verdienen. Im Privatsektor waren Ende 1995 knapp 5% der erwerbstätigen Bevölkerung tätig, die Privatbauern stellten zum gleichen Zeitpunkt einen Anteil von voraussichtlich 1-2% aller Arbeitskräfte. Raul Castro bezeichnete die «skrupelosesten Elemente» dieser beiden letzten Gruppen auf seiner Rede am 28.3.1996 vor dem Zentralkomitee der PCC wie folgt: «*Diese Bauern und ein Teil der städtischen privaten Gewerbetreibenden, zu denen wir die ganz besondere Form des sogenannten Zwischenhändlers zählen können, begründen die Schicht der neuen Reichen, die im Land entsteht.*»[81]

Daneben gibt es die gut im Devisensektor verdienenden Beschäftigten – hier sind wohl hauptsächlich die Zahlen aus dem Tourismus wichtig –, die circa 1-2% aller Erwerbstätigen ausmachen. Zu diesen Reformgewinnlern gehören zusätzlich all die-

---

* Die Akkumulation dieser Gruppe ist zum Teil berechenbar: Nach Angaben des kubanischen Finanzministers befanden sich Mitte 1994 rund 40% des Geldüberhanges in der freien Zirkulation (Granma, 2.5.1994), wovon bis Ende des gleichen Jahres 36% abgeschöpft werden konnten (Granma Internacional, 7.12.1994). Die schon zu diesem Zeitpunkt stagnierende Nachfrage auf den freien Märkten läßt darauf schließen, daß damit die breit verteilte Kaufkraft abgeschöpft war, so daß sich die Geldkonzentration auf circa 2,8 Mrd. Pesos belaufen haben muß. Zusätzlich vermuteten kubanische Schätzungen für Ende 1993 eine illegale Devisenzirkulation in der Höhe von 300-500 Mio. US-$ (IPS, 6.10.1993). Das bedeutet, daß eine nicht näher definierbare soziale Gruppe 1993-94 die Gewalt über knapp ein Drittel des Nationaleinkommens und über Devisen hatte, die knapp ein Drittel bis ein Viertel des Exportwertes ausmachten.

Picassos Guernica auf kubanischen Abwegen: Ein guagua – Stadtbus in Havanna – karrikaturistisch aufs Korn genommen.

jenigen, die regelmäßig Dollars aus dem Ausland erhalten, ihre genaue Anzahl ist unbekannt. Es wird davon ausgegangen, daß insgesamt circa ein Fünftel der kubanischen Bevölkerung mit regelmäßigen Deviseneinkünften rechnen kann. Insgesamt kontrollierte circa ein Sechstel der Bevölkerung, nach kubanischen Quellen, mehr als zwei Drittel des Nationaleinkommens von 1995.

Dieser Minderheit steht die Masse der Reformverlierer gegenüber: Da gibt es einmal die einkommensmäßig benachteiligten Angestellten des öffentlichen Dienstes aus dem Gesundheitswesen, dem Bildungssystem und der staatlichen Verwaltung, die 1995 circa ein Drittel der Erwerbstätigen stellten, sowie die schlechtverdienenden Industrie- und Landarbeiter und die Kooperativisten, die ungefähr die Hälfte aller Beschäftigten ausmachen. Noch stärker von Armut betroffene Bevölkerungsgruppen sind die wachsende Anzahl der heimlichen Arbeitslosen – 1994 waren es wohl 5-10% aller Erwerbstätigen – und die Rentner mit einem circa zehnprozentigen sowie Auszubildende und Studenten mit zwanzigprozentigen Anteil an der Gesamtbevölkerung.

Ist es aufgrund dieser Zahlen möglich, ein neues gesellschaftliches Kräfteverhältnis in Kuba zu bestimmen? Auf keinem Fall: Denn die Einkommenschancen der einzelnen Gruppen können sich mehrmals überlappen, ein durch seine karge Rente von Armut bedrohter Rentner kann z.B. zum Adressat wöchentlicher Dollarsendungen seiner Angehörigen in Miami werden und damit zum Privilegierten aufsteigen, ebenso wie einer Kellnerin im Touristenhotel nicht gleichzeitig ein täglicher Dollarsegen garantiert ist. Eine grobe Einschätzung der neuen kubanischen Einkommensverteilung würde aber doch zu der Aussage kommen müssen, daß dort eine «Ein-Drittel-Gesellschaft» eine sehr optimistische Prognose wäre. Doch gesellschaftliche Machtverhältnisse drücken sich in Kuba nicht automatisch in Einkommensverhältnissen aus, sondern eher darin, ob wirtschaftliche Potenz sich auch artikulieren kann und zum politischem Einfluß wird. Und dies ist in Kuba offensichtlich noch nicht der Fall. Die Revolutionsführung hat ihr Monopol auf politische Artikulation und Handlung vehement verteidigt und aufrechterhalten. Bis jetzt ist es noch keiner der privilegierten Gruppen gelungen, innerhalb des Reformprozesses offiziell ihre politischen Eigeninteressen zu formulieren oder durchzusetzen.* Der autoritäre Anspruch der kubanischen PCC auf Alleinherrschaft ist zur wichtigsten Integrationsklammer der Gesellschaft geworden.

Trotzdem hat der bisherige Reformverlauf zu einer Erodierung des sozialen Konsens und der nationalen Einheit geführt. Dieser Konsens – der weiter vorne als das dritte innere Strukturelement der bisherigen Entwicklung identifiziert wurde – beruht hauptsächlich auf fünf Elementen: Einmal auf der nationalen Unabhängigkeit, zweitens auf der sozialen Gleichheit und Gerechtigkeit, drittens auf der sozialen Versorgung, viertens auf dem materiellen Wohlstand und fünftens auf der Integrität des Staates. Während der Wohlstand ab 1990 völlig weggebrochen ist, die nationale Souveränität durch zunehmende Auslandsinvestitionen immer stärker in Frage gestellt wird, die soziale Versorgung sich durch Materialmängel verschlechterte, der Schwarzmarkt und die Dollarlegalisierung die ausgeglichene Sozialstruktur durch Einkommensumverteilungen aufweichte, beginnt der Staat, durch die sich verbreitende Korruption an Glaubwürdigkeit zu verlieren.

Daß dieser Prozeß noch in seinen Anfängen steckt, beweist eine vom Miami Herald beauftragte und von dem costaricanischen Gallupinstitut durchgeführte Sozialerhebung in Kuba. Die von den Initiatoren selbst als «*first independent, scientific survey there in more than three decades*» bezeichnete Untersuchung unterlag keinen Auflagen, wird als «ideologieunverdächtig» angesehen und hatte nur vier Monate nach den sozialen Unruhen in Havanna erstaunliche Ergebnisse ausgewiesen: 58% der Kubaner glaubten Ende 1994, daß die Erfolge der Revolution größer sind als ihre Fehlschläge, 51% machten primär die US-Blockade, nur 21% interne Probleme und gerade 3% das politische System für die ökonomische Krise verantwortlich. 47% der Befragten betrachteten sich als Revolutionäre, hingegen nur 12% als Kommunisten und 76% waren sehr oder halbwegs mit ihren Lebensbedingungen zufrieden. Einen ersten Hinweis darauf, daß das von der Revolution geförderte Gleichheitsprinzip am ab-

---

* Eine Ausnahme könnten hier die Schwarzmarktgewinnler darstellen: Aufgrund ihrer ökonomischen Macht ist ihre Teilnahme am Regierungsgeschehen sehr wahrscheinlich. Da ihnen eine Währungsreform die Machtsubstanz entziehen würde, könnte die bisherige Verhinderung dieser Maßnahme ein direktes Resultat ihrer Einflußnahme sein. Allerdings sind derartige Vermutungen nicht belegbar und haben einen spekulativen Charakter.

Aufmarsch von einer Million. Auf dem 1. Mai 1993 wird noch einmal Einheit und Stärke demonstriert.

schmelzen ist, gab es dennoch: So äußerten 38% der Bevölkerung die Auffassung, daß Freiheit als wichtigstes gesellschaftliches Gut anzusehen sei, während 50% weiterhin soziale Gleichheit bevorzugten.[82]

Als weiteren Hinweis auf die noch hohe Legitimationsbasis der Regierung können die Kommunalwahlen vom 9.7.1995 herangezogen werden, bei denen bei einer über 90prozentigen Wahlbeteiligung nur 11,2% der Wähler gegen die Regierung stimmten. *«Der Urnengang selbst entsprach allen demokratischen Grundanforderungen und fand offensichtlich ohne die geringsten Unregelmäßigkeiten statt, die anschließende Auszählung der Stimmen war öffentlich.»*[83]

Wie ist es möglich, daß sich trotz der auseinanderklaffenden Einkommensschere die politische Einheit Kubas bisher erhalten konnte? Neuere kritische Analysen der postsozialistischen Länder weisen z.b. darauf hin, daß die nach dem Zusammenbruch des Staatssozialismus von der Linken gerne beschworenen kapitalistischen Katastrophenszenarien für Osteuropa so nicht eingetroffen sind. Auffällig ist in diesen Ländern, daß im Vergleich zu ihrem wirtschaftlichen Einbruch eine relativ niedrige Arbeitslosigkeit und – trotz der exzessiven Zurschaustellung des Reichtums einer kleinen Schicht – eine relativ hohe Verteilungsgerechtigkeit zu beobachten ist. Begründet wird dieses Phänomen damit, daß ehemalige soziale Errungenschaften des Sozialismus wie Bildung, soziale Netze, aber z.B. auch ein ausgeprägtes Wertesystem nach dem Systemzusammenbruch auf längere Zeit nachfedern und den Übergang zum Kapitalismus begleiten. Mit anderen Worten: Ebensowenig, wie es in den postsozialistischen Ländern gelungen ist, die ökonomische Rationalität einer kapitalistischen Produktionsweise oder eine breite politische Mitbestimmung einfach mit einer Neuordnung der gesellschaftlichen Beziehungen – die gerne mit schwammigen Füllwörtern wie «Markt» und «Demokratie» bezeichnet werden – durchzusetzen, ebensowenig ist es gelungen, den Umbruchsgesellschaften von einem Tag auf den anderen ihre sozialistischen Verhaltensregeln auszutreiben. Genauso wie der Kapitalismus war auch der Staatssozialismus kein alleiniger Ausdruck von Produktionsverhältnissen, sondern eine historische gewachsene Gesellschaftsformation, die sich vielfältig durch ihre eigenen Werte und Erfahrungen, Kultur, Ethik, Moral, Alltag usw. auszeichnete. Offensichtlich federt auch in Kuba diese Wertegesellschaft noch nach – gefördert von der Regierung – und konnte die ökonomischen Zerklüftungen bisher überbrücken.

Die noch vorhandenen Loyalitätskundgebungen für die Regierung sollten aber nicht täuschen. Die Unruhen Ende 1994 haben deutlich gezeigt, daß sich auf Kuba die politische Meinung auch anders als in Wahlen Ausdruck verschaffen kann. Die Aufrechterhaltung der sozialen Integrität des Systems wird darum voraussichtlich die Zukunft Kubas maßgeblich bestimmen und stellt für den weiteren Reformverlauf gleichzeitig eine der größten Herausforderungen und eine der stärksten Unsicherheiten dar.

Es ist der Regierung bis jetzt gelungen, durch ihr Monopol auf das politische Mandat eine Klammerfunktion auszuüben, die die Integrität des Systems trotz auseinanderdriftender sozialer Interessen sicherte. Doch diese politische Klammer wird eine sich fortsetzende Spaltung der kubanischen Gesellschaft nur noch bedingt zusammenhalten können, wenn wirtschaftlich keine Wende eingeleitet wird. Fidel Castro hat die wichtigste Kraft seines Regimes scharfsinnig erkannt: *«Wenn wir uns gespalten hätten, wenn unser Volk sich gespalten hätte, hätte es dem schrecklichen Schlag der 35jährigen US-Blockade nicht widerstehen und das Verschwinden des sozialistischen Lagers und der UdSSR nicht ertragen können; nur ein einiges Volk konnte das.»*[84] Fünf Jahre «revolutionäre» Reformträgheit haben die wirtschaftliche Einheit jetzt aber schon verspielt. Die kubanische Regierung muß nun eine umfassende Reformstrategie entwickeln und einleiten, die diese Risse in der Bevölkerung wieder zusammenkittet. Wie der Reformprozeß in den nächsten Jahren weiterlaufen würde, wenn ihr das nicht gelingt, hat die Chefkommentatorin der Granma, Susana Lee, Ende Oktober 1995 ausgeplaudert: *«Mehr als einmal in dieser Zeit sagte uns Fidel: ‹Das Wichtige ist Widerstehen, wenn wir Widerstehen, siegen wir.›»*[85]

Würde das *Resistir* – Widerstehen – in Zukunft zur zentralen Formel einer Reformstrategie auf Kuba, würde der Drang zur Selbstzerstörung bald zum Zwang und in nicht allzulanger Zukunft dann zur Realität werden.

IV. Teil: **Perspektiven statt Spekulationen**

In uns ist der Sieg: Eine Erkenntnis, die noch zu wenig Einzug in die Politik gefunden hat.

18. Vom sozialistischen Dinosaurier zum karibischen Tiger?

Kuba feierte den Neujahrsbeginn 1996 mit gehörigem Optimismus. Die Nationalversammlung verkündete zum Jahreswechsel ein Wirtschaftswachstum von stolzen 2,5%. Und um zu unterstreichen, daß die ökonomische Talfahrt der *periodo especial* endgültig beendet sei, prognostizierte die Regierung für 1996 gleich eine Verdoppelung dieser Erfolgsquote (vgl. Abbildung 9).

Bei seinem ersten Chinaaufenthalt im Dezember 1995 deutete Fidel Castro dann auch an, wohin die Reise Kubas für ihn gehen könnte. Während die OECD-Welt mit Ehrfurcht und Neid auf die zweistelligen Wachstumsraten des asiatischen Riesens schielt, versuchte der kubanische Staatspräsident über die politische Nähe zum sozialistischen Bruderland auch das Interesse für sein Wirtschaftsmodell zu wecken. Kurzum erklärte er die Entwicklung Chinas zum Vorbild für Kuba. Anlaß für solche Vergleiche gaben wohl die letzten Erfolge des boomenden Devisensektors. Die Tropeninsel wird als Anlageziel für ausländische Investoren immer attraktiver: Als Anfang November die 13. Industrie- und Handelsmesse FIHAV ihre Pforten in Havanna öffnete, reisten nicht nur 1690 Firmenvertreter aus 52 Ländern an, auch Mercedes-Benz bekundete mit dem größten Stand auf der Messe deutlich sein Interesse am kubanischen Markt.[1] Bei solchen Erfolgsmeldungen ist es nicht verwunderlich, daß der kubanische Wirtschaftsministers Jose Luis Rodriguez für 1996 beim Außenhandel Steigerungsraten von rund 20% erwartet.[2]

Kubas Anschluß an die Weltwirtschaft wird von einer erfolgreichen Außenpolitik begleitet. Fidel Castro stellte 1995 einen Reiserekord auf und besuchte zehn Länder in Asien, Amerika und Europa. Bei seiner Rede zu den Feiern zum 50. Geburtstag der UNO – bei der er unter lautstarken Beifall eine Demokratisierung der Vereinten Nationen anmahnte – trat er nicht nur seit 1979 zum ersten Mal wieder vor dieses Gremium. Es gelang ihm gleichzeitig, die peinlichen Ausgrenzungsbemühungen der New Yorker Administration in ein medienwirksames Spektakel umzumünzen und sich vor der Weltöffentlichkeit als Sympathieträger zu profilieren. Dafür, daß noch im Herbst 1994 über den baldigen Umsturz Kubas spekuliert wurde und trotz der fortgesetzten Aggression der USA schaffte es die Insel, sich wirtschaftlich wieder zu stabilisieren. So fragte schon im Oktober 1995 das renommierte Business-Magazin *Economist* bei einer Konferenz in Havanna, ob in Kuba jetzt ein karibischer Tiger im Entstehen wäre. Und Godfred Kindras, bekannter Marketing-Professor an der Universität von Montreal, wagte einen Monat später die Prognose, daß sich Kuba in fünf bis zehn Jahren zu einem karibischen Tiger mausern könnte.[3] Auch von der Endzeitstimmung ist auf der Insel seit Anfang 1996 nicht mehr viel zu spüren, selbst die Hauptstadt Havanna hat die krisenbedingte Lähmung weitgehend abgeschüttelt; im Stadtbild wurden die Warteschlangen vor den staatlichen Verteilungsstellen von ersten Autostaus abgelöst. Höhepunkt der neuen Aufbruchsstimmung war allerdings der Karneval Ende

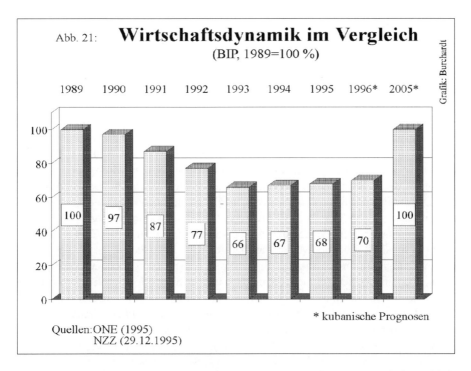

Abb. 21: **Wirtschaftsdynamik im Vergleich**
(BIP, 1989=100 %)

Grafik: Burchardt

1989 1990 1991 1992 1993 1994 1995 1996* 2005*

100 97 87 77 66 67 68 70 100

* kubanische Prognosen

Quellen:ONE (1995)
NZZ (29.12.1995)

Februar 1996, der erstmals seit Beginn der *periodo especial* in Havanna wieder gefeiert wurde. Eine ganze Stadt, die vor zwei Jahren noch von einer traumatischen Versorgungskrise geschüttelt war, versank in Ekstase; die Regierung ließ sich das Fest, das für viele Kubaner ein Symbol des Aufschwungs ist, einiges kosten. Der kubanische Sozialismus also doch als Hoffnungsträger für die sogenannte «Dritte Welt»?

Wie wir gesehen haben, wird diese Stabilisierung hauptsächlich vom Außenhandel und den privaten Hilfeleistungen aus dem Ausland getragen; die konjunkturelle Erholung der sozialistischen Inselökonomie ist bisher also paradoxerweise das Resultat des kapitalistischen Weltmarktes und des kubanischen Exils. Das minimale Wachstum von 0,7% im Jahre 1994 beruhte primär auf den Anstieg der Weltmarktpreise für Kubas Exportartikel Zucker und Nickel. Zwar hat inzwischen die wirtschaftliche Eigenleistung Kubas etwas zugenommen. Aber nur dort, wo direkt vom Ausland investiert wurde, also besonders beim Tourismus, bei der Nickelförderung und der Erdölgewinnung. Oder eben da, wo die preisbedingten Exportgewinne und die interne Abschöpfung von Devisen eine Steigerung der Einfuhren und so den Einsatz von mehr Produktionsgütern zugelassen haben, wie bei einigen anderen Industriezweigen. Doch selbst die imponierenden Wachstumsprognosen von 5% lassen sich leicht entzaubern: Denn 5% beziehen sich nur auf die insgesamt um mindestens ein Drittel eingebrochene Wirtschaftsleistung des Vorjahres und sind im Vergleich mit der Wirtschaftsleistung von 1989 nur noch 3,5%. Anders formuliert: Sollte es Kuba nach optimistischen

Schätzungen wirklich gelingen, ab 1996 jährliche Wachstumsraten von 5% zu erzielen, würde die Insel erst im Jahre 2005 sein Produktionsniveau von 1989 erreicht haben.

Das wirkliche Problem Kubas liegt aber ganz woanders: Die rein auf äußere Komponenten beruhende Stabilisierung steht auf tönernen Füßen, ist sie doch nicht nur sehr krisenanfällig, sondern auch kein Impuls für einen binnenwirtschaftlichen Produktionsschub: «*Es ist wenig wahrscheinlich, daß die Wirtschaftszweige, die sich heute positiv entfalten, einen dynamisierenden Effekt auf die anderen [Branchen] haben, die stagnieren.*»[4] Um aber genau dies zu erreichen, muß ein anderer Trend auf der Insel umgekehrt werden: Immer noch wird in Kuba ein anwachsender Anteil von Einsatzfaktoren benötigt, nur um die wirtschaftlichen Ergebnisse auf dem gleichen Niveau wie vorher zu halten; das alte Strukturgebrechen des Staatssozialismus konnte bisher nicht überwunden werden. Das diese Tendenz ungebrochen ist, wird alleine am Energieverbrauch deutlich: In den letzten drei Jahren mußte im Durchschnitt 20% mehr Primärenergie aufgebracht werden, um das erreichte Versorgungsniveau konstant zu halten; in der Zuckerindustrie waren es sogar 30%. Dieser Mehrbedarf hat sich nach Untersuchungen der nationalen Energiekommission in den meisten Branchen ab Anfang 1995 nochmals verdoppelt.[5] Zwar haben im gleichen Zeitraum die privaten und auch die öffentlichen Stromabschaltungen deutlich abgenommen, doch täuscht auch hier der Eindruck, daß sich die Lage grundsätzlich entspannt hat: «*Die Stromerzeugung war aufgrund einer stabileren und sicheren Versorgung mit – hauptsächlich nationalen – Erdöl 1994 fast 9% höher als 1993. Allerdings war diese Erholung nicht mit einer Effizienzsteigerung in den Stromzentralen verbunden, im Gegenteil, im Vergleich mit 1993 gab es einen höheren Ölverbrauch pro produzierter Kilowattstunde.*»[6]

Nicht zuletzt dank ausländischer Investitionen ist es Kuba gelungen, die Eigenproduktion von Erdöl jährlich spürbar zu erhöhen. Allein hieraus resultiert die vorübergehende Stabilisierung der Stromversorgung. Anhand dieses Beispiels wird das Dilemma der kubanischen Volkswirtschaft jetzt in seiner ganzen Größe deutlich: Bei einer «nur» stabilen Importkapazität nimmt die wirtschaftliche Leistung der Insel kontinuierlich ab, bei leichten Verbesserungen kann das jetzige Mindestniveau gerade gehalten werden und nur ein überproportionales Wachstum könnte zu einer tragenden Entwicklung führen. Werden bei der obigen Prognose die momentanen Produktivitätsverluste berücksichtigt, rutscht das Jahr 2005 als Datum für das '89er Produktionsniveau in weite Ferne.

Kubas Anwärterschaft auf einen karibischen Tiger hat also noch nicht begonnen. Die Anstrengungen der Reformer müßten sich dafür in Zukunft nicht auf die weitere Ausweitung des Außenhandels, sondern auf spürbare Produktivitätssteigerungen im Binnenmarkt konzentrieren. Die Grundlage der ostasiatischen Tiger und auch Chinas war eine Landwirtschaftsreform, die die Versorgung der Bevölkerung sicherte. Die – häufig als neoliberales Erfolgsrezept verkaufte – Entwicklungsstrategie der NIC-Staaten wurde in Wirklichkeit erst durch eine protektionistische Politik und, wie z.B. in Südkorea, durch an Sozialismus erinnernde Fünf-Jahres-Pläne möglich, die die Binnenindustrie zur globalen Wettbewerbsfähigkeit heranreifen ließen. Sollte sich Kuba an diesem Entwicklungsmodell orientieren wollen, ist mit der momentanen Stabilisierungsphase die Zeit angebrochen, ähnliche Agrar- und Unternehmensreformen umzusetzen. Eine Umgestaltung der kubanischen Binnenwirtschaft wird aber nur durch Eingriffe in den Staats- und Parteiapparat möglich, der in China unangetastet blieb: Das agrarisch geprägte China konnte darauf verzichten, weil es schon zu Beginn seines neuen Reformprozesses eine produktive Landwirtschaft und eine gesicherte Versorgungsbasis besaß. Auf dieser soliden Grundlage konnte eine beschleunigte Entwicklung eingeleitet werden, wobei der Staatsapparat wie ein Entwicklungsagent wirkte. Wie wir aber schon wissen, fehlt Kuba sowohl diese produktive Basis als auch eine gesicherte Versorgung, auf der es aufbauen kann. Die Landwirtschaft ist immer noch stark von der staatlichen Zentralverwaltung abhängig. Wirtschaftliche Liberalisierungen setzen in Kuba also einen Rückzug der Politik aus der Wirtschaft voraus, und der ist nur über politische Reformen möglich.*

Die neue Schnellimbißkette «EL Rapido». Die Konsuminseln für Dollarbesitzer erobern die ganze Insel...

Die bisherige Betrachtung hat gezeigt, daß ein ziviler und sozial verträglicher Umbruch in Kuba nicht durch zögerliche und auf einzelne Wirtschaftszweige begrenzte Reformen möglich ist. Damit die '96er Neujahrslaune und Karnevalslust weder durch eine weitere Mißernte bei der Zuckerproduktion noch durch die Auswirkungen der letzten Blockadeverschärfungen – die zu einer Abnahme ausländischer Investitionen und der Verringerung der familiären Finanzhilfen aus dem Ausland führen können – getrübt wird und nicht noch im gleichen Jahr in eine Katerstimmung umschlägt, ist jetzt eine zusammenhängende und aufeinander abgestimmte Reformstrategie vonnöten.

Im letzten Teil dieses Buches sollen anhand einiger entwicklungs- und transformationstheoretischer Überlegungen die Aspekte diskutiert werden, die eine derartige

---

* Vgl. Fabian (1992:96) und Mesa-Lago (1994b:68f.). Deere (1994:3) verglich die Kooperativierungen in der Landwirtschaft ab September 1993 zu Recht mit ähnlichen Strukturreformen in China Ende der siebziger Jahre. Schon dieser Prozeß basierte in Kuba auf einem Abbau staatlicher Zentralverwaltung und würde auch bei Erfolg erst nach einer mehrjährigen Konsolidierungsphase Reformen nach chinesischem Vorbild erlauben.

dritte Reformetappe zu berücksichtigen hätte. Dabei wird die immer wieder geäußerte Absicht der Regierung, den Sozialismus oder zumindestens die sozialistischen Errungenschaften zu erhalten, ernst genommen. Sozialismus braucht aber immer einen politischen Träger; in Kuba wäre dies wohl eher ein «reformistisches Subjekt», das die Revolution verändert, ohne sie zu zerstören. Dieses Subjekt soll anfangs gesucht und genauer beleuchtet werden. Der Tropensozialismus muß sich außerdem gleichzeitig in einer neuen kapitalistischen Weltwirtschaftsordnung zurechtfinden. In einer entwicklungstheoretischen Analyse soll darum eine mögliche weltwirtschaftliche Strategie vorgestellt werden, die ökonomische Integration erlaubt, ohne Kuba zu einer verlängerten Werkbank multinationaler Konzerne zu machen. Sozialismus, als der Versuch des bewußten Lenkens gesellschaftlicher Produktion und Reproduktion bedarf aber auch immer Theorie als Voraussetzung seiner Existenz. Wo ist diese eher zu finden, als in den Erfahrungen bisheriger sozialistischer Gesellschaftsentwürfe? Nach einer Prüfung der historischen Lehren des sozialistischen Scheiterns soll darum abschließend versucht werden, Aspekte zu benennen, die ein anderer Sozialismus zu berücksichtigen hätte.

19. Auf der Suche nach dem «reformistischen Subjekt» in Kuba: *Das politische System*

Dem Beginn der Revolution folgte lange ein internes Kräftemessen der verschiedenen politischen Bewegungen, die bei der siegreichen Revolution mitgemischt hatten, bzw. sie unterstützten. Als Schmelztiegel der unterschiedlichen Auffassungen ging daraus 1965 die *Partido Comunista de Cuba* (PCC) hervor. Die Beziehungen zwischen Regierung und Bevölkerung wurden aber auch danach nicht formalisiert und geordnet, sondern drückten sich weiterhin mehr in einer zivilgesellschaftlichen Mobilisierung aus, wie sie der Dialog Fidel Castros vor und mit den Massen immer wieder verkörperte.

Die Institutionalisierung des politischen Systems Kubas begann erst Anfang der siebziger Jahre (vgl. Abschnitt 3.2.), endete 1976 mit der Ratifizierung der kubanischen Verfassung und war stark an den sowjetsozialistischen Strukturen orientiert: Die Verwaltungsebenen der Insel sind formal föderalistisch gegliedert und bestehen aus Gemeinde-, Provinz- und Bundesparlamenten. Zentrale Entscheidungsebenen des Staates sind die alle fünf Jahre neu zu wählende *Asamblea Nacional* (Nationalversammlung) und der aus ihr hervorgehende Staatsrat, der exekutive und legislative Verfügungsgewalt innehat. Ihm gegenüber steht der Ministerrat als oberstes Exekutiv- und Verwaltungsorgan des Staates, der für die Ausarbeitung von Planvorgaben und den Staatshaushalt zuständig ist und dessen Mitglieder von der Nationalversammlung ernannt werden.[7]

Sowohl die *Asamblea Nacional*, aber vor allem die untergeordneten Verwaltungsebenen verfügen über eingeengte politische Gestaltungsmöglichkeiten: Während die erste nur zweimal im Jahr zusammentritt, um politische Fragen zu debattieren und Gesetze zu verabschieden, sind die Provinz- und Gemeindeparlamente mehr zentralstaatliche Erfüllungsgehilfen als mitbestimmende Gremien. Die politische Macht ist damit faktisch auf den Staats- und den Ministerrat konzentriert, wobei durch die verfassungsrechtlich garantierte Möglichkeit einer mehrfachen Ämterausübung eine relativ kleine Personengruppe die wichtigsten Funktionen des Staates kontrollieren kann: *«Dies zeigt die tendenzielle Verschmelzung der beiden höchsten Staats- und Regierungsorgane in ein einziges Machtorgan, in dem nur wenige Personen den politischen und wirtschaftlichen Entscheidungsprozeß monopolisieren.»*[8]

Dieser Personenkreis ist gleichzeitig identisch mit den höchsten Entscheidungsträgern der PCC, so waren z.b. 1986 11 der 14 Politbüromitglieder der Partei ebenfalls Mitglieder des Staatsrates.[9] Die PCC, dessen gesellschaftlicher Führungsanspruch auch in der neuen kubanischen Verfassung von 1992 festgeschrieben ist (Artikel 5), versteht sich nach ihren eigenen Statuten nicht als Massenpartei, sondern als *«Avantgarde der Arbeiterklasse und des ganzen Volkes, als oberste führende Kraft des Systems und der ganzen Gesellschaft».*[10] Passend zum elitären Konzept der PCC unterliegt die Mitgliederauswahl rigiden Selektionsmechanismen, so daß 1991 nur rund 6% der Bevölkerung auch Parteimitglieder waren.[11] Analog zur staatlichen Organisation herrscht auch in der Kommunistischen Partei Kubas das Prinzip des in pyramidenform strukturierten «demokratischen Zentralismus» vor. Die höchsten Gremien der Partei sind das Zentralkomitee und das daraus hervorgehende Politbüro als die wichtigste Entscheidungsebene. Provinz- und Gemeindeebenen der Partei erfüllen die Funktion eines Katalysators und der Verbreitung zentraler Entscheidungen sowie der Kanalisierung und Weitergabe von soziopolitischen Reaktionen an der Basis. Ende 1995 setzte sich die Mitgliedschaft der PCC folgendermaßen zusammen: *«[Mitglied sind] 719967 Bürger, die 8,5% der erwachsenen Bevölkerung repräsentieren. Davon sind 40,7% Arbeiter, die direkt in der Produktion und den Dienstleistungen zu tun haben, 21,6% Intellektuelle, Lehrer und Studenten und 2,2% Bauern. 27,7% sind Frauen, mehr als 5000 sind Selbständige und 99315 sind Rentner.»*[12]

Neben dieser für den Staatssozialismus typischen Struktur des politischen Systems weist Kubas zusätzlich einige Besonderheiten auf, die auf der Insel eine besondere Eigendynamik fördern:

Da ist zunächst die charismatische Person des *maximo lider.* Ein Buch über Kuba ist meistens ein Buch über Fidel Castro. Ausgehend von dem Verständnis, daß es aber die Verhältnisse sind, die gesellschaftliche Dynamik prägen, soll hier auch mit dieser Tradition gebrochen werden. Da aber Verhältnisse sich meistens ein bestimmtes Sprachrohr und Repräsentanten suchen, darf ein Buch über Kuba andererseits kein Buch ohne Castro sein. Er hält innerhalb der politischen Führung Kubas eine Vielzahl von zentralen Positionen besetzt und hat in allen Phasen der Revolution eine fundamentale Rolle eingenommen. 1996 bekleidet er das Amt des Staats- und Ministerpräsidenten, ist Oberbefehlshaber der Streitkräfte und erster Sekretär der PCC. Castro selbst übt sich in Bescheidenheit und spielt seinen Einfluß regelmäßig herunter, so erklärte er bei seinem UNO-Besuch in New York dem US-Fernsehsender CNN: «*In Kuba gibt es kein Präsidialsystem, Präsident Clinton hat viel viel mehr Macht als ich, und meistens haben auch die anderen lateinameriknaischen Präsidenten mehr Einfluß als ich.*»[13]

Ebenso wie diese Bescheidenheit ist auch die von Castro gelegentlich geäußerte Absicht, von seinen Ämtern zurückzutreten, sofern es das Volk wünsche und der Revolution dienlich sei, eher unter der Kategorie propagandistische Rethorik abzulegen. Castros wirklicher Machtinstinkt, seine Machtfülle und Einflußnahme auf die kubanische Entwicklung ist unbestritten. Der kubanische Außenminister Roberto Robaina soll die Rolle seines Chefs so umschrieben haben: «*Auf Kuba verändert sich nur das, was Fidel Castro zur Änderung freigibt.*»[14]

Doch die zentrale Bedeutung Castros für den kubanischen Umbruch liegt vermutlich weniger in seiner hochkonzentrierten Macht, als vielmehr in seiner bisher noch integrativen und konsensstiftenden Autorität gegenüber den zunehmend größer werdenden Einzelinteressen innerhalb der Gesellschaft und des Staates, die er mit einem geschickten Talent immer so ausgeglichen hat, daß bisher keine Seite an Übermacht gewann: «*Castros Herrschaft beruhte nicht allein auf Unterdrückung, sondern hatte unter anderem auch eine symbolische, affektive und integrative Grundlage.*»[15] Somit ist die Figur des 1996 siebzig Jahre alt werdenden *comandante en jefe* – der zum meistgehaßten, heißgeliebtesten und hochgeehrtesten Revolutionsführer seiner Epoche wurde – ein subjektiver Faktor, der die Entwicklung Kubas nicht nur bis jetzt geprägt hat, sondern auch in Zukunft maßgeblich gestalten wird. Und was kommt nach Fidel? Die meisten Prognosen darüber enden in wüsten Spekulationen. Hören wir darum lieber selbst, was Castro über Castro sagt: «*Das ist nicht mein Problem, daß ist das Problem der anderen. Die Toten haben keine Meinung, und der Meinung der Zurückgetretenen hört man meistens nicht mehr zu.*»[16]

Neben dem politischen Schwergewicht Fidel Castro ist es ausgesprochen schwierig, die unterschiedlichen Strömungen innerhalb der PCC und der Regierung auszumachen; der Apparat gibt sich nach außen gerne geschlossen. Zwar wird gelegentlich von einem Reformerflügel gesprochen, den Carlos Lage anführen soll und der seit einem Jahr von dem Wirtschaftsminister Jose Luis Rodriguez unterstützt wird, aber die Unbeständigkeit der Reformen weist eigentlich nur darauf hin, daß der ehemalige Arzt und jetzt für Wirtschaftsfragen Verantwortliche Carlos Lage mehr das Sprachrohr der Regierung ist, anstatt eigenen Vorstellungen zu folgen.

Im Gegensatz zur weitläufigen Auffassung kann in Kuba das Militär und der ihm unterstellte Staatssicherheitsapparat als progressive Kraft, die einen Wandel befürwortet, bezeichnet werden. Die kubanischen Streitkräfte umfassen heute knapp 180.000 Soldaten und Offiziere. Seit zu Beginn der Krise 1989 der Militäretat um die Hälfte gekürzt wurde und 1995 gerade mal 13% des Staatshaushaltes ausmachte, hat in Kuba ein spürbarer Konversionsprozeß begonnen. Ohne an militärischer Schlagkraft zu verlieren, wurden die *Fuerzas Armadas Revolucionarias* (FAR) nach der Parole des Verteidigungsministers Raul Castro «*Bohnen sind wertvoller als Kanonen*» innerhalb weniger Jahre zum Selbstversorger; 1995 stellten sie mit den produzierten Überschüssen an Lebensmitteln die Hälfte der landwirtschaftlichen Erzeugnisse der Provinz Havanna. Zusätzlich wurde schon ab 1986 ein militärisch-industrieller Komplex in Kuba aufgebaut, der mittlerweile ein wichtiger Wirtschaftsfaktor ist. Der Armee gehört mit dem Unternehmen *Gaviota* der drittgrößte Tourismusveranstalter des Landes, dazu kommt die *Union de Empresas Militares*, die neben Kriegsproduktion auch die Konsumgüterversorgung der Bevölkerung unterstützt. Bei ihren wirtschaftlichen Aktivitäten hat sich die Armee immer durch große Innovationsfreude hervorgetan: So wurde von ihr die erste Managementschule auf Kuba gegründet und unter dem Motto *empresas en perfeccionamiento* (Betriebe auf dem Weg zur Perfektion) wurden Modellunternehmen aufgebaut, bei denen eine betriebswirtschaftliche Umstrukturierung durchgeführt wurde: «*In den empresas en perfeccionamiento wurden die Verwaltung und die Verantwortung dezentralisiert, die Sphäre der Geld-Ware-Beziehungen ausgeweitet, nicht nur auf der innerbetrieblichen Ebene, sondern auch auf der der Unterabteilungen. Die Ergebnisse waren in Bezug auf eine Verbesserung der Produktivität positiv.*»[17]

Neben diesen Engagement darf die militärische Infrastruktur an Serviceleistungen nicht vergessen werden, wie z.B. die Militärkrankenhäuser, in denen großteils Zivilisten behandelt werden. «*Ohne große Übertreibung kann man sagen, daß alle Bereiche der kubanischen Gesellschaft, die funktionieren, der Armeeführung unterstellt sind.*»[18] Das Militär genießt dabei immer noch ein sehr hohes Ansehen in der Bevölkerung und eine bevorzugte Behandlung, die die Anfälligkeit für Korruption stark verringert: «*Das durchschnittliche Monatseinkommen eines Obersten beträgt 1000 Pesos, ein General verdient 1500 Pesos, ungefähr das Vierfache des maximalen Gehalts im zivilen Bereich. Dazu wird seit Anfang 1995 ein Viertel des Saläns in konvertiblen Pesos ausgezahlt, die innerhalb Kubas den gleichen Wert wie Dollars haben.*»[19]

Was dabei in vielen anderen lateinamerikanischen Staaten oft keine Selbstverständlichkeit ist, ist für die kubanische Gesellschaft seit mehr als 30 Jahren längst Realität: Bis heute verhält sich das Militär dem politischen System gegenüber loyal und ordnet sich ihm bereitwillig unter. Es gibt weder Äußerungen noch andere Hinweise darauf, daß der militärische Sektor im größeren Umfang eigene Interessen verfolgt. Fidel Castro hat mit der Ernennung seines Bruders Raul Castro zum Verteidigungsminister einen geschickten Schachzug gemacht; sicherte er sich doch mit der familiären Verbundenheit gleichzeitig die Systemtreue des Militärs und damit einen stabilisierenden Faktor beim Aufbau der Revolution, auf den er noch heute setzen kann. Das Militär scheint darum in Kuba mehr mit seiner Besitzstandssicherung beschäftigt zu sein, als eigene politische Ziele zu verfolgen. Dabei kann es gelassener in die Zukunft schauen, als mancher Parteigänger. Denn sogar die Erfahrungen Osteuropas haben gezeigt, daß das Militär selbst nach einem Systemzusammenbruch nur wenig an Bedeutung verliert.

Im Gegenzug zu diesen politischen Strömungen die «konservativen Kräfte» Kubas zu skizzieren, also die Kräfte, die eine weiterführende Reformierung des Systems ablehnen und bremsen, ist wesentlich schwieriger, wie allein schon der Begriff zeigt. «Konservativ» ist eigentlich gleichzusetzen mit «revolutionär», denn es handelt sich eigentlich um die Kräfte, die die kubanische Revolution in ihrer ursprünglichen Form bewahren wollen. Kubanologen bezeichnen diese Gruppe mit dem schwammigen Begriff des «ideologischen Flügels» der Partei und der Regierung. Als eine Annäherung an sie kann ihr Interesse an einem Erhalt ihren Macht bzw. ihrer Privilegien dienen, die sie allein durch ihre gesellschaftliche Funktion nicht mehr begründen können und in Zukunft verlieren könnten. Es ist dabei vor allem der mittlere und untere Verwaltungsapparat, der bei tiefergehenden Reformen an Einfluß verlieren würde und sich diesen vermutlich offen oder passiv entgegenstemmt. Das politische Kräfteverhältnis zwischen den verschiedenen Strömungen der kubanischen Regierung scheint genauso wankelmütig wie der Reformprozeß an sich. Auch hier dient Fidel Castro als integrative Klammer und hat es immer gut verstanden, bei Neubesetzungen von Ämtern das Gleichgewicht der verschiedenen Interessen zu wahren.

Neben diesem Machtgleichgewicht stehen die außerparlamentarischen Kräfte Kubas; aber als weitere Besonderheit der kubanischen Politlandschaft kann dazu festgestellt werden, daß auf der Tropeninsel jegliche relevante politische Opposition fehlt. Zwar sollte der kubanische Repressionsapparat nicht unterschätzt werden, der die Bildung und den Einsatz politischer Gegenströmungen mit seinen vielfältigen Mitteln immer wieder zusätzlich erschwert und verhindert hat. Dennoch kann davon ausgegangen werden, daß der primäre Grund für das Nichtvorhandensein einer politischen Opposition die Abwesenheit von Handlungsalternativen ist, die bei einem Umbruch die Aufrechterhaltung des sozialen Konsens und der nationalen Unabhängigkeit auf der Insel garantieren würden.

Im öffentlichen Geschichtsverständnis Kubas hat die Kolonialisierung durch die Spanier und die sofort darauf folgende Neokolonialisierung durch die Nordamerikaner die tiefen Spuren eines doppelten Traumas der grausamen Unterdrückung hinterlassen. Die Revolutionsführung steht hingegen durch die Vertreibung des diktatorischen US-Vasallen Fulgencio Batista und der unbeugsamen Haltung gegenüber dem nordamerikanischen Imperialismus als Sinnbild für die erfolgreich erkämpfte Selbstbestimmung des kubanischen Volkes. Jede politische Opposition müßte ein Verständnis für dieses kollektive Geschichtsbewußtsein aufbringen. Dies ist ihr bisher noch nicht gelungen, da sie im Spannungsfeld zwischen staatlicher Bespitzelung und nordamerikanischer Aggression zerrieben wird: «*Da die vielen Einzelströmungen unter sich zerstritten sind und sich ständig spalten oder auflösen, geht ihnen jegliche politische Bedeutung ab. Zudem kann man davon ausgehen, daß von drei Oppositionellen mindestens einer gleichzeitig für den Staatssicherheitsdienst arbeitet, so daß bisher jegliche Ansätze zu einer Organisationsstruktur im Keim erstickt wurden. Da abweichenden Meinungen jeglicher Zugang zur Öffentlichkeit fehlt, weil alle Massenmedien unter strenger staatlicher Zensur stehen, können sich oppositionelle Stimmen nur via Miami bemerkbar machen, was ihnen sogleich den Vorwurf einbringt, Vaterlandsverräter zu sein und mit dem großen Feind im Norden zu kollaborieren.*»[20]

Wenn diese Bestandsaufnahme der Neuen Zürcher Zeitung noch um den zentralen Hinweis ergänzt wird, daß die USA und das kubanische Exil in Miami gezielt Dissidentengruppen auf Kuba aufbauen, um das Regime politisch zu destabilisieren, ist die aktuelle Verfassung der außerparlamentarischen Opposition in Kuba relativ genau beschrieben.

Trotz des Fehlens einer Opposition gibt es in Kuba eine Form politischer Mitbestimmung, die nicht institutionalisiert ist und mit westlichen Demokratiebegriffen nur schwer erfaßt werden kann, aber dennoch *«partizipatorische Tendenzen»*[21] größerer Bevölkerungsgruppen innerhalb des monolithisch wirkenden Staatsapparates erlaubt. Dieses Phänomen kann wohl am ehesten durch den Begriff einer in Ansätzen vorhandenen «Zivilgesellschaft» beschrieben werden. Es scheint eine Mischung aus Personifizierungen, Nicht-Institutionalisierung, demokratischen Traditionen und eigener Geschichtserfahrung zu geben, die im kubanischen Sozialismus außer zu Autoritarismus und Repression zu etwas Zivilgesellschaft geführt hat.

Die neueren Veränderungen des politischen Systems Kubas begannen auf dem IV. Parteitag der PCC 1991: Mit der Abschaffung des Parteisekretariats als zweites Exekutivkomitee wurde eine Straffung der parteilichen Entscheidungsebenen durchgeführt. Dazu kam eine deutliche Verjüngung der Kader, die Partei wurde erstmals auch Christen und anderen Religionsangehörigen geöffnet.[22] 1992 folgte die schon erwähnte Verfassungsänderung, die auch politische Reformen mit sich brachte, wie z.B. ein neues demokratischeres Wahlgesetz. Dieses sieht zwar Direktwahlen zu allen Organen der *poder popular* – der Volksmacht – und Modifikationen bei der Kandidatenaufstellung vor, die den direkten Einfluß der Partei zurückdrängen, jedoch nur um den Preis einer eingeschränkten Auswahlmöglichkeit von Kandidaten für die Provinzparlamente und der Nationalversammlung: Auf der untersten Entscheidungsebene, dem Gemeindeparlament, werden seitdem alle Kandidaten sowohl von den Gemeindemitgliedern selbst vorgeschlagen, als auch von ihnen danach in geheimen und freien Wahlen bestätigt. Dabei müssen mindestens zwei, aber höchstens acht Kandidaten zur Wahl stehen und von mindestens 50% aller abgegebenen Stimmen gewählt werden.

Die häufig vorgetragene Kritik, daß es bei den Wahlen keinerlei direkte Kandidatenauswahl gibt, unterschlägt meistens dieses Detail. Nach dem jetzigen Wahlsystem müssen 50% aller Kandidaten der Provinz- und Bundesebene vorher erst auf der Gemeindeebene um die Gunst der Wähler konkurrieren. Einzige obligatorische Bedingung ist dabei ein Mindestalter von 18 Jahren, weitere Requisiten wie Parteizugehörigkeit etc. sind nicht notwendig. Die Abgeordneten dieser direkt gewählten Volksvertretung stellen wiederum die Hälfte der Kandidaten der Provinzparlamente und der Nationalversammlung. Sie werden genauso wie der Rest der Kandidaten von sogenannten Wahlkommissionen ausgewählt, die alle Kandidaten für eine Einheitsliste vorschlagen. Diese Wahlkommissionen setzen sich unter dem Vorsitz eines Gewerkschaftsrepräsentanten aus Vertretern der sogenannten Massenorganisationen Kubas zusammen. Obwohl die PCC offiziell keinen Einfluß auf die Entscheidungen der Wahlkommissionen hat, ist sie traditionsgemäß stark in allen

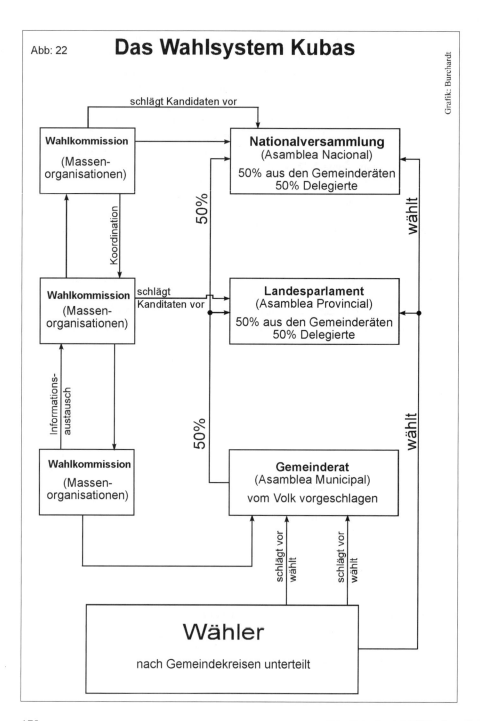

Abb: 22

Das Wahlsystem Kubas

Grafik: Burchardt

schlägt Kandidaten vor

Wahlkommission (Massenorganisationen)

Nationalversammlung (Asamblea Nacional)
50% aus den Gemeinderäten
50% Delegierte

Koordination

50%

wählt

Wahlkommission (Massenorganisationen)

schlägt Kanditaten vor

Landesparlament (Asamblea Provincial)
50% aus den Gemeinderäten
50% Delegierte

Informationsaustausch

50%

wählt

Wahlkommission (Massenorganisationen)

Gemeinderat (Asamblea Municipal)
vom Volk vorgeschlagen

schlägt vor / wählt

schlägt vor / wählt

Wähler

nach Gemeindekreisen unterteilt

«Das ist meine Stimme für die Heimat.» Wahlwerbung für die Nationalversammlung im Februar 1993.

Massenorganisationen verankert, so daß hier eine informelle Einflußnahme mehr als wahrscheinlich ist.

Nach der Aufstellung der Kandidaten für die Nationalversammlung und die Provinzparlamente entscheiden die Kubaner ab dem 16. Lebensjahr – und alle Ausländer, die länger als zwei Jahre mit festem Hauptwohnsitz in Kuba residieren – im Rythmus von fünf Jahren in geheimen und freien Wahlen nach westlichem Demokratieverständnis, ob sie der vorgeschlagenen Kandidatenliste zustimmen oder sie ablehnen

Sie können dabei für einzelne Kandidaten oder den gesamten Listenvorschlag stimmen, bzw. die Einheitsliste ganz ablehnen. Da es sich nicht um eine pluralistische Wahl handelt, sind deren Modalitäten am ehesten mit einer Volksabstimmung zu vergleichen. Mittels dieses Plebiszits wurde bei den Nationalratswahlen vom 24.2.1993 – bei denen internationale Beobachter keine Unregelmäßigkeiten beobachten konnten – eine Wählerzustimmung für die Einheitsliste von rund 92% erzielt.[23]

Das neue System politischer Willensäußerung besteht offensichtlich aus dem Spagat, basisdemokratische Elemente in die Strukturen einzupflanzen, ohne gleichzeitig den Machteinfluß der PCC zu beschneiden: Ein zusätzlicher Hinweis für diese Auffassung ist die Verankerung eines neuen Notstandsgesetzes (Artikels 67) in der Verfassung, der dem Staatspräsidenten im Falle einer *«Bedrohung der inneren Ordnung, der Sicherheit des Landes oder der Stabilität des Staates»*[24] die Möglichkeit gibt, den Ausnahmezustand auszurufen und damit die Machtbefugnis Fidel Castros noch einmal ganz erheblich ausweitet.

Die bisher letzte Veränderung des politischen Systems Kubas wurde am 21.4.1994 mit einer Neuordnung der staatlichen Institutionen eingeleitet: Ein größerer Teil bisheriger Ministerien und Zentralverwaltungsstellen wurde innerhalb eines Jahres durch Rationalisierungs- und Flexibilisierungsmaßnahmen verkleinert, gestrafft oder sogar ganz aufgelöst. Die Staatsangestellten sollten durch den Aufbau von dezentralen Verwaltungen neue Aufgabenfelder auf der Gemeindeebene erhalten, im Juli 1995 wurde allerdings die Entlassung von 17.000 Staatsangestellten angekündigt.[25]

19.1. Der Staat: *Moloch, Entwicklungsagent oder innere Blockade?*

Die staatliche Zentralverwaltung Kubas wurde hier als wesentliches inneres Struktur-element identifiziert. Sie erfährt entsprechend ihrer außergewöhnlichen Bedeutung auch vielfältige Beachtung in der Diskussion um Kuba. Dabei wird die Funktion des Staatsapparates sehr widersprüchlich eingeschätzt und ist häufig weniger Gegenstand nüchterner Betrachtungen, als vielmehr der Ausdruck eigener Glaubensbekenntnisse, die anhand Kubas nun empirisch belegt werden sollen. Einige wichtige Positionen sollen hier kurz vorgestellt werden: Anhänger der *Staatskapitalismusthese* gehen davon aus, daß im Staatssozialismus der Zentralverwaltungsapparat dem unmittelbaren Produzenten die Verfügungsgewalt über die Produktionsmittel verwehrte und somit deren Kapitalcharakter erhalten blieb. Stimmt diese Behauptung, bedeutet das folgerichtig, daß der Staatssozialismus kein Sozialismus war, sondern nur ein staatlich gelenkter Kapitalismus. Da es im Kapitalismus bekanntermaßen eine herrschende Klasse gibt, «*bildete sich [in Kuba] eine neue Klassengesellschaft unter staatskapitalistischen Vorzeichen heraus*».* Die neue sozialistische Nomenklatura wäre dann also kurzum der Agent einer neuen politischen Klasse.

Der Klasseninterpretation folgt auch die These vom *Sozialismus als nachholende Modernisierung*. Dieses Konzept geht davon aus, daß in weniger entwickelten Ländern die gesellschaftliche Basis zur Durchsetzung sozialistischer Politik wachsen kann, da gerade diese Länder von Unterentwicklung betroffen sind und so ein größeres Bedürfnis nach Veränderung besteht. Der sozialistische Staat würde danach in einer ersten Phase die Rolle eines Modernisierungsagenten übernehmen und wirklich eine Erneuerung der Gesellschaften einleiten, wodurch sich das politische System legitimiert und stabilisiert. Dabei wird die politische Nomenklatura aber ebenfalls zu einer Klasse, die ihre erlangten gesellschaftlichen Kontrollfunktionen nicht mehr preisgeben will. Dies äußert sich z.B. daran, daß sie in einer zweiten Phase der nachholenden Entwicklung notwendig gewordene dezentrale Lenkungsformen und politische Mitbestimmung ablehnt und damit das System in die Krise stürzt.[26]

---

* Stahl (1987:307f.). Die Autorin hat unter dem Blickwinkel der Staatskapitalismusthese eine sehr bemerkens- und lesenswerte politische Studie über die jüngere Entwicklung Kubas als Dissertation erstellt.

Auch für andere Beobachter verkörpert der kubanische Staatsapparat primär zu Macht erstarrte Eigeninteressen, die zum Teil repressiv verteidigt werden. Dabei wird auch schon mal versucht, anhand von Kuba die Totalitarismustheorie wiederzubeleben und sie um eine «*Caudillo-Variante*» zu erweitern.[27] Wie schon im Abschnitt 9. erwähnt, stellt die Totalitarismustheorie die These auf, daß die staatssozialistischen Regimes von einer totalitären Elite beherrscht wurden, die die gesamte Gesellschaft knebelte. War der Terror erstmal als das zentrale Element des Sozialismus theoretisch anerkannt, konnte der Staatssozialismus dann flugs mit dem deutschen Faschismus in eine Ecke gestellt werden. Die Totalitarismustheorie wurde damit zum antikommunistischen Bollwerk des wissenschaftlichen Diskurses des Kalten Krieges und hatte nicht geringen Anteil am Geschichtsrevisionismus Westdeutschlands. Allerdings hatte die These einen Geburtsfehler, der sie selbst zum Opfer des von ihr diffamierten Systems machte: Denn Totalität kann nicht von innen aufgebrochen werden, sonst wäre sie eben nicht totalitär. Da nun der Zusammenbruch des Staatssozialismus bekanntermaßen ein Ergebnis besonders innerer Einflüße war, riß er mit seinem Sturz auch die Totalitarismusthese in die Tiefe. Seitdem wird der «real existierende» Tropensozialismus schon mal als Ehrenretter einer längst gescheiterten Ideologie mißbraucht.

Andere sehen in Kuba «*viele Merkmale eines (post)-stalinistischen Überwachungsstaates*» oder wußten schon 1992 mit Anspielung auf die Ereignisse des Platzes des Himmlischen Friedens, daß Kuba auf «*die Option der chinesischen Lösung*» zusteuert.* Dieser unterstellte Selbsterhaltungstrieb des Staates be- oder verhindert nach Auffassung nicht weniger Kritiker auch den notwendigen Reformprozeß. So wird vermutet, daß sich unter den neuen Krisenbedingungen das politische System zentralistischer Herrschaft als kontraproduktiv erweist, da es bei den Spannungen zwischen Status-quo-Erhaltung und Reformansätzen zu großen Reibungsverlusten kommen kann, denen durch den notwenigen «*Abbau der hauptsächlich inneren Blockade gegen die sozioökonomische Entwicklung in Gestalt des hochgradigen Zentralismus zugunsten breiterer Partizipation der Produzenten*»[28] entgegengewirkt werden müßte.

Dieser ganzen Palette an Kritik steht das Selbstverständnis der Herrschenden gegenüber. Auch in Kuba wird die Notwendigkeit einer Reform des Staatsapparates nicht mehr ernsthaft bezweifelt, da «*bürokratisierter Sozialismus zum Desaster führt*».[29] Die Regierung und die PCC sehen sich aber weiterhin im «klassisch sozialistischen Sinne» als Reformkräfte und Entwicklungsagenten, denen es hauptsächlich darum geht, zum Wohle der gesamten Bevölkerung zu agieren; daraus wird unverändert der Anspruch auf die politische Alleinvertretung abgeleitet.** Der Wirtschafts-

---

* Franzbach (1994:264) und Hoffmann (1992:905). Zwischen 1991 und 1994 wurde in *Argument* eine Kubadebatte geführt, die einige zentrale Positionen der deutschen Linken zu Kuba wiedergibt.

** PCC (1987:25ff.) und PCC (1992:127ff.). Diese Auffassung wird von anderen Kubaspezialisten zum Teil durchaus unterstützt: Lessmann (1993a:31) sieht z.B. in der zentralen Wirtschaftsplanung ein effektives Instrumentarium zur erneuten Homogenisierung der Wirtschaft, auch für Gunn (1994:181f.) ist das staatliche Regulierungspotential im Kontext mit den ausländischen Direktinvestitionen systemstabilisierend.

minister Jose Luis Rodriguez hat das kubanische Staatsverständnis Anfang November 1995 bei einer Rede vor Vertretern des Exils in Havanna nochmals auf den Punkt gebracht: *«Wir werden den Staat nicht auf die Rolle eines Rückverteilers von Ressourcen beschränken, auf einen Welfare State, der sich nur um das Gesundheitswesen und die Sozialversicherungen kümmert, ohne in die Wirtschaft einzugreifen. Doch, [unser Staat] wird in die Wirtschaft eingreifen. Wir verteidigen die Existenz von Staatseigentum, nicht nur, weil wir an Möglichkeiten seiner effizienten Lenkung glauben, sondern auch, weil wir glauben, daß dies die beste Vertretung der Mehrheitsinteressen unserer Bevölkerung ist.»*[30]

Diese vorgestellte und mit Sicherheit unvollständige Bandbreite von Positionen gibt die Komplexität wieder, die bei einer Bewertung des kubanischen Staates berücksichtigt werden muß. Wie ist die aktuelle Rolle des kubanischen Staates zu bewerten, wie könnte seine weitere Funktion im Inselsozialismus aussehen? Wie allgemein bekannt ist, befand sich der Staat als solcher seit Beginn der achtziger Jahre weltweit auf dem Rückzug, zumindestens theoretisch. Denn während sich zum Neoliberalismus bekennende Politiker zunehmend einen Abbau des Staates einforderten, und die internationalen Finanzinstitutionen diese Forderungen in den Ländern des Südens mit brachialer Gewalt als «Strukturanpassungsmaßnahmen» erzwangen, hat sich die reale Staatsquote in den meisten OECD-Ländern im letzten Jahrzehnt fast kaum verringert. Und es sind gerade die Länder mit Staatsquoten mit bis zu über 50%, die heute zu den entwickeltsten Nationen der Welt gehören.

Mittlerweile gewinnt darum eine Position, die gegenüber den neuen Herausforderungen des weltwirtschaftlichen Strukturwandels ein mehr an Nationalstaat verlangt, wieder an Gehör. Denn Staatsfunktionen spielen eine zentrale Rolle bei der Formulierung, Umsetzung und Steuerung von Entwicklungs- und Transformationsstrategien: Die Erfahrungen Osteuropas haben gezeigt, daß es sich bei postsozialistischen Transformationen um einen prekären politischen Prozeß handelt, der einer starken Regulierung bedarf. Der Zusammenbruch überkommener Herrschaftsstrukturen schwächte dort viele Gesellschaften so nachhaltig, daß demokratische Entwicklungen zuerst den Neuaufbau der verlorenengegangenen Funktionsfähigkeit des politischen Systems vorausgesetzt hätten, dieser aber zwischenzeitlich von korporatistisch organisierten Eigeninteressen gebremst und ins Gegenteil verkehrt wurde; das bekannteste Beispiel dafür ist wohl die russische Mafia. Auch in der entwicklungstheoretischen Diskussion wird die Rolle einer politischen Steuerung häufig als notwendig erachtet: *«Würden Peripherien auf die politische Steuerung von Entwicklungsprozessen verzichten, würden sie darauf hoffen, den einzigen und einmaligen Glücksfall, den es in dieser Hinsicht in der modernen Entwicklungsgeschichte gegeben hat, nämlich die Schweiz, problemlos wiederholen zu können. Die Wahrscheinlichkeit des Erfolges einer solchen Rezeptur... ist praktisch gleich Null.»*[31]

Eine zentrale Herausforderung des kubanischen Umbruchs ist also nicht der Abbau des Zentralstaates, sondern seine funktionale Anpassung an neue dezentrale, partizipative und indirekte Regulierungsmechanismen. Kubas Herrschaftsform ist damit ein

Teil des Problems und ein Teil seiner Lösung. Der Staatsapparat befindet sich in dem existenziellen Konflikt, *selbst* seine Funktion verändern zu müssen: Einerseits muß er seinen Machteinfluß beschneiden, um mehr Autonomie zu gewähren, andererseits muß er Machteinfluß wahren, um den Reformumbruch steuern und die sozialen Komponenten sichern zu können.

Der offene Widerspruch zwischen dem neuen Reformdiskurs und der Trägheit des bisherigen Reformverlaufs dokumentiert dabei, daß die Anpassungsschwierigkeiten des Staates weniger in einer fehlenden Erkenntnis der Notwendigkeiten von Reformen liegt, sondern vielmehr durch einen geringen Umsetzungswillen begründet sind: Der Umbruch Kubas erfolgte bisher nach der Strategie des *desahogarmiento* – also ruckartig und wenig aktiv. Diese Reformunwilligkeit gibt Hinweise darauf, daß staatliche Funktionsträger versuchen, Reformen dann Widerstand entgegenzusetzen, wenn durch sie ihre Privilegien angetastet werden könnten. Auch der ungarische Reformökonom *Janus Kornai* erkannte schon frühzeitig die Tatsache, daß der grundlegende Widerspruch eines staatssozialistischen Reformprozesses darin besteht, daß die Reformen von Leuten bewerkstelligt werden müssen, die durch sie ihre Macht verlieren.[32]

Aber auch bei einer Anerkennung der egoistischen Eigeninteressen der Staatsvertreter wären diese in Kuba nur durch den Erhalt der staatlichen Legitimationsbasis durchzusetzen: Nur solange die politische Stabilität Kubas gewahrt bleibt, kann sich die Nomenklatura auch ihrer Privilegien erfreuen – was andernfalls passiert, haben die Prozesse Osteuropas deutlich gemacht, deren Ereignisse vermutlich auch so manchem kubanischen «Apparatschik» mehr als verschreckt haben dürfte. Dies macht die Aufrechterhaltung des sozialen Konsens zum zentralen Kriterium des gesamten kubanischen Umbruchs, dem sich auch die Regierung unterordnen muß. Regierung und Regierte können sich gegenseitig – noch – nicht aufgeben, ohne Gefahr zu laufen, alles zu verlieren. Die erhöhte Reformbereitschaft bei zusehens kritischer werdenden sozialen Spannungen kann als ein konkreter Hinweis auf diese Interpretation angesehen werden: Im Vorfeld der binnenwirtschaftlichen Reformen Ende 1993 und Ende 1994 standen z.B. immer soziale Tumulte. Mit anderen Worten: Das Eigeninteresse von Teilen des kubanischen Staatsapparates, seine Privilegien zu erhalten, ist tendenziell deckungsgleich mit den Partizipationsbestrebungen verschiedener sozialer, politischer und ökonomischer Akteure, solange diese neuen Bestrebungen zu einer Stabilisierung des Gesamtsystems beitragen. Hier liegt ein spezifischer Charakterzug der kubanischen Gesellschaft, der aufgrund seiner einzigartigen Bedingungen – und im Rückblick auf die Erfahrungen Osteuropas – eine Entwicklung erlauben könnte, die einen zivilen und sozial verträglichen Strukturwandel in Richtung partizipativer Organisationsformen eher möglich macht als es in anderen staatssozialistischen Ländern zu beobachten war.

Doch die Existenz von solchen politischen Reforminteressen gibt noch keine Garantie dafür, daß sie sich zu einem Bündnis zusammenschließen werden bzw. können und schließlich auch genügend Einfluß zur Gestaltung des weiteren Umbruchs

Kubas erlangen. Aus diesem Grunde darf auch eine andere Entwicklungsversion nicht unterschlagen werden, die in Osteuropa längst zur Realität geworden ist und dessen ökonomische und soziale Basis dank des wirtschaflichen Dualismus auch in Kuba wächst, wie wir bereits gesehen haben. *Kurt Hübner* beschreibt uns diese Version anhand der Reformchancen und realen Entwicklungen im ehemaligen Ostblock: *«Analytisch gesehen liegt das Problem auf der Hand: Die rationalitätsgeleiteten Handlungen der einzelnen ökonomischen Akteure unterbinden das Zustandekommen eines gesamtwirtschaftlich rationalen Ergebnisses. Überwunden werden könnte diese Rationalitätslücke... durch die Ausbildung geeigneter Institutionen, die per ökonomischer Anreize oder politischer Normen- und Regelsetzung divergente Mikro- und Makrorationalitäten in Einklang bringen. Unterlaufen werden solche institutionalistischen Initiativen freilich von den existenten, wiederbelebten und neustrukturierten Beziehungen zwischen ex-realsozialistischer Nomenkaltura, neuen Selbständigen und westlichen Investoren, die ihre spezifischen Ressourcen synergetisch verbinden und sich langsam entwickelnden Marktbeziehungen handlungsfähige ‹Clanbeziehungen› entgegensetzen.»*[33]

Die Zukunft Kubas bewegt sich vermutlich genau in diesem Spannungsfeld zwischen einem Reformbündnis, daß die gesamtgesellschaftlichen Interessen im Auge behalten muß, um auch die eigenen zu sichern, und zwischen politischen Gruppen, die immer mehr mit den neuen Elementen des Systems verschmelzen und zu ihren Eigeninteressen machen, ohne als neue Clangruppen das Gesamtinteresse der Gesellschaft noch berücksichtigen zu müssen. Der aus Uruguay stammende Intellektuelle und Kubakenner *Eduardo Galeano* beschrieb dies schon 1992 treffend: *«Die kubanische Revolution ist heute einer wachsenden Spannung zwischen ihrer Veränderungskraft und ihren versteinerten Machtstrukturen ausgesetzt».*[34] Dieser Beobachtung ist auch heute nichts neues hinzuzufügen.

19.2. Von der staatlichen Demokratur zur sozialistischen Demokratie

«Menschenrechte» und «Demokratie» sind bis heute zwei Begriffe, die vor allem von den USA immer wieder als ideologisches Kampfmittel gegen Kuba eingesetzt werden. Und zwar nicht nur rethorisch, sondern ganz konkret z.B. durch die Unterstützung von Dissidentengruppen. Die kubanische Regierung tut deshalb gut daran, hellhörig zu werden, wenn die Forderung nach der Demokratisierung ihres Systems fällt. Demokratie ist aber gleichzeitig ein zentrales Element, welches im neuen Reformprozeß seine Berücksichtigung finden muß, damit dieser nicht scheitert. Die Chancen und Möglichkeiten einer Demokratisierung *a la tropical* sollen deshalb näher betrachtet werden.

Noch in der ersten Hälfte dieses Jahrhunderts stand es für die sozialistischen Bewegungen der Welt außer Frage, daß die *politische* Demokratie nur den ersten Schritt in die demokratische Gesellschaft bedeutete. Dabei wurden von den Arbeiterbewegungen der Industrienationen historisch entscheidende Emanzipationsschritte vollzogen:

Die bürgerliche Klassendemokratie wurde in vielen Staaten von einem allgemeinen, gleichen Wahlrecht abgelöst und damit der Weg zu einer Massendemokratie geebnet, das Koalitions- und Streikrecht wurde abgesichert usw. Der zweite Schritt, die Demokratisierung der *Wirtschaft*, wurde nie bewältigt und wird zu einer der zentralen Herausforderungen unseres nächsten Jahrhunderts werden.

Daraus lassen sich zwei konkrete Schlußfolgerungen ziehen: Zunächst greift die politische Standardformel, die für alle postsozialistischen Länder – und auch für Kuba – immer wieder gefordert wird, nämlich Demokratie und Marktwirtschaft einzuführen, schlichtweg ins Leere, solange Marktwirtschaft mit Kapitalismus gleichgesetzt wird. So ist der Kapitalismus historisch viel früher als die politische Demokratie entstanden, die in ihrer westlichen parteienpluralistischen Form gerade einmal ein Produkt des 20. Jahrhunderts ist. Offensichtlich ist Kapitalismus also auch ohne umfassende politische Demokratie existenz- und entwicklungsfähig, was immer wieder – heute besonders in einigen Ländern des Südens – aufs neue bewiesen wird. Die Forderung nach Markt und Demokratie müßte sich folgerichtig also auf eine antikapitalische Marktwirtschaft beziehen, die Demokratie zum Überleben braucht. Und diese antikapitalistische Form kann nur der Sozialismus selbst sein, benötigt er doch im Gegensatz zum Kapitalismus eine breite Zustimmung und Massenbewegung als Geburtshelfer, also eine zutiefst demokratische Basis, um überhaupt unabhängig entstehen zu können. Demokratie ist also eine Voraussetzung von Sozialismus, aber nur ein spätes Produkt von Kapitalismus und auch dabei nur in einigen Ländern. Wird unter Sozialismus außerdem die bewußte Steuerung der gesellschaftlichen (Re)-Produktion verstanden, kann dies zwar kurzfristig autoritäre Steuerungsmechanismen mit einschließen, ist aber langfristig nur durch die volle Mitbestimmung der Gesellschaft möglich, also durch den Erhalt und Ausbau dieser originären demokratischen Basis. Damit wird die Formel Marktwirtschaft und Demokratie aus historischer und systematischer Betrachtung zu einer zutiefst sozialistischen Forderung.

Nun ist es meist unbestritten, daß der Staatssozialismus sich mehr durch eine Abwesenheit von demokratischer Mitbestimmung als durch ihren Auf- und Ausbau auszeichnete. Die dortige Gesellschaftskonzeption litt unter einem fundamentalen Widerspruch: Durch die Vergesellschaftung der Produktionsmittel sollte der klassische kapitalistische Antagonismus zwischen Arbeit und Kapital aufgehoben werden, um der demokratischen Selbstbestimmung der Gesellschaft eine wirtschaftliche Basis zu geben. Ziel dieser Vergesellschaftung war es, die Gesellschaft selbst zur bewußten Gestalterin ihrer eigenen Entwicklung zu machen. Im Unterschied zum Kapitalismus, wo sowohl Produktionsmittel im Privatbesitz wie auch die Arbeitskraft Waren sind und der allgemeine soziale Zusammenhang von Arbeit sich erst durch das Zusammentreffen von Waren auf dem Markt herstellt, sollte im Staatssozialismus durch das gemeinsame Eigentum an den Produktionsmitteln jetzt jede einzelne Arbeit unmittelbar gesellschaftlichen Charakter erhalten. Aus dieser Gleichsetzung von gemeinsamen Eigentum und unmittelbar gesellschaftlichem Charakter der Arbeit entstand der für den Staatssozialismus schließlich typische Gegensatz von Demokratie und gesellschaftlichem Eigentum. Denn gesellschaftliches Eigentum wurde mit Staatseigentum identifiziert, weil dies als die einzige Möglichkeit erschien, der Gesellschaft mittels einem der Produktion vorangestellten Planes einen unmittelbaren Zugriff auf alle gemeinsame Arbeit zu geben. Um eine sozialistische Wirtschaftsbasis zu organisieren, gab die neue Gesellschaft deshalb ihre Eigeninitiative an eine mit umfassenden Vollmachten ausgestattete politische Instanz ab, frei nach dem Motto: Je mehr Verstaatlichung und Zentralisierung, desto mehr Sozialismus.

Wie wir wissen, entzog sich dabei die Zentralverwaltung immer stärker der Kontrolle durch die Gesellschaft. Staatliches Eigentum an den Produktionsmitteln und die Demokratisierung der Produktionssphäre im Sinne einer Selbstverwaltung der Wirtschaft scheinen sich also auszuschließen. Der Staat muß als Zentralverwalter jede Autonomie der Betriebe durch ein perfektes und lückenloses Reglement der administrativ-bürokratischen Kontrolle der Produktion ersetzen; er wird zum totalen Monopolisten. Die Begrenzung des gesellschaftlichen Eigentums auf Staatseigentum bedeutet aber gleichzeitig, daß der Staat bei komplexer werdenden Volkswirtschaften auch immer vielfältigere Funktionen zu erfüllen hatte. Anders gesagt: Der Staat mußte seine Funktionsfähigkeit und Allmacht in der Wirtschaft kontinuierlich ausweiten, um seinen zentralen Planungsvorhaben gerecht werden zu können, was in den staatssozialistischen Regimes letztendlich zum Schrumpfen der nichtstaatlichen Sphäre und damit zu einem Verlust von gesellschaftlicher Differenzierung und Pluralität führte. Denn totale zentrale Planung verringert logischerweise auf gesellschaftlicher Ebene mögliche Partizipationsräume. Da die über alle Menschen dezentral verteilten Informationen über Präferenzen, Ressourcen und Produktionspotentiale der Gesellschaft gebündelt werden müssen, um zu einer brauchbaren Informationsbasis für die zentrale Planung zu kommen, setzt dies eine weitgehende soziale Transparenz aller Bürger voraus, die wiederum eine institutionalisierte Informationsbeschaffung erfordert. Je mehr gesellschaftliche Entwicklung und sozialer Wandel, je größer wird der Informationsbedarf für eine zentrale Steuerung. Damit wuchs den Planungsinstanzen eine politische Macht zu, die gesellschaftliche Mitbestimmungschancen systematisch eingrenzte.

Daß Demokratie ein tragendes Element einer entwickelten sozialistischen Gesellschaft sein muß, läßt sich dabei an der eigenen Logik der zentralen Planung verdeutlichen: Bekanntermaßen war eine Schwierigkeit des Staatssozialismus der Versuch, die Befriedigung aktueller gesellschaftlicher Bedürfnisse durch eine zeitlich vorab geplante Produktion zu gewährleisten. Die Zentralverwaltungswirtschaft unterstellte dabei, daß gesellschaftliche Bedürfnisse auch ohne direkte Koordination zwischen Konsumenten und Produzenten objektiv ermittelbar seien und von einer zentralen Instanz erkannt und nach notwendigen Prioritäten sortiert und befriedigt werden können. In der Praxis hat sich diese Ansicht aber schon früh als unrealistisch und nicht haltbar erwiesen und auch unter Planungstheoretikern Kritik ausgelöst. Selbst wenn sie dabei das zentrale Planungskonzept weiter verteidigten, wie es als einer der bekanntesten Vertreter dieser Denkrichtung *Ernest Mandel* tat oder es in der gleichen Tradition in Bezug auf Kuba *Janette Habel* versucht, wird in der Regel auf die Prämisse einer Demokratisierung des Systems und vor allem auf eine ausgeweitete Mitbestimmung der Erwerbstätigen in den Betrieben verwiesen.

Zwar ist es diesen Ansätzen nicht möglich, zu erklären, wie das strukturelle Dilemma zwischen betrieblicher Autonomie und Weisungsrecht der Zentrale grundsätzlich aufgelöst werden soll: Denn entweder wird die betriebliche Autonomie zugunsten der Zentrale eingeschränkt oder das Interventionsrecht der Zentrale zugunsten der Betriebe aufgegeben. Außerdem wird bei dieser Position oft von einem Sozialismuskonzept ausgegangen, bei dem die Verfolgung gesamtgesellschaftlicher Interessen für alle Akteure vorrangig ist, womit häufig eine altruistische Interessensgleichheit zwischen Zentrale und den Belegschaften der einzelnen Betriebe unterstellt wird, die mehr Wunschdenken als Realität ist. Dennoch macht auch diese Argumentation deutlich, daß – selbst, wenn wir einem komplexen Wirtschaftssystem trotz zentraler Planung eine anhaltende Funktionsfähigkeit unterstellen würden – Demokratie hypothetisch nur durch eine breite Demokratisierung aller gesellschaftlichen Entscheidungsebenen zu erreichen wäre. Denn ein Ausgleich der verschiedenen wirtschaftlichen und sozialen Interessen und Bedürfnisse, die sich ja nicht einmal über Märkte ausdrücken könnten, wäre dann nur auf politischer Verhandlungsbasis zu erreichen. Wir sehen also, daß Sozialismus unabhängig von einer konkreten Konzeption Demokratie zum Überleben braucht wie die Gesellschaft den Menschen und der Mensch die Luft. Damit wird Demokratie zwar zu einer notwendigen – aber nicht zu einer ausreichenden – Bedingung für den Sozialismus; denn auch der Mensch lebt nicht von Luft allein...

Die Frage ist natürlich, von welcher Demokratie man spricht; dafür wollen wir uns wieder Kuba direkt zuwenden: Wie wir schon wissen, ist ein Resultat der bisherigen Reformergebnisse in Kuba die zunehmende Aufsplitterung der Einkommensverhältnisse. Auch eine zusammenhängende Reformstrategie würde nicht darum herumkommen, durch Entlassungen diese gesellschaftliche Ungleichheit kurzfristig noch zu fördern und damit den sozialen Konsens schwer belasten. Damit der Staat seinem Selbstverständnis einer gesellschaftsübergreifenden Formulierung von Reformstrategien auch zukünftig gerecht werden kann, und um eine soziale Ausgrenzung bei diesen unvermeidlichen zusätzlichen Umverteilungsprozessen zu verhindern, ist seine Demokratisierung notwendig. Politische Mitbestimmungsmöglichkeiten für die von Ausgrenzung bedrohten Bevölkerungsgruppen könnten auch langfristig die Durchsetzung von Einzelinteressen vermeiden und somit die Legitimationsbasis der Regierung aufrechterhalten. Und eine breite politische Partizipation könnte einer vielfältiger werdenden Gesellschaft mit verschiedenen ökonomischen Akteuren helfen, ihre soziale Einheit über eine erhöhte Selbststeuerungsfähigkeit auch langfristig zu sichern. Andere Entwicklungsstrategien wären auf Dauer nur repressiv durchsetzbar und würden die politische Stabilität und Legitimität des Regimes weiter erodieren.

Bei einer Demokratisierung des Tropensozialismus kann es aber nicht darum gehen, Konzessionen an die USA zu machen und deren politischen Forderungen nach einem Mehrparteiensystem durch eine Aufgabe des Selbstbestimmungsrechts zu erfüllen.

Die durch ein Mehrparteiensystem entstehende Gefahr einer nordamerikanischen Beeinflußung der kubanischen Innenpolitik mittels der Unterstützung oder dem Aufbau einer ferngesteuerten Partei – eine aufgrund der aggressiven Kubapolitik der USA und den Erfahrungen anderer Staaten (z.B. Nicaragua) sehr wahrscheinliche Perspektive – läßt eine derartige Form der politischen Demokratisierung als wenig vorteilhaft erscheinen: *«Die Normen des Parlamentarismus als Kriterium zur Unterscheidung von Demokratie und Diktatur in Kuba anzusetzen, verdrängt zum einen die Kluft zwischen demokratischer Norm und undemokratischer Funktionsweise gesellschaftlicher Basisbereiche in den Industrienationen, zum anderen die nüchterne Erkenntnis, daß als Alternative für ein in die Knie gezwungenes Kuba nicht unser Parlamentarismus auf der Tagesordnung stehen wird, sondern eine der im lateinamerikanischen Kontext geläufigen parlamentarisch verbrämten Diktaturen.»*[35]

Stattdessen muß eine Demokratisierung erfolgen, die *offensiv* ist und eben das umsetzt, was auch der entwickelte Kapitalismus nicht geschafft hat: Nämlich neben der Schaffung eines demokratischeren Staatsaufbaus eine Demokratisierung der Wirtschaft einzuleiten und damit beide Schritte zu einer sozialistischen Demokratie zu wagen. Dabei ist eine Demokratisierung innerhalb der politischen Strukturen Kubas durchaus möglich: Der autoritäre Charakter des Systems liegt weniger in der formalen Abwesenheit von demokratischen Basisorganisationen, als vielmehr – wie in anderen staatssozialistischen Staaten auch – in deren faktischer Ohnmacht. Eine *«effektive Demokratisierung im Rahmen des Ein-Parteien-Systems durch die Stärkung der Menschenrechte und der Autonomie der zivilen Gesellschaft durch die öffentliche institutionalisierte Kontrolle und Verantwortung der Regierung»*[36] wäre also durch eine reale Nutzung der schon vorhandenen Strukturen ohne weiteres durchsetzbar.

Für solch eine systemkonforme Demokratisierungsvariante gibt es vielfältige Ansatzpunkte: Einmal haben wir gesehen, daß das Wahlrecht Kubas auch als Einparteiensystem auf der Gemeindeebene bemerkenswerte basisdemokratische Elemente aufweist. Es müßte ein leichtes sein, das dort eingesetzte demokratische Prinzip der Kandidatenaufstellung auf die Provinz- und Landesebene auszuweiten. Aber dies wäre nur sinnvoll, wenn die entsprechenden Volksvertretungen mehr Entscheidungsbefugnisse hätten. Es muß z.B. die legitime Frage gestellt werden, ob die Probleme Kubas nicht genug Grund bieten, damit sich die Nationalversammlung mehr als zweimal im Jahr trifft. Gleichzeitig müssen die Befugnisse der Gemeinde- und Provinzparlamente von einer primär ausübenden Funktion auf auch beratende und entscheidende Funktionen ausgeweitet werden. Zusätzlich bedarf die Rolle der Gewerkschaften einer fundamentalen Neubestimmung und Stärkung. Heute häufig noch Transformationsriemen staatlicher Politik, mutieren sie z.B. in Joint-Ventures gelegentlich zum Leistungskontrolleur und zum Wächter von Arbeitsdisziplin und setzen sich der Gefahr aus, sich eher zum Kollaborateur der Arbeitgeber als zum Vertreter von Arbeitnehmerinteressen zu machen. In der zukünftigen Gesellschaft Kubas, in der es auch nach Auffassung der heutigen Regierung eine Pluralität der Eigentumsformen geben wird, müssen die Gewerkschaften also von ihrem traditionellen Politikverständnis Abschied nehmen, unterschiedliche soziale Interessen anerkennen und sich zum Anwalt von Arbeitnehmerinteresen machen, anstatt hauptsächlich staatliche Politik zu stützen. Das bedeutet andererseits, daß die Gewerkschaften nicht mehr alle Produzenten integrieren und vertreten können. Auch in Kuba stellte man sich schon öffentlich die Frage, ob der kubanische Gewerkschaftsbund CTC wirklich die richtige Vertretung für das Kleingewerbe ist, als seine privaten Produzenten Ende 1995 in den gewerkschaftlichen Zentralverband eingegliedert wurden. Oder ob für die UBPCs, die landwirtschaftlichen Kooperativen, dessen Mitglieder ja keine lohnabhängigen Arbeitnehmer sondern gleichzeitig Produzenten und Besitzer sind, nicht auch ganz neue Organisationsformen gefunden werden müssen. Eine Umsetzung all dieser Überlegungen wäre möglich, ohne das politische System Kubas grundsätzlich aus seinen Angeln zu heben und könnte unter der in Kuba häufig beschworenen Formel der «Perfektionierung der Volksmacht» realisiert werden.

Auch für eine Demokratisierung der Wirtschaft wurden in Kuba schon erste Schritte eingeleitet: Dies trifft sowohl für die Pluralität der Eigentumsformen, wie auch für die neuen Märkte zu, deren indirekte Regulierung durch die Gemeindeebenen die demokratischen Verwaltungen der Basis stärkt. Im Blickwinkel muß hier aber vor allem der Kooperativierungsprozeß der Agrarsektoren liegen, der nicht nur eine neue Produktionsform kreierte, sondern auf einer basisdemokratischen Ebene ökonomische Verfügungsgewalt mit politischer Mitbestimmung verknüpfte. Er könnte als Impuls dienen, staatliches Eigentum in größeren Umfang in kollektives Eigentum zu überführen, und somit ein zentrales Anliegen aller Sozialismuskonzeptionen erfüllen: Die Selbstbestimmung der Produzenten über ihren eigenen Produktionsprozeß und damit die gesellschaftliche Lenkung der wirtschaftlichen Ordnung.

Über die Chancen einer derartigen Demokratisierung kann wegen der schwer faßbaren Präferenzen der politischen Akteure nur spekuliert werden: Der neuere politikwissenschaftliche Diskurs in Kuba reflektiert solche Optionen durchaus.* Da dabei anerkannt wird, daß die kubanische Gesellschaft nicht aus einer einzigen Stimme besteht, sondern unterschiedliche und zum Teil auch widersprüchliche Interessen widerspiegelt, ist ein erster wichtiger Schritt getan; die erste strukturelle Hürde für eine Demokratisierung wurde übersprungen. Denn früher wurden im Sozialismus soziale Interessengegensätze schlichtweg geleugnet und was nicht existiert, dem mußte auch nicht Raum verschafft werden.

Auf einem Anfang Mai 1994 in Havanna abgehaltenen Seminar über Demokratiefragen in Kuba, das von der Stifung der deutschen GRÜNEN gefördert wurde, vertrat der Harvardprofessor *Jorge Dominguez* folgende Meinung: «*Wenn Kuba ein wirklich demokratisches politisches System hätte, würde es freie Wahlen geben, dessen Resultate man*

---

*   Vgl. z.B. die Forderung nach einer Neuformulierung des soziopolitischen Konsens in Kuba (Dilla, 1993:20ff.), oder das beachtenswerte Buch von Dilla/Gonzales/Vincentelli (1993), das eine Dezentralisierung und Demokratisierung der kubanischen Gesellschaft auf der Grundlage einer gestärkten, autonomen und föderalistisch organisierten Gemeindeverwaltung vorschlägt.

vorher nicht kennen würde, offen für die Regierungsparteien und für die Opposition, um so feststellen zu können, wen die Mehrheit unterstützt und worin der nationale Konsens wirklich besteht. Nur so kann die nationale Unabhängigkeit in dem momentan herrschenden internationalen System gesichert werden, nur so kann man eine Demokratie mit allen erreichen – nicht weil alle über die grundsätzlichen Themen einer Meinung sind, sondern weil alle die Regeln, die in einer Demokratie herrschen, billigen würden – und nur so könnte man sich einer Gesellschaft ‹zum Wohle aller› annähern.»[37] Über diese Auffassung läßt sich sicherlich streiten. Aber das Besondere ist, daß genau dies in Kuba getan wird. Solche Positionen werden nicht nur auf wissenschaftlichen Seminaren diskutiert, sondern auch veröffentlicht und damit einem etwas größeren Publikum zugänglich gemacht. Es entsteht also der Eindruck, daß zumindestens das *Problem* und der Bedarf an Demokratisierung auf der Insel erkannt wurde.

Die politischen Signale der Regierung und des «Establishments» sind da weniger offen: Die programmatische Rede Fidel Castros zum 42. Jahrestag des Angriffs auf die Moncadakaserne Ende Juli 1995 wurde z.B. von auswärtigen Beobachtern als innenpolitische Verhärtung kommentiert, da dort eine Betonung auf «die internen Feinde der Revolution» gelegt wurde.[38] Bei einem Interview mit dem nordamerikanischen Fernsehsender CNN in New York am 22.10.1995 antwortete Fidel Castro auf die Frage nach einer politischen Öffnung in Kuba: *«Für den Moment denken wir nicht an einen Parteienpluralismus. Nun gut, es ist wahr, daß wir heute nicht daran denken, ich weiß nicht, ob wir morgen oder in zehn oder in zwanzig oder in hundert Jahren daran denken werden; denn in Übereinstimmung mit unseren Überzeugungen ist es nicht der Parteienpluralismus, der für unser Land gut ist, weil wir unser Volk nicht aufspalten dürfen, wir müssen es zusammenhalten und dürfen es nicht in tausend Teile zersplittern.»*[39]

Auch der zentrale Gewerkschaftsbund CTC stieß einen Monat später – im November 1995 – bei der Veröffentlichung seiner Thesen für den XVI. Gewerkschaftskongreß in das gleiche Horn und ließ keinen Zweifel daran, wem seine Loyalität gehört: *«Die neuen Dekreteschreiber von drinnen und von draußen, die uns versuchen, ‹demokratische Modelle› aufzudrängen, die in vielen Ländern an Ansehen verloren haben, fördern nur die Teilung der kubanischen Gesellschaft... Das Vorhaben, bei der Stärkung der Einheitsfront mitzuhelfen, vor allem in unseren eigenen Organisationen, muß für die Gewerkschaftsbewegung eines der zentralen Ziele sein, ausgehend von der bewußten und freiwilligen Achtung der Rolle der Partei als die wichtigste Vorkämpferin der kubanischen Gesellschaft.»*[40]

Ob die zum jetzigen Zeitpunkt nachvollziehbare Ablehnung eines Mehrparteiensystems in Kuba mittelfristig anderen demokratischen Initiativen mehr Raum zubilligen wird, oder ob diese ebenfalls mit dem Argument der nationalen Einheit an die Wand gedrückt werden, wird das Ergebnis eines zähen Ringens der verschiedenen gesellschaftlichen Kräfte auf der Insel sein. Eine schrittweise Demokratisierung, die sich an den spezifischen politischen Eigenarten des kubanischen Systems orientiert und gerade in der Wirtschaft einen zentralen Hebel ansetzt, scheint für einen zivilen Umbruch und für eine sozialistische Gesellschaftsperspektive aber immer dringlicher zu werden.

20. Der vierte Abschied: *Globalisierung als Zuchtmeister des Weltkapitalismus – oder von der kritischen Analyse zum politischen Opportunismus*

Während konservative Denker und Politiker noch feiern, daß sich das Gespenst des Weltkommunismus offensichtlich ins Exil nach Kuba zurückgezogen hat, geht in der kritischen Wissenschaft und in der Linken längst ein ganz anderer Geist um; und er hat auch einen Namen: *Globalisierung*. Damit sollen in der Regel die weltweiten Strukturveränderungen in den achtziger und neunziger Jahren beschrieben werden. Als typische Strukturmerkmale für Globalisierung werden genannt:

Zum einem das enorme Wachstum der Weltdirektinvestitionen. Während das nominelle Weltexportvolumen zwischen 1980 und 1989 um jährlich rund 5% wuchs, lag der entsprechende Wert der Direktinvestitionen bei etwa 20%. *«Die Auslandsinvestitionen weisen phantastische Wachstumsraten auf – während der Gesamtwert der getätigten Auslandsinvestitionen 1960 68 Milliarden und 1973 211 Milliarden US-Dollar betrug, ist dieser Wert auf inzwischen über 2000 Milliarden US-Dollar angestiegen».*[41] In diesem Zusammenhang wird oft davon gesprochen, daß die «Globalisierung der Märkte» um eine «Globalisierung der Standorte» erweitert wurde.

Zweitens wird auf die relative Bedeutungszunahme von transnationalen Unternehmen hingewiesen, die als «global players» von Nationalstaaten zunehmend unabhängiger werden. Eine Schätzung von 1990 kommt z.B. zu dem Ergebnis, daß die 600 größten Industrieunternehmen der Welt Ende der achtziger Jahre bis zu einem Viertel der gesamten Güter-Wertschöpfung des Weltmarktes auf sich vereinen konnten und das im Laufe dieses Jahrzehnts *«rund die Hälfte der (weltweiten) Wertschöpfung von multinationalen Produktionsunternehmen und Dienstleistungsanbietern bestimmt wird».*[42]

Ein dritter Punkt, dessen Erwähnung heute fast schon wieder wie eine Banalität erscheint, ist die größte historische Umwälzung dieses Jahrhunderts: Nämlich der Zusammenbruch der sowjetsozialistischen Systeme, der mit dem gleichzeitigen Wegfall der internationalen sozialistischen Arbeitsteilung erst die globale Durchsetzung des kapitalistischen Weltmarktes erlaubte.

Ein vierter Punkt, der ab Ende der achtziger Jahre an Bedeutung gewonnen hat, ist das Wachstum des internationalen Finanzwesens und die hohe Dynamik von Finanztransaktionen. Täglich sollen auf den internationalen Finanzmärkten rund eine Billion US-Dollar verschoben werden. Hier hat eine deutliche Entkoppelung der monetären und produktiven Sphären stattgefunden, die gelegentlich als «Kasinokapitalismus» bezeichnet wird. Eng mit dem Finanzwesen verbunden ist die sogenannte «Tertiärisierung» der Weltwirtschaft, also die globale Ausweitung des dritten Sektors – der Dienstleistungen –, die immerhin schon 30% des Welthandels ausmachen. Durch die Möglichkeiten der neuen Kommunikationssysteme und der globalen Vernetzung ist es mittlerweile möglich, Dienstleistungen in einzelne Komponenten zu zerlegen, sie zu lagern und sie so der internationalen Arbeitsteilung zu unterwerfen. Hier wird gelegentlich der Begriff der «Entstofflichung» des Handels ins Spiel gebracht. Diese gleichen Kommunikationsnetze erwecken aber auch den Eindruck, daß wir an jeden Ort der Welt kommen können bzw. jeder Ort der Welt zu uns; die Mär vom «global village» geht um.

Zählen wir als letzten Punkt hier noch die «Entgrenzung» von Problemlagen, also grenzenüberschreitende Ökologieprobleme wie das Ozonloch oder der weltweit begrenzte Ressourcenverbrauch dazu, haben wir die wichtigsten Elemente – und neuen Wortschöpfungen – von Globalisierungsszenarien zusammen.

Wer mag bei solchen Zahlen und Fakten nicht mehr an die weltweite Durchsetzung kapitalistischer Zwänge glauben? Der Begriff Globalisierung suggeriert dann auch folgerichtig, daß es sich hier um einen Prozeß mit einer sozialen einheitlichen Dynamik handelt, durch den alle gesellschaftlichen Bereiche aller Länder der Welt in einen globalen kapitalistischen Markt integriert werden. Auch die Diskussion um Kuba ist stark von der Globalisierungsthese beeinflußt und konzentriert sich dementsprechend auf die äußeren Faktoren des Inselsozialismus: Eine weitverbreitete Position sieht z.B. in der imperialistischen US-Blockade das größte Entwicklungshemmnis der Insel. Denken wir diese These konsequent weiter, läßt sich schlußfolgern, daß die Aufhebung der US-Blockade – also ein möglicher Handel mit dem kapitalistischen Markt der Vereinigten Staaten – für Kuba die zentrale Entwicklungsperspektive wäre. Eine derartige Auffassung nähert sich unfreiwillig dem neoliberalem Außenhandelstheorem an, das unter bestimmten Voraussetzungen bei internationalem Handel immer Wohlfahrtsvorteile für alle Staaten erwartet. Die hartnäckigsten Blockadegegner könnten also getrost theoretische Schützenhilfe bei den Protagonisten des Neoliberalismus suchen; und das, obwohl sie gerade ihn häufig als Ursache für Unterentwicklung kritisieren.

Eine andere Position sieht Kuba unter dem permanenten Druck, sich den Spielregeln des Weltmarktes unterzuordnen, woraus sich auf der Insel ein fortgesetztes Eindringen und eine Ausbreitung kapitalistischer Zwänge ergibt, die den Sozialismus aufweichen, zurückdrängen und schließlich ganz ersetzen werden. In den vorhergehenden Kapiteln wurde aber darauf hingewiesen, daß der Weltmarkt viele solcher vermeindlichen Zwänge auch in Kuba nur vermittelt, sie aber nicht originär verursacht. Auch diese Kritik muß deshalb als zu pauschal zurückgewiesen werden.

Kommen wir stattdessen zu den theoretischen Schlußfolgerungen, die sich aus der Globalisierungsthese ergeben und die uns reichlich angeboten werden. Da ist natürlich einmal die Infragestellung des Nationalstaates: Der Nationalstaat wird in der Regel als ein politisches Gebilde der internen Herrschaftsdurchsetzung und des externen Alleinvertretungsmonopols entlang territorialer Grenzen beschrieben. Wenn Politik und Ökonomie nun aber räumlich auseinanderfallen, also das staatliche Regulierungspotential im Territorium des Staates kleben bleibt, während globale Akteure abheben und weltweit tätig werden, dann ist der Nationalstaat als Basiseinheit politischer Ökonomie deutlich in Frage gestellt: «*Was ist unter Erosion des Nationalstaates zu verstehen?*

Zunächst einmal haben die Strukturveränderungen des globalen Kapitalismus die wirtschafts- und sozialpolitischen Interventionsspielräume selbst der großen mächtigen Staaten drastisch beschnitten.»[43] Aus dem Primat der Politik wird das Primat der Ökonomie.

Der Globalisierungsapologet *Joachim Hirsch* hat aus diesen Entwicklungen abgeleitet, daß sich der Staat von einen «nationalen Sicherheitsstaat» in einen «nationalen Wettbewerbsstaat» verwandelt: *«Statt bürokratischer Normalisierung, Standardisierung und Gleichheit sind Individualisimus, Differenz und entfesselte Marktfreiheit zu herrschenden Werten geworden. Der Staat hat infolge des Globalisierungsprozesses einen wesentlichen Teil seines interventionistischen Instrumentariums eingebüßt und Standortsicherung, d.h. die Herstellung optimaler Verwertungsbedingungen für das internationale Kapital in der zwischenstaatlichen Konkurrenz ist zur politischen Leitmaxime geworden. Dies bedeutet eine Rücknahme sozialer Sicherungen, die Forcierung gesellschaftlicher Spaltungsprozesse und der Verzicht auf umgreifende Massenintegrationsstrategien.»*[44] Der neue Wettbewerbsstaat hat im Grunde also zwei Aufgaben zu erfüllen: Einmal muß er den vermeindlichen Globalisierungsdruck, der sich häufig als Konkurrenzdruck äußert, nach innen weitergeben. Dies geschieht in der Regel durch strukturelle Anpassungsmaßnahmen wie durch den Abbau von Lohnniveaus oder sozialen Sicherungssystemen etc. Zweitens wird er zum Erfüllungsgehilfen externer Weltmarktbedingungen, daß heißt, er baut eine weltmarkt- und angebotsorientierte Infrastruktur auf, die seine Wirtschaft wieder «fit» fürs neue Jahrtausend macht.

Neben beziehungsweise parallel zur Veränderung nationalstaatlicher Funktionen wird aber auch darüber sinniert, wie sich das Gesicht der kapitalistischen Weltgesellschaft insgesamt durch die Globalisierung verändern wird. Jenseits der neoliberalen Doktrin, die unter dem Theorem der komparativen Kostenvorteile von Ricardo mehr Welthandel grundsätzlich begrüßt, dominieren hier zwei Auffasungen:

Einmal wird der Welthandel wie ein länderspezifisches Nullsummenspiel begriffen, das heißt, wenn ein Land gewinnt, muß ein anderes verlieren. Das bedeutet z.B., daß Länder mit einem hohen Außenhandelsüberschuß wie Deutschland auf Kosten anderer Länder leben.

Die andere Position geht dagegen davon aus, daß es in allen Gesellschaften neue Gewinner und Verlierer geben wird, neue Spaltungsprozesse also nicht entlang von Ländergrenzen, sondern innerhalb der Gesellschaften verlaufen. In der Entwicklungstheorie wird dieser Prozeß als «Peripherisierung in den Metropolen und Metropolisierung in den Peripherien» beschrieben. Ein politischer Slogan, der im Grunde das gleiche meint, ist da wesentlich plakativer: Die Grenzen verlaufen nicht zwischen den Ländern, sondern zwischen oben und unten. Vergleichen wir diese Schlußfolgerungen mit unseren bisherigen Beobachtungen über Kuba, können wir wieder einige Analogien entdecken: Ist nicht auch der kubanische Staat mit seiner selektiven Förderung der Devisenbranchen auf dem Weg zum nationalen Wettbewerbsstaat? Ist die strukturelle Heterogenität, die in den vorhergehenden Kapiteln beschrieben wurde und die

die kubanische Gesellschaft zu spalten droht, nicht genau dieser Prozeß der Metropolisierung in den Peripherien? Mitnichten!

Schon bei einem zweiten Blick wird deutlich, daß Globalisierung kein umfassender weltweiter Prozeß ist, sondern ein gleichzeitiger widersprüchlicher Ausdruck von Integrations- und Fragmentierungsprozessen. Die häufig beschworene Wirtschaftsintegration der Globalisierung gibt es im Grunde nur innerhalb der OECD-Staaten, hier wird mehr als die Hälfte des Welthandels und – wie schon im 19. Jahrhundert – der größte Teil des intraindustriellen Handels abgewickelt, hier werden mehr als 80% aller Direktinvestitionen getätigt, und hier werden großteils auch die Milliardenbeträge der Finanzspekulationen verschoben. Und selbst die OECD-Welt ist kein einheitlicher Block, im Gegenteil: Da wurde einerseits die wirtschaftliche Vormachtstellung der USA gebrochen und durch die Tripolarität der drei Wirtschaftszonen Japan, der Europäischen Union und der USA ersetzt, die gelegentlich als «Triadisierung» des Weltmarktes bezeichnet wird. Da gibt es aber andererseits auch Länder wie Mexiko, die die bittere Erfahrung machen mußten, daß man mit der Aufnahme in den exklusiven Klub der OECD nicht auch automatisch zur entwickelten Industrienation wird.

Neben diesen Block gibt es die ostasiatischen NIC-Staaten, denen es gelungen ist, durch eine intelligente Integration in den Weltmarkt – bei der eine hohe Produktivität mit niedrigen Sozial- und Lohnkosten verkoppelt wurde – eine nachholende Industrialisierung einzuleiten. Schon die Erfolge dieser sogenannten «Tiger» Hongkong, Singapur, Taiwan und Südkorea verhöhnen den Zwangscharakter der Globalisierung, der angeblich ja nur kapitalistische Strukturzwänge durchsetzen soll, stattdessen aber offensichtlich auch entwicklungsfördernd sein kann.

Und auch der Rest der sogenannten «Dritten Welt» ist immer stärker dabei, sich aufzusplittern: 1977 hatten noch 19 Länder einen Anteil von 74% an den Gesamtexporten aller Entwicklungsländer, 1991 waren es nur noch 13 Länder, davon mit Mexiko und Brasilien nur zwei lateinamerikanische Staaten.[45] Nimmt man die Daten der Weltbank zur Hand, dann zeigt sich, daß Anfang der neunziger Jahre mehr als 40 Mitgliedsländer unterhalb der absoluten Armutsgrenze lagen; auf der anderen Seite finden wir Staaten, die in den letzten Jahren Jahren durchaus wirtschaftliche Erfolge zu verbuchen hatten. Der Entwicklungstheoretiker *Ulrich Menzel* sprach in diesem Zusammenhang nicht zu Unrecht von einem «*Ende der Dritten Welt*», was allerdings nicht mit einem Ende der Unterentwicklung gleichgesetzt werden darf, sondern nur auf eine noch größere globale Ungleichheit hinweist.* Doch dieser Versuch, über eine Kritik alter Schemata und Theorien neue Überlegungen anzuregen, wurde vom Autor selbst torpediert. Menzel, der mehr durch seine provokanten Polarisierungen als durch eine Liebe zum Detail auffällt, stellte nämlich Ende 1995 seine eigene Weltordnung vor: In Anlehnung an die bürgerliche Modernisierungstheorie spricht er von der «Postmoderne» als entstofflichte Dienstleistungsgesellschaften, die stofflich durch die

---

*   Menzel (1992). Nuscheler (1995:68ff.) stellt in einer Übersicht das Pro und Conta zur Weiterverwendung des Begriffes «Dritte Welt» dar.

Produktion der ostasiatischen Industriegesellschaften versorgt werden, die sich dafür dann «Moderne» nennen dürfen. *«Der ‹Rest›, also Afrika südlich der Sahara, weite Teile Süd- und Zentralasiens wie auch Lateinamerikas werden nicht mehr benötigt, sind weltwirtschaftlich als Markt wie als Lieferant uninteressant geworden, fallen der neuen Vergessenheit anheim.»*[46]

Darauf, das es falsch ist, dieses Phänomen mit «Zwangsabkoppelung» zu umschreiben, solange auch diese Länder noch einen Nettokapitaltransfer an die Industrienationen leisten, wurde schon am Ende des ersten Teils dieses Buches hingewiesen. Zusätzlich reduziert die Abkoppelungsthese, die sich zur Zeit einer gewissen Beliebtheit erfreut, die internationalen Handelsströme auf eine rein monetäre Betrachtung. Wer die Exporte der Entwicklungsländer nach ihrem realen Volumen – also z.B. in Tonnen – mißt, wird mit Überraschung feststellen, daß so manches, der vermeindlich der Abkoppelung anheimgefallenen Länder, in den letzten Jahren mehr produziert und exportiert hat als je zuvor, aber eben auch weniger Geld als früher für diese Ausfuhren erhielt, bzw. sich die Exporte der Industrienationen im gleichen Zeitraum überproportional verteuerten.

Länder, deren Exporte sich entwerten und deren Rolle auf dem Weltmarkt dadurch abnimmt, fassen dies häufig als entwicklungshemmende Benachteiligung auf und es scheint, daß diese Regionen sich nicht nur den internationalen kapitalistischen Zwängen unterwerfen, sondern sich davon sogar noch Entwicklungsvorteile versprechen.

Die Dämonisierung der Globalisierung als neuer Zuchtmeister eines Weltkapitalismus verliert zunehmend an Boden. Und die neuen weltweiten Entwicklungen sind bei genauerer Betrachtung kein Ausdruck von *Globalisierung*, sondern stattdessen gleichzeitige Prozesse der Integration, der Fragmentierung und der Regionalisierung.

Auch wenn wir uns auf das Herzstück der Globalisierungsthese zurückziehen – auf die ökonomischen Integrationsprozesse in der OECD-Welt – erleben wir beim zweiten Hinsehen einige Überraschungen: Wenn auch der Anteil der Exporte am Bruttosozialprodukt der OECD-Staaten zwischen 1960 und 1992 um über die Hälfte auf 15% gestiegen ist, werden immer noch fünf Sechstel der Produktion für die einheimischen Märkte hergestellt. Und dies ist auch 1995 noch ein weltweiter Trend: *«Der Anteil des Handels am Bruttoinlandsprodukt ist trotz der oben genannten Tendenzen weltweit sehr gering... 85% der Weltproduktion werden noch für einheimische Märkte produziert, und ca. 84% der Weltkonsumtion werden durch heimische Produkte erzeugt. In Deutschland liegt dieser Anteil bei 76%, in Japan bei 94%...»*[47]

Wie schon im Abschnitt 8.3. erwähnt, sind auch die direkten Auslandsinvestitionen im internationalen Vergleich eher gering. Die «Globalisierung der Standorte», die sich hauptsächlich in den Industrienationen abspielt, hat an den gesamten Nettoinvestitionen der OECD-Welt je nach Land gerade einmal einen Anteil zwischen 5% bis 15%. Auch den transnationalen Unternehmen, denen als «global players» große Dynamik und internationale Mobilität nachgesagt wird, sind bodenständiger als ihr Ruf: *«Globalisierung ist nicht das Hauptmuster der gegenwärtigen Handels- und Investitionstätigkeiten. Triadenblockbildung und Territorialisierung bezeichnen besser den gegen-*

wärtigen Trend. Unternehmen sind mehr denn je lokalisiert, auch wenn sie international tätig sind. Globale Strategien von Unternehmen, vor allem der Transnationalen Konzerne, und territorial gebundene Tätigkeiten widersprechen sich nicht.»[48] Ebenso wie die Globalisierungsthese genaueren Überprüfungen nicht standhalten kann, ergeht es der Vermutung, daß der Nationalstaat zwangsläufig erodieren muß. Die Standortfrage wird auch weiterhin von großer Entscheidung bei wirtschaftlichen Entwicklungsprozessen sein und der Staat damit ein ganz entscheidendes Gestaltungspotential behalten: *«Ohne die Aufbereitung entsprechend kleinerer oder größerer Wirtschaftsräume, die meistens mit den Grenzen von Staaten zusammenfallen, ist kohärente Produktivkraftentfaltung nicht möglich. Und erst nachdem diese jeweils vor Ort fortgeschritten ist, wird die Vernetzung entsprechender Wirtschaftsräume zum gegenseitigen Nutzen... möglich.»*[49] Der Staat wird als politischer Akteur auch weiterhin die Angleichung wirtschaftlicher Sektoren, die innovative Förderung ökonomischer Entwicklungen, die Sicherung sozialer Integrationsprozesse und die Bereitstellung einer übergreifenden Infrastruktur gewährleisten müssen, um Entwicklung zu sichern.

Die Globalisierungsthese muß deshalb als eine Überinterpretation von realen internationalen Tendenzen kritisiert werden. Sie erinnert damit die These der *«neuen internationalen Arbeitsteilung»*, die Mitte der siebziger Jahre aufgestellt wurde und die versuchte, den damaligen Strukturwandel des Weltmarktes zu erklären.[50] Nach dieser These konnten die Unternehmen nicht mehr wie bisher primär auf die Ausweitung von Umsatz und Produktion setzten, sondern sahen sich zur Sicherung der Rentabilität gezwungen, ihre Flexibilität zu erhöhen und die Produktionskosten zu verringern. An Stelle von Produktinnovationen und -erneuerungen mußten nach dieser Analyse verstärkt Prozeß- und Standortinnovationen treten, was zur Strategie des *worldwide sourcing*, der verwertungsoptimalen Aufspaltung von Fertigungsprozessen in verschiedenen Teilfertigungen an verschiedenen Standorten führte. Diese Verlagerungsprozesse ließen einen neuen Weltmarkt an Arbeitskräften und Produktionsstandorten entstehen. Die These vermittelte einen Ausschnitt von den Aktionsmöglichkeiten transnationaler Unternehmen, konnte aber nicht weltwirtschaftliche Verflechtungen insgesamt erklären, was ihr eigentlicher Anspruch war. Mittlerweile ist sie in vielen Punkten empirisch widerlegt.

Eine Kritik an der Globalisierungsthese bedeutet im Umkehrschluß natürlich nicht, daß die neuen wirtschaftlichen Integrationsprozesse wie auch die neuen Zwänge des kapitalistischen Weltmarktes grundsätzlich bestritten werden. Daß der Welthandel eine neue Dynamik erhalten hat und auch auf Nationalstaaten einen immer größeren Einfluß nimmt, ist deutlich sichtbar. Vor allem die Aktivitäten des internationalen Finanzwesens haben eine Dimension erlangt, die dem kapitalistischen Weltsystem eine neue Qualität geben. Doch dies macht es noch nicht plausibel, warum das Funktionieren dieses Weltsystems anhand der Dynamik von einem kleinen Teil seiner Aktivitäten erklärt werden soll. Auch der Hinweis auf die qualitativ neuen, innovativen Tendenzen ist da unzureichend: Kapitalistische Entwicklung ist kein linearer Prozeß der ewigen

Erneuerung, sondern besitzt eine wesentlich widersprüchlichere Dynamik, in der auch etablierte Sektoren über erhebliche Beharrungskraft verfügen.

Das solche fast schon hysterischen Überzeichnungen, wie sie die Globalisierungsthese präsentiert, auch ganz praktische Auswirkungen haben, wird allein an der Interpretation des Nationalstaates deutlich: Wenn behauptet wird, daß innergesellschaftliche Entwicklungen primär von externen Strukturzwängen diktiert oder dominiert werden, wird der Nationalstaat im Grunde von seinem politischen Mandat als ein Verantwortlicher für soziale Integration entbunden; gleichzeitig werden die notwendigen Argumente geliefert, die Lohnsenkungen und den Abbau sogenannter «sozialer Besitzstände» von Arbeitnehmern begründen. Es ist z.B. offensichtlich, daß auch in den entwickelten kapitalistischen Ländern ein permanenter Abbau sozialer Sicherungssysteme zu beobachten ist. Sowas wird dann gerne als Resultat des weltweiten Kapitalismus (v)erklärt, ohne allerdings konkrete Handlungsalternati-

Aufgrund fehlender Ressourcen kann der Verfall der Städte nicht aufgehalten werden: Geräumtes Wohnhaus in Havanna im Herbst 1995.

ven benennen zu müssen; der Kampf gegen den globalen Moloch erinnert dann doch zu sehr an Don Quijote: «*Denn wenn der Neoliberalismus einem Prinzip folgt, daß sich außerhalb jedes politischen Kontextes bewegt, dann ist es auch unmöglich, ihn mit politischen Mitteln zu bekämpfen. Im günstigsten aller Fälle heißt es also, sich auf das Anprangern des neoliberalen Unheils beschränken und sich in der Opferrolle gegenüber dem Diktat der von politischen Aktionen unerreichten Globalisierung einzurichten.*»[51]

Damit wird aus der scheinbar kritischen These der Globalisierung eine politisch opportunistische Analyse. Wenn es aber vielmehr das Ergebnis innerer politischer Kräfteverhältnisse ist, welches soziale Umverteilung verantwortet, gibt es nicht nur einen direkten Verursacher, der greifbar ist, sondern auch Betroffene vor Ort, die zum politischen Träger neuen Handelns und damit zu einem neuen Regulierungspotential werden könnten. *Hier* muß eine Analyse des Kapitalismus ansetzen, die die linke Bequemlichkeit eines als Radikalität getarnten politischen Opportunismus überwindet und beginnt, ein neues Politikverständnis zu entwickeln.

Globalisierung ist also mehr ein Mythos als ein Erklärungsansatz für real vorhandene weltweite Tendenzen. Doch da das vorliegende Buch nicht nur im Titel mit dem Anspruch der Entmystifizierung angetreten ist, soll auch hier nachgehakt werden. Welche Schlußfolgerungen lassen sich aus dieser Entzauberung der Globalisierung für die weitere Entwicklung Kubas ziehen? Als erstes wohl wäre eine radikale Neuorientierung der entwicklungspolitischen Strategie gefragt, bei der sich die Insel weniger auf ihr Umfeld, also auf den kapitalitischen Weltmarkt und die imperialistische Blockade der USA bezieht, sondern die sich mehr auf eigene Kräfte besinnt. Die Zukunft einer tragenden Entwicklungsperspektive für Kuba liegt damit nicht in einer ausschließlichen und immer weitergehenden Integration in den Weltmarkt, sondern in einer gleichzeitigen Mobilisierung sogenannter *endogener* Entwicklungspotentiale, also innerer Möglichkeiten: «*Die Steigerung der Exporte ist entscheidend, aber als solches nicht ausreichend, um die Wirtschaft grundsätzlich wiederzubeleben.*»[52]

Darauf, das Kuba ausreichend über eigene Potentiale verfügt, wurde schon in den vorherigen Kapiteln dieses Buches hingewiesen; das die Nutzung eigener Chancen und Gestaltungsspielräume auch bei einer außenhandelsabhängigen Volkswirtschaft wie der kubanischen durchaus kein Widerspruch sein muß, hat die Insel selbst bewiesen. Erinnern wir uns nur an die Windungen und Drehungen der kubanischen Wirtschaftspolitik bis Ende der achtziger Jahre, dann können wir feststellen, daß sich Kuba trotz dreißigjähriger Kooperation mit dem sozialistischen Lager eine relativ große Autonomie bei der Gestaltung seiner Binnenpolitik bewahrte. Und die Krise ab Beginn der neunziger Jahre macht erst recht deutlich, wie groß die Selbstbestimmungsfähigkeit der Insel trotz immens widriger Umstände sein kann: Wie ist der Erhalt des kubanischen Sonderweges, des «sozialistischen Prinzips» im Umfeld einer aggressiven Blockade und eines kapitalistischen Weltmarktes sonst zu erklären?

Das Bedürfnis nach einer Aktivierung innerer Potentiale drückt sich auch wirtschaftlich aus: Der Konsum der importierten Devisenartikel von 1995 – der einem Drittel der kubanischen Exportkapazität des gleichen Jahres entsprach – könnte bei schrittweiser Anhebung der Binnenproduktion auch durch die eigene Wirtschaft befriedigt werden. Der erste entwicklungspolitische Imperativ des kubanischen Umbruchs müßte also eine Konzentration auf die Wiederbelebung bzw. Erschließung des binnenwirtschaftlichen Raums sein. Daneben haben die Erfahrungen der ostasiatischen Tiger aber gezeigt, daß eine Integration in den Weltmarkt auch entwicklungsfördernde Impulse haben kann. Neben einer neuen binnenwirtschaftlichen Orientierung sollte die Weltmarktintegration also nicht gestoppt, sondern höchstens anders nuanciert werden. Zum einem müßten sich die bis 1995 nicht auszugleichenden Außenhandelsdefizite Kubas in einen Nettoexport verwandeln; zum anderen müßte eine schrittweise Betonung auf höherverarbeitete Exportwaren gelegt werden. Das Geschick einer neuen Entwicklungsstrategie würde darin liegen, die realen Gefahren des Weltmarktes zu begrenzen und seine Chancen flexibel zu verarbeiten. Wie dies geschehen könnte, wollen wir uns im folgenden näher ansehen.

21. Erste theoretische Annäherung:
Konturen einer entwicklungspolitischen Perspektive

Als Befund der vorausgegangenen Überlegungen kann zusammengefaßt werden, daß eine zusammenhängende Entwicklungsstrategie in Kuba zwei Faktoren berücksichtigen müßte: Sie müßte es erlauben, vorhandene produktive Kräfte im Innern zu fördern sowie neue zu entwickeln, um diese dann im Weltmarktkontext einzusetzen und zu nutzen. Was sich hier noch nach entwicklungspolitischen Allgemeinplätzen anhört, soll nun präzisiert werden. Um dabei nicht aufs Glatteis zu geraten, scheint es sinnvoll, erst einmal entwicklungstheoretische Konzeptionen zu sichten, um festzustellen, ob es für eine derartige Strategie schon ein theoretisches Rüstzeug bzw. konkrete Erfahrungen gibt, die als Orientierungspunkte dienen könnten. Ein Konzept, daß der oben skizzierten Perspektive am nächsten kommt, ist in der Theorie als *assoziativ-autozentrierte Entwicklungsstrategie* bekannt geworden. Deshalb soll diese Strategie jetzt vorgestellt werden, anschließend ihre Gültigkeit für den kubanischen Reformprozeß überprüft und danach für die spezifischen Bedingungen der Insel konkretisiert werden.

Das Konzept der *assoziativ-autozentrierten Entwicklungsstrategie* geht aus der Dependenztheorie hervor. Wie schon im ersten Teil des Buches erwähnt, ging die Dependenztheorie davon aus, daß Unterentwicklung ein Resultat von Abhängigkeitsverhältnissen ist und plädierte deshalb für eine entwicklungspolitische «Dissoziation», also für eine Abkoppelung von dieser Abhängigkeit. Daraus entstand schließlich die handlungsorientierte Theorie der autozentrierten Entwicklung. Autozentriert bedeutet «auf sich selbst bezogen», bei der Suche nach Entwicklung wird also den inneren Faktoren eines Systems sehr viel Bedeutung beigemessen. Insgesamt wurden von dieser Theorie drei entwicklungspolitische Imperative abgeleitet:

Einmal die Forderung nach einer Abkoppelung vom kapitalistischen Weltwirtschaftssystem. Abkoppelung wurde dabei nicht – wie in vielen Fehlinterpretationen später behauptet – als autarkistisches Entwicklungsprogramm, sondern immer als zeitweiliger Protektionismus verstanden.

Zweitens wurde die breitenwirksame Erschließung von nationalen Binnenmärkte empfohlen. Diese Forderung bezieht sich auf eine Überwindung der deformierten Binnenstrukturen unterentwickelter Länder, die im Gegensatz zu den Metropolen auf Austauschbeziehungen mit außen angewiesen sind und damit Unterentwicklung reproduzieren. Im Zentrum dieses Imperativs der inneren Umstrukturierung steht die Entwicklung produktiver Kräfte durch die lokale Nutzung von Ressourcen, der Aufbau eines industriellen Investitionsgütersektors, die Erfindung und Anwendung angepaßter Technologien, Produktivitätssteigerungen in der Landwirtschaft und die industrielle Produktion von Massenkonsumgütern. Dabei wird der Verkettung von Landwirtschaft und Industrie eine besondere Bedeutung beigemessen.

Drittens folgte die Empfehlung einer verstärkten Süd-Süd-Kooperation («collective-self-reliance») und einer selektiven Nord-Süd-Kooperation, mit der eine «Enthierachisierung» der internationalen ungleichen Arbeitsteilung durch den Aufbau gemeinsamer horizontaler Infrastrukturen erreicht werden sollte.[53]

Beeinflußt von dem Erfolg der ostasiatischen Länder sowie der exportorientierten Strategie Kubas wurde die sich anfangs auf Abkoppelung konzentrierende Konzeption der autozentrierten Entwicklung zu einem späteren Zeitpunkt von einigen ihrer Protagonisten um exportorientierte Varianten ergänzt. Das Hauptgewicht der Selbstbezogenheit (Autozentriertheit) von Entwicklungssystemen wurde um die Möglichkeiten eines entwicklungsfördernden Handelsaustausch (Assoziation) erweitert; die frühere Auffassung, daß Welthandel also immer Abhängigkeit und Unterentwicklung schafft, wurde damit aufgegeben. Dabei wurde ein idealtypisches Szenario für eine *assoziativ-autozentrierte Entwicklung* formuliert, das die zentralen Elemente einer solchen Strategie definierte und sich in drei Stufen gliederte: Sie sollte durch den Übergang zu einer Verarbeitung und Veredelung der wesentlichen Exportgüter mit einer Vervielfältigung und Ausdehnung des Exportwarenkorbes beginnen, um danach eine Importsubstitutions-Industrialisierung für Konsumgüter und schließlich auch Produktionsgüter zu durchlaufen, und zuletzt zur Schaffung effizienterer Produktionsformen durch kapitalintensives qualitatives Wachstum kommen.[54]

Von besonderer Bedeutung sind hier die soziopolitischen und -ökonomischen Strukturen, die als Rahmenbedingungen für ein derartiges Entwicklungskonzept genannnt werden: Erstens eine breite Streuung der Exporteinnahmen, also ein mäßiger Konzentrationsindex der Boden- und Einkommensverteilung, der eine breit gefächerte Binnenmarktnachfrage nach Konsum- und Ausrüstungsgütern zuläßt, zweitens eine hohe Legitimationsbasis und ein großes Mobilisierungspotential politischer Organisationen, die gesellschaftsübergreifende Konfliktlösungen zulassen und politische demokratische Partizipation garantieren, drittens damit verbunden die Möglichkeiten politischer Machtverlagerung und sozialer Mobilisierung, die die Selbststeuerfähigkeit von Gesellschaften erhöht, viertens ein qualifiziertes Arbeitskräftepotential mit Kompetenzniveau, das eine fehlende Ressourcenausstattung durch die Mobilisierung von Wissen und Können ausgleicht, und fünftens und letztens die nationale Unabhängigkeit, die die Gestaltungsmöglichkeiten von Wirtschaftspolitik durch ein nationales Verfügungsrecht über die verfügbaren Ressourcen sichert.

Die kubanische Entwicklung stand schon in den achtziger Jahren im Blickfeld autozentrierter Entwicklungskonzeptionen. Sie wurde als «*nachholende Entwicklung unter dissoziativ-sozialistischen Bedingungen*»[55] definiert, die unter dem Konzept der «Agroindustrialisierung» den Zuckersektor als Ausgangspunkt einer Diversifizierung der Landwirtschaft und der Industrie nutzen sollte. Zuerst sollte die Zuckerindustrie modernisiert werden, um dann zuckernahe Industrien aufzubauen, um dann in zunehmendem Maße nachgelagerte Wachstumspole zu bilden. Deren inter- und intrasektorale Verbindungen sollten letztendlich zu einer allmählichen Vervielfältigung und Anreicherung der Exportwarenstruktur führen. Im Abschnitt 3.2. wurde beschrieben, daß diese Entwicklungsstrategie nicht konsequent umgesetzt wurde, was vor allem auf die Übernahme des sowjetsozialistischen Modells zurückzuführen ist: Eine qualitative

Erweiterung des Exportwarenangebotes schien unter der Systemlogik der internationalen sozialistischen Arbeitsteilung nicht nötig, eine Intensivierung der Produktionsformen (qualitatives Wachstum) war hingegen beim Erhalt der beschriebenen ökonomischen Steuerungsmechanismen nicht möglich. Allerdings könnte die aktuelle Entwicklungsperspektive Kubas durchaus in einer assoziativ-autozentrierten Strategie bestehen. Eine Überprüfung der zentralen Elemente und soziostrukturellen Bedingungen dieser Strategie macht deutlich, daß sie als Konzeption für die kubanische Entwicklung durchaus noch geeignet wäre: Obwohl Kuba erklärtermaßen eine exportorientierte Strategie verfolgt, ist die Insel durch die US-Blockade und den Verlust der osteuropäischen Handelspartner vom Weltmarkt teilweise «abgekoppelt».

Dazu kommt, daß die Erschließung und erneute Vereinheitlichung der Binnenmärkte eine der zentralen entwicklungspolitischen Notwendigkeiten der kubanischen Entwicklung ist. Auch die empfohlene «Süd-Süd-Kooperationen» ist ein bevorzugtes Integrationsziel der Regierung und die zentrale Entscheidungsstruktur der Joint-Venture-Gesetzgebung erlaubt solche selektiven Kooperationen. Die drei entwicklungspolitischen Imperative der *assoziativ-autozentrierten Entwicklungsstrategie* sind also in großen Teilen deckungsgleich mit den Rahmenbedingungen und strategischen Notwendigkeiten der kubanischen Transformation.

Auch die soziostrukturellen Voraussetzungen für das Konzept eines exportorientierten und autozentrierten Entwicklungsweges weisen Übereinstimmungen mit den kubanischen Bedingungen auf: Zwar ist die Einkommenskonzentration in Kuba mittlerweile immes ungleich, beruht aber primär auf Geldvermögen und könnte deshalb noch problemlos ausgeglichen werden. Die Bodenverteilung ist nach dem Kooperativierungsprozeß besonders ausgeglichen und eine breit gefächerte Binnenmarktnachfrage ist eindeutig vorhanden. Zweitens besitzt die kubanische Regierung noch eine tragende Legitimationsbasis. Ein großes Mobilisierungspotential der politischen Organisationen ist ebenfalls noch vorhanden, wie zuletzt z.B. eine Demonstration am 5.8.1995 gezeigt hat, als nach ausländischen Schätzungen circa eine halbe Million Kubaner unter dem Motto *Cuba vive* gegen das US-Embargo protestierten.[56]

Drittens gibt es in Kuba sowohl das für eine assoziativ-autozentrierte Entwicklung vorausgesetzte Arbeitskräftepotential mit qualifizierten Kompetenzniveau sowie eine nationale Unabhängigkeit, und das damit verknüpfte Verfügungsrecht über eigene Ressourcen ist ebenfalls noch vorhanden. Die zentralen Unterschiede zwischen den formulierten notwendigen Ausgangsbedingungen für eine assoziativ-autozentrierte Entwicklung und den vorfindbaren Strukturen in Kuba sind das Fehlen einer basisdemokratischen Mitbestimmung und die Abwesenheit von größerer sozialer Mobilität. Damit nimmt auch unter entwicklungstheoretischen Überlegungen die Demokratisierung des politischen Systems in Kuba eine Schlüsselfunktion für weitere Reformschritte ein.

Nachdem die Anwendbarkeit der theoretischen Konzeption der assoziativ-autozentrierten Entwicklung auf den kubanischen Umbruch festgestellt wurde, soll diese Strategie jetzt an einigen zentralen Komponenten konkretisiert werden.

Vorher muß allerdings darauf hingewiesen werden, daß damit keine Wiederbelebung der Diskussion um autozentrierte Entwicklungsstrategien beabsichtigt ist. Sollte dieses Konzept auch für den kubanischen Umbruch ein theoretischer Orientierungspunkt sein, bedeutet dies im Umkehrschluß nicht, daß es damit Allgemeingültigkeit erhält. Die entwicklungstheoretische Allgemeingültigkeit der Konzeption der autozentrierten Entwicklung wurde vielfältig rezipiert, kommentiert und zu völligem Recht kritisiert: Zentrale Kritikpunkte an der ihr zugrundeliegenden Dependenztheorie sind z.b., daß sie ahistorisch ist, weil sie verschiedene Kapitalismusmodelle vergleicht, ohne dessen geschichtliche Entwicklung zu berücksichtigen. Außerdem wird sie als eindimensional, auf ein Modell reduziert und als politisch opportunistisch bezeichnet, da sie einfache Lösungen und Feindbilder anbietet, anstatt komplexe Zusammenhänge anzuerkennen und zu erklären.[57] Für andere Entwicklungstheoretiker wurde mit diesem Konzept die ganze sogenannte «Dritte Welt» «*unter einer neuen Weltformel vereinigt und vergewaltigt*»[58]; zusätzlich wurde die fehlende Präzisierung der Konzeption beklagt, ihr «*modell-platonistische Züge*» vorgeworfen, da sie die sozialen Träger und politischen Machtmittel nicht benennen kann, was auf ein gravierendes «*Theorie-Praxis-Dilemma*» hinweist.[59] Doch wie wir gesehen haben, gibt es dennoch gute Gründe, sich im Falle Kubas mit der Bedeutung einer assoziativ-autozentrierten Entwicklung zu beschäftigen.

21.1. Die Landwirtschaft: *Der Schlüssel für Kubas Zukunft*

Wie wir schon wissen, ist es Kuba bis heute nicht gelungen, seine Abhängigkeit von Lebensmittelimporten spürbar zu verringern. Damit konnte durch die erreichte wirtschaftliche Stabilisierung ab 1994 bisher nur eine minimale Versorgungsbasis gesichert werden, die die Bevölkerung mehr schlecht als recht ernährt. Gleichzeitig müssen für die Lebensmittelimporte Unmengen von Devisen ausgegeben werden, die so für produktive Entwicklungsinvestitionen fehlen.

Da vor allem im Agrarsektor Produktivitätssteigerungen durch strukturellen Wandel und ohne massiven äußeren Ressourceneinsatz erzielt werden können, müßte der Landwirtschaft in der zukünftigen Entwicklungsstrategie Kubas Priorität eingeräumt werden: «*Der entwicklungspolitische Ausweg aus der Sackgasse liegt offensichtlich in einer Strategie, die immer schon Ausgangspunkt sinnvoller Entwicklungspolitik hätte sein müssen: In der Mobilisierung des Entwicklungspotentials im Agrarsektor und in der Ausrichtung der Industrialisierung auf die Bedürfnisse dieses Sektors und der breiten Masse der Bevölkerung.*»[60] Eine rasche Importsubstitution in der Lebensmittelversorgung könnte als erster Bereich durch die Freisetzung jetzt gebundener Devisen die Investitionskapazität Kubas auch ohne Mehreinnahmen erheblich erhöhen und würde damit die Versorgungslage der Insel sichern sowie eine substantielle Basis für eine langfristige Entwicklung schaffen.

Die Existenz einer noch vorhandenen kleinbäuerlichen Landwirtschaft begünstigt eine solche Strategie; und mit der Kooperativierung des Agrarsektors wurde ein

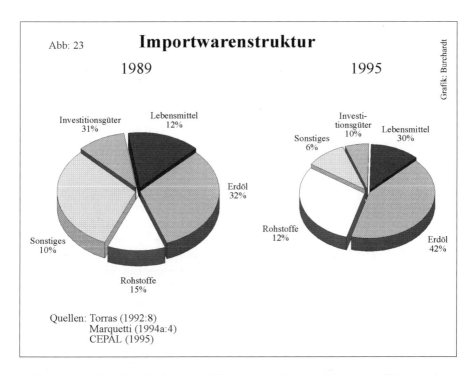

Abb: 23

Importwarenstruktur

1989   1995

Grafik: Burchardt

Investitionsgüter 31%
Lebensmittel 12%
Erdöl 32%
Sonstiges 10%
Rohstoffe 15%

Investitionsgüter 10%
Sonstiges 6%
Lebensmittel 30%
Rohstoffe 12%
Erdöl 42%

Quellen: Torras (1992:8)
Marquetti (1994a:4)
CEPAL (1995)

weiterer wichtiger Schritt in diese Richtung vollzogen: Die neuen Kooperativen könnten zum entscheidenden Träger der Entwicklung werden. Vergleichende Studien haben z.b. ergeben, daß «*Gesellschaften mit mäßig ungleicher Besitz- und Einkommenskonzentration, aufbauend auf frei wirtschaftenden, in Genossenschaften eingebundenen Familienbetrieben... eine besonders entwicklungsfördernde Grundlage für breitenwirksame Erschließungsprozesse dar[stellen]*».[61]

Um diese Entwicklungspotentiale sinnvoll zu nutzen, wäre eine radikale Umorientierung der kubanischen Wirtschaftspolitik und der Staatsfinanzen nötig. Anstatt auch in Zukunft auf den Weltmarkt zu schielen, wäre eine stärkere Besinnung auf die eigenen Kräfte erforderlich; anstatt unrentable Betriebe zu finanzieren, müßte die Landwirtschaft den Bärenanteil der staatlichen Finanzhilfen erhalten. Allerdings nicht direkt, um sie wieder an einem Subventionstropf zu hängen, sondern indirekt durch den Aufbau einer Infrastruktur, die besonders den UBPCs das Tor zu den Binnenmärkten weit aufstößt. Ihre Ankoppelung an die neuen Bauernmärkte wäre dabei nur der erste Schritt: «*In der Weise, wie das existierende Potential der UBPCs (in Bezug auf die Größe der von ihnen kultivierten Fläche und ihrer möglichen Produktionsniveaus) genutzt wird, und je nachdem, wie dieser Sektor sich langsam zu einem neuen Modell der Selbstfinanzierung entwickelt, zusammen mit einer größeren Integration des Zuckersektors in den Markt und einer schrittweisen Aufgabe der Rationierung von Agrarprodukten mittels ihres Verkaufs auf Märkten (ohne die staatliche Beschäftigung aus sozialen Gründen ganz aufzuheben), wird als Konsequenz eine Deflation [Sinken der Agrargüterpreise] und die Entstehung eines vielfältigen, stabilen und bedeutsamen Angebotes zu beobachten sein.*»[62]

Eine derartige – durchaus realistische – Vision bedarf aber noch der Erfüllung einiger Hausaufgaben seitens der kubanischen Regierung: Einmal müssen die Kooperativen endlich stärker vom Staat gefördert werden; noch in dem verabschiedeten Staatshaushalt von 1996 wurde ihnen gerade einmal ein Anteil von 0,25% an allen beabsichtigten Ausgaben zugebilligt.[63]

Neben dem verstärkten Aufbau von Marktstrukturen ist außerdem eine größere Autonomie der kooperativen Produzenten unabläßlich: «*Die kooperative Selbstbestimmung und die demokratische Lenkung sind entscheidende Schlüssel für die Durchsetzung und den Erfolg des UBPC-Modelles. Wenn kollektiven Besitzern ihre eigene Autonomie und Besitzern, die gleiche unter gleichen sind, demokratische Mitbestimmung fehlt, funktioniert der Kooperativismus nicht.*»[64] Hier ist nicht nur der weitere Rückzug der den UBPCs vorgelagerten Staatsverwaltungen, mehr Rechtssicherheit für die Kooperativen und der Aufbau eigener Organisationsstrukturen gefragt. Sondern dazu zählt auch eine Entscheidungsautonomie über ausländische Kooperationsabkommen sowie die Möglichkeit einer exportorientierten Produktion und Vermarktung durch eine weitere Einschränkung des staatlichen Außenhandelsmonopols. Grundsätzlich müssen die Anteile der landwirtschaftlichen «food und cash crops» nochmals überprüft werden, muß also festgestellt werden, bei welchen Agrarprodukten es sinnvoller ist, für den Weltmarkt zu produzieren, um Devisen zu erwirtschaften, oder wann für den eigenen Markt angebaut werden sollte. Wie schon erwähnt, wird in Kuba für den Anbau der eigenen Lebensmittelversorgung relativ weniger Fläche kultiviert wie z.B. in Indien.

Nicht zuletzt wird auch überlegt werden müssen, ob es den Kooperativen nicht wieder erlaubt wird, im begrenzten Umfang staatliches Land aufzukaufen, um erwirtschaftete Gelder in der Landwirtschaft selbst zu binden. Einen Zusammenhang zwischen Produktivität und landwirtschaftlichen Privateigentum hat ein Modellversuch in der kubanischen Provinz Pinar del Rio bewiesen, wo eine Privatisierung des Tabakanbaus und eine Verkoppelung der Produktionsmenge mit dem Einkommen innerhalb eines Jahres enorme Produktionszuwächse erzielte. Die Frage des Landeigentums stellt sich aber nicht nur aus diesem Grund: Gerade die Lehren des jugoslawischen Modells der Selbstverwaltung haben gezeigt, daß das alleinige Nutzungsrecht an Produktionsmitteln (Besitz) der vollen Verfügungsgewalt (Eigentum) unterlegen sein kann (vgl. Abschnitt 22.). Auch hier ist ein Revisionsbedarf der bisherigen Kollektivierungsstrategie vonnöten, der auf die Überlegung hinausläuft, ob die ländlichen Produktionsgenossenschaften nicht auch Eigentümer ihres Landes werden könnten.

Eine positive Entwicklung der Landwirtschaft ist für Kuba also sowohl politisch als auch ökonomisch von zentraler Bedeutung:

Einerseits kann durch eine ökonomische Stabilisierung der landwirtschaftlichen Kooperativen eine Importsubstitution von Lebensmitteln erreicht werden. Damit lassen sich langfristig rund ein Drittel der jetzigen Devisenausgaben freisetzen, die dann für Entwicklungsinvestitionen genutzt werden könnten. Dazu würde durch eine sichere Versorgungsgrundlage ein stabiles Fundament für die weitere Entwicklung Kubas geschaffen. Dies hätte eine Signalwirkung, deren psychologische Effekte nach der der Bevölkerung noch in der Erinnerung haftenden traumatischen Versorgungskrise nicht zu unterschätzen sind.

Zusätzlich kann in der Landwirtschaft ein großes Arbeitskräftereservoir erschlossen werden, das eine drohende Beschäftigungskrise abfedert. Doch es geht bei der Umgestaltung der Landwirtschaft nicht nur um eine wirtschaftliche Erschließung des Binnenmarktes. Gleichzeitig könnte eine erfolgreiche Kooperativierung einen gesellschaftsübergreifend akzeptierten und zivil ablaufenden Umbruch in Kuba auch politisch begünstigen: Nicht nur auf der Tropeninsel, sondern auch bei vielen anderen gesellschaftlichen Umbrüchen tritt häufig ein Spannungsfeld zwischen zentralstaatlicher Organisation und Selbstorganisation auf, das gleichzeitig Entwicklungs- als auch Konfliktpotentiale birgt. Die landwirtschaftliche Kooperativierung hingegen basiert auf der kollektiven Mitbestimmung von rund 20% aller Erwerbstätigen, also einer relativ großen Bevölkerungsgruppe. Diese gesellschaftliche Schicht könnte die Durchsetzung von Einzelinteressen politisch einflußreicher Minderheiten erschweren; und dabei auch bei dem tendenziellen Konflikt zwischen Land- und Stadtinteressen ein deutliches Gewicht haben. Eine erfolgreiche Kooperativierung würde helfen, den zweiten Schritt einer sozialistischen Demokratie, nämlich die Demokratisierung der Wirtschaft zu stärken – und damit auch auf die Demokratisierung der Politik ihren Einfluß haben. Die ökonomische Integration der landwirtschaftlichen Kooperativen sollte allein aus diesem Grunde an erster Stelle zukünftiger Reformbemühungen stehen.

21.2. Die süßeste Versuchung, seit es Zucker gibt:
Vom Exportschlager zum Ressourcenträger

Noch zur Mitte des 19. Jahrhunderts war Zucker einer der wichtigsten Güter des internationalen Handels. 1989 repräsentierte der Wert der 20.000 Mio. Tonnen exportierten Zuckers gerade mal 0,3% der Gesamtexporte des Welthandels und die globale Rohzuckernachfrage ist tendenziell weiter rückläufig: «*In den entwickelten Ländern ist der Zuckersektor stark abgeschottet und in den armen Ländern, die über wenig Devisen verfügen, ist er einer der wichtigsten Kulturen, die zur Importsubstitution eingesetzt werden. Dadurch... ist der Exportanteil der Zuckerproduktion jährlich am Sinken; zur Zeit werden über die Weltmärkte weniger als 20% der Gesamtproduktion verkauft».*[65] Dazu kommt noch der wachsende Anteil der biotechnischen und synthetischen Zuckersubstitute, die auf den Markt drängen. Allein in den USA werden mittlerweile 60% des Rohzuckers durch Isoglucose – ein auf der Basis von Maisstärkeenzymen gewonnenes biotechnisches Produkt – ersetzt, während die großen Lebensmittel- und Chemiekonzerne verstärkt billigere und standortunabhängige synthetische Süßstoffe entwickeln. All diese Entwicklungen stehen im deutlichen Widerspruch zu einer zukünftigen Rohzuckerexportorientierung unserer Zuckerinsel.

Unter Einsatz der hochqualifizierten Arbeitskräfte, die in der Zuckerindustrie stärker als in anderen Sektoren vorhanden sind, könnte sich der Zuckersektor Kubas deshalb auf die Entwicklung importsubstituierender und exportdiversifizierender Zuckerrohrderivate konzentrieren. Hierbei könnte durch die gezielte Förderung vorhandener Produktivkräfte eine entwicklungspolitische Kontinuität ausgebaut werden, die eine vielseitige Vermaschung binnenwirtschaftlicher und exportorientierter Produktionsstrukturen erlaubt. Schon heute gibt es in Kuba vier Forschungseinrichtungen für Zuckerderivate und in 260 Betrieben werden über 35 verschiedene Produkte hergestellt; vor der Krise hatten diese Derivate einen Anteil von 3-4% an der industriellen Gesamtproduktion Kubas.[66]

Das trotz dieser Erfolge durchaus ein Bedarf an weiterer Forschung und der Möglichkeit des Ausbaus der Derviatproduktion besteht, darauf weisen auch kubanische Ökonomen hin: «*Viel hat man bezüglich der Vorteile des Aufbaus einer Zuckerrohr-Derivatindustrie bisher geschrieben und empfohlen. Mit der Ausnahme der Produktion von Alkohol, Schnaps und Rum mit Technologien, die man noch aus früheren Jahrhunderten kennt, und denen einiger kleinerer Anlagen, um Spanplatten und Papier auf Bagassebasis zu produzieren, ist die Zuckerrohr-Derivat-industrie aber noch wenig entwickelt.*»[67]

Ein zentrales Problem Kubas ist die Papierversorgung. Mittlerweile wurde auf der Insel eine effektive Technologie entwickelt, die es möglich macht, in den drei vorhandenen Papierfabriken Papier auf der Basis von Zuckerrohrbagasse herzustellen, mit der «*theoretisch... 2-3 Mio. Tonnen Papier hergestellt werden könnten; genug, um es sogar zu exportieren. Eine wichtige Perspektive nicht nur für die Zuckerinsel, sondern auch für die Wälder dieser Erde, könnte man doch bei einer Jahresproduktion von 100 Mio. Tonnen Bagasse mit kubanischer Technologie theoretisch gut 1/4 des Weltpapierbedarfs aus einem rasch nachwachsenden Rohstoff produzieren und damit die Wälder entlasten*».[68]

Weitere wichtige Zuckerrohrderivate, die hier zum Einsatz kommen können, sind chemische Grundstoffe, Enzyme und Pharmazeutika. Zusätzlich könnte die Zuckerproduktion ein wichtiger Energieträger für die Insel werden: Laut Schätzungen der nationalen Energiekommission könnten mittelfristig 60% des nationalen Energiekonsums von 1990 allein über erneuerbare Energiequellen abgedeckt werden, davon zum großen Teil durch die Nutzung des Abfallproduktes Zuckerrohrbagasse.[69] Eine so erzielte Importsubstitution von Energieträgern würde über die Freisetzung von Devisen eine erhöhte Investitionskapazität ohne Veränderung des Exportvolumens bedeuten. Dies wäre ein weiterer Schritt, Kubas Stabilisierung einzuleiten, ohne alternativlos auf den Weltmarkt setzen zu müssen.

21.3. Arbeitsmarktpolitik im Kreuzfeuer:
Wieviele Hämmer braucht ein Nagel?

Wie schon im Abschnitt 9.5. beschrieben wurde, entwickelte sich die staatliche Arbeitsmarktpolitik Kubas immer stärker zum Hemmschuh der Revolution. Der aus dem Erhalt des Lohnniveaus gewachsene Liquiditätsüberhang konnte zwar mit den Maßnahmen der Geldpolitik eingedämmt werden. Mit der Bewahrung des Rechts auf Arbeit wurden außerdem Massenentlassungen und dadurch das Entstehen von breiter sozialer Unzufriedenheit verhindert. Doch die alternativlose Notwendigkeit, den Devisen- und den Binnensektor angleichen zu müssen, fordert immer dringlicher Produktivitätssteigerungen in den staatlichen Unternehmen. Eine Möglichkeit, dies zu erreichen, wäre eine Modernisierung der technischen Anlagen in den Betrieben. Aber wie schon gezeigt wurde, verfügt Kuba kaum über eigene Investitionspotentiale für eine solche Rationalisierungsstrategie: Der Binnenmarkt besitzt kein nennenswertes Eigenkapital und bei Kubas Devisenknappheit kann über den Weltmarkt eigentlich nur die Grundversorgung der Insel gesichert werden. Wenn die eigenen Investitionsmöglichkeiten aber gleich Null sind, kann eine größere Produktivität nur durch eine andere Arbeitsorganisation erreicht werden und dies bedeutet, daß die Arbeitsintensität spürbar erhöht werden muß. Mit anderen Worten: Im Moment ist eine wirtschaftliche Erholung der kubanischen Staatsbetriebe nur durch einen massiven Arbeitsplatzabbau bzw. -umbau möglich. Die kubanische Arbeitsmarktspezialistin Angela Ferriol wies schon Mitte 1995 auf diese neue Entwicklung hin: «*Was anfangs einen sozialen Konsens schuf, mit dem der wirtschaftliche Einbruch und Anpassungsprozeß aufgefangen werden konnte, hat heute mehr schädliche als positive Effekte.*»[70] Die mittlerweile berüchtigten «*plantillas infladas*», die aufgeblähten Stellenpläne, geraten immer mehr ins Zentrum der Kritik. Soll die vorhandene Schieflage zwischen wirtschaftlichen und sozialen Bereichen jetzt wieder ins Gleichgewicht gerückt werden, kann sich auch in Kuba niemand mehr vor Entlassungen drücken. Die Regierung steht vor dem paradoxem Dilemma, mehr Ungleichheit schaffen zu müssen, um vorhandene Ungleichheit zu bekämpfen.

Auf der Insel ist man sich dem Problem durchaus bewußt, und die Arbeitsmarktpolitik des Staates hat eine rege Debatte ausgelöst. Auch von offizieller Stelle wird die Notwendigkeit von betriebsbedingten Entlassungen kaum noch bestritten, allerdings wird immer wieder betont, daß dieser Prozeß nur graduell und sozial verträglich ablaufen wird. Ende November 1995 schaltete sich schließlich der mächtige kubanische Gewerkschaftsbund CTC in die Diskussion um Arbeitslosigkeit ein und stellte für seinen nächsten Kongreß 168 Thesen vor, die das Thema in der breiten Öffentlichkeit problematisierten. Tenor war dabei ebenfalls eine Anerkennung der Notwendigkeit von Produktivitätsteigerungen. Die Umstrukturierung des Arbeitsmarktes soll aber sozial gerecht und arbeitnehmerfreundlich gestaltet werden, wie der Gewerkschaftsbund unterstreicht: «*Das zentrale Prinzip bei der Neuordnung der Arbeitskräfte besteht darin, daß niemand als Konsequenz durch diesen Prozeß schutzlos zurück-*

bleibt, wir haben uns von dem Willen leiten zu lassen, Beschäftigungslösungen für das Personal zu finden, dessen Arbeitsplätze wegfallen.»[71]. Auch die oben zitierte Ökonomin Ferriol glaubt nicht, *«daß die Arbeitslosigkeit im Land steigen wird. Die graduelle Entwicklung der Rationalisierungen hilft, dies zu vermeiden, da die politische Absicht dafür besteht».*[72]

Während die internationale Presse im letzten Spätsommer die Nachricht verbreitete, daß in Kuba schon 1994 über 100.000 Arbeitsplätze wegrationalisiert wurden[73] und die sozialistische Regierung so weltweit ihren Modernisierungswillen signalisieren konnte, liest sich die Umsetzung dieser Maßnahmen auf der Insel ganz anders: *«Rund 100.000 Arbeiter haben das Boot der Rationalisierung schon bestiegen, aber weniger als ihr zehnter Teil ist ohne Arbeit geblieben. Der Großteil hat sogar Beschäftigung im selben Betrieb gefunden...».*[74]

Die wirklichen Probleme werden mit solchen Maßnahmen allerdings nur in eine nahe Zukunft verschoben, wo ihre Lösung noch dringlicher, aber auch noch schwieriger wird. Die Regierung schreckt offensichtlich vor der Gefahr zurück, mit unpopulären Maßnahmen wie Massenentlassungen heftigen Protest zu provozieren: Allein nach einer Umfrage vom Juni 1995 finden fast 40% der kubanischen Arbeitnehmer Entlassungen ungerecht und rund ein Viertel erwarten bei Arbeitsplatzverlust vom Staat die automatische Zuweisung einer Ersatzarbeit. Gleichzeitig waren fast 60% aller Befragten nicht der Meinung, daß in ihrem Betrieb eine Verringerung der Arbeitsplätze nötig wäre, 20% hatten sich mit der Frage, ob ihr Arbeitsplatz bedroht ist, noch überhaupt nicht beschäftigt und 12% wußten nicht, was sie nach einem Arbeitsplatzverlust tun würden.[75] Das Castro-Regime, dessen Glaubwürdigkeit durch die wachsende soziale Ungleichheit schon gelitten hat, würde mit einer restriktiven Arbeitsmarktpolitik den sozialen Frieden erneut gefährden; was bei der immer noch prekären Wirtschaftslage sehr brisant werden kann.

Das Ausmaß dieser Herausforderung wird sehr unterschiedlich bewertet, ebenso wie die Angaben zur Arbeitslosigkeit auseinanderdriften. Kubanische Ökonomen bestätigen Mitte 1995 erstmals, daß *«sich ab 1994 die Arbeitslosigkeit als eine der zukünftigen Charakteristika der kubanischen Volkswirtschaft gefestigt hat»* und geben für jenes Jahr eine Arbeitslosenzahl von 7,1% an.[76] Fast zum gleichen Zeitpunkt bezifferte ein Direktor des Arbeitsministeriums (MINTRAB) bei einem Interview den Anteil der von Rationalisierung betroffenen Erwerbstätigen 1994 auf circa 0,5% aller Arbeitnehmer, was einer offiziellen Arbeitslosenquote von 3-4% entsprechen würde.[77] Ebenso unterschiedlich wird die Quote der Unterbeschäftigung geschätzt.

Doch eine nüchterne Betrachtung relativiert solche Schreckensszenarien: Da der kubanische Staat immer noch im Besitz fast aller Betriebe und damit der erste Unternehmer im Lande ist, hat er auch bezüglich einer betrieblichen Arbeitsmarktpolitik ein relativ großes Gestaltungspotential. Arbeitslosigkeit ist auch in Kuba vor allem ein Verteilungsproblem. Das bedeutet, daß sie nicht mit einer reinen sektoralen Strategie bekämpft werden kann, wie z.B. durch den erweiterten Ausbau des Devisensektors. Dort wurden nach offiziellen Angaben bis Mitte 1995 nur 60.000 neue direkte

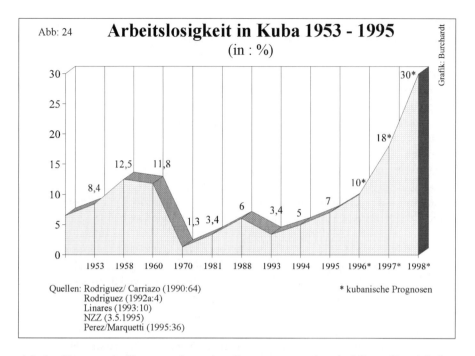

Abb: 24 **Arbeitslosigkeit in Kuba 1953 - 1995**
(in : %)

Grafik: Burchardt

Quellen: Rodriguez/ Carriazo (1990:64)
Rodriguez (1992a:4)
Linares (1993:10)
NZZ (3.5.1995)
Perez/Marquetti (1995:36)

* kubanische Prognosen

Arbeitsplätze geschaffen, was einem Anteil von etwas mehr wie 1% an allen Arbeits-plätzen entspricht.[78] Was jetzt notwendig wäre, ist eine massive Umschichtung von Arbeitsplätzen in neue Aufgaben- und Berufsfelder. Die Entwicklungen der letzten Jahre stellten zwar vor allem in der zentralen Verwaltung und in der Industrie einen großen Teil von Arbeitsplätzen in Frage, könnten aber bei einem zusammenhängenden Reformprozeß sowohl bei den Ämtern auf der Gemeinde- und der Provinzebene, wie auch beim Kleingewerbe und in der Landwirtschaft gleichzeitig einen erheblichen Arbeitskräftebedarf wecken. Zum Beispiel hat sich der Beschäftigungsanteil im pri-vaten Klein- und Dienstleistungsgewerbe zwischen 1990 und 1995 mehr als verfünf-facht und im Abschnitt 11. wurde darauf hingewiesen, daß der realen Nachfrage immer noch ein viel zu geringes Angebot gegenübersteht. Konkrete Arbeitsbeschaffungs-maßnahmen wären hier eine weitere Öffnung und eine Art Mittelstandsförderung des Sektors: *«Dieser schafft den nötigen Raum zur Umsetzung latenter produktiver Reser-ven in der Bevölkerung, die während des Prozesses der Neuordnung und bei der Erzielung größerer Effizienz und Rentabilität nicht mehr in dem Staatssektor unterge-bracht werden können.»*[79]

Durch die Kooperativierung der landwirtschaftlichen Nutzfläche 1993 wurde ein zweiter nichtstaatlicher Arbeitsbereich in Kuba zugelassen, der maßgeblich dafür gesorgt hat, daß heute insgesamt 20% der Erwerbstätigen nicht mehr beim Staat beschäftigt sind. Zentrales Element dieses Kooperativierungsprozesses ist der Schritt zu einer arbeitsintensiven Landwirtschaft. Obwohl hier deshalb ein vielfältiges Ar-

209

beitsplatzangebot geschaffen wurde, ist die Nachfrage ausgesprochen gering. Der Ruf der Landwirtschaftskooperativen nach zusätzlichen Händen verhallte bisher ungehört. In der Zuckerproduktion sind zur Zeit sogar 10% aller ausgeschriebenen Stellen, also rund 40.000 Arbeitsplätze unbesetzt. Wie wir schon wissen, ist dies zum Teil das Ergebnis fehlender lukrativer Einkommensmöglichkeiten, die gleichzeitig leistungs- und produktorientiert sind. Und für Arbeitskräfte, die ländliche Arbeit nicht gewohnt sind, müßten erst recht attraktive Arbeitsbedingungen als Anreiz geschaffen werden. Dafür müßten einerseits die Lebensbedingungen auf dem Lande verbessert werden, wie durch den Bau von neuen Wohnungen, der Erweiterung von Infrastruktur usw. Andererseits müßten vor allem die Lohnanreize spürbar steigen. Während der Insel-sozialismus bei den allgemeinen Lebensbedingungen auf dem Lande auf einem soliden Fundament aufbauen kann, sind die Einkommenschancen der Landwirtschaft noch schlichtweg eine Katastrophe, wichtige Einkommensquellen bleiben den UBPCs bisher versperrt. Hier ist dringend Veränderung vonnöten, denn die kubanische Land-wirtschaft birgt langfristig ein Arbeitsplätzereservoir, das bisher kaum erschlossen wurde. Erst wenn die Regierung politisch der Landwirtschaft Priorität einräumt, kann eine Umschichtung von Arbeitsplätzen in diesen strategisch wichtigen Sektor hinein erfolgreich sein. Konkrete Arbeitsbeschaffungsmaßnahmen wären hier also eine be-vorzugte Förderung der kubanischen Landwirtschaft.

Nachdem die ökonomischen Aufgabenfelder der Kommunen schon erweitert wur-den und bei einem konsequenten Reformprozeß noch vergrößert werden müßten, besteht auch hier eine steigende Nachfrage nach qualifizierten Verwaltungsangestell-ten. Deren zukünftige Arbeit wird sich auf Bereiche konzentrieren, in denen bisher noch kaum Erfahrungen gesammelt wurden:

Einerseits handelt es sich um die Regulierung des Kleingewerbes, der neuen Bauernmärkte und zukünftig vieleicht noch anderer privater und kollektiver Produzen-ten, die nur noch indirekt über die Vergabe von Lizenzen, Qualitätskontrollen und über den Einzug von Steuern erfolgt.

Andererseits handelt es sich um die Dezentralisierung der sozialen Leistungen, die in Zukunft auf Gemeindeebene angesiedelt werden sollten, um zielorientierter und effizienter verteilt werden zu können. Damit würde auch ein Umbau des kubanischen Sozialsystems ermöglicht werden.

Inselökonomen weisen darauf hin, daß Entlassungen nicht automatisch zu sozialem Abstieg führen müssen. An Stelle von betriebsgebundenen Subventionen kann auch über direkte Beihilfen das private Einkommensniveau gesichert werden; gleichzeitig entlastet eine solche Umschichtung die Unternehmen. Daraus entstehende Produkti-vitätssteigerungen könnten letztendlich sogar wieder zu positiven Beschäftigungsef-fekten führen. Notwendig ist hierfür ein Steuergesetz, daß dic Finanzirung von Arbeitslosenversicherungen von einer rein betrieblichen Ebene ablöst und zur volks-wirtschaftlichen Gesamtaufgabe macht.

Die Herausforderung, die drohende Massenarbeitslosigkeit in Kuba zu bekämpfen, scheint genauso gigantisch wie die Lösungsansätze vielfältig. Bis jetzt setzte der kubanische Staat sowohl in seiner Wirtschafts- als auch in seiner Beschäftigungspolitik primär auf Investitionen aus dem Ausland und auf Weltmarktintegration. Es muß sich jetzt zeigen, welche Handlungsspielräume die Regierung und die Gewerkschaften in dem Spannungsfeld zwischen dem Zwang ökonomischer Effizienzsteigerungen und der Notwendigkeit sozialer Interessensvertretung in Zukunft zu nutzen wissen. Die Chancen einer erfolgreichen Arbeitsmarktpolitik liegen auch in Kuba vor allem im Binnensektor. Während der dringende Handlungsbedarf ebenso wie mögliche Lösungsperspektiven auf der Insel schon vielfältig diskutiert wurden, hat sich in der Praxis noch nicht viel gerührt.

Die obigen Ausführungen haben gezeigt, daß Arbeitslosigkeit kein isoliertes Problem ist, sondern daß Ergebnis von vielen unterschiedlichen Faktoren. Die Regierung die drohende Arbeitslosigkeit nur durch einen umfassenden Strukturwandel, der die Gesamtwirtschaft betrifft, in den Griff bekommen. So wird die Debatte zur Bekämpfung der Arbeitslosigkeit letztendlich zur indirekten Systemfrage: Im Grunde mündet jede konstruktive Beschäftigungspolitik in Kuba in eine Umwandlung genau der zentralstaatlichen Strukturen, die bis jetzt über die Krisenjahre hinweg unangetastet blieben. So muß aus der kubanischen Volkswirtschaft, die Che Guevara einst wie einen einziger Betrieb leiten wollte, ein Betätigungsfeld für unabhängige Akteure werden, in dem sich der Staat auf die zentrale Rolle des sozialen Ausgleichs, der wirtschaftlichen Regulierung und der Verfolgung gesamtgesellschaftlicher Interessen konzentriert. Die kubanische Monatszeitschrift *Bohemia* leitete im Juni 1995 ihre Berichterstattung über die aktuelle Beschäftigungslage mit der Frage ein, wieviel Hämmer ein Nagel braucht. Die Bewältigung der drohenden Massenarbeitslosigkeit kann auch in Kuba zur Nagelprobe des Systems werden.

21.4. Von eigenen Produktionspotentialen zur nachhaltigen Entwicklung

Die kubanische Regierung hat – zumindestens nach ihrer politischen Rethorik zu urteilen –, richtig erkannt, daß für eine entwicklungspolitische Perspektive die Aufrechterhaltung einer gewissen Verteilungsgerechtigkeit ebenso wichtig ist wie der Erhalt der sozialen Sektoren. Die Effektivität des vorhandenen hochqualifizierten Arbeitskräftepotentials könnte damit zu *dem* strategisch bedeutsamen Entwicklungspotential der Insel werden. Als erstes Beispiel dafür kann der Aufbau der biotechnologischen Industrie angeführt werden, durch den parallel die Anreicherung des Exportwarenkorbes und die Importsubstitution erfolgreich umgesetzt werden konnten. Die zahlreichen Rückkoppelungseffekte und Vermaschungen zwischen Binnen- und Exportwirtschaft (vgl. Abschnitt 8.4.) geben einen Hinweis darauf, in welche Richtung eine *assoziativ-autozentrierte Entwicklung* grundsätzlich verlaufen könnte. Das kubanische Arbeitskräftepotential könnte jetzt die Basis für den Aufbau anderer Entwicklungssektoren bilden. Dabei sind vor allem die erreichten Standards in angepaßter Technologieentwicklung sowie die des Bildungs- und Gesundheitswesens zu nutzen, die zur Entstehung eines modernen und regional qualitativ hochentwickelten Dienstleistungssektors führen könnten. Als bestes Beispiel kann hier der Gesundheitstourismus genannt werden, mit dem es gelungen ist, durch das eigene Know-how ein qualitativ hochwertiges Angebot zu schaffen, welches dennoch konkurrenzfähig ist. Eine weitere Entwicklungsperspektive Kubas liegt in der Wiedereingliederung in die Region, die seit Jahren von der Regierung vorangetrieben wird. Durch die seit 1975 eingeleitete Industrialisierung kann die Insel heute auf Kapazitäten zurückgreifen, die bei den südlichen Nachbarn des Tropensozialismus sonst nirgends vorhanden sind: Kuba verfügt als einziges Land der Karibik über Zementfabriken, die bei voller Auslastung den Bedarf der gesamten Region decken würden. Dazu kommt eine der größten Ölraffinerien der Zone, die für rohölfördernde Länder wie Mexiko, Venezuela und Kolumbien zur Verfügung stehen könnte. Kleinere Fabriken der Textil-, Elektro- und Elektronikbranche, die häufig erst in der zweiten Hälfte der achtziger Jahre in Betrieb gingen und international wettbewerbsfähig sind, fehlt es heute primär an Inputs zur Auslastung oder zur Expansion ihrer Kapazitäten.

Mit anderen Worten: Kuba verfügt trotz massiver Ressourcenbegrenzungen über wichtige Entwicklungpotentiale, deren adäquate Nutzung die Sicherung der «sozialen Errungenschaften» und den Erhalt des nationalen Konsens erlauben würden und die damit eine nachhaltige Konsolidierung und Entwicklung des Systems realisierbar machen. Die Möglichkeiten der kubanischen Gesellschaft, die Begrenzungen und Chancen des Weltmarktes flexibel zu verarbeiten, wird in Zukunft von ihrer Reform- und Innovationsfähigkeit abhängen. Auch hier besteht die größte Herausforderung in der Formulierung und Durchsetzung einer zusammenhängenden und aufeinander abgestimmten Entwicklungsstrategie, die die zeitliche Abfolge der Reformschritte auslotet: Die fehlende Investitionskapazität der Insel kann in einem ersten Schritt nur durch einen inneren strukturellen Wandel ausgeglichen werden, der Produktivitätssteigerungen ohne äußeren Ressourceneinsatz ermöglicht und über eine Importsubstitution zur Devisenfreisetzung beiträgt: Hier sind weitere agrarische Reformen gefragt. In einem zweiten Schritt hängt es dann von der Investitionslenkung ab, inwieweit eigene Potentiale gefördert werden, die eine nachhaltige Entwicklung garantieren.

22. Die zweite theoretische Annäherung: *Vom Untergang des Staatssozialismus zur Theorie des Übergangs*

Nach dem *vorläufigen Endsieg des Kapitalismus*[80], eingeläutet mit dem Berliner Mauerfall, folgte im Westen ein kurzfristiger Siegestaumel, der Politik und Wissenschaft gleichermaßen erfaßte. Von der Überlegenheit der Marktwirtschaft (Kapitalismus) war da meistens die Rede, die nun auch historisch nicht mehr angezweifelt werden könne. Ebenso schnell waren die Rezepte für den Übergang der staatssozialistischen Systeme formuliert, mußten sie doch häufig nur aus der Schublade gezogen werden. Märkte und Privatisierungen sollten die ökonomische Effizienz der postsozialistischen Staaten sichern, Parteienpluralismus die demokratische Mitbestimmung garantieren. Man ging davon aus, daß Märkte aus sich heraus, aus ihren inneren Funktionsbedingungen, quasi automatisch Entwicklung initiieren. Doch mit den Jahren wich der westliche Optimismus der Systemüberlegenheit einer wachsenden Ernüchterung und Katerstimmung. Offensichtlich ließen sich Markt und Demokratie nicht einfach in Gesellschaften einpflanzen, sondern waren Ergebnisse langfristiger wirtschaftlicher, politischer und kultureller Entwicklung, die nicht beliebig auf alles übertragen werden konnten.

Noch machten sich keine Selbstzweifel an der westlichen Konzeption breit, der Staatssozialismus war auch nach seinem Ableben noch als Sündenbock gut: Nach ersten Rückschlägen waren es die maroden Volkswirtschaften des Sozialismus selbst, die schon vorher darniederlagen, mehr Aufbauarbeit als erwartet nötig machten und die prophezeiten schnellen Wirtschaftserfolge verzögerten. Der gesellschaftliche Widerstand gegen eine rasche Einführung von marktwirtschaftlichen Strukturen, der nicht nur den Widerstand einer unwilligen und erstarrten Parteibürokratie zum Hintergrund hatte, sondern auch von einer breiten Bevölkerungsschicht getragen wurde, für die Markt nicht das Zauberwort aller ihrer Probleme war, sondern vielmehr existenzielle Ängste und Befürchtungen weckte, wurde weitgehend ignoriert: «*Obwohl sich die Empfehlungen des wissenschaftlichen ‹mainstreams› hinsichtlich des einzuschlagenden Tempos und der angemessenen Reihenfolge der Reformschritte unterscheiden und durchaus Uneinigkeit besteht, innerhalb welcher Zeiträume der take off-Punkt der Transformation erreicht werden wird, sind sie sich doch – zumindestens implizit – völlig darin einig, daß letztendlich am gewünschten Erfolg nicht zu zweifeln ist. Mit anderen Worten, es wird davon ausgegangen, daß die Transformation, und sei es erst in dreißig oder vierzig Jahren, gelingen wird, daß das Ergebnis aller Handlungen eine kapitalistische Geld- und Marktwirtschaft sein wird. Nicht ins Auge gefaßt wird hingegen die faktische Dynamik der je einzelnen Reformmaßnahmen, die eine je eigenständige Funktions- und Bereichslogik entwickeln und so dazu führen können, daß sich im Ergebnis der vielfältigen Reformschritte und darauf bezogenen Handlungen ein ‹Hybridsystem› [Mischsystem] herausbildet, das (a) reproduktionsfähig ist und (b) in sich widersprüchliche Regulationsanforderungen aufweist, die einen erfolgreichen Pfad des Systemwandels geradezu behindern.*»[81] Diese Kritik hat sich in verschiedenen postsozialistischen Gesellschaften mehr als bestätigt, das Loblied auf den Kapitalismus wird zunehmend zum Trauergesang einer sich von den globalen Entwicklungen verabschiedenden Welt. Es scheint also für Kuba sinnvoll – will es diesen Beispielen nicht folgen –, noch einmal zu dem Ausgangspunkt bisherigen sozialistischen Scheiterns zurückzugehen, um neue Wege beschreiten zu können. Dies soll im folgenden geschehen.

Heute wird das Scheitern des Staatssozialsmus oft über die erstarrte politische Struktur des Systems erklärt, die als Nomenklatura nur ihren Machterhalt und ihre Privilegien im Auge hatte und damit gesellschaftliche Veränderungen blockierte. Dieser Ansatz beleuchtet zwar einen Teilaspekt der betroffenen Regime, ignoriert aber wichtige historische Erfahrungen und ökonomische Entwicklungen und muß als allgemeingültige Erklärung für das Scheitern des Staatssozialismus zurückgewiesen werden. Denn der Staatssozialismus ist nicht seit Beginn seiner Existenz entwicklungsunfähig gewesen, ganz im Gegenteil: Gerade durch seine spezifische politische Organisationsstruktur der wirtschaftlichen Zentralverwaltung konnte er in einer ersten Phase enorme Potentiale und eine Dynamik entfesseln, die ihm zum erfolgreichen Ausdruck und Hoffnungsträger einer beschleunigten gesellschaftlichen Entwicklung machte. Denn die Sowjetunion und viele spätere staatssozialistische Systeme konsolidierten sich auf einer Basis deutlicher Unterentwicklung, sie mußten sich erst auf die Lösung weniger zentraler Probleme konzentrieren: Da war anfangs häufig eine massive äußere Aggression abzuwehren, der Kampf gegen extreme Armut, Hunger, Analphabetismus, ungleiche Einkommensverteilungen usw. zu gewinnen, ein Übergang von landwirtschaftlicher zu industrieller Produktion einzuleiten und eine soziale Versorgung aller Bevölkerungsteile zu gewährleisten.

Solange die gesellschaftlichen Interessen auf solche kollektiven Ziele gerichtet waren, schien die Koordination der sozialistischen Zentralverwaltung durchaus effizienter als die einer ursprünglichen kapitalistischen Entwicklung, wo der Wildwuchs blinder Märkte enorme Ressourcen verschleuderte und unerträgliche soziale Folgekosten produzierte. «*Zunächst konnten die sozialistischen Länder über einen beträchtlich langen Zeitraum hinweg eindrucksvolle Gesamtwachstumsraten verzeichnen... Insofern hat sich die zentrale Planung als brauchbares Instrument zur Lenkung der Ökonomie in eine von der politischen Führung gewünschte Richtung erwiesen.*»[82] Diese scheinbare Überlegenheit ließ den Staatssozialismus nicht nur für viele Länder der sogenannten «Dritten Welt» als anzustrebende Entwicklungsperspektive erscheinen.

Erst in einer zweiten Phase – die in der UdSSR Mitte der fünfziger Jahre begann –, verlangsamte sich die sozialistische Wirtschaftsdynamik, um schließlich in eine anhaltende und sich ausbreitende Lähmung zu verfallen. Der Kommandosozialismus, dem es anfangs gelungen war, enorme Produktionspotentiale zu entfalten, wurde zur eigenen Bremse seiner Entwicklung. Angesichts einer zunehmenden Verlangsamung der wirtschaftlichen Dynamik begannen die staatssozialistischen Länder sich immer stärker im kapitalistischen Ausland zu verschulden. Was später zu einer Ursache des sozialistischen Zusammenbruchs hochstilisiert wurde, war im Grunde nur die Folge einer abschlaffenden Wirtschaftskraft und damit das Ergebnis des Systems selber: Um das erreichte Konsumniveau halten zu können, daß durch die eigenen Leistungen der Produktion und die Investitionsquoten schon längst nicht mehr zu legitimieren war, mußte auf Kreditbasis gelebt werden, wenn grundsätzliche Reformen vermieden werden sollten. Die staatssozialistischen Länder begannen, über ihre Verhältnisse zu leben und der konsumierte Reichtum wurde immer mehr durch einen Substanzverlust erkauft, so daß später behauptet werden konnte, im Sozialismus sei stets von der Substanz gelebt worden.

Was war geschehen? Dies kann am besten am Beispiel der sowjetischen Entwicklung erläutert werden. Der russischen Revolution wurde ein doppeltes Erbe in die

Wiege gelegt: Einmal die sich durch objektive historische Bedingungen und zusätzlich durch subjektive personelle Einflüße immer stärker ausprägende und schließlich zementierende Fusion der Partei, der Regierung und des Staates zu einem Zentralverwaltungsapparat. Der erste Weltkrieg, die darauf folgenden imperialistischen Militärinterventionen und vor allem der russische Bürgerkrieg waren objektive historische Bedingungen, die eine Machtkonzentration der Revolutionsführung zum Erhalt der sozialen Inhalte und der Errungenschaften der russischen Revolution erforderlich erscheinen ließen. Diese Machtkonzentration des *Kriegskommunismus* verfestigte sich nach dem Scheitern der europäischen Revolutionen, konnte schon während der frühen Demokratisierungstendenzen der sowjetischen Wirtschaft (NÖP) nicht mehr aufgelöst werden, zementierte sich unter der Politik vom *Sozialismus in einem Lande* und der Abwehr der faschistischen Aggression endgültig und reproduzierte sich endlich bis zum Zusammenbruch des Systems in modifizierter Form.

Unterstützt wurde dieser Prozeß durch den subjektiven Einfluß individueller Führungspersönlichkeiten. Ohne den starken persönlichen Einfluß Lenins auf die russische Revolution zu vernachlässigen, wird vor allem Stalin mit einer zunehmenden Machtkonzentration des sowjetischen Staates in Verbindung gebracht. Wenn auch einige Merkmale des Stalinismus diese These unterstützen, darf nicht der Fehler gemacht werden, die Entwicklung des Staatssozialismus den individuellen Neigungen einer Person zuzuweisen. Stalin konnte auf Strukturen aufbauen und sie ausbauen, war aber nicht der Begründer oder *Deformator* des spezifischen sozialistischen Systems, das später zusammenbrach. Er prägte nur einen Herrschaftsapparat besonders aus, der schon mit der Revolution und aus anderen Gründen entstanden war. Und dieser Apparat war es, der auch nach dem Stalinismus in modifizierter Form die Entwicklung der UdSSR bestimmte.

Zu diesem Zentralverwaltungsapparat kam die Verfügungsgewalt über einen schier unermeßlichen Reichtum an Rohstoffen und anderen Ressourcen, die in der damaligen Zeit die Voraussetzung für eine industrielle Produktion in großem Maßstab boten. Dies erlaubte dem zentralen Machtapparat, eine beschleunigte gesamtgesellschaftliche Entwicklung einzuleiten; hieraus bezog er seine Legitimation und eben nicht primär aus repressiven Mitteln, wie häufig behauptet wurde: «*Wie die Ergebnisse eines Vergleichs der wirtschaftlichen Leistungen im Detail auch immer aussehen mögen, es kann kein Zweifel daran bestehen, daß die Sowjetunion die Kluft, die sie von den Industrieländern des Westens trennte, während des zur Diskussion stehenden Zeitraums verringern konnte, sowohl beim Pro-Kopf-Produkt wie auch bei der wirtschaftlichen Struktur.*»[83]

Dies war nur durch die zentrale Verfügungsgewalt und der Verarbeitung der scheinbar unbegrenzten Vorräte an Rohstoffen möglich. Die in den dreißiger Jahren begonnene Industrialisierung der UdSSR, die aus einem extensiven, nämlich materialintensiven Produktionsprozeß bestand, führte mittelfristig zu einer materiellen Verbesserung des Lebensstandards großer Teile der Bevölkerung. Die administrative Planwirtschaft schien damit eine effektive ökonomische Ordnungsform zu sein, um die enormen Rohstoffvorräte zentral zu verwalten und einzusetzen, die Anpassungskosten kapitalistischer Industrialisierungsprozesse zu verringern und die nötigen Produktionssektoren zielgerichtet aufbauen zu können. Zumindestens die ökonomischen Erfolge gaben ihr Recht. Die beschleunigte Industrialisierung brachte die UdSSR auf den zweiten Platz der Weltproduktion. Bei vielen schwerindustriellen Produkten wurde die UdSSR sogar zum größten Produzenten der Erde, z. B. bei Erdöl, Erdgas, Stahl, Eisenerz, Mineraldünger, Zement und Traktoren.

Der Sowjetsozialismus zeichnete sich also als ein gesellschaftliches System aus, bei dem aus besonderen historischen Umständen zwei unterschiedliche Bedingungen zusammentrafen: Einmal ein *zentralstaatliches Machtmonopol* und zum anderen das Vorhandensein *ausreichender Rohstoffressourcen* im Land. Daß dieses politische Machtmonopol offensichtlich mittels eines *extensiven Produktionsprozesses* (quantitatives Wachstum) den Einsatz der vorhandenen Ressourcen effizient verwalten konnte, begründete die anfängliche Legitimität des sowjetischen Sozialismus und führte zu seiner weiteren Konsolidierung und Entwicklung. Hier hat sich nicht *der* Sozialismus herausgebildet, sondern *eine* spezifische Sozialismusvariante, die von ihren konkreten historischen und sozioökonomischen Grundlagen bestimmt wurde.

Die gesellschaftlichen Reproduktionsbedingungen veränderten sich nun zur zweiten Jahrhunderthälfte und besonders seit Beginn der siebziger Jahre im internationalen Maßstab und auch in der UdSSR beachtlich. Führte die Sowjetunion mit dem «Sputnikschock» der Welt noch vor, wer in der technologischen Entwicklung voranging, gelang es ihr danach trotz vielfältiger Anstrengungen nicht mehr, sich an die Neuerungen der beginnenden weltweiten wissenschaftlich-technologischen Revolution anzukoppeln. Sie scheiterte dabei, eine neue Arbeits- und Produktionsordnung einzuführen, die mit technologischer Innovation, Produktivitätssteigerungen und Rationalisierung eine industrielle Modernisierung des Landes erreicht hätte. Dementsprechend erhöhte sich die Arbeitsproduktivität in der UdSSR zwischen 1960 und 1990 nur gering; allein bis 1986 ist die Produktivität in der Industrie gleichbleibend nur halb so hoch wie in den USA gewesen.[84]

Die Notwendigkeit, einen strukturellen Wandel in der Produktion zu erreichen, wurde aber immer stärker zur «Überlebensfrage» des staatssozialistischen Regimes, denn die eigenen Ressourcen als Reproduktionsbasis für das extensive Wachstum begannen bedrohlich zu schwinden: Der Arbeitskräftezuwachs verringerte sich zwischen 1980 und 1990 um circa zwei Drittel, und sowjetische Berechnungen gingen davon aus, daß die kombinierten Einsatzfaktoren (Arbeit, Kapital, Rohstoffe) nach einem Rückgang von 15% bis zum Jahre 1985 bis 1990 um weitere 40% sinken würden. Das heißt, wirtschaftliche Entwicklung war nur noch durch eine Intensivierung des bisherigen Reproduktionsprozesses möglich. Die *extensive Produktion*, also ein durch eine reine Ausdehnung der Produktionsfelder und durch eine quantitative Erhöhung der Faktoreinsätze bedingtes Wirtschaftswachstum mußte durch eine *intensive*, also eine Effizienz- und Produktivitätssteigerungen erzielende *Produktion*, ersetzt werden, wenn ein ökonomischer Kollaps verhindert werden sollte. Alle unterschiedlichen Versuche, diese *intensive Produktion* seit den siebziger Jahren durch gezielte Investitionslenkung und unter dem forcierten Einsatz wissenschaftlicher Erkenntnisse zu erreichen, schlugen fehl. Augenscheinlich war der Staatssozialismus nicht in der Lage, den neuen globalen Produktivkraftentwicklungen zu folgen, obwohl er dies in einem mehr als dreißigjährigen Prozeß versucht hatte. Die Gründe für dieses Versagen sind in der zentralverwalteten Organisationsstruktur des Staatssozialismus selbst zu suchen, die sich den veränderten Bedingungen nicht mehr anpassen konnte und zur unüberwindbaren Barriere des Systems wurde.

Dies soll an verschiedenen Beispielen verdeutlicht werden: Ein zentrales Wirtschaftsproblem der UdSSR bestand darin, die wissenschaftlich-technischen Innovationen in der Form neuer Produktionskonzepte in die Betriebe zu integrieren; die Verschleppung von Neuerungen ist für Einzeltechnologien empirisch belegt, Neuinvestitionen flossen weiter in die Erstellung von Anlagen auf der Basis der veralteten Technologien, alte Anlagen wurden nur zögerlich abgebaut. Damit wurden Rationalisierungsmaßnahmen und ganze Modernisierungsstrategien chronisch verzögert. Als ein Hauptgrund dafür wird angegeben, daß die administrativen Rahmenbedingungen der zentralen Planung beim betrieblichen Management selbst *innovationsfeindliche Eigeninteressen* entstehen ließen: Eine Unterstützung von Rationalisierungspolitik hätte den Betriebsleitern die Kontrolle über den letzten Produktionsfaktor entzogen, den sie nicht von der Zentralverwaltung zugewiesen bekamen, sondern selbstbestimmt verwalteten, nämlich über die Arbeitskräfte. Die sozialistischen Unternehmer hatten darum ein vitales Interesse, ihre hohen Beschäftigungszahlen als wichtigsten autonomen und flexiblen Einsatzfaktor zu bewahren, um die vorgegebenen Produktionspläne erfüllen zu können.

Im Rahmen der geltenden Regeln der Zentralverwaltung verhielten sie sich dabei durchaus rational und im Einklang mit den gegebenen Anforderungen, indem sie das mit Innovation verbundene Risiko minimierten: Konfrontiert mit einer Vielzahl geplanter Erfolgsindikatoren und ohne die Sicherheit kontinuierlicher Inputs selbst für traditionelle Produktionsprozesse und -produkte, gab es keinen vernünftigen Grund, neue und größere Risiken einzugehen, nur um eine zusätzliche schwierige Aufgabe wie Rationalisierungen zu erfüllen. Eine wenig entwickelte Informationsstruktur, die Forderung nach permanenter Vollauslastung der volkswirtschaftlichen Kapazitäten in «angespannten Plänen», d.h. ohne mobilisierbare Reserven außer den Arbeitskräften, ein notorisch unzuverlässiger Mechanismus der staatlichen Zuteilung von Kapitalgütern und nicht zuletzt die Bequemlichkeit von Verkäufermärkten machten Innovationen sicher nicht zur wichtigsten, geschweige denn zur attraktivsten Aufgabe der Manager in der UdSSR. Die Einführung innovativer Technologien hätte deshalb mit einem Zugeständnis an die *betriebliche Autonomie* verbunden sein müssen, was aufgrund der Totalität der Planung die Systemfrage gestellt hätte.

Außer aufgeblähten Beschäftigungszahlen förderte die zentrale Planung in den staatlichen Betrieben keinen sparsamen Einsatz und Umgang mit Ressourcen. Geld hatte im Staatssozialismus nicht die Funktion eines Tauschwertes, der jederzeit realisierbar ist, also gegen jede Ware jederzeit eingetauscht werden konnte. Diese Funktionen erfüllten die produzierten Güter noch selbst, sie waren im Grunde das wichtigste Tausch- und Zahlungsmittel. Diese Form einer entwickelten *Naturalwirtschaft* veranlaßte die staatlichen Unternehmen, anstatt Erträge in Geld zu erwirtschaften – wie es in kapitalistischen Unternehmen der Fall ist – Güter zu horten und riesige Vorratslager anzulegen. Sie erreichten damit zweierlei: Sie konnten bei mangelhafter staatlicher Zuweisung von Produktionsgütern auf die eigenen Vorräte zurückgreifen und dennoch die Pläne erfüllen. Andererseits schufen sie damit eine Knappheit von Gütern, durch die der vorhandene gesellschaftliche Reichtum nicht wirtschaftlich optimal eingesetzt, sondern im Gegenteil zurückgehalten wurde, um einzelbetriebliche Ziele zu verwirklichen. Damit wurde aus der zentralverwalteten Sowjetwirtschaft zwangsläufig eine Mangelwirtschaft. Jeder Versuch, Material und Arbeitskräfte effizienter einzusetzen und Kosten zu sparen, hätte für die Betriebe bedeutet, zukünftig weniger Materialzuweisungen und Lohnzahlungen zu erhalten und damit vielleicht die Unternehmenserträge verringert. Dies versuchten und wußten auch die sozialistischen Unternehmer zu verhindern.

Mit der passiven Rolle des Geldes wurde der *Preisbildungsmechanismus* im Staatssozialismus zu einem weiteren zentralen Problem. Die Preise wurden auf der Basis ökonomischer Kalkulationen staatlich festgelegt und dienten als reine Verrechnungseinheiten, daß heißt, man rechnete z.B. in Tonnen und gab diesen Tonnen den Namen von Geld. Diese Preisfunktion wurde der extensiven Binnenindustrialisierung der UdSSR in den dreißiger Jahren durchaus gerecht, bei der es sich im marxschen Sinne um eine *einfache erweiterte Reproduktion* handelte. Der Preis versah hierbei bloß eine Selbstabrechnungsfunktion und sicherte als Strukturfolge eine ökonomische Rationalität in der geplanten Produktionsstruktur. In dieser Phase handelte es sich um ein «durch ein Angebot gesteuertes Wachstum, dem ein autarkistisches Preissystem dient», der Preis beschränkte sich auf eine «*strukturdienende Funktion*».[85] Das heißt, die Zentralregierung konnte anhand von Preisen nicht beurteilen, ob der interne Bedarf am Aufbau eines neuen Industriezweiges vorhanden bzw. erwünscht war; wenn sie sich aber politisch zu diesem Aufbau entschloß, konnte sie anhand der Preise einen ungefähren Eindruck davon gewinnen, wie dieser Aufbau voranging bzw. zu welchen Ergebnissen er führte. Im Zuge der sich in der Nachkriegszeit entwickelnden, immer komplexer werdenden staatssozialistischen Volkswirtschaft konnte «*die Wachstumsbahn nur von der Nachfrage gelenkt werden, und das kann nur durch das Einschalten der Preisfunktion erfolgen*».[86] Der Preis hätte dabei eine *strukturdeterminierende* Funktion erhalten, das bedeutet, er hätte nicht nur stattfindende wirtschaftliche Prozesse wiedergespiegelt, sondern auch angeregt, z.B. neue Branchen auf- oder auszubauen.

Diese Erkenntnis marxistischer Ökonomen hatte sich in UdSSR nicht durchsetzen können. Die Preisbildung blieb staatliches Monopol und wurde administrativ festgelegt. Dabei konnte die zentrale Preisplanung die vielschichtigen Impulse, die von sich frei bildenden Preisen ausgehen könnten, nicht adäquat berücksichtigen, was zu einer immer stärker verzerrten Preisstruktur durch zunehmende Diskrepanzen zwischen Preisen und Werten führte. Denn Preise sind nach Marx erst in letzter Instanz einzelwirtschaftliche Größen, der Warenverkaufspreis eines Unternehmens ergibt sich nicht nur aus der Konkurrenz mit seiner Branche, sondern aus der Konkurrenz der verschiedenen Branchen untereinander, durch die jedes Unternehmen einen gesellschaftlichen Durchschnittsertrag erzielt. Durch die Verhinderung von Beziehungen verschiedener Produktionsbranchen über Marktpreise können nun im Staatssozialismus die einzelnen Branchen ihre ökonomische Bedeutung in der Volkswirtschaft, oder anders gesagt, ihr relatives Gewicht an der gesellschaftlichen Arbeit nicht feststellen. Wenn aber der betriebliche Durchschnittsertrag nicht zu errechnen ist, ist es ein aussichtsloses Unterfangen, auf betrieblicher Ebene eine Gewinn- und Verlustrechnung erstellen zu wollen; ohne gesamtwirtschaftliche Preisbildung sind keine rationalen betriebswirtschaftlichen Kostenkalkulationen möglich.

Die bürokratisch festgelegten Preise gaben stattdessen Impulse ab, die einer ökonomischen Rationalität widersprachen, was z. B. weitreichende innovationshemmende Auswirkungen hatte: Die Auswahl der jeweils effizientesten Investitionsvarianten wurde durch die hoch verzerrte Binnenpreisstruktur erschwert, da Preise zum Teil nicht die Kosten deckten oder nur bedingt den volkswirtschaftlichen Nutzen verschiedener Güter wiedergaben. Die Nichterfassung oder zu geringe Erfassung volkswirtschaftlicher Kosten führte zu ökonomischen Fehlentscheidungen; so manche Investition wurde voll in den Sand gesetzt. Dies war einer der Gründe, die schließlich die staatliche Investitionslenkung zum Scheitern brachten und die enormen Bruttoinvestitionen auf bescheidene Nettoinvestitionsbeträge zusammenschmolzen: Eine effiziente Innovationsförderung durch gezielte Investitionspolitik war durch die administrative Preispolitik einfach nicht möglich.

Die ab Beginn der siebziger Jahre im Westen eingeleitete technologisch-wissenschaftliche Revolution basierte in ihrer dynamischen Entwicklung stark auf Kommunikation und Informationsverarbeitung. Die sich dabei im Rahmen von Erfindungen und Innovationen realisierenden Veränderungen prägten immer weiter die Produktionsformen in den verschiedenen gesellschaftlichen Bereichen mit; ein deutliches Beispiel ist hierfür der zu beobachtende Wandel der Produktionskonzepte seit Beginn der achtziger Jahre in den hochindustrialisierten Ländern. Die zur Informationsverarbeitung notwendige Flexibilität und Komplexität benötigt aber einen Kommunikationsrahmen, der dem Prinzip der administrativen Planwirtschaften entgegenstand. Solange die zentral dirigierten Staatsbetriebe keine eigenständige Kommunikation und Koordination untereinander entwickeln konnten, sondern von vertikalen Informations- und Entscheidungsstrukturen abhängig blieben, konnte sich das durch Informationsverarbeitung entstehende Innovationspotential der technologisch-wissenschaftlichen Revolution im Staatssozialismus nicht entfalten. Auch das traditionelle Informations- und Kommunikationsmonopol des Staates bremste diese Entwicklung, durch das Verbot der privaten Nutzung von Computern wurde eine breite Anwendung dieser neuen Technologie außerhalb der staatlichen Kontrollmechanismen kaum möglich. So ging ein enormes Produktivitäts- und Kreativitätspotential verloren, was zusätzlich zum Scheitern der staatssozialistischen Modernisierungsstrategien beitrug.

Es zeigt sich, daß die Ordnung der zentralen Planwirtschaft den Anforderungen der innovativen Produktivkraftentwicklung der Nachkriegszeit, aber besonders den Entwicklungen ab den siebziger Jahren nicht mehr gerecht wurde: «*Nachdem die traditionellen Instrumente einer kräftigen Dynamisierung der wirtschaftlichen Entwicklung ‹von oben› nicht mehr griffen, hätte eine strukturelle und technologische ‹Selbstdynamisierung der Wirtschaft von unten› einsetzen müssen. Tatsächlich tendierten Struktur und Technologie unter den Bedingungen des administrativen Planungssystems jedoch immer mehr zu einer ‹erweiterten Selbstreproduktion› der bestehenden Verhältnisse.*»[87]

Zusammenfassend können wir also feststellen, daß die staatssozialistische Zentralverwaltung innovationsfeindlich war: Sie hinderte Betriebe und Beschäftigte, Eigeninitiative zu entwickeln, sie bot keinen Anreiz zum sparsamen Umgang mit Ressourcen, sie verfügte über keinen Mechanismus zur Korrektur von fehlgeleiteten Einsatzfaktoren, sondern zementierte stattdessen die festgelegten Verteilungsmuster.

Die sowjetische Reformstrategie der *Perestroika* versuchte diesen Kreis aufzubrechen. Sie beruhte im Grunde auf einer Mischung von vertikaler Planung und horizontalen Marktbeziehungen. Es handelte sich um ein Modell der Staatsaufträge mit einem liberalisierten Konsum- und Produktionsgütermarkt, auf dem gewisse Preisspannen staatlich vorgegeben waren. Wie die postsozialistischen Entwicklungen mittlerweile gezeigt haben, bedeutete die Billigung von marktkoordinierten Steuerungsfunktionen aber nicht automatisch, daß der Markt diese Aufgabe auch erfüllte. Darum erhielten die Planungsgremien der Perestroika die doppelte Aufgabe, Märkte zu entwickeln und sie zu begrenzen. Der frühe sowjetische Reformprozeß kann also als ein *Planungssozialismus mit Marktbeziehungen* bezeichnet werden.

Das marktkoordinierte Ordnungsprinzip der Perestroika fand seine Begrenzung in der Vermögensbildung: Zwar war es den staatlichen Betrieben jetzt grundsätzlich erlaubt, die von ihnen für die Produktion benötigten Güter über Märkte zu beziehen und ihre eigenen Produkte über Märkte zu verkaufen; allerdings gab es in der Binnenwirtschaft keinen entwickelten Geldmarkt bzw. ein dazugehöriges mehrstufiges Bankensystem. Das heißt, die Unternehmen konnten ihre erwirtschafteten Erträge nicht in Geld anlegen, verfügten also über keine freie Liquidität. Eine umfassende Marktkoordinierung setzt aber eine ausgebildete Geldwirtschaft voraus, die durch die abstrakte Ebene des Geld-Güter-Tausches eine vielfältige Faktorkombination erlaubt. Durch das Fehlen dieser Möglichkeit setzten die Betriebe ihre vorhandenen Kapazitäten erst gar nicht auf den legalen Märkten ein. Sie horteten weiterhin ihre Vorräte wie eine Art Sparbuch bzw. tauschten diese – ebenfalls schon wie früher – schwarz gegen andere Vorräte; die Naturalwirtschaft blieb der UdSSR erhalten. Die Marktwirtschaft ersetzte nicht die Mangelwirtschaft, sondern: Nachdem der Zusammenhang zwischen zentralstaatlicher Planung und Betrieben abgebaut wurde, die allgemeine Marktkoordination durch das Geld aber nicht hergestellt war, funktionierte die Güterverteilung und wirtschaftliche Versorgung noch schlechter als vorher und verschärfte die ökonomische Krise.

Doch nicht nur auf dieser Ebene griffen die sowjetischen Wirtschaftsreformen zu kurz: Da den staatlichen Betrieben für eine Teilnahme auf den Märkten eine größere Autonomie zugebilligt werden mußte, wurde die Festsetzung von Löhnen von der zentralverwalteten Entscheidung auf die betriebliche Ebene verlagert. Dies war sinnvoll, um Arbeitsleistung und Entlohnung innerbetrieblich zu flexibilisieren, um sie besser abzustimmen und um so die Produktivität der Betriebe anheben zu können.

Löhne haben aber immer eine Doppelfunktion: Einerseits innerbetrieblich als Produktionskosten, andererseits gesamtwirtschaftlich, was sich durch den Zusammenhang zwischen Lohnniveau, benötigter Geldmenge und Inflation ausdrückt. Um die autonome Lohnpolitik der Unternehmen nun gesamtwirtschaftlich zu koordinieren und zu regulieren, ist gleichzeitig immer eine autonome Geldpolitik auf zentraler Ebene nötig. In der Perestroika wurde die alte zentralstaatliche Ebene der Planung aber einfach abgebaut, ohne sie durch eine neue zu ersetzen, so daß die Geldpolitik aus dem Gleichgewicht geriet und immer mehr Geld in den Umlauf kam. Das Ergebnis waren Lohnsteigerungen auf betrieblicher Ebene, die auf die Preise der produzierten Waren abgewälzt wurden und die Inflation anheizten, die dann wiederum den Rahmen der staatlich vorgegebenen Preisspannen auf den Märkten sprengte bzw. die wirtschaftlichen Aktivitäten in die Schattenwirtschaft abdrängte.

Die wirtschaftliche Bedeutung des informellen Sektors nahm in der ehemaligen UdSSR ungeheure Dimensionen an. Trotz methodologischer Schwierigkeiten können über das Wirtschaftsvolumen der informellen Aktivitäten der UdSSR Annäherungswerte bestimmt werden: So wurde der Anteilswert der Schattenwirtschaft am russischen Nationaleinkommen 1990 auf 14,3% geschätzt, um dann 1991 auf 18,9% und 1992 auf über 30% zu steigen. Nach Schätzungen wurden 1992 rund 20% der Erwerbsfähigen in der russischen Schattenwirtschaft beschäftigt. Im Jahre 1990 soll der Umsatz des «schwarzen Marktes» ungefähr 30% des offiziellen Umsatzes der sowjetischen Volkswirtschaft betragen haben, bis 1993 hatte sich dieses Verhältnis nach Expertenschätzungen umgekehrt; hier liegt vermutlich die Genesis der russischen Mafia. Die Marktbeziehungen des sowjetischen Sozialismus rissen seine Planungselemente in die Tiefe. Offensichtlich ist es nicht möglich, eine wirtschaftliche Zentralplanung mit Marktkoordination zu verbinden: Die unvollständige Zentralplanung beeinträchtigte das ökonomische System ebenso wie ihr unvollständiger Markt und vervielfältigte die negativen Effekte beider Steuerungsmechanismen, anstatt positive Ergebnisse zu erzielen. Das wirtschaftliche Scheitern der Perestroika war deshalb unvermeidbar.

Daraus wird deutlich, daß die Schwierigkeit beim Aufbrechen der staatssozialistischen Wirtschaftsordnung darin bestand, daß sie nur um den Preis einer Umstrukturierung der gesamtgesellschaftlichen Organisation erlangt werden konnte. Die einheitliche Struktur der wirtschaftlichen sowie politischen Sphäre des Staatssozialismus ließ eine nur teilweise Reformierung der ökonomischen Basis nicht zu. Die Modernisierungsfrage wurde zur Systemfrage. Die Entwicklungschancen des Staatssozialismus bestanden also in einem strukturellen Systemwandel, der – durch eine Transformation der vertikalen Entscheidungsstrukturen in horizontale Ebenen – die ökonomische Basis der Produktion dezentralisiert und demokratisiert hätte. Die unteilbare Verbindung wirtschaftlicher und politischer Einflußsphären und Entscheidungsfunktionen verdeutlicht, daß für diesen Prozeß eine analoge Transformation der politischen Ordnung nötig gewesen wäre. Da diese durch ein zentrales politisches Machtmonopol charakterisiert war, konnte die Transformation nur durch eine Selbstbeschneidung des Machtmonopols erlangt werden, was zu Zielkonflikten unterschiedlicher Interessensgruppen innerhalb der Entscheidungshierarchien führen mußte.

Zusammenfassend läßt sich also festhalten: Es waren ausgerechnet die gleichen Produktionsverhältnisse, die den Staatssozialismus in der ersten Hälfte seines Bestehens konsolidierten und seine dynamische Entwicklung beschleunigten, die anschließend seine notwendige innovative Modernisierung behinderten und damit seinen Zusammenbruch begründeten. Die Gründe seines Erfolges verwandelten sich die Ursachen seines Scheiterns. Es ist die Ironie der Geschichte, daß dieses Scheitern des ersten längeren gesellschaftlichen Versuches, auf den Lehren von Marx eine neue Ordnung aufzubauen, gerade mit demselben Marx erklärt werden kann: Das «Entwicklungsgesetz» des marxistischen historischen Materialismus, nach dem sich die am weitesten entwickelten Produktivkräfte von den ihnen zu eng gewordenen Produktionsverhältnissen nur in gesamtgesellschaftlichen Umwälzungen befreien können, scheint zumindestens im Falle des Zusammenbruchs des Staatssozialismus einmal seine Gültigkeit bewiesen zu haben.

Der bedeutsamste Gegenentwurf zur sowjetsozialistischen Zentralverwaltung war das jugoslawische Modell. Während auch dieses Wirtschaftssystem bis 1952 noch administrativ verwaltet wurde, setzte ab dem Folgejahr ein dreistufiger Reformprozeß ein, der zwischenzeitlich zu einer arbeiterselbstverwalteten Marktwirtschaft führte. Dabei wurde die zentrale Lenkung der sozialistischen Unternehmen aufgegeben, und diese wurden in die Selbstverwaltung der Arbeiter entlassen. Der Lohn wurde durch ein persönliches Einkommen ersetzt, was symbolisch unterstreichen sollte, daß die Arbeiter jetzt auch unternehmerische Aufgaben zu erfüllen hatten und sich ihre Einkommen auf der Grundlage ihrer Betriebserträge errechneten. Die jugoslawischen Betriebe waren aber keine Produktionsgenossenschaften oder Kooperativen, in denen alle Mitglieder das Betriebskapital kollektiv besitzen und jedes Mitglied einen Anteil am Gesamtwert des Vermögens hält, und damit das Recht, diesen Anteil auch zurückzuziehen oder anderweitig darüber zu verfügen. Das Kapital der Unternehmen blieb stattdessen «Volkseigentum» – wie auch bei den kubanischen UBPCs –, die Belegschaften waren eine Art Verwaltung, die alle Nutzungsrechte innehatte und damit das unternehmerische Risiko trug, aber eben keine Eigentumsrechte besaßen. Damit blieb das persönliche Einkommen in den selbstverwalteten Betrieben auf das Arbeitsverhältnis bezogen, aber eben nicht auf das Kapitaleigentum; ein wichtiger Unterschied, wie wir noch feststellen werden.

Im jugoslawischen Konzept der betrieblichen Selbstverwaltung blieben andere Eigentumsformen ausgeklammert: Die private Unternehmensentwicklung z.B. wurde völlig gedrosselt. Ab Beginn der sechziger Jahre wurden die Reformen vertieft, wobei es vor allem auf zwei Punkte ankam:

1961 erhielten die selbstverwalteten Betriebe das Verfügungsrecht, autonom über ihre Nettoerträge zu entscheiden, also frei zwischen Lohnerhöhungen und Investitionen abzuwägen. 1965 wurde diese Selbstverwaltung noch ausgeweitet, indem die Gewinnbesteuerungen und die bis dahin üblichen Zinsen auf das Kapitalvermögen der Betriebe immer weiter gesenkt und schließlich ganz abgeschafft wurden; die staatliche Steuerung wurde weiter zurückgeschraubt. Damit wurde die erweiterte Reproduktion der jugoslawischen Gesellschaft von der politischen auf die wirtschaftliche Sphäre verlagert. Mit anderen Worten: Im Gegensatz zum Sowjetsozialismus wurde die Wirtschaft entpolitisiert, der Staat beschränkte sich nur noch auf zentrale Funktionen und überließ den Betrieben die wirtschaftliche Entwicklung.

Durch eine gleichzeitige Liberalisierung des Bankensystems wurde ansatzweise ein Kapital- und Geldmarkt geschaffen, der versuchte, die Investitionen nicht vertikal – also zentral – sondern horizontal, also über die selbstverwalteten Betriebe zu steuern. Das heißt, die Betriebe erhielten ihr Geld für Investitionen nicht einfach vom Staat zugesprochen, sondern mußten es sich über Kredite bei den Banken selbst beschaffen. Dazu kam eine weitgehende Deregulierung der Preise und eine Liberalisierung der Außenhandelsbeziehungen.

Ab 1965 agierten die arbeiterselbstverwalteten Betriebe also in einer Volkswirtschaft, die stärker von Märkten geprägt war, als es der Staatssozialismus je kannte. Ab 1974 wurde auch der Zentralstaat umstrukturiert, wobei den örtlichen Organen der allein herrschenden Partei größere Macht gegeben wurde. Diese waren aber aufgrund ihrer dezentralen Organisation jetzt nicht mehr in der Lage, effizient zu koordinieren und trugen zu einer weiteren Aufsplitterung der jugoslawischen Volkswirtschaft bei.

Die Ergebnisse dieses ersten Marktsozialismus waren insgesamt enttäuschend: Während sich zunächst die ökonomische Dynamik verbesserte, nahm die wirtschaftliche Leistung Jugoslawiens schließlich parallel zu den Liberalisierungsmaßnahmen kontinuierlich ab. Mit anderen Worten: Je mehr Freiheit die Arbeiterselbstverwaltung bekam, je großzügiger die Märkte ausgeweitet wurden, je stärker der Staat dezentralisiert wurde, umso tiefer ging die Wirtschaft den Bach hinunter. Das Wachstum des Bruttoinlandsproduktes der Dekade 1974-84 war nicht einmal halb so hoch wie während der ersten zehn Reformjahre und die gesamte wirtschaftliche und auch soziale Entwicklung war von einem kontinuierlichen Niedergang gekennzeichnet: «*Verlangsamung des Wachstums, begleitet von galoppierender Preisinflation und wachsender Arbeitslosigkeit, die auch mit der Öffnung der Grenzen für den massiven Migrationsstrom nach Westeuropa nicht eingedämmt werden konnte, wachsende öffentliche Unzufriedenheit, besonders unter den Arbeitern. Die Verlagerung der wirtschaftlichen Macht weg vom Bundesstaat und hin zu den Regierungen der Republiken und Regionen und verbunden damit die zunehmende Bedeutung der Marktkräfte, hat allen Anschein nach die höher entwickelten Landesteile begünstigt und damit die nationalen Konflikte verschärft.*»[88]

Für ein solch katastrophales Ergebnis, dessen Auswirkungen noch bis in die heutige Zeit zu beobachten sind, wurden unterschiedliche Erklärungsansätze entwickelt:

Eine Position kritisiert hauptsächlich, daß der Zentralstaat durch die Reformen der sechziger Jahre die Investitionsentscheidungen an die selbstverwalteten Betriebe abgetreten hat. Der Verteilung von Konsum- und Investitionsanteilen in einer unterentwickelten Wirtschaft wie der jugoslawischen allein dem Markt anzuvertrauen, bedeutet danach, daß die Steuerungsmechanismen des Kapitalmarktes überschätzt wurden; bei Kapitalknappheit bleibt stattdessen eine staatliche Investitionslenkung unvermeidlich, es wurde also mehr direkte Planung und weniger Markt gefordert. Als ein Beweis für diese Argumentation wurde z.B. herangezogen, daß die Investitionsbereitschaft der selbstverwalteten Betriebe außergewöhnlich gering war, offensichtlich war den Arbeitern eine Erhöhung ihres persönlichen Einkommens wichtiger als die Wettbewerbsfähigkeit ihrer Unternehmen. Dies führte langfristig zu einem Substanzverzehr der Produktionsanlagen, die der Zentralstaat nicht verhindern konnte.

Die entgegengesetzte Strömung kritisierte nicht den Markt an sich, sondern das Fehlen seiner makroökonomischen Steuerung. So existierte auf den jugoslawischen Märkten kaum eine Wettbewerbskontrolle, so daß Monopolisierungen üblich waren. Dies erklärt zum Teil auch die geringe Investitionsfreude der Betriebe, denn wo nicht konkurriert werden muß, muß auch nicht investiert werden. Zusätzlich gab es keine Geld- und Fiskalpolitik, die den Markt indirekt regulierte. So waren z.B. die Zinssätze von Bankkrediten niedriger als die Inflationsrate, daß heißt, die Betriebe konnten Kredite aufnehmen, die sich mit der Zeit selbst entwerteten; dies erlaubte den auf den Markt agierenden Betrieben ähnliche «weiche Bugetbegrenzungen», wie sie auch der Staatssozialismus kannte. 1986 wurde geschätzt, daß bei einer Anwendung strenger finanzieller Kriterien 10% aller Betriebe Jugoslawiens mit rund einer halben Million Mitarbeitern schließen müßten.[89] Weiterhin wurde das Konzept der jugoslawischen Arbeiterselbstverwaltung kritisiert: Solange das Einkommen der Arbeiter nur auf ihr Arbeitsverhältnis begrenzt blieb, war es von ihrem Gesichtspunkt durchaus rational, von den Betriebsgewinnen möglichst viel als Löhne auszuschütten und möglichst wenig zu investieren. Nur so konnten sie ihr privates Vermögen vergrößern.

Zusammenfassend können also zwei zentrale Gründe für das Scheitern des jugoslawischen Modells verantwortlich gemacht werden:

Einmal die Dominanz einer einzelnen Eigentumsform und Besitzverwaltung. Dies schließt die Weigerung ein, eine Eigentumspluralität zu fördern, das heißt verschiedene Eigentumsformen zuzulassen, die auf den Märkten konkurrieren. Hier wird vor allem deutlich, daß Selbstverwaltung nicht gleich Selbstverwaltung ist und es bedeutsame Unterschiede zwischen Verfügungsgewalt an Eigentum und Nutzungsrecht an Eigentum, also Besitz, gibt. Nutzungsrecht an Eigentum begrenzt die persönlichen Einkommen der Mitarbeiter auf Gewinnausschüttung und -beteiligung. Dies bremst – wie in

Jugoslawien – das Interesse an Nettoinvestitionen in den eigenen Betrieben, ebenso wie auch die Einstellung von weiteren Arbeitskräften, mit denen die Gewinnbeteiligung dann ja geteilt werden müßte.

Der zweite Grund für das Scheitern des jugoslawischen Marktsozialismus ist der Verzicht auf eine staatliche Globalsteuerung, der zu einer verzerrten Ressourcenlenkung, zu einer regionalen Aufsplitterung der Märkte und zu abnehmenden Investitionstätigkeiten geführt hat. Stattdessen ist zur Steuerung ökonomischer Prozesse offensichtlich eine zentralstaatliche Rahmensetzung notwendig, die sowohl die Außenhandels-, Währungs-, und Geldpolitik kontrolliert wie auch die Marktentwicklungen durch Wettbewerbsförderung, Investitionslenkung, Struktur,- und Regionalförderung, soziale Sicherungssyteme etc. reguliert und zu einer Vereinheitlichung des Binnenraums führt. Mit anderen Worten: Eine betriebliche Arbeiterselbstverwaltung garantiert in einer Marktwirtschaft nicht aus sich heraus eine Lenkung der gesellschaftlichen Reproduktion, Ziel eines jeden Sozialismus. Sie muß eingebettet werden in eine zentralstaatliche Globalsteuerung, die die Märkte gesamtgesellschaftlichen Interessen unterwirft und den Konflikt zwischen den einzelwirtschaftlichen Interessen der selbstverwalteten Unternehmen und der allgemeinen Bedürfnisse ausgleicht.

Damit hat das jugoslawische Modell aber im Umkehrschluß nicht bewiesen, *daß* eine *Arbeiterselbstverwaltung nicht* funktionieren kann, wie es im Anschluß viele bürgerliche Ökonomen behaupteten. Es hat vielmehr gezeigt, *wie* sie *nicht* funktionieren kann und uns damit wertvolle Hinweise für eine neue Sozialismuskonzeption gegeben. Unter diesen Aspekten und unter der Berücksichtung der Lehren aus dem Scheitern des Staatssozialismus, die uns zeigten, daß ein *Planungssozialismus mit Marktbeziehungen* ebenfalls keine Reformperspektive bedeuten kann, soll abschließend ein Fahrplan für den kubanischen Reformprozeß aufgezeichnet werden, der die historischen Erfahrungen bisheriger sozialistischer Gesellschaften berücksichtigt und damit die Grundlagen für zukünftige Entwürfe schafft. Zentrale Elemente wären dabei die Bildung eines einheitlichen (geld)-wirtschaftlichen Binnenraums, der Ausbau der Marktkoordination, eine Dezentralisierung und Demokratisierung der Wirtschaftssphäre, eine Pluralität der Eigentumsformen und eine Umstellung der zentralen Wirtschaftsplanung auf indirekte Steuerungsmechanismen. Maßnahmen, die nicht nur irgendwie und irgendwann ausgeführt, sondern aufeinander abgestimmt und zusammenhängend umgesetzt werden müssen.

22.1. Von der Theorie zur Praxis: *Ein Fahrplan für den Umbruch*

Die hier beschriebenen Erfahrungen postsozialistischer Staaten machen es uns möglich, auch für Kuba einen konkreten Maßnahmenkatalog zu formulieren, der an die Besonderheiten des Regimes und die politischen Präferenzen angepasst ist. Der folgende Versuch soll einen unvollständigen Überblick über nötige und mögliche Reformschritte geben, wobei auch der zeitliche Ablauf der Reformen angedeutet werden soll.

Die Basis jeder wirtschaftlichen Konsolidierung ist eine gesamtwirtschaftliche Stabilisierung, die in Kuba die kontraproduktive Verzerrung der Arbeitskräfte- und Güterlenkung korrigieren und zu einer erneuten Vereinheitlichung der Wirtschaft führen sollte.

Wie wir an den Reformerfahrungen der staatssozialistischen Länder gesehen haben, setzt dies eine entwickelte Geldwirtschaft voraus; diese wäre in Kuba nur durch die Aufhebung des dualen Währungssystems möglich. Erst wenn in Kuba alle Waren mit einer Währung gekauft werden können, verlieren die importierten Dollarartikel ihre Exklusivität und die im Land hergestellten Artikel werden konkurrenzfähiger. Nur mit einer Währung würde auch der Dollar seine Exklusivität verlieren und mit ihm das Interesse, lieber in den Dollarsektoren der Wirtschaft arbeiten zu wollen. Wie wir wissen, ist das effizienteste Instrument, eine einheitliche Währung herzustellen – eine Währungsreform – in Kuba bisher nicht zur Anwendung gekommen. Nach der Öffnung der ersten Märkte im Herbst 1994 würde eine volle Umsetzung dieser Maßnahme einen starken staatlichen Vertrauensverlust zur Folge gehabt haben, denn sie hätte die legalen Gewinne der Marktanbieter ebenfalls entwertet. Die Regierung hat die Chance verschlafen, vor der Marktöffnung eine Währungsreform durchzuführen; jetzt ist sie nur noch bedingt möglich. Eine volle Geldkonvertibilität – also die Möglichkeit für jedermann, jederzeit und jederorts den kubanischen Peso in Dollars umzutauschen, entspricht hingegen nicht den verfügbaren Devisenreserven und Importkapazitäten des Landes und ist ebenfalls nicht realisierbar. Geldkonvertibilität ist auch nicht die Voraussetzung, sondern die Konsequenz einer gesunden Währung und kann in Kuba nur das Ergebnis einer langfristigen Geldstabilisierung sein. Eine einheitliche Währung kann deshalb nur noch durch eine Kombination verschiedener zusammenhängender struktureller und monetärer Reformen erzielt werden: Dabei sollte mit einer begrenzten Währungsreform begonnen werden, um den immer noch großen Geldüberhang zu reduzieren und um wieder gerechtere Besitzverhältnisse herzustellen.

Erinnern wir uns: In Kuba beruht die private Einkommenskonzentration hauptsächlich auf Geld und durch eine Neubewertung dieses Geldes würden auch die Chancen aller neu verteilt werden können. Denkbar sind dabei z.B. gestaffelte und/oder zeitlich abgegrenzte Umtauschquoten für das neue Geld. Dieser Maßnahme müßte eine *graduelle* Preisreform folgen, bei der die Preise nicht mehr – nur – administrativ festgesetzt werden, sondern sich auch am Markt entwickeln können. Dies würde eine Anpassung von Binnenmarkt- und Importpreisen sichern: Wenn nationale Waren in der gleichen Währung und zum gleichen Preis wie Dollarartikel gekauft werden könnten, würde mittelfristig die Flucht in Dollarwaren gebremst werden. Graduell bedeutet dabei die Berücksichtigung der realen Kaufkraft der gesamten Bevölkerung, so daß einkommensschwache Gruppen nicht blitzartig ausgegrenzt werden. Denn machen wir uns nichts vor: Liberalisierung von Preisen bedeutet meistens Erhöhung von Preisen; und eine Anpassung der Binnen- und Importpreise würde im Falle Kubas erst einmal eine Steigerung der Binnenpreise bedeuten. Deshalb darf auch eine Preisreform in Kuba nicht als Schocktherapie erfolgen, sondern in zeitlichen Etappen, abgestimmt und mit staatlicher Stützung der ärmeren Schichten bzw. einzelner Preise.

Allerdings müßte so schnell wie möglich versucht werden, im Binnenmarkt ein einheitliches Preisniveau herzustellen, um die Kluft zwischen subventionierten Niedrigpreisen und freien Marktpreisen abzubauen. Heute kann ein cleverer Geschäftemacher in Kuba die gesammelten Werke Lenins für ein Butterbrot erwerben, das Papier einstampfen und daraus Papierbecher machen, die er dann mit tausendfachen Gewinn an Limonadenverkäufer weiterverkauft.

Die Einkaufswagen der Devisenläden sind oft prall gefüllt...

Was Lenin zu dieser Neubewertung seiner geistigen Ergüsse wohl sagen würde, sei hier dahingestellt. Doch eins wird deutlich: Solange es staatliche Niedrigpreise gibt, werden die damit arbeitenden Wirtschaftssektoren den auf Marktbasis arbeitenden Branchen immer benachteiligt sein. Eine soziale Ausgrenzung von Ärmeren durch Preissteigerungen sollte deshalb nicht primär durch den Erhalt von staatlichen Niedrigpreisen verhindert werden, sondern eher durch die Umstellung der finanziellen Hilfen von Preissubventionen auf direkte Einkommensbeihilfen geschehen.

Freie Preise gibt es aber nur über Märkte: Parallel zu diesen monetären Reformen müßten also die Marktstrukturen verbessert und ausgeweitet werden, um Marktzugangsbarrieren abzubauen und um das Binnenangebot zu vergrößern. Es würde damit über eine Angebotsausweitung von vornherein verhindert, daß die Preise zu stark steigen. Wie wir schon an den bisherigen negativen Erfahrungen Kubas mit Märkten gesehen haben, bedeuten Marktstrukturen aber nicht nur Märkte – also die Einrichtung eines Tauschverhältnisses von Angebot und Nachfrage –, sondern gleichzeitig Einflußnahme auf Märkte. Dies setzt den Aufbau einer Verwaltung voraus, die das Marktgeschehen überwacht und reguliert, ohne es abzuwürgen. In einer Einführungsphase müßte es sich dabei anfangs um eine Ausdehnung der Konsumgütermärkte handeln, die nach den harten Jahren der Versorgungskrise erstmal die Präferenzen der Bevölkerung befriedigen und eine stabile Situation für den weiteren Reformverlauf schaffen: «*Kurzfristig gibt es zum Einsatz eines größeren Anteils des Sozialproduktes für den Konsum keine Alternative, um so die Intensität und den Anreiz für entsprechende Niveaus von Produktivitätszuwächsen zu garantieren.*»[90]

Dies dürfte nicht zu schwierig sein, da es im Staatssozialismus schon immer Konsumgütermärkte gegeben hat und hier an Erfahrungen und Strukturen angeknüpft werden kann. Doch schließlich müßten auch Märkte für Investitionsgüter eingerichtet werden, die eine marktkoordinierte Ressourcenverteilung erlauben. Dies wäre eine Voraussetzung für jede weiterreichende qualitative Veränderung des zentralverwalteten Planungssystems Kubas. Die Funktion von Märkten hängt aber nicht nur von ihrer Ausweitung ab, sondern auch von einer entwickelten Geldwirtschaft, wie uns die Perestroika gezeigt hat; dies macht die Entwicklung eines Kapitalmarktes nötig. So ein Kapitalmarkt dürfte nicht nur den staatlichen Betrieben die Möglichkeit geben, ihre Investitionen über Kredite vorzufinanzieren. Er muß in einem ersten Schritt der gesamten Bevölkerung Binneninvestitionen erlauben, z.B. der Kauf von Land oder die Legalisierung der schon geplanten Kleinbetriebe. Damit würde angeregt werden, erwirtschaftetes Geld – nicht mehr wie heute – nur zu konsumieren, sondern es stattdessen auch produktiv anzulegen. Dies stimuliert nicht nur langfristig die Produktion, sondern steigert auch das Interesse an der eigenen Währung, was zu ihrer weiteren Aufwertung führen wird. Um zu verhindern, daß hier z.B. hauptsächlich Privateigentum entsteht, kann der Staat durch Begünstigungen dafür sorgen, daß Kooperativeigentum besonders gefördert wird.

Notwendig für solche Reformen wäre aber auch die Schaffung einer funktionsfähigen Lenkungsinstanz auf zentraler Ebene, die die hier skizzierte Geldpolitik durchsetzt und damit aus den Erfahrungen der Perestoika und Jugoslawiens gelernt hat. Dies verlangt neben Märkten und monetären Maßnahmen institutionelle Reformen: Erforderlich wären hier ein zweistufiges Bankensystem mit einer autonomen Zentralbank und nachgeordneten Geschäftsbanken, daß Geld- und Kreditversorgung trennt. Damit würden die Grundlagen für eine funktionierende Geldpolitik geschaffen, die über regulierte Devisen- und Kapitalmärkte die Geldwirtschaft sichert.

Weiter müßte die bisherige Verwaltung der Steuererhebung ausgebaut werden, um zu erlauben, daß Steuern zu einem effektiven Instrument indirekter Planung werden.

Weiter müßte gleichzeitig eine Gesetzesreform stattfinden, die den verschiedenen Akteuren der Wirtschaft (Kleingewerbe, Kooperativen etc.) größere Rechtssicherheit gibt, indem sie das Interventionsrecht des Staates deutlich einschränkt und präzisiert.

Was könnte mit all diesen Reformen erreicht werden? Sind sie umgesetzt und haben ihre ersten Erfolge gezeigt, also vor allem eine spürbare Stabilisierung der Nationalwährung erreicht, könnte dann die landesweite Ausweitung des fixierter Wechselkurses zwischen Dollar und Peso folgen, wie es ihn schon seit Ende 1995 in Havanna und Varadero gibt. Da dieser Wechselkurs auf ökonomischen Kriterien basieren sollte – und die Nationalwährung jetzt schon gestärkt wäre – würde das Tauschverhältnis wesentlich niedriger als heute liegen und damit das Kaufkraftgefälle zwischen kubanischem Peso und US-Dollar verringern. Nach dieser Einführung eines offiziellen Wechselkurses im Binnenraum könnte schließlich dazu übergegangen werden, alle Waren gegen kubanische Pesos zu verkaufen. Dollarbesitzer würden dann auch wie in anderen Ländern zur Bank gehen und ihre Devisen in die Landeswährung umtauschen. Die Dualität der Währung wäre aufgehoben. Gleichzeitig würden die Binnenmärkte durch ein zusätzliches Angebot die Nachfrage nach Importgütern abschwächen, so die

Nationalwährung weiter stärken und Devisen für wichtigere Importe freisetzen. Vergleichende Studien über die Entwicklungen der postsozialistischen Länder haben z.b. erwiesen, daß dort besonders der Binnenhandel eine enorme Wachstumsdynamik aufweist, da es ihm auch ohne große Investitionen möglich ist, «*durch eine bessere Kombination der vorhandenen Ressourcen höhere Leistungen zu erzielen*».[91] Die bisherige Nachfrage nach Devisenartikeln beweist, daß dies auch für Kuba zutreffen könnte. Der Tropensozialismus würde mit solchen Reformen in einem ersten Schritt auch ohne viel Kapital und hauptsächlich durch strukturelle Veränderungen eine tragende Stabilisierung seiner Wirtschaft erreichen können, die in einen beachtlichen Produktionsschub münden könnte.

Wie wir am Beispiel des Staatssozialismus gesehen haben, bremst eine zentrale Kontrolle über die Betriebe ab einem bestimmten Zeitpunkt die Produktivkraftentfaltung der Gesellschaft. In einem zweiten Reformschritt müßte also in Kuba die betriebliche Automie der Unternehmen spürbar erhöht werden. Dies schließt eine Pluralität von Eigentumsstrukturen mit ein, wie mittlerweile auch die kubanische Regierung bestätigt: «*Kuba entwickelt sich zu einem immer stärker dezentralisierten Wirtschaftsmodell mit der aktiven Partizipation verschiedener Eigentumsformen: Staatliches, gemischtes, kooperatives und privates [Eigentum]. Ein ökonomisches Mischmodell, wo die Zentralisierung ebenfalls notwendig sein wird, um die sozialistischen Errungenschaften wie das Gesundheits- und Erziehungssystem und die soziale Sicherheit und Gerechtigkeit zu bewahren und um einer generellen Entwicklungsstrategie Zusammenhalt zu geben.*»[92]

Zur Zeit gibt es in Kuba das dominierende staatliche Eigentum, das Mischeigentum ausländischer Direktinvestoren, den Kooperativbesitz in den Agrarsektoren (UBPCs) und marginal das Privateigentum im Kleingewerbe (cuenta propia). Allerdings haben wir in den Abschnitten 11. und 12. gesehen, daß im Binnensektor der Rückzug aus dem staatlichen Eigentum nur halbherzig erfolgt (UBPCs) oder durch andere massive Kontrollmechanismen ersetzt wurde (cuenta propia). In Kuba schon von einem dezentralen Wirtschaftsmodell zu sprechen, wäre darum vermessen; die staatssozialistische Systemlogik von der letzten Entscheidungskompetenz der Zentrale ist bisher in keinem wichtigen Fall ernsthaft eingeschränkt worden.

Eine effektive Mischung von unterschiedlichen Eigentum setzt eine Unternehmensreform der Staatsbetriebe voraus, die sie mindestens zum Teil in neue Eigentumsformen überführt. Möglich wären hier der Erhalt strategisch wichtiger Staatsbetriebe unter administrativem Einfluß, die graduelle «Entstaatlichung», Kollektivierung oder auch Privatisierung mittlerer und kleinerer Betriebe nach ihrem ökonomischen Stellenwert sowie die Einrichtung eines reinen Privatsektors durch eine Kleingewerbe- und Mittelstandsförderung. Ebenso wichtig wie eine neue Eigentumsaufteilung wäre die Gestaltung der gesamtwirtschaftlichen Rahmenbedingungen, der sich *alle* Betriebe unterordnen müßten, und die durch eine Marktkonkurrenz und -ressourcenlenkung sowie «harte» Finanzierungskonditionen Effekte wie betriebswirtschaftliche Rationalität und Rentabilität sichern könnte. Wie schon im dritten Teil dieses Buches beschrieben, favourisieren kubanische Reformvorschläge auch unter diesen Bedingungen die Dominanz administrativer Staatsbetriebe, während andere Ökonomen zu dem Resümee kommen, daß der Zielkonflikt zwischen mikroökonomischer Marktkompetenz und staatlicher Zentralverwaltung betriebswirtschaftlich nicht lösbar sei, so daß «*das (private oder kooperative) nichtstaatliche Unternehmen aus dem Blickwinkel der reinen Logik eines voll entwickelten Marktmechanismus als der natürlichere Bestandteil eines Unternehmenssektors im Marktsozialismus erscheint*».[93] Andere Vorschläge bevorzugen unter diesem Gesichtspunkt eine Eigentumsform, die nach dem Vorbild der UBPCs kollektive Eigentumsverhältnisse mit partizipativer Mitbestimmung verknüpft: «*Vorausgesetzt, daß die UBPCs Einheiten werden, in denen es eine wahre Selbstverwaltung und Mitbestimmung gibt, könnte der kubanische Umbruch tiefere sozialistische (oder kollektive) Produktionsbeziehungen schaffen, wie es in dem statischen Modell der letzten dreißig Jahre geschehen ist.*»[94]

Eine graduelle Umwandlung der Eigentumsformen müßte mittelfristig die internationale Wettbewerbsfähigkeit betrieblicher Entwicklungspotentiale fördern und sichern. Erforderlich wäre hier ein Rückzug von direkter staatlicher Betriebskontrolle und deren Ersetzung durch indirekte Stimulanz und Regulierung der Marktkoordination z.B. durch ein neues Steuer- und Zollinstrumentarium, das vorhandene produktive Kräfte unterstützt und neue aufbaut.

Die Sicherung der kubanischen Sozialsysteme zur Befriedigung sozialer Grundbedürfnisse ist nicht nur eine grundsätzliche moralisch/politische Forderung: Sie ist einmal als stabilisierendes Strukturelement für den Erhalt des nationalen Konsens während der kritischen Phasen des Umbruchs sehr wichtig und bedarf darum während der ersten Reformen besondere Beachtung. Die sozialen Systeme sind zum anderen aber ein bedeutsamer Standortvorteil Kubas und sollten deshalb als eine Basis für jede weitere Entwicklung verstanden werden und erhalten bleiben.

Soziale und öffentliche Dienste dürfen aber nicht marktmäßig organisiert werden, sondern sollten sich – wie der Name schon sagt – an sozialen Kriterien orientieren. Hier besteht weiterhin ein zentraler Regulierungsbedarf und ein hohes Gestaltungspotential des Staates, der die sozialen Integrationsprozesse der Gesellschaft sichern muß und der über die Förderung des Gesundheits- und des Bildungssystems gleichzeitig auch nachhaltig in die Zukunft investiert.

Sozialsystem ist aber nicht gleich Sozialsystem; und auch das kubanische Sozialsystem bedarf einer Veränderung und muß an die neuen Bedingungen angepaßt werden. Der kubanische Gewerkschaftsbund CTC formulierte das Ende November 1995 so: «*Unser Land kann nicht nach größerer Gerechtigkeit, Wohlstand und Gleichheit streben als es sein eigener Entwicklungsstand und seine täglichen Anstrengungen erlauben. Kuba hat auf dem Gebiet der sozialen Politik und Gleichheit viel für alle Bürger getan. In den letzten Jahren haben wir dabei unsere realen wirtschaftlichen Möglichkeiten überschritten, was in der Praxis oft in eine gut gemeinte, aber falsche Gleichmacherei ausartete.*»[95] Das bedeutet, auch in Kuba ist ein Umbau des Sozialsystems dringend notwendig geworden. Sozialumbau muß aber nicht gleich Sozialabbau heißen: Es wird vielmehr an der Regierung selbst liegen, ob es ihr gelingt, das System effizienter zu gestalten, ohne es zu demontieren.

Dies wurde im Abschnitt 21.3. schon am Beispiel einer neuen Arbeitsmarktpolitik erörtert: Um auch in Zukunft den vermeindlichen Widerspruch zwischen der angestrebten betriebswirtschaftlichen Effizienz und dem Erhalt der sozialen Leistungen zu vermeiden, müßten die Arbeitsplatzgarantien aufgegeben und Einkommenssubventionen von der Betriebsebene losgelöst und in direkte Einkommensbeihilfen verwandelt werden. Die Sicherung der Sozialleistungen, deren Dimension an die Wertschöpfung angepaßt werden muß, ohne soziale Ausgrenzung zu provozieren, würde damit zu einer prinzipiellen Aufgabe des Staates werden.

Wie dies geschehen könnte, hat z.b. eine kubanische Untersuchung anhand einer Analyse der Nachfragestrukturen auf der Insel vorgestellt: Nach dieser Studie waren kurz vor der Krise die indirekten Einkommensmehrbelastungen der Bevölkerung bei einigen Konsumgütern – durch die künstlich hohen, weil administrativ festgelegten Preise von Konsumartikeln mit gehobenen Gebrauchswert – genauso hoch wie die Staatsausgaben für Gesundheit und Bildung.[96] Mit anderen Worten: Die Kubaner haben ihr kostenloses Gesundheits- und Bildungssystem indirekt durch überteuerte Kühlschränke, Fernseher etc. finanziert. Es wäre nach diesen Zahlen also möglich, gleichzeitig eine marktmäßige Preisbildung zu erlauben und über Steuern die Finanzierung des Sozialwesens zu sichern, ohne das die reale Kaufkraft bzw. die soziale Versorgung der Bevölkerung sinken müßte. Institutionelle Reformerfordernisse wären hier die Schaffung regulierender Arbeitsmarktinstrumente und tariflicher Interessensvertretungen sowie die Entwicklung eines Sozial- und Versicherungswesens, das auf staatlichen Steuereinnahmen basiert.

Der Fernziel all dieser Reformen wäre ein reguliertes Zusammenspiel von Staat und Markt, *«das die Hegemonie des Kapitals vermeidet».*[97] Dies setzt gleichzeitig eine fundamentale Veränderung der staatlichen Funktionsfelder voraus. Politische Reformen, wie sie schon im Abschnitt 19.2. beschrieben wurden, können also nicht erst die Folge einer wirtschaftlichen Stabilisierung sein, wie es meistens kubanische Reformökonomen oder Politiker vorschlagen. Sie sind stattdessen eine unabdingbare Voraussetzung dieses Prozesses, die am Gelingen oder Scheitern des kubanischen Umbruchs einen entscheidenden Anteil haben werden. Der Staat muß dabei sein Regulierungspotential für die langfristige Formulierung von Entwicklungsstrategien beibehalten, bei der kurz- und mittelfristigen ökonomischen Aktion aber «nur» indirekte Funktionen wie Marktüberwachung, Investitionssteuerung und -förderung, graduelle Wahrnehmung von Unternehmensaufgaben bei noch staatlichen Betrieben, Stabilisierungs- und Rückverteilungsaufgaben etc. ausüben sowie die Sicherung des Sozialwesens betreiben. Der hier geschilderte Fahrplan in die kubanische Zukunft würde schnurstracks in einen anderen Sozialismus münden, der schon heute einen Namen hat: Marktsozialismus.

23. Der fünfte Abschied: *Kapitalistisch SEIN oder NICHT kapitalistisch SEIN* – ist das hier die Frage?

Die Gretchenfrage, die bei einer Diskussion um Kuba immer wieder auftaucht – sei es direkt oder indirekt – ist die Frage, ob der Tropensozialismus auf dem Weg zum Kapitalismus sei, bzw. ob in Kuba überhaupt noch ein antikapitalistischer Entwicklungsweg möglich ist. Im Grunde handelt es sich dabei um eine Glaubensfrage, die, würde sie ernst genommen, eigentlich einen Rattenschwanz von Detaillierungen und Differenzierungen nach sich ziehen müßte: Da wäre einmal zu klären, von welchem Kapitalismuskonzept eigentlich die Rede ist. Der Alt- und Übervater der Kapitalismusanalyse, Karl Marx, hat Kapitalismus sehr abstrakt, und damit sehr präzise, als die «*Verwertung von Wert*» definiert. Diese Beschreibung beinhaltet – sehr vereinfacht – die beiden zentralen Strukturelemente des kapitalistischen Systems, einmal das der Arbeits- und Kapitalbeziehungen und das des Marktes als Vermittler von Konkurrenz. Denn um Wert verwerten zu können, benötige ich einmal die Arbeitskraft als Ware, aus der ich Wert ziehen kann, und auf der anderen Seite das Kapital als Privateigentum, das es mir ermöglicht, die Ware Arbeit zu kaufen und zu verwerten. Hieraus leitet sich der klassische Widerspruch aus Lohnarbeit und privatem Kapital ab. Zum anderen benötige ich aber die Tauschbeziehungen des Marktes, um den erworbenen Wert auch realisieren zu können, also um durch den Tausch die gesellschaftliche Verwertung meines Wertes zu ermöglichen. Dieser Gang zum Markt zwingt mich aber zumindestens bei idealtypischen Marktbedingungen (keine «Vermachtung» der Märkte durch Monopole etc.), meine Ware zum durchschnittlichen Warenwert der Gesellschaft anzubieten, also unter Konkurrenzbedingungen zu produzieren und zu verkaufen. Dieser Wettbewerbszwang wird an die Quelle der Werterzeugung – die Arbeitskraft – weitergegeben, sie wird stärker verwertet und/oder durch billigere Technik ersetzt; hieraus erklärt sich die wirtschaftliche Dynamik des Kapitalismus. Durch das Zusammenspiel der beiden Elemente schließt sich der marxsche Kreis der kapitalistischen Reproduktion.

Diese Analyse des kapitalistischen Systems wurde später zerlegt und zu Interpretationen umgemünzt, die vermutlich vielfältiger sind als die unterschiedlichen Formen der vorfindbaren Kapitalismen selbst. Dabei wurde Kapitalismus oft nur noch über eins der beiden Strukturelemente definiert, also entweder über die Produktionsbeziehungen zwischen Arbeit und Kapital, die ihren Ausdruck in den Eigentumsverhältnissen findet, oder nur über die Warenzirkulation, den Markt. Die staatssozialistische Ideologie vertrat z.B. die Überzeugung, daß der Kapitalismus anhand der Produktionsbeziehungen geknackt würde: Da das Eigentum verstaatlicht wurde, also vergesellschaftet war, wurde der Widerspruch zwischen Arbeit und Kapital aufgehoben und damit die Möglichkeit der Verwertung von Arbeitskraft, so daß die produzierten Waren auch keine Werte mehr ausdrückten. So konnte der Markt im Staatssozialismus in begrenzter Form durchaus erhalten bleiben, hatte er doch nur die Funktion einer Güterverteilung, aber nicht mehr die, Warenwerte zu tauschen. Eine Kritik am Staatssozialismus, die Staatskapitalismusthese, zieht am gleichen Strang: Sie bezweifelt einfach, daß die sozialistische Verstaatlichung des Eigentums auch eine reale Verge-sellschaftung bedeutete und kommt zu dem Schluß, daß sich der Widerspruch Arbeit-Kapital nur auf einer neuen Ebene formiert hat.

Eine ganz andere Kapitalismusanalyse konzentriert sich eher auf die Warenzirkula-tion, also die Marktbeziehungen und rückt diese in den Mittelpunkt ihrer Betrachtung: Danach wird das Wesen des Kapitalismus *«als Produktion zum Zweck des Absatzes auf einem Markt mit dem Ziel, den größtmöglichen Profit zu realisieren»*[98], begrenzt, wie es *Immanuel Wallerstein* – einer der bekanntesten Vertreter dieser Auffassung – einmal klassisch definierte. Ein so eingegrenztes Verständnis von Kapitalismus erlaub-te es dann, sowohl das damalige staatssozialistische System als kapitalistisch zu bezeichen – da es ja durchaus Konsumgütermärkte gab –, als auch nachträglich das Scheitern des Sozialismus durch das Vorhandensein kapitalistischer Warentauschbe-ziehungen zu (v)erklären.

Ist es erst einmal gelungen, daß eigene theoretische Konzept vom Kapitalismus zu bestimmen, muß ein konkreter Blick folgen. Gibt es heute doch vielfältige Formen von Kapitalismus:

Da sind einmal die entwickelten Länder, die im Weltvergleich zwar zahlenmäßig, an Bevölkerung und an Territorium nur wenige sind, aber andererseits das Zentrum des kapitalistischen Weltsystems bilden und damit *per se* als Ausdruck der Ungleich-heit kapitalistischer Verteilung erscheinen. Doch selbst innerhalb dieses Kerns gibt es Nivellierungen: Da steht auf der einen Seite das englische Modell des «Thatcheris-mus», das nach der Zerschlagung der Gewerkschaften eine Durchkapitalisierung aller Lebensbereiche anstrebte, dabei aber eher an Wirtschaftskraft verlor; da steht auf der anderen Seite das «Modell Schweden», daß mit seiner «Sozialdemokratisierung» der Gesellschaft ebenfalls in die Krise rutschte und die Grenzen eines sozialstaatlich geprägten Kapitalismus aufzeichnete.

Demgegenüber finden sich die unterentwickelten Länder, dessen Verschiedenheit sich ebenfalls nicht über ein einziges theoretisches Konzept erklären läßt, sondern dafür viel zu vielfältig sind und zusätzlich weiter auseinanderdriften.

Gleichen sich entwickelter und unterentwickelter Kapitalismus, oder folgen sie unterschiedlichen Gesetzmäßigkeiten? Zumindest theoretisch wurde schon versucht, beide Kapitalismen durch verschiedene Modelle zu definieren, z.B. durch das Konzept eines unterentwickelten, eines *peripheren Kapitalismus*: Danach liegt ein fundamen-taler Unterschied zwischen peripheren und Metropolenkapitalismus in seiner Repro-duktionsdynamik: Während der zweite durch eine einheitliche binnenwirtschaftliche Reproduktion durch gleichgewichtige Kapital- und Konsumgütersektoren gekenn-zeichnet ist, besteht die Dynamik der Peripherie aus Primärgüterexporten und Luxus-güterimporten und ist strukturell aufgesplittert, stagnativ und außenhandelsabhängig.[99] Diese These der unterschiedlichen Gesetzmäßigkeiten von verschieden entwickelten Kapitalismen wurde aber vehement bestritten, da die Entwicklungen in unterent-wickelten Regionen *«in ihrer Verlaufsform keineswegs so weit von den Prozessen der*

europäischen Industrialisierung [abwichen], daß die Annahme besonderer Funktions-
gesetze eines peripheren Kapitalismus als eigenständige Gesellschaftsform gerecht-
fertigt erscheint». [100] Heute können wir sagen, daß in der Wissenschaft eher davon
ausgegangen wird, daß die kapitalistischen Funktionsgesetze als solches gleich sind,
aber eben auf ganz unterschiedliche Bedingungen stoßen und darum verschiedene
Erscheinungsformen annehmen.

Kubaner, die die Bundesrepublik oder andere hochindustrialisierte Kernländer des
Kapitalismus besuchen, verlieren gelegentlich ihre ideologischen Bauchschmerzen
und äußern dann ganz offen, daß das in diesen Staaten oft erreichte Lebensniveau und
die entsprechenden sozialen Sicherungssysteme – auch nach einem Jahrzehnt von
Sozialabbau – durchaus dem entsprechen, was sie sich in Kuba unter Sozialismus
vorstellen. Derartige Äußerungen provozieren bei vielen Gastgebern dann häufig
hektisch vorgetragene Bemühungen, die negativen Phänomene ihres eigenen Systems
ins «linke» Licht zu rücken; nicht selten durch deutliche Überdimensionierungen. Der
Vergleich des kubanischen Sozialismus mit dem entwickelten Kapitalismus ist zwar
hypothetisch, weil die Entwicklung der heute hochindustrialisierten Länder in einen
anderen Zeitabschnitt fällt und vor allem anfangs – zwar nicht ausschließlich, aber
doch in einem nennenswerten Umfang – auf Kosten der unterentwickelten Regionen
ging. Entwicklung und Unterentwicklung können also nicht getrennt erklärt werden
und sind somit keine zwei unabhängigen Entwicklungsoptionen. Dieser Vergleich hat
aber dennoch einen ganz praktischen Bezug und stellt die heutige Solidaritätsbewegung vor eine ideologische Frage, deren konkreter Beantwortung sie bisher ausgewi-
chen ist: Begrenzt sich eine Unterstützung des Inselsozialismus nur auf einen antika-
pitalistischen Entwicklungsweg, oder beinhaltet Solidarität auch die Hilfe beim Beschreiten einer kapitalistischen Entwicklungsvariante, wenn diese ebenfalls Chancen
eröffnen würde, aus der bisherigen Unterentwicklung herauszukommen? Daß diese
Überlegung bisher nicht offen diskutiert wurde, zeugt von einer tiefen Konzeptionslo-
sigkeit der Bewegung, die zu ihrem Totengräber werden könnte.

Im Zentrum der Auseinandersetzung um eine kubanische Zukunftsperspektive sollte
die Systemfrage deshalb nicht anhand einer Negation, also anhand des Kapitalismus
abgeklärt werden. Anstatt zu sagen, daß ein zukünftiges System in Kuba sozialistisch
sein wird, weil es nicht kapitalistisch ist, müßte hier eine Debatte einsetzen, die diesen
Sozialismus und seine einzelnen Teile genauer diskutiert, beschreibt und erklärt. Dieser
Ansicht sind die letzten Seiten dieses Buches geschuldet, auf denen überlegt werden
soll, was wichtige Elemente eines neuen Sozialismuskonzeptes sein könnten.

24. Der sechste und letzte Abschied: *Die Zukunft des Sozialismus ist Staat & Planung oder gar nicht – oder: Es gibt keinen dritten, sondern nur einen einzigen Weg!*

Es wäre vermessen, zu versuchen, hier Ansätze einer neuen Theorie des Sozialismus aufzustellen. Sozialismus als Gesellschaftsform wird immer das Ergebnis konkreter gesellschaftlicher Bedingungen sein, wie die historischen Erfahrungen des Staatssozialismus überdeutlich gezeigt haben. Und er bedarf immer sozialer Bewegungen als politischen Träger, die seine Ziele formulieren und seine Umsetzung gestalten und prägen. Sozialismus kann also nicht künstlich im Reagenzglas der Sozialwissenschaften herangezüchtet werden, er muß aus der politischen Auseinandersetzung verschiedener sozialer Kräfte erwachsen und dabei erwachsen werden. Doch während der Kapitalismus zwar eine vom Menschen geschaffene, aber nicht planmäßig konzipierte und nur bedingt gesteuerte Wirtschaftsordnung ist, gründet sich der Sozialismus auf dem Ziel, die gesellschaftliche Produktion insgesamt und bewußt lenken zu wollen. Damit bedarf er als Basis auch immer ökonomischer Theorie, um diese Gestaltbarkeit der Wirtschaftsordnung genauer bestimmen zu können, während sich im Kapitalismus die politische Ökonomie mit der Interpretation der herrschenden Verhältnisse begnügen kann.

Aufgrund der Erfahrungen aus dem Scheitern des Staatssozialismus und des jugoslawischen Modelles ist es möglich, einige Elemente zu benennen, die eine neue Sozialismuskonzeption berücksichtigen müßte: Der Zusammenbruch des Staatssozialismus zeigt z.B., daß die bewußte gesellschaftliche Steuerung einer komplexen sozialistischen Volkswirtschaft langfristig nicht ohne die Einschaltung von Marktmechanismen sowohl auf der Produktions- als auch auf der Reproduktionsebene denkbar erscheint. Dabei wird selbst von der bürgerlichen Wissenschaft nicht bestritten, daß aus Märkten immer ungleiche Einkommensverteilungen resultieren; stehen also Märkte nicht grundsätzlich im Widerspruch zum Sozialismus? Mitnichten!

Selbst in einigen entwickelten kapitalistischen Marktwirtschaften ist es gelungen, durch das Prinzip der Sozialstaatlichkeit über kollektive Geldtransfers die Einkommen ansatzweise auszugleichen. Das zentrale Ziel in diesen Wirtschaftsordnungen blieb aber immer der Profit, die sozialen Komponenten dieser Marktwirtschaften immer eine abhängige Variable, dem Gewinn unter- und nachgeordnet. Dabei geht der Kapitalismus aufgrund seines inneren Zwanges der kontinuierlichen Produktivitätssteigerungen nicht nur mit seinen Arbeitskräften, mit den menschlichen Ressourcen, verschwenderisch um. Bei seiner Unterwerfung aller materiellen Mittel unter das Gesetz der Verwertung vergeudet er auch andere gellschaftliche Reichtümer, wie die ökologischen Folgekosten z.B. immer deutlicher anmahnen. Das wichtigste Ziel eines jeden Sozialismus bleibt darum nicht die Aufhebung von Märkten, sondern die Aufhebung der Wertform der Produktionsmittel. Eine Alternative jenseits von Kapitalismus *und* von Staatssozialismus müßte also eine entwickeltere Form von gleichzeitiger sozialer und wirtschaftlicher Steuerung durchsetzen: Es müßte versucht werden, die überlieferte Marktkoordination der kapitalistischen Metropolen durch soziale Regulierung soweit umzubauen, daß die dem kapitalistischen Markt immanenten Ergebnisse wie Unterbeschäftigung, ökologische Belastungen, ungerechte Einkommensverhältnisse und daraus resultierende soziale Benachteiligung sowohl auf nationalstaatlicher als auch internationaler Ebene aufgehoben werden können, so daß gleichzeitig eine allgemeine und umfassende Emanzipation aller Menschen ermöglicht wird.

In der Linken gibt es auf der Suche nach einer solchen Alternative immer noch eine politische Denkblockade: Ihre hartnäckige Weigerung, sich theoretisch intensiver mit dem Phänomen Markt zu beschäftigen, reduziert ihre Gesellschaftsstrategien bisher häufig auf die Propagierung und Unterstreichung von staatlichen Regulationsmechanismen. Dies beruht auf dem Irrglauben, der kapitalistische Konkurrenz mit Markt gleichsetzt, weil er davon ausgeht, daß allein schon der Tausch von Gütern (Markt) den Arbeitsprodukten eine Wertform gibt und damit kapitalistische Herrschaftsverhältnisse ausdrückt. Zwar ist es unbestritten, daß der elementare Ausdruck des Kapitalismus die allumfassende Warenproduktion ist. Daraus wurde aber abgeleitet, daß sich einzig aus der Produktion von Waren schon eine Unterordnung der Produzenten unter dem kapitalistischen Arbeitsprozeß ergibt. Folgerichtig wurde angenommen, daß die bewußte gesellschaftliche Entscheidung über den Produktionsprozeß mit einer Warenproduktion unvereinbar ist.

Dieser Fehlschluß basiert auf einem oberflächlichen Verständnis der marxschen Kapitalismuskritik. Diese unterstellt nämlich bei ihrer Warenanalyse von Anfang an eine entwickelte kapitalistische Gesellschaft, das heißt der Austausch von Wertverhältnissen ist der Ausdruck von modernen kapitalistischen Märkten, und nicht von Märkten an sich. Ware und Geld hat es auch in früheren Gesellschaftsformen gegeben, als eine die gesamte wirtschaftliche Reproduktion umfassende Vermittlungsinstanz existieren Märkte aber erst im Kapitalismus. In Wirklichkeit wird also die Ware erst auf der Grundlage der kapitalistischen Produktion zur beherrschenden Form der Verteilung von Arbeit und Produktion. Mit anderen Worten: Die Ware erhält ihren Tauschwert und damit die Bedingung ihrer Verwertung nicht, weil sie Ware ist, sondern weil sie eine im Kapitalismus produzierte Ware ist und Mehrwert zu realisieren hat.

Markt ist «nur» der Ausdruck der Vermittlung dieses Prozesses. Es ist die spezifische Produktionsweise, die die Struktur von Märkten bestimmt, deren Anwesenheit als solche gibt uns noch keine Auskunft über die ihnen zugrundeliegenden Produktionsverhältnisse und die verschiedenen Interessen, die sich auf ihnen artikulieren und die sie koordinieren. Das ordnungspolitische Problem einer neuen Sozialismuskonzeption stellt sich deshalb nicht als Markt-Plan-Alternative, sondern als Frage nach den Zielen des Wirtschaftssystems; und damit nach den gesellschaftlichen Machtkonstellationen auf den Märkten. Die konservativen Kräfte haben dies schon längst begriffen; sie haben keine ideologischen Bauchschmerzen mehr, wenn es darum geht, weitreichende Staatsinterventionen in der Wirtschaft durchzusetzen, um die Interessen ihrer Klientel zu sichern. Allein an der staatlichen Rüstungsförderung der Reaganadministration wird sichtbar, daß Konservative selbst gigantische Haushaltsdefizite unterstützen, wenn diese den Interessen der von ihnen vertretenen Privatwirtschaft förderlich sind. Die Linke hat bei ihrer Positionsbestimmung um politische Ökonomie hier einen gewaltigen Revisions- und Nachholbedarf.

Es sind also nicht die Marktprozesse das zentrale Problem bei der sozialen Steuerung des Wirtschaftens. Ebensowenig, wie aus ihnen eine Identität zwischen Markt und Kapital abzuleiten ist, können sie als «deus ex machina» zur Erklärung der kapitalistischen Widersprüche herangezogen werden. Wir müssen uns deshalb mit den spezifischen Produktionsverhältnissen des Kapitalismus beschäftigen, anstatt mit dem sie vermittelnden Oberflächenphänomen des Marktes. Diese kapitalistischen Produktionsverhältnisse haben einen widersprüchlichen Charakter: Auf der einen Seite dynamisieren sie die wirtschaftliche Entwicklung enorm, auf der anderen Seite tun sie dies auf Kosten der Arbeitenden, die diese Verhältnisse als fremdbestimmte Zwänge erfahren. Selbst in einigen Ländern des entwickelten Kapitalismus, in denen es durch die sogenannte «soziale Marktwirtschaft» gelungen ist, das wirtschaftliche Regime des Kapitalismus teilweise zu zivilisieren, begrenzen sich diese Modifizierungen des Systems auf die nachgeordneten Umverteilungsverhältnisse, berühren aber selten die Produktionssphäre an sich. Ist es hier einem Teil der Arbeitstätigen immerhin möglich, ihre individuelle Lebensgestaltung zu bestimmen, erfahren sie ihre Arbeitsverhältnisse subjektiv aber weiterhin als fremdbestimmte Zwänge; das Zentrum der kapitalistischen Modernisierungsdynamik bleibt unangetastet. Insofern ist auch der von bürgerlichen Ökonomen in der letzten Zeit in Mode geratende Begriff «Humankapital» unsinnig. Die Arbeitskräfte verfügen im Kapitalismus nicht über eigenes Kapital mit dem ihm immanenten Charakter, sondern bleiben eine abhängige Variable des Kapitals.

Zwar konnte die gewerkschaftliche Gegenmacht bzw. der Staat die Verwertung von Arbeitskraft durch das Kapital in einigen Ländern einschränken, nie allerdings sie ganz aufheben. Die Ergebnisse sozialdemokratischer und gewerkschaftlicher Versuche der Demokratisierung der Wirtschaft sind dann auch in den «sozialen Marktwirtschaften» ernüchternd: Die keynesianische Vermögensumverteilung hat keine wirkliche Partizipation breiter Massen am Produktivvermögen gebracht, die betrieblichen Mitbestimmungsrechte führten nicht zu einer effektiven Berücksichtigung von Arbeitnehmerinteressen, sondern mutierten immer stärker zu Co-Managementfunktionen. Dennoch schien während der Wachstumsjahre in den entwickelten kapitalistischen Ländern eine Machtbalance zwischen Kapital und Arbeit gefunden worden zu sein. Der Begriff des kapitalistischen Eigentums als ein allgemeines gesellschaftliches Verhältnis wurde von der Anschauung verdrängt, daß die Arbeitnehmer Mitbestimmmungsrechte am Eigentum der Produktionsmittel haben, was sich durch die Sicherung sozialer – und persönlicher – Besitzstände zu bestätigen schien. Dieser Verlust kritischen Bewußtseins ging in ein Verständnis über, das sich mit den Verhältnissen identifizieren konnte, und alles, was diesen scheinbaren Wohlstand zu bedrohen scheint, mit wachsender

Aggressivität abwehrt. Statt Reichtum als eine Quelle für die gesamte Gesellschaft zu begreifen, wird heute das Gegenteil praktiziert.

Entscheidend für eine neue Sozialismuskonzeption ist also eine Demokratisierung der betrieblichen Sphäre, die die Produzenten gemeinsam zum unmittelbaren Eigentümer ihrer Produktionsmittel macht und so eine Seite des gesellschaftlichen Zusammenhanges ihrer Arbeit herstellt. Hier verläuft heute eine theoretische wie politische Trennlinie zur Sozialdemokratie. Wie wir gesehen haben, ist eine derartige Demokratisierung auch dem Staatssozialismus nicht gelungen. Jede neu begründete Gesellschaftsstrategie, die heute weitergehen will als die «soziale Marktwirtschaft» und nicht die Fehler des Staatssozialismus wiederholen möchte, muß sich deshalb erneut die Eigentumsfrage stellen: Eine postkapitalistische Gesellschaft kann sich nur dadurch auszeichnen, daß die Produzenten als Subjekte in eine Beziehung mit der Produktivkraftentwicklung treten können, die nicht mehr den Charakter der Fremdbestimmtheit hat und so eine soziale Aneignung der Produktion erlaubt.

Nach der Aufhebung des Widerspruchs von Arbeit und Kapital würde eine Steigerung von betrieblichen Erträgen nicht mehr wie im Kapitalismus zu Lasten von Löhnen und Arbeitsbedingungen gehen. Nach der Herstellung eines gleichzeitig gemeinsamen und individuellen Eigentums an den Produktionsmitteln würde der von einzelnen Betrieben erzielte Ertrag nicht mehr im Gegensatz, sondern im Einklang mit den Lebens- und Arbeitsbedingungen der Produzenten stehen; Wettbewerb und Innovation würden ihren kapitalistischen Charakter verlieren. Dadurch könnte die Produktivkraftentfaltung in einer Art und Weise dynamisiert werden, die es dem Kapitalismus bisher unbekannt war: Bei einem gemeinsamen Interesse an betrieblichen Produktivitätssteigerungen könnten die Potenzen technologischer, innovativer und wirtschaftlicher Entwicklung in den Betrieben gesteigert werden und dabei *gleichzeitig* eine Arbeitszufriedenheit und Zukunftssicherung garantieren.

Bei kollektiven Eigentumsverhältnissen würde der Ertrag der gemeinsamen Arbeit anfangs auch als solcher erscheinen und erst in einem zweitem Schritt als individuelle Leistung verteilt werden. Dabei ergeben sich ganz neue Kriterien einer demokratischeren Einkommensverteilung, bei der neben individueller Leistung auch andere, z.B. soziale Aspekte berücksichtigt werden könnten. So könnte auch ohne permanenten Leistungsdruck ein Arbeitsklima entstehen, daß Teamarbeit, Kreativität und Engagement fördert. Und weiter: Die Steigerung der Arbeitsproduktivität wäre in arbeiterselbstverwalteten Betrieben ebenso die Basis für Einkommenssteigerungen wie für die Ausweitung der persönlichen Freizeit. Denn betriebliche Gewinne müßten nicht mehr ausschließlich in der Form von Lohnsteigerungen existieren, sie könnten auch aus Arbeitszeitverkürzungen und/oder in einer Humanisierung der Arbeitsbedingungen bestehen. Hier ergeben sich nicht nur für die betriebliche Arbeitsorganisation ganz neue Perspektiven, sondern auch für die ökologischen Folgekosten der Produktion: Wenn die Betriebsziele nicht aus reinem Gewinnstreben bestehen, könnten Produktivitätssteigerungen nicht nur zu einer Erhöhung der Produktion führen, sondern bei gleichbleibenden oder sogar abnehmender Produktion zu einer Verkürzung der Arbeitszeiten und/oder Verbessserung der Arbeitsbedingungen. Mit anderen Worten: Die Arbeitnehmer könnten selbst entscheiden, ob sie höherem Einkommen oder kürzeren Arbeitszeiten den Vorrang geben. Da beides attraktive Ziele sind, verlieren sie trotzdem nicht das Interesse an der Effizienz ihrer Betriebe.

Damit ist ein zentraler Punkt bei der Organisation von Kooperativbetrieben angesprochen. Nur wenn alle Arbeiter in solchen selbstverwalteten Produktionsgenossenschaften die gleichen Mitentscheidungsrechte über das Eigentum hätten, würde Lohnarbeit nicht mehr existieren. Die Arbeitnehmer werden von einseitig interessierten Lohnempfängern zu kapitalbeteiligten und an der Betriebsentwicklung mitverantwortlichen Mitgliedern. Das jugoslawische Modell hat uns aber gelehrt, daß hierfür eine Übertragung der Nutzungsrechte nicht ausreichend ist; denn so bleibt das persönliche Einkommen auf das Arbeitsverhältnis beschränkt. Stattdessen müssen die Betriebsmitglieder individuelle Eigentumsrechte erhalten, die sie zum Kapitaleigner der Betriebe machen. Ihre Eigenbeiträge könnten auf Kapitalkonten gutgeschrieben werden, die eine Art Sparbuchfunktion erfüllen und die sie beim Ausscheiden aus dem Betrieb ausbezahlt bekommen; bei einer Erhöhung des Betriebswertes, wie es z.B. durch Investitionen geschieht, erhöht sich auch das persönliche Vermögen der Anteilseigner. Bei einer abrupten Verschlechterung der Betriebsergebnisse müßten nicht gleich die ausbezahlten Einkommen gesenkt werden, sondern Verluste könnten teilweise durch die Kapitalkonten aufgefangen werden, so daß eine finanzielle Abfederung des Restrisikos stattfindet.

Doch nicht nur die Investitionsbereitschaft und das Interesse an Produktivitätssteigerungen wäre damit in den selbstverwalteten Betrieben gesichert: Durch eine wachsende Zahl von Mitarbeitern würde sich auch das Betriebsvermögen und der Gewinnfonds vergrößern, eine Reduzierung der Mitarbeiter auch die Gewinnbeteiligung verringern; das heißt, selbstverwaltete Betriebe haben ein tendenzielles Interesse an Mehrbeschäftigung.* Da auch Entlassungen nur durch die Arbeiterselbstverwaltung durchgesetzt werden können, kann davon ausgegangen werden, daß bei einem großen wirtschaftlichen Anteil von Produktionsgenossenschaften das Problem der Vollbeschäftigung im Marktsozialismus leichter zu lösen ist.

Im Falle eines drohenden Konkurses müßte der Staat dann als gesamtgesellschaftlicher Vertreter entscheiden, ob es sich lohnt, dem betroffenen Betrieb zeitweilig mit Subventionen unter die Arme zu greifen oder nicht. Auch hier wird der qualitative Unterschied zum Kapitalismus deutlich: Während dieser Gewinne privatisiert, Verluste aber sozialisiert, also z.B. durch Entlassungen auf die Gesellschaft abwälzt, sind im Marktsozialismus sowohl die Erträge als auch die Verluste sozialisiert.

Die bürgerliche Ökonomie führt gegen den kollektiven Besitz von Produktionsmitteln verschiedene Argumente ins Feld:

---

* Der tschechische Ökonom *Ota Sik* meint z.B. eine betriebswirtschaftliche Formel entwickelt zu haben, die es ermöglicht, in selbstverwalteten Betrieben das Interesse an Investitionen, Produktivitätssteigerungen und Einstellungen zu sichern. Vgl. Sik (1985:139).

Einmal wird mit Blick auf die betriebliche Effizienz auf die erfolgreichen Erfahrungen des Privateigentums hingewiesen. Dabei wird mit einem Taschenspielertrick gearbeitet, indem kleines Privateigentum wie geringer Grundbesitz oder kleinere Handwerksbetriebe mit großem kapitalistischen Privateigentum gleichgesetzt und beides mit positiven Kategorien wie private Eigeninitiative, Selbstverantwortung usw. behaftet wird. Während eine besondere Individualität beim kleinen Privateigentum aber wirklich zur Quelle von Akkumulation werden kann, spielt sie bei der Produktion auf großer Skala eine untergeordnete Rolle. Es sind die Produzenten selbst, die den Reichtum kollektiv, also aufgrund ihrer gemeinschaftlichen Arbeit – und eben nicht aufgrund der privaten Eigentumsverhältnisse – erbringen, ihn sich aber nicht aneignen können. Damit ist kapitalistisches Privateigentum schon eine Form kollektiven Produzierens, durch die Einengung auf die private Eigentumsform allerdings noch auf eine negative Weise. Kapitalistisches Privateigentum könnte theoretisch also als ein historisches Durchgangsstadium auf dem Wege zu einer gesellschaftlichen Aneignung der Produktionsmittel durch die Produzenten verstanden werden. Dies bedeutet im Umkehrschluß aber nicht, daß Privateigentum an Produktionsmitteln und Sozialismus grundsätzlich nicht vereinbar sind, es kommt eher auf das Niveau an, auf dem unter dieser Eigentumsform produziert wird. Solange es eine Selbstbestimmung des/der Produzenten selbst gewährleistet und nicht die gleiche Hegemonialstellung einnimmt, die es im Kapitalismus besitzt, hätte es im Marktsozialismus formal durchaus seine Berechtigung. Ob es diese allerdings auch ökonomisch verteidigen kann, müßte es erst erneut unter Beweis stellen.

Ein zweites Argument gegen Produktionsgenossenschaften ist die zu beobachtende geringere Wettbewerbsfähigkeit bei schon bestehenden Betrieben. Dies kann teilweise aber dadurch begründet werden, daß die selbstverwalteten Betriebe die sozialen Kosten ihrer Produktion internalisieren, was bei auf Profit orientierten kapitalistischen Betrieben nicht passiert und höhere Gewinnspannen möglich macht. Mit anderen Worten: Während selbstverwaltete Betriebe aufgrund der Partizipation der Produzenten nicht nur Gewinne, sondern immer auch eine Humanisierung der eigenen Arbeitsbedingungen im Auge haben, wird dies in kapitalistischen Betrieben weitgehend ausgeschlossen und die höheren Gewinne auf Kosten der größeren Verwertung der Arbeitskraft erzielt.

Doch eine Arbeiterselbstverwaltung kann alleine nicht der Schlüssel für eine neue Sozialismuskonzeption sein. Gesamtgesellschaftliche Steuerung bedeutet immer, abzuwägen, welcher Anteil von Ressourcen für den Konsum, welcher Anteil für die Produktion und Reproduktion ausgegeben werden soll. Diese Entscheidung kann nicht nur von Betrieben und über Märkte gefällt werden, sie bedarf eines größeren gesellschaftlichen Zusammenhanges. Die andere Seite dieses sozialen Zusammenhanges müßte darum über die Gesellschaft als Ganzes, oder ihrem Vertreter, den demokratisierten sozialistischen Staat, gesichert werden. Denn der Zusammenbruch des Staatssozialismus bedeutet nicht gleichzeitig einen Verzicht gesamtgesellschaftlicher Steuerung und Planung, im Gegenteil: Elementarer Bestandteil einer jeden sozialistischen Gesellschaft ist schließlich ihr Anspruch, ihren gesamten Produktionsprozeß bewußt zu gestalten. Dies kann aber nicht wie im Staatssozialismus über eine zentrale direkte Bestimmung aller gesellschaftlichen Bedürfnisse im Voraus geschehen, eine dynamische Wirtschaft benötigt eine ständige Anpassung an ihre veränderten Bedingungen von Produktion und Bedürfnissen, die den Reproduktionsprozeß selbst steuern. Eine bewußte Gestaltung des Produktionsprozesses bedeutet darum zweierlei:

Einmal eine Demokratisierung der Betriebe, die dann als einzelne Wirtschaftseinheiten nicht nur Ausdruck von wirtschaftlicher Produktivität sind, sondern gleichzeitig die bewußte Vertretung breiter gesellschaftlicher Interessen.

Und zum anderen muß die Gesellschaft in einem politischen Willensbildungsprozeß ihre übergreifenden Entwicklungsprioritäten als Ganzes festlegen, denn jede Wirtschaftsordnung mit Märkten braucht soziale Regulierung. Allerdings eben nicht eine direkte allumfassende Planung über einzelwirtschaftliche Kennziffern und über eine Fixierug von gesellschaftlichen Bedürfnissen, sondern eine indirekte lenkende Regulierung und Förderung zum Erreichen gesellschaftsübergreifend formulierter Gesamtziele, wobei die Planungskomponente nicht für alle Zeiten festgelegt wird, sondern flexibel sein muß.

Dies soll an verschiedenen Beispielen verdeutlicht werden: Um einen antizyklischen Wirtschaftsverlauf zu unterstützen, also um die Krisenanfälligkeit des marktsozialistischen Wirtschaftsprozesses zu verringern, müßte eine staatliche Regulierung einmal auf die Kontinuität und die Ziele von Investitionstätigkeiten einen entscheidenden Einfluß ausüben, so daß Rationalisierungen und Modernisierungen begünstigt werden. Damit könnten zwei Ziele erreicht werden: Einmal würde es zu einer gleichmäßigeren Nachfrage nach Investitionsgütern kommen und damit einen der Gründe kapitalistischer Krisen – die zyklische Nachfrage nach diesen Gütern – ausgleichen. Zum anderen kann die schon durch die kollektiven Eigentumsverhältnisse verbesserte Produktivkraftentwicklung gelenkt und beschleunigt werden.

Ein weiterer wichtiger Aspekt von Marktsozialismus wäre es, die Abhängigkeit der Beschäftigungssituation von der Kapitalakkumulation aufzuheben. Allerdings ist es fraglich, ob im Marktsozialismus permanent – vor allem in der Übergangsphase – das Ziel der Vollbeschäftigung aufrechterhalten werden kann.* Darum hat der Staat auch hier zentrale Steuerungsmechanismen wie eine aktive Arbeitsmarktpolitik, den Aufbau einer stabilen und nicht ausgrenzenden Arbeitslosenversicherung, die Ausgestaltung regionaler Strukturpolitik etc. zu erfüllen, die es erlauben, daß Strukturwandel gleichzeitig wirtschaftlich rational und sozial verträglich stattfindet und ökonomische Krisen verhindert.

Doch nicht alle gesellschaftlichen Sphären können über Marktmechanismen koordiniert werden. Auch eine nicht-kapitalistische Gewinnsteuerung bedarf einer Eingrenzung

---

*   Brus/Laski gehen zwar davon aus, daß Arbeitslosigkeit «*unter dem Einfluß spontaner Marktkräfte im Marktsozialismus während des durchschnittlichen Verlaufs eines Konjunkturzyklus unvermeidbar*» wäre (1990:140), kommen aber zu dem Resultat, daß «*die Verfolgung einer wirksamen Politik zur langfristigen Sicherung der Vollbeschäftigung im Marktsozialismus möglich ist*». (1990:154).

oder Ergänzung durch staatliche Aktion, nämlich immer dort, wo grundsätzlich keine einzelwirtschaftlichen Gewinne zu erzielen sind. Dies gilt für allgemein wichtige Dienstleistungen wie Erziehung, Gesundheit und Kultur ebenso wie für Arbeiten mit einem großem, einzelne Betriebe überfordernden Investitionsaufwand. Dies gilt auch, wo einzelne Gewinne geringer sind als der durch sie verursachte gesamtwirtschaftliche Schaden, was z.b. zu einer Neubewertung von «kostenlosen» Ressourcen wie Luft, Wasser und Boden führen müßte: «*Der Marktsozialismus impliziert, insofern sich gewisse Trends bereits abzeichnen, nicht das Abgehen von einer Reihe sozialistischer Grundwerte – Chancengleichheit, Vollbeschäftigung als eines der wichtigsten Anliegen, soziale Fürsorge usw. Indem Teilbereiche der Wirtschaft der Marktkoordination entzogen werden und genügend Raum für makropolitische Maßnahmen vorgesehen ist, auch für eine... langfristige Planung, hält das gegen Ende dieses Jahrhunderts sich herausbildende Konzept des Marktsozialismus an der Überzeugung fest, daß es ein gesellschaftliches Gesamtinteresse gibt, welches sich nicht auf die Summe der individuellen Einzelinteressen reduzieren läßt.*»[101] Hier ergeben sich für eine gesamtgesellschaftliche Lenkung enorme Herausforderungen. Denn grundsätzlich gilt: In einem Marktsozialismus geht es darum, den Markt zu dominieren anstatt ihn dominieren zu lassen. Auch in nichtkapitalistischen Marktverhältnissen müssen einzelne Interessen direkt unter eine soziale Kontrolle gestellt werden; der Markt darf sich nur innerhalb vorgegebener Rahmenbedingungen entfalten.

Fassen wir also zusammen: Erst durch Privateigentum, Märkte und entwickelte Geldwirtschaft wurden im Kapitalismus der gesamtgesellschaftliche Zusammenhang der sozialen und ökonomischen Reproduktion ermöglicht und so etwas wie umfassende Gesellschaftlichkeit geschaffen. Diese umfassende Gesellschaftlichkeit ist aber Grundbedingung einer bewußten sozialen Steuerung des Wirtschaftens und muß deshalb erhalten bleiben. Um den qualitativen Sprung von einer kapitalistischen zu einer sozialistischen Gesellschaft zu schaffen, ist darum primär eine reale Sozialisierung der Produktionsmittel nötig, die nach den Erfahrungen des Staatssozialismus nicht mehr in einer Verstaatlichung bestehen kann, sondern in einem dezentralen Kollektivierungs- und Kooperativierungsprozeß, der eine Pluralität der Eigentumsformen erlaubt. Dabei ist ein Koordinationsmechanismus vonnöten, der den Einsatz der vorhandenen Ressourcen effektiv lenkt. Dies ist am besten über Märkte möglich; Markt wird hier als ein Koordinationsfeld verstanden, das ohne direkte Zwänge, kollektiv und dezentral in der Lage ist, wirtschaftliche Aktivitäten effizient zu verbinden. Vom Blickwinkel betrieblicher Selbstverwaltung weist also eine dezentrale Marktsteuerung gegenüber einer zentralen Planung deutliche Vorteile auf, da sie durch die Abwesenheit vom direkten Zwang (Planungsvorgaben) erst die relevanten Spielräume, die für jede Form von Arbeiterselbstverwaltung notwendig sind, schafft. Allerdings muß eine neue Sozialismuskonzeption noch weiter gehen, wie die bisherigen Modelle des Marktsozialismus, die in ihrer älteren Schule eine Zentrale rechtfertigten, die wie ein Auktionär Marktprozesse organisiert, oder in neueren Ansätzen eine selbstregulierte Gewinnsteuerung über Kapitalmärkte gewährleisten wollen.[102]

Diese Theorieansätze müßten noch um die Erkennis ergänzt werden, daß erst eine entwickelte Geldwirtschaft eine volle Funktionsfähigkeit der Märkte garantiert und darum in das Postulat münden, eine Geldpolitk zu schaffen, in der die gesellschaftliche Aneignung der Kreditsteuerung den Kredit seines spekulativen Charakters beraubt und in produktive Bahnen lenkt. Das heißt, gesellschaftliche Steuerung schließt sowohl Märkte als auch eine entwickelte Geldwirtschaft mit ein, die die Naturalwirtschaft des Staatssozialismus ersetzt. Andernfalls geht die gesamtgesellschaftliche Steuerungsfähigkeit verloren, wie uns der Staatssozialismus gelehrt hat. Dies wiederum bedingt eine Institution, die derartige Prozesse auch steuern kann, und dabei im gesamtgesellschaftlichen Interesse handelt; was nur durch einen demokratisierten sozialistischen Staat möglich wird.

Die theoretische Konzeption eines zukünftigen Marktsozialismus kann deshalb nicht auf eine plakative Formel gebracht werden wie Sozialismus ist gleich Sowjetmacht und Elektrifizierung – oder jetzt übertragen – Marktsozialismus ist gleich kollektive Eigentumsverhältnisse und Markt, sondern muß sich aus verschiedenen Elementen zusammensetzen. Zentrale Komponenten wären hierbei die Verknüpfung von demokratisierten Wirtschaftsunternehmen in verschiedenen Eigentumsformen – bei einer Begünstigung von Produktionsgenossenschaften – und einer gesamtwirtschaftlichen Steuerung durch einen demokratisierten und dezentral angelegten Staat sowie einer daraus hervorgehenden sozialstaatlichen Regulierungspolitik, die das Marktgeschehen durch indikative Steuerung, Investitionslenkung usw. genauso reguliert wie sie die sozialen Integrationsprozesse innerhalb der Gesellschaft sichert.

Georg Fülberth hat bei einem Rückblick auf das staatssozialistische Scheitern festgestellt, daß bis hin zu radikalmarxistischen Kritikern heute nur noch ein linkskeynesianisches Instrumentarium als pragmatische Wirtschaftspolitik angeboten wird.[103] Diese Beobachtung scheint mit einem resignierten Unterton daherzukommen: In der marxistischen Leseweise wird der Keynesianismus als eine bürgerliche Wirtschaftstheorie eingeordnet, die versucht, neoklassische Allokationen auf dezentraler Ebene mit einer gesamtwirtschaftlichen Globalsteuerung zu verbinden. Es wäre aber zu überlegen, ob eine derartige Interpretation nicht offensiv umgedreht – sozusagen vom Kopf auf die Füße gestellt – werden kann und als ein theoretischer Baustein einer sozialistischen Wirtschaftstheorie begriffen werden könnte; dann würde aus der keynesianischen Wirtschaftspolitik zur Zivilisierung kapitalistischer Märkte ein bewußtes Steuerinstrument zur Lenkung und Gestaltung sozialistischer Märkte. Es ist bis heute nicht gelungen, eine spezifische ökonomische Theorie des Sozialismus zu entwickeln, statt dessen mußten für seine Fundierung immer Elemente liberaler Wirtschaftstheorien eingesetzt werden: Schon Marx Werttheorie basiert auf der klassischen Ökonomie – vor allem auf der Arbeitswertlehre von Ricardo –, die dem Staatssozialismus vorangestellten Planungstheorien sind im Grunde nur eine Negation liberaler Theorien und die jüngeren Schulen des Marktsozialismus basieren ebenfalls auf einem Theorem der Neoklassik, da sie das Ordnungsprinzip der Ressourcenallokation (Mittellenkung und -verteilung) ins Zentrum ihrer Betrachtung stellen. John Maynard Keynes selbst negierte in seiner Theorie zwar die marxsche Wertanalyse, war andererseits gegenüber Eigentumsformen in der Wirtschaft ausgesprochen leidenschaftslos, daß heißt, seine ökonomischen Steuerungsansätze sind durchaus auf eine Wirtschaftsordnung anwendbar, die auf arbeiterselbstverwalteten Betrieben basiert. Gleichzeitig forderte er «*eine ziemlich umfassende Verstaatlichung der Investitionen... als das einzige Mittel zur Erreichung einer Annäherung an Vollbeschäftigung*»[104], wobei er mit der zentralen Forderung nach Vollbeschäftigung nicht nur im Widerspruch zu der Funktionsweise des Kapitalismus steht. Er fundiert damit einen theoretischen – wenn auch statischen und auf Nationalstaaten beschränkten – Ansatz, der von einer Sozialisierung der Investitionen ausgeht und damit die bewußte gesellschaftliche Planung der Wirtschaft zu einem Element seiner Theorie macht. Damit geht der Keynesianismus wesentlich weiter, wie er allgemeinhin verstanden wird: Er ist nicht nur eine Theorie der indirekten Regulierung, sondern beinhaltet auch direkte Lenkung und Planung.

Wenn es auch so noch nicht möglich ist, eine sozialistische Wirtschaftstheorie zu begründen, kann aber doch schon gesagt werden, was sie ermöglichen müßte: Einmal die Verhütung von ungleichen Einkommensverteilungen, die makroökonomische Gleichgewichtsstörungen hervorrufen, dann die Verhinderung von Massenarbeitslosigkeit, weiterhin eine Garantie auf demokratische Entscheidungen über den Einsatz von Produktion und über technische und strukturelle Entwicklungen, wobei ökologische Probleme besonders berücksichtigt und Umweltbedingungen zielbewußt geschaffen werden müssen. Dazu kommt eine Förderung der Emanzipationsbemühungen der Frau sowohl in Wirtschaft und Politik wie auch eine ausgeprägte Sozialstaatlichkeit, die eine soziale Abstufung und Ausgrenzung weniger leistungsfähiger und -williger Menschen verhindert. Zusätzlich müssen innerbetriebliche Leitungsstrukturen in breite Mitbestimmungssysteme verwandelt werden. Zuletzt, aber nicht als letztes muß die globale Dimension eines derartigen Systems berücksichtigt werden, daß je nach seinen Möglichkeiten einen Beitrag dazu leisten müßte, gleichzeitig zur Vereinheitlichung seines Binnenraums auch eine Anpassung an eine gerechtere Weltwirtschaft zu sichern und so allgemeine Entwicklungsbedingungen zu fördern.

Dieser Kriterienkatalog liest sich nicht nur wie eine Vision auf eine wünschenswerte Zukunft, er zeichnet auch in jedem einzelnen Punkt die bisherigen Grenzen des Kapitalismus auf. Und dies trifft nicht nur für die unterentwickelten Regionen der sogenannten «Dritten Welt» zu, sondern gewinnt auch im industrialisierten Norden, wo die Sockelarbeitslosigkeit zusammen mit der Armut wächst, immer mehr an Bedeutung. Nachdem mit dem Staatssozialismus der erste größere gesellschaftliche Gegenentwurf zum Kapitalismus zusammengebrochen ist, gibt es auch keinen «Dritten Weg» – keine Alternative – mehr jenseits von Kapitalismus und Staatssozialismus. Die Zukunft der Weltgesellschaft liegt jetzt in der bewußten Überwindung des Kapitalismus und dies sollte unser letzter und «einziger Weg» sein, sowohl im Norden wie auch im Süden und vor allen Dingen gemeinsam.

25. Schluß

Eine schon 1983 durchgeführte vergleichende Studie von revolutionären Entwicklungen in der sogenannten «Dritten Welt» unterscheidet bei sozialistischen Entwicklungsprozessen drei aufeinanderfolgende Phasen: Den revolutionären Voluntarismus, den bürokratischen Voluntarismus und danach den Reformismus und Marktsozialismus.[105] Ob diese Gliederung heute auch für Kuba noch Gültigkeit hat, kann nach der bisherigen Bestandsaufnahme nicht mit Sicherheit entschieden werden. Als ein zentrales Ergebnis der hier vorgestellten Beobachtungen konnte auf der Tropeninsel eine Entwicklung in Richtung Markt festgestellt werden: Die kubanische Gesellschaft befindet sich in dem tendenziellen Prozeß einer wachsenden Aufsplitterung der sozialen Strukturen, der Vervielfältigung und Veränderung der Eigentumsformen und der Dezentralisierung der Wirtschaft. Wie diese Entwicklung in Zukunft aber weitergeht – mittels eines kontinuierlichen oder eines ruckartigen Reformverlaufs bzw. durch einen abrupten Bruch –, hängt neben der nordamerikanischen Kubapolitik vom Erhalt des sozialen Konsens auf der Insel ab. Dieser wiederum wird von der Fähigkeit der kubanischen Regierung beeinflußt werden, eine umfassende, aufeinander abgestimmte und gesellschaftsübergreifend akzeptierte Reform- und Entwicklungsstrategie zu formulieren und zu realisieren.

Dabei hat das Regime bis jetzt wenig Fähigkeit bewiesen, diese Herausforderung anzunehmen. Nicht wenige Signale deuten darauf hin, daß sich Kuba deshalb in einem ganz anderen Reformzyklus gefangen sieht: Nämlich in dem des «klassischen» staatssozialistischen Immunsystems, wo sich eine teilweise Wirtschaftsliberalisierung und darauf folgender Staatsinterventionismus in kontinuierlicher Regelmäßigkeit ablösen, ohne jemals die Systemlogik – die der letzten Entscheidungskompetenz der Zentrale – aufzugeben. Und da noch immer gilt, daß derjenige, der nicht bereit ist, aus der Geschichte zu lernen, sie wiederholen muß, würde Kuba dann bis zur bitteren Konsequenz den Erfahrungen aller anderen staatssozialistischen Länder folgen. Wir würden Zeugen, wie sich atemberaubende und schon zerronnene Geschichte vor unseren Augen noch einmal in Zeitlupentempo wiederholt.

Die über den inneren Reformdruck vermittelte punktuelle Übereinstimmung zwischen dem Eigeninteresse des staatlichen Machterhalts und den Emanzipationsbestrebungen verschiedener politischer und ökonomischer Akteure eröffnet Kuba aber vielleicht dennoch die historische Chance, eine zivile und sozial verträgliche Reformierung seines sozialistischen Systems durchzuführen. Diese Chance verdient alle unsere Sympathien und unsere Unterstützung: Sie ist unbedingt zu befürworten, könnte ein Scheitern der bisherigen Reformbemühungen doch einen langwierigen Verteilungskampf aller gesellschaftlichen Interessensgruppen um die noch verbliebenen Ressourcen auslösen und würde zweifellos zu einer Unterordnung der Insel unter die Vereinigten Staaten führen.

Ob sich ein reformiertes Kuba weiterhin sozialistisch nennen wird, wird der berühmt-berüchtigte scharfe Witz der Kubaner am besten entscheiden. Vor der Krise wurde der kubanische Sozialismus dort als *sociolismo* (Vetternwirtschaft) belächelt und seitdem importiertes Soja zur Hauptproteinquelle der Bevölkerung geworden ist, spricht der Volksmund vom *sojalismo.* Sollte es aber gelingen, wirtschaftliche Effizienz mit Sozialstaatlichkeit und kollektive Eigentumsverhältnisse mit politischer Mitbestimmung zu verknüpfen, würde Kuba auf jeden Fall wesentlichen Strukturelementen des unterentwickelten Kapitalismus widersprechen. Wäre die Insel aufgrund ihrer Besonderheiten zwar auch in Zukunft kein Entwicklungsmodell, so aber zumindestens ein wichtiger Orientierungspunkt für die Länder des Südens, der beweist, daß eine gerechte Verteilungspolitik und eine ausgebaute Infrastruktur in der Gesundheitsversorgung und der Bildung Voraussetzungen sein können, um die Bedingungen ökonomischer Entwicklung zu erfüllen.

Mit seiner graduellen Transformation konnte Kuba bisher widerlegen, «*daß der Sozialismus sowjetischen Typs offenbar nicht reformfähig ist*».[106] Ob es dem System jetzt gelingen wird, über seine – hier beschriebenen – begrenzten Reformkapazitäten hinauszukommen, wird sich schon bald zeigen. Karl Marx hat sich im *18. Brumaire des Luis Bonaparte* einmal darüber amüsiert, daß sich alle großen weltgeschichtlichen Tatsachen zweimal ereignen: «*Das eine Mal als Tradögie, das andere Mal als Farce.*» Ob das auch auf Kuba zutrifft, läßt sich noch nicht mit Bestimmtheit sagen. Aber aufmerksame Beobachter werden dies schon bald feststellen können. Für einen weiteren erfolgversprechenden Reformverlauf auf der Karibikinsel sind in Zukunft drei Entwicklungstendenzen von Bedeutung: Einmal die Ausgestaltung der Weltmarktintegration; hier geht es hauptsächlich um eine Dezentralisierung der Entscheidungen über Auslandsinvestitionen sowie um deren Verknüpfung mit der Binnenwirtschaft. Zum zweiten die Beschleunigung des Strukturwandels in der Binnenwirtschaft; Kubas größte Entwicklungspotentiale liegen nicht in der Weltmarktintegration, sondern in der Erschließung der eigenen Binnenmärkte. Hier könnte langfristig sogar ein ausgleichendes Korrektiv für die Weltmarktöffnung geschaffen werden, daß selbstformulierten Entwicklungszielen folgt. Und drittens, aber nicht zuletzt, ein Rückzug der politischen Macht aus der Wirtschaft bei einer gleichzeitigen Demokratisierung beider Sphären, so daß zusätzlich verhindert wird, daß ökonomische Gewalt ins Politische umschlägt.

Die Karibikinsel bleibt beim Umgang mit diesen Herausforderungen auch weiterhin nicht nur Objekt des aggressiven US-Imperialismus oder des kapitalistischen Weltmarktes, sondern ebenso Subjekt ihrer eigenen entwicklungspolitischen Zukunft. Auch Kuba steht nicht am «*Ende der Geschichte*», sondern an einem neuen Anfang: Die größte Herausforderung steht dem System noch bevor...

26. Anhang

26.1. Verzeichnis der verwendeten Abkürzungen

CANF: Cuban American National Foundacion
CCRC: Camara de Comercio de la Republica de Cuba
CECE: Comite Estatal de Cooperacion Economica
CEE: Comite Estatal de Estadisticas
CEEC: Centro de Estudios de la Economica Cubana
CEPAL: Comision Economica para America Latina y el Caribe
CETSS: Comite Estatal de Trabajo y Seguridad Social
CIPS: Centro de Investigaciones Psicologicas y Sociologicas
BIP: Bruttoinlandsprodukt
GMP: Gross Material Product
GSP: Gross Social Product
ICIODA: Instituto Cubano de Investigaciones y Orientacion de la Demanda Interna
INIE: Instituto Nacional de Investigaciones Economicas
INTUR: Instituto Nacional de Turismo
IWF: Internationaler Währungsfonds
JUCEPLAN: Junta Central de Planificacion
NAFTA: North American Free Trade Association
OAS: Organization of American States
ONS: Oficina Nacional de Estadisticas
PCC: Partido Comunista de Cuba
RGW: Rat für gegenseitige Wirtschaftshilfe
SDPE: Sistema de Direccion y Planificacion de la Economia
UBPC: Unidades basicas de produccion cooperativa
ZK: Zentralkomitee

26.2. Abkürzungen verwendeter Periodika

EPS: Economic Press Service
FAZ: Frankfurter Allgemeine Zeitung
ila: Zeitschrift der Informationsstelle Lateinamerika
IPS: Inter Press Service
iz3w: Blätter des Informationszentrum Dritte Welt
ND: Neues Deutschland
NZZ: Neue Zürcher Zeitung
SDZ: Süddeutsche Zeitung

26.3. Literaturverzeichnis

A. Veröffentlichte Bücher und Artikel

Alvarez Gonzalez, Elena C.: El ajuste importador en la economia cubana: apuntes para una evaluacion, in: Boletin de Informacion sobre Economia Cubana, Nr. 14, **1994**, S. 3-16

Bahro, Rudolf: Die Alternative: Zur Kritik des realexistierenden Sozialismus, Köln, **1977**

Balsen, Werner/Rössel, Karl: Hoch die internationale Solidarität: Zur Geschichte der Dritte-Welt-Bewegung in der Bundesrepublik, Köln, **1986**

Barredo Medina, Lazaro: El ano mas duro, in: Prisma, Nr. 4, **1992**, S. 34-40

Bettelheim, Charles/Castro, Fidel/Mandel, Ernest/Mora, Alberto: Wertgesetz, Planung und Bewußtsein. Die Planungsdebatte in Cuba, Frankfurt, **1969**

Boris, Dieter: Der Absturz des Musterschülers, in: Sozialismus, Nr. 2, **1995**, S. 8-12

Brezinksi, Horst: Cuba's Economic Ties with the Soviet Union and the CMEA in the Mid Eigthies, Paderborn, **1988**

Brezinksi, Horst: Auswirkungen des Zusammenbruchs des Sozialismus in Osteuropa auf die Wirtschaft Kubas – Perspektiven und Anpassung, in: Rode: Kuba. Die isolierte Revolution?, Bad Honnef, **1993**, S. 219-240

Brundenius, Claes: Revolutionary Cuba: The Challenge of Economic Growth with Equity, Boulder/Col.: Westview Press, **1984**

Brus, Wlodzimierz/Laski, Kazimierz: Von Marx zum Markt, Marburg, **1990**

Burchardt, Hans-Jürgen: «Eine falsche Entscheidung kann uns alles kosten »- Interview mit Julio Carranza, in: Sozialismus, Nr. 11, **1995**, S. 20-21

Cardoso, Eliana/Helwege, Ann: Cuba after Communism, Cambridge, **1992**

Carranza Valdez, Julio: Die Krise – Eine Bestandsaufnahme, in: Hoffmann: Wirtschaftsreformen in Kuba. Konturen einer Debatte, Frankfurt, **1994**, S. 16-41

Carranza Valdez, Julio: Los cambios economicos en Cuba. Problemas y desafios, in: Cuadernos de nuestra America, Nr. 22, **1995**, S. 26-40

Carranza Valdez, Julio/Urdaneta Gutierrez, Luis/Monreal Gonzales, Pedro: Cuba – La restructuracion de la economia – una propuesta para el debate, Havanna, **1995**

Carriazo Moreno, George: Cambios estructurales en la agricultura cubana: la cooperativizacion, in: Economia Cubana – Boletin Informativo, Nr. 18, **1994**, S. 14-29

Castro Ruz, Fidel: Informe Central al Primer Congreso del Partido Comunista de Cuba, Havanna, **1975**

Castro Ruz, Fidel: Primer Congreso del Partido Comunista en Cuba. Memorias, Havanna, **1976**

Castro Ruz, Fidel: Presente y futuro de Cuba. Entrevista concedida a la revista Siempre!, Havanna, **1991b**

Castro Ruz, Fidel: Un grano de maiz. Conversacion con Tomas Borge, Havanna, **1992**

Castro Ruz, Fidel: Nuestra revolucion no puede ni venderse ni entregarse, in: Granma, 28.7.**1993a**, S. 3-7

Castro Ruz, Fidel: Nadie nos podra dar jamas lo que solo con nuestro esfuerzo, trabajo, inteligencia y valor seamos capaces de conquistar, in: Granma, 9.11.**1993b**, S. 2-5

Castro Ruz, Fidel: Fragmento del discurso pronunciado por el presidente cubano, Fidel Castro Ruz, el 26 de julio de 1995 en el acto central por el 42 aniversario del asalto al cuartel Moncada, in: IPS, 27.7.**1995**

Csikos-Nagy, Bela: Die Bedeutung von Innovationen für sozialistische Wirtschaftssysteme in den achtziger Jahren, in: Innovationsprobleme in Ost und West, Stuttgart, **1983**, S.31-39

Deere, Carmen Diana: Implicaciones agricolas del comercio cubano, in: Economia Cubana – Boletin Informativo, Nr. 18, **1994**, S. 3-14

248

Deere, Carmen Diana/Perez Rojas, Niurka/Gonzales, Ernel: The View from Below: Cuban Agriculture in the «Special Period in Peacetime», in: The Journal of Peasant Studies, Nr. 2, **1994**, S. 194-234

Demarest, Geoffrey, B.: The Cuba Contingency, in: Military Review, Nr. 1, **1994**, S. 58-68

Dettmering, Robert: Bacardi-Felling in Florida, in: Lateinamerika-Nachrichten, Nr. 262, **1996**, S. 47-49

Diaz, Jesus: Las Iniciales de la Tierra, Havanna, **1988**

Dilla Alfonso, Haroldo: Cuba: La crisis y la rearticulacion del consenso politico. Notas para un debate socialista, in: Cuadernos de nuestra America, Nr. 20, **1993**, S. 20-45

Dilla Alfonso, Haroldo/Gonzales Nunez, Geraldo/Vincentelli, Ana Teresa: Participacion popular y desarrollo en los municipios cubanos, Havanna, **1993**

Dominguez, Jorge: Cuba: Order and Revolution, Cambridge, Havard University Press, **1978**

Dominguez, Jorge: La democracia en Cuba: Cual es el modelo deseable?, in: La democracia en Cuba y el diferendo con los Estados Unidos, Havanna, **1995**, S. 117-129

Dritte Welt Haus Bielefeld: Atlas der Weltverwicklungen, **1992**, Wuppertal

Dumont, Rene/Mazoyer, Marcel: Developpement et Socialismes, Paris, **1969**

Erhardt, Ulrich: Das kubanische Bildungswesen: Eine kritische Würdigung, in: Rode: Kuba. Die isolierte Revolution?, Bad Honnef, **1993**, S. 266-277

Fabian, Horst : Der kubanische Entwicklungsweg. Ein Beitrag zum Konzept autozentrierter Entwicklung, Opladen, **1981**

Fabian, Horst: Wohin treibt Kuba? Mögliche Szenarien der internen Entwicklung, in: Lateinamerika, Analysen-Daten-Dokumentation 9, Kubas Krise, Nr. 20, Hamburg, **1992**, S. 81-100

Fabian, Horst: Ist Kuba der nächste Domino?, in: Rode: Kuba. Die isolierte Revolution?, Bad Honnef, **1993**, S. 101-115

Falk, Rainer: Gipfelmanie 1995, in: iz3w, Nr. 203, 2/**1995**, S. 3

Fernandez Font, Marcelo: Si se levantara el bloqueo de Estados Unidos a Cuba por un ano?, in: EPS, 15.10.**1993**

Figueras, Miguel: Structural Chance in the Cuban Economy, in: Latin American Perspectives 18, Nr. 2, **1991**, S. 69-85

Figueras, Miguel: Aspectos estructurales de la economia cubana, Havanna, **1994**

Felipe Duyos, Edith M.: Estadisticas sobre el turismo en Cuba. 1970-1992, in: Boletin de Informacion sobre Economia Cubana, Nr. 5, **1992**, S. 19-22

Franzbach, Martin: Das Volk, nicht die Herrschaftsform verdient Unterstützung, in: Argument, Jg. 36, Nr. 204, **1994**, S. 263-270

Fritsch, Eduard: «Respekt und Sympathie »in Davos, in: ila, Nr. 183, **1995**, S. 49

Fritsche, Klaus (Hrsg.): Verlorene Träume? Sozialistische Entwicklungsstrategien in der Dritten Welt, **1989**, Stuttgart

Fröbel, Folker/Heinrichs, Jürgen/Kreye, Otto: Die neue internationale Arbeitsteilung, Reinbek, **1977**

Fröbel, Folker/Heinrichs, Jürgen/Kreye, Otto: Umbruch in der Weltwirtschaft. Die globale Strategie: Verbilligung der Arbeitskraft, Reinbek, **1986**

Fülberth, Georg: Sieben Anstrengungen, den vorläufigen Endsieg des Kapitalismus zu begreifen, Hamburg, **1991**

Fülberth, Georg: Der große Versuch, Köln, **1994**

Furtak, Robert, K.: Die kubanisch-sowjetischen Beziehungen, in: Rode: Kuba. Die isolierte Revolution?, Bad Honnef, **1993**, S. 183-196

Gey, Peter: Planwirtschaft in Kuba, in: Gey/Kosta/Quassier: Sozialismus und Industrialisierung, Frankfurt, **1985**, S. 263-285

Gey, Peter: Kuba: Krise des sowjetischen Entwicklungsmodells, in: Fritsche: Verlorene Träume? Sozialistische Entwicklungsstrategien in der Dritten Welt, **1989**, Stuttgart, S. 54-69

Guevara, Ernesto: Aufsätze zur Wirtschaftspolitik, Köln, **1988**

Göthner, Karl-Christian: Die soziale und ökonomische Entwicklung Kubas im lateinamerikanischen Kontext, in: Rode: Kuba. Die isolierte Revolution?, Bad Honnef, **1993**, S. 116-139

Gonzales Gutierrez, Alfredo: La economia sumergida en Cuba, in: Cuba: Investigacion Economica, Vierteljahreshefte des INIE, Nr. 2, September **1995**, S. 77-101

Graziani, Giovanni: Die nicht-europäischen Mitglieder des RGW – ein Modell für Entwicklungsländer, in: Osteuropa und die Dritte Welt, Osteuropa-Forum Nr. 75, Hamburg, **1989**, S. 71-88

Grupo fuentes renovables: Alternativas energeticas nacionales, in: Energia, Nr. 2, **1992**, S. 3-16

Gunn, Gillian: Cuba in Crisis, in: Current History 90, Nr. 554, **1991**, S. 101-104

Gunn, Gillian: Cuba in Transition. Options for US-Policy, New York, **1993**

Gunn, Gillian: Unterwanderung oder Rettungsanker des Sozialismus? Die sozialen Auswirkungen steigender Auslandsinvestitionen, in: Hoffman: Wirtschaftsreformen in Kuba. Konturen einer Debatte, Frankfurt, **1994**, S. 154-183

Habel, Janette: Die Revolution in Gefahr, **1993**, Köln

Habel, Janette: Kuba zur Stunde der großen Reform, in: Le Monde diplomatique, Beilage der taz vom 10.11.**1995**, S. 20-21

Heidel, Klaus: Strukturbruch in der Weltwirtschaft – Neue Herausforderungen für eine ökumenische Praxis?, werkstatt ökonomie, Heidelberg, **1993**

Hernandez, Rafael: Fallacies Regarding The Cuban Community in the United States, in: Tulchin/Hernandez: Cuba an the United States. Will Cold War in the Caribbean End?, Boulder, **1991**, S. 135-139

Hirsch, Joachim: Globalisierung des Kapitals, Nationalstaat und die Krise des politischen Universalismus, in: Links 7-8/**1993**

Hirsch, Joachim: Vom Sicherheits- zum nationalen Wettbewerbsstaat, in: links 4/**1994**

Höhmann, Hans-Hermann, Entwicklungsetappen, in: Länderbericht Sowjetunion, Bonn, **1988**, S. 273-283

Hoffmann, Bert: Kuba: Nicht Modell, Tragödie, in: Argument, Jg. 34, Nr. 196, **1992**, S. 905-910

Hoffmann, Bert (Hrsg.): Wirtschaftsreformen in Kuba. Konturen einer Debatte, Frankfurt, **1994**

Hubermann, Leo/Sweezy, Paul, M.: Cuba – Anatomie einer Revolution, Frankfurt, **1968**

Hübner, Kurt: Analytische Vorsicht und problembewußter Internationalismus, in: Berliner Debatte INITIAL, Nr. 5, **1992**, S. 4-10

Hurtienne, Thomas: Sozialismus und autozentrierte Entwicklung. Zur Korrektur eines entwicklungspolitischen Modells anhand der Beispiele China, Nordkorea, Albanien und Kuba, in: Friedensanalysen 15, Frankfurt, **1982**, S. 307-358

Hurtienne, Thomas: Das Beispiel Brasilien, in: Friedensanalysen 18, Frankfurt, **1984**, S. 349-389

Hurtienne, Thomas: Ein fünfhundertjähriges Reich? Zum Grenznutzen der Depenenztheorie, in: Blätter für deutsche und internationale Politik, Nr. 1, **1992**, S. 35-44

Jeffries, Ian: A Guide to the Socialist Economies, London, **1990**

Jung, Lothar: Aufbruch zu neuen Ufern. Umdenken in der sowjetischen Außenpolitik, in: iz3w, Nr. 166, **1990**, S. 26-29

Kaplowitz, Rich, D./Kaplowitz, Michael: Cuba and the United States, Opportunities Lost and Future Potential, in: Kaplowitz: Cuba's Ties to a Chancing World, Boulder, **1993**, S. 223-244

Kappel, Robert: Kern und Rand in der globalen Ordnung – Globalisierung, Tripolarität, Territorium, Peripherisierung, in: Peripherie, Nr. 59/60, **1995**, S. 79-117

Karges, Rosemarie: Von Spanien bis Nicaragua, Solidarität zwischen antifaschistischen Kampf und Entwicklungshilfe, Offenbach, **1994**

Keynes, John Maynard: Allgemeine Theorie der Beschäftigung, des Zinses und des Geldes, Berlin, **1974**

Kimmig, Karl-Heinz: Kuba, in: Nohlen/Nuscheler, Handbuch der Dritten Welt, Bd. 3, Hamburg, **1982**, S. 359-389

Kornai, Janus: The Hungarian Reform Process: Visions, Hopes and Reality, in: The Journal of Economic Literature, 24, **1986**, S. 1687-1737

Krämer, Raimund: Der alte Mann und die Insel. Kuba auf dem Wege zu einem spätsozialistischen Caudillo-Regime, in: Initial, Nr. 2, **1993**, S. 57-66

Kurz, Robert: Der Kollaps der Modernisierung: Vom Zusammenbruch des Kasernensozialismus zur Krise der Weltökonomie, Eichborn, **1991**

Lage Davila, Carlos: Unicamente con la Revolucion podemos enfrentar problemas de la magnitud que hemos estado enfrentando, Granma, 10.11.**1992a**, S. 3-7

Lage Davila, Carlos: El pais esta unido, hemos preservado el orden social y nuestras conquistas principales, hemos compartido entre todos el esfuerzo y no hemos renunciado a nuestros principios, Granma, 14.11.**1992b**, S. 3-8

Lage Davila, Carlos: For U.S. Well-Being is not only Material Wealth, it is also Independence, Granma Internacional, 9.11.**1994**

Landau, Saul/Starratt, Daina: Ausverkauf... Mit der wirtschaftlichen Öffnung naht das Ende des kubanischen Sozialismus, in: iz3w, Nr. 203, **1995**, S. 4-7

Leptin, Gert/Adirim, Itzchok: Die sowjetische Wirtschaftspolitik und die Aussichten einer Beschleunigung wirtschaftlicher Entwicklung, in: Osteuropa, Nr. 12, **1986**, S. 975-992

Lessmann, Robert: Stand und Perspektiven der Joint-Ventures in Kuba, Friedrich-Ebert-Stiftung, Bonn, April **1993a**

Lessmann, Robert: Quo vadis Kuba? «Joint-Ventures»: Sozialistischer Rettungsanker oder kapitalistisches Einfallstor, Friedrich-Ebert-Stiftung, Bonn, April **1993b**

Lessmann, Robert: Von der Nachbesserung zur wirtschaftlichen Strukturreform – Kubas Anpassung an die Bedingungen des kapitalistischen Weltmarktes, Friedrich-Ebert-Stiftung, Bonn, November **1993c**

Linares Calvo, Francisco: Derrota del pesimismo, in: Trabajodores, 4.1.**1993**, S. 10-11

Löwy, Michael: Che Guevara, Frankfurt, **1987**

Löwy, Michael: Die cubanische Revolution 1953-1961, in: Perspektiven, Nr.7/8, **1991**, S. 8-10

Machado R., Dario: Cual es nuestra clima sociopolitico?, in: El militante comunista, Nr. 9, **1990**, S. 10-11

Machado R., Dario: Participacion social en los noventa, in: Estado, nuevo orden economico y democracia en America Latina, Caracas, **1992**, S. 235-264

Marquetti, Hiram/Perez, Omar: La economia cubana: actualidad y tendencias, in: Economia y Desarrollo, Nr. 1, 1995, S. 33-53

Martinez Heredia, Fernando: Cuba: problemas de la liberacion, la democracia, el socialismo, in: sintesis, Nr. 15, **1991**, S. 181-204

Maschke, Günther: Cubanischer Taschenkalender, in: Kursbuch 30, **1972**, S. 129-152

Melendez Bachs, Ernesto: Der kubanische Markt – Wirtschaftliche Beziehungen und ausländische Investitionen, in: Business on Cuba, Deutsche Ausgabe, Oktober **1994**, S. 17-21

Menzel, Ulrich: Das Ende der Dritten Welt und das Scheitern der großen Theorien, Frankfurt, **1992**

Menzel, Ulrich: Die neue Weltwirtschaft. Entstofflichung und Entgrenzung im Zeichen der Postmoderne, in: Peripherie, Nr. 59/60, **1995**, S. 30-44

Mesa-Lago, Carmelo: Cuba's Centrally Planned Economy: An Equity Trade-Off for Growth, in: Hartlyn/Morley: Latin American Political Economy: Financial Crisis and Political Change, Boulder, **1986**, S. 292-318

Mesa-Lago, Carmelo: Cuba's Economic Counter-Reform (Rectificacion): Causas, Policies and Effects, in: Gillespie: Cuba after Thirty Years. Rectificacion and the Revolution, New York, **1990**, S. 98-139

Mesa-Lago, Carmelo: The Economic Effects on Cuba of the Downfall of Socialism in the USSR and Eastern Europe, in: Mesa-Lago: Cuba After Cold War, Pittsburg, **1993a**, S. 133-196

Mesa-Lago, Carmelo: Ursachen, Ausmaß und Alternativen der Wirtschaftskrise Kubas in den 90er Jahren, in: Rode: Kuba. Die isolierte Revolution?, Bad Honnef, **1993b**, S. 197-227

Mesa-Lago, Carmelo: Cuba: Un caso unico de reforma anti-mercado. Retrospectiva y perspectivas, in: Pensamiento Iberoamerica, Nr. 22/23, **1993c**, S. 65-101

Mesa-Lago, Carmelo: Historia economica de Cuba Socialista, Madrid, **1994a**

Mesa-Lago, Carmelo: Ist Kuba auf dem Weg zur Marktwirtschaft? Probleme und Perspektiven der kubanischen Wirtschaftsreform, in: Hoffman: Wirtschaftsreformen in Kuba. Konturen einer Debatte, Frankfurt, **1994b**, S. 67-103

Mesa-Lago, Carmelio/Gil, Fernando: Soviet Economic Relations with Cuba, in: Mujal-Leon: The USSR and Latin America. A Developing Relationship, Boston, **1989**, S. 183-232

Mesa-Lago, Carmelio/Perez-Lopez, Jorge: Estimating Cuban Gross Domestic Produkt Per Capita in Dollars Using Physical Indicators, in: Social Indicators Research 16, **1985**, S. 275-300

Mires, Fernando: Ein, zwei, viele Neoliberalismen, in: Lateinamerika-Nachrichten, Nr. 261, **1996**, S. 22-25

Monreal Gonzalez, Pedro/Rua del LLano, Manuel: Kubas Transition. Öffnung und Reform der kubanischen Wirtschaft: Die Transformation der Institutionen (1990-1993), in: Hoffmann: Wirtschaftsreformen in Kuba. Konturen einer Debatte, Frankfurt, **1994**, S. 186-209

Müller-Plantenberg, Urs: Die CEPAL und der Neoliberalismus, in: Lateinamerika – Analysen und Berichte 17, Bad Honnef, **1993**, S. 17-35

Murray, Mary: The Blockade Against Cuba: A Strategy Bound To Fail, in: Political Affairs, Nr. 71, **1992**, S. 13-16

Musil, Robert: Der Mann ohne Eigenschaften, Bd. 1, Reinbek, **1992**

Nicolas, Alrich: Transformation wohin? Perspektiven des kubanischen Entwicklungsweges, in: iz3w, Nr. 188, **1993**, S. 10-13

Niess, Frank: Der Koloß im Norden, Köln, **1984**

Niess, Frank: 20mal Kuba, München, **1991**

Niess, Frank: Die drei Blockaden Kubas, in: Blätter für deutsche und internationale Politik, Nr. 8, **1992**, S. 954-966

Nuscheler, Franz: Lern- und Arbeitsbuch Entwicklungspolitik, Bonn, **1991**

Nuscheler, Franz: Lern- und Arbeitsbuch Entwicklungspolitik, Bonn, **1995**

Ochel, Wolfgang: Entwicklungsländer in der Weltwirtschaft. Eine problemorientierte Einführung mit einem Kompendium entwicklungstheoretischer und -politischer Begriffe, Köln, **1982**

Peche, Norbert: Was heißt RADIKALE REFORM, Berlin, **1990**

Perez, Luis, A.: Cuba: Between Reform and Revolution, New York, **1988**

Perez-Lopez, Jorge, F.: Swimming against the Tide: Implicaciones for Cuba of Soviet and Eastern European Relations in Foreign Economic Relations, in: Journal of Interamerican Studies and World Affairs, Nr. 2, **1991a**, S. 81-210

Perez-Lopez, Jorge, F.: Bringing The Cuban Economy into Focus: Conceptual and Empirical Challenges, in: Latin American Research Review 26, Nr. 3, **1991b**, S. 7-53

Pichs Madruga, Ramon: Problemas y opciones del sector energetico en Cuba, in: Boletin de Informacion sobre Economia Cubana, Nr. 5, **1992**, S. 9-18

Rabkin, Rhoda, P.: The Revolutionary Experiment, New York, **1991**

Rehmann, Jan: Kuba soll leben, damit es sich verändern kann, in: Argument, Jg. 34, Nr. 193, **1992**, S. 433-437

Ritter, Archibald, R.M.: The Cuban Economy in the 1990s: External Challenges and Policy Imperatives, in: Journal of Interamerican Studies and World Affairs 32, Nr. 3, **1990**, S. 117-149

Ritter, Archibald, R.M.: Prospects of Economic and Political Chance in Cuba in the 1990s, in: Ritter/Maxwell/Pollock: Latin America in the Year 2000. Reactivating Growth, Improving Equity, Sustaining Democracy, New York, **1992**, S. 235-252

Robaina, Roberto: Estados Unidos ha llevado a cabo una guerra economica, comercial, politica y diplomatica para aislar a Cuba en el mundo, in: Granma Internacional, Havanna, 14.9.**1994**, S. 7-10

Robaina, Roberto: Schadensbericht des kubanischen Außenministers an den UN-Generalsekretär über die Blockade, in: Netzwerk Cuba Nachrichten, Nr. 10, **1995**, S. 11-12

Rode, Clemes/Sevilla, Rafael (Hrsg.): Kuba – Die isolierte Revolution?, Bad Honnef, 1993

Rodriguez, Jose L.: Desarrollo economico de Cuba 1959-1988, Mexiko-City, **1990a**

Rodriguez, Jose, L.: La economia cubana en 1986-1989, in: Economia y Desarrollo, Nr. 3, **1990b**, S. 27-43

Rodriguez Jose. L.: Chances in Policy and Performance of the Cuban Economy 1986-1989, in: Tulchin/Hernandez: Cuba and the United States. Will the Cold War in the Carribean End?, Boulder, **1991a**, S. 9-20

Rodriguez Jose. L.: Economic Relations Between Cuba and Eastern Europe: Present Situation and Possible Developments, in: Erisman/Kirk: Cuban Foreign Policy Confronts a New International Order, Boulder, **1991c**, S. 53-62

Rodriguez, Carlos Rafael: Cuba: Periodo de guerra en tiempos de paz, Cuadernos de nuestra America, Nr. 16, **1991d**, S. 164-176

Rodriguez Jose. L.: Las relaciones economicas entre Cuba y la antigua URSS: Evaluacion y perspectivas, in Cuadernos del Este, Nr. 6, **1992b**, S. 51-59

Rodriguez Jose. L.: La economia de Cuba. Ante la cambiante conyuntura internacional, in: Boletin de Informacion sobre Economia Cubana, Nr. 1, **1992c**, S. 5-10

Rodriguez Jose. L.: La inversion extranjera en Cuba: mitos y realidades, in: Boletin de Informacion sobre Economia Cubana, Nr. 5, **1992d**, S. 3-9

Rodriguez, Jose, L./Carriazo Moreno, George: Erradicacion de la pobreza en Cuba, Havanna, **1990**

Rodriguez Castellon, Santiago: Cuba: La evaluacion del sector agropecuario, Prensa Latina, September **1995b**

Senghaas, Dieter: Weltwirtschaftsordnung und Entwicklungspolitik. Plädoyer für Dissoziation, Frankfurt, **1977**

Senghaas, Dieter: Sozialismus. Eine entwicklungsgeschichtliche und entwicklungstheoretische Betrachtung, in: Leviathan, Jg. 8, Nr. 1, **1980**, S.10-40

Senghaas, Dieter: Von Europa lernen. Entwicklungsgeschichtliche Betrachtungen, Frankfurt/M., **1982a**

Senghaas, Dieter: Autozentrierte Entwicklung, in: Nohlen/Nuscheler: Handbuch der Dritten Welt, Bd.1, Hamburg, **1982b**, S. 359-379

Senghaas, Dieter: Weltordnung, aber welche? Weltökonomie und denationalisierte Staatlichkeit in der Perspektive Rolf Kniepers, in: Blätter für deutsche und internationale Politik, Nr. 9, **1992**, S. 1069-1077

Senghaas, Dieter/Menzel, Ulrich: Europas Entwicklung und die Dritte Welt. Eine Bestandsaufnahme, Frankfurt, **1986**

Sik, Ota: Ein Wirtschaftssystem der Zukunft, Berlin, **1985**

Spangenberg, Joachim: Das grüne Gold der Gene, Vom Angriff der Gentechnik auf die Dritte Welt, Wuppertal, **1992**

Stahl, Karin: Kuba-eine neue Klassengesellschaft?, Heidelberger Dritte Welt Studien 23, Heidelberg, **1987**

Stahl, Karin: Kuba, in: Nohlen/Nuscheler: Handbuch der Dritten Welt, Bd.3, Bonn, **1992**, S. 471-506

Stahl, Karin: Politische Organisation und Partizipation im nachrevolutionären Kuba, in: Rode: Kuba. Die isolierte Revolution?, Bad Honnef, **1993**, S. 73-100

Tablada Perez, Carlos: El pensamiento economico de Ernesto Che Guevara, Havanna, **1987**

Torres Vila, Cary/Perez Rojas, Niurka: Mercado agropecuario cubano: proceso de constitucion, in: Economia Cubana – Boletin Informativo, Nr. 18, **1994**, S. 29-42

Triana Cordovi, Juan: El mercado interno: mejoria dentro de la crisis, in: Cuba: Economia y administracion, Halbjahresschrift des CEEC, Nr. 2, **1994**, S. 3-7

Triana Cordovi, Juan: La economia cubana en 1994, in: Cuba: Economia y administracion, Halbjahresschrift des CEEC, Nr. 3, **1995**, S. 4-14

Trueba Gonzales, Geraldo: Cuba: Una potencia caribena en transicion, in: Revista de Estudios Europeos, Nr. 27-28, **1993**, S. 113-128

Vincentz, Volkhart: Untersuchungen der Binnenhandelssysteme und Möglichkeiten ihrer marktwirtschaftlichen Ausgestaltung. Makroökonomische Rahmenbedingungen und Privatisierungsstrategien, Osteuropa-Institut-München, München, **1993**

Wallerstein, Immanuel: Aufstieg und künftiger Niedergang des kapitalistischen Weltsystems. Zur Grundlegung vergleichender Analyse, in: Senghaas: Kapitalistische Weltökonomie – Kontroversen über ihren Ursprung und Entwicklung, Frankfurt, **1979**, S. 31-67

Welfens, Paul: Internationalisierung von Wirtschaft und Wirtschaftspolitik, Eine Analyse der Dynamik und Gestaltbarkeit von Wirtschaft und Politik in einer sich wandelnden Weltwirtschaft, Berlin, **1990**

White, Gordon: Revolutionary Socialist Development in the Third World, in: White/Murray/White: Revolutionary Socialist Development in the Third World, Brigthon, **1983**, S. 30-33

Wiarda, Howard, J.: Is Cuba next? Crisis of the Castro Regime, in: Problems of Communism 40, Nr.1-2, **1991**, S. 84-93

Wörterbuch: Kubaspanisch – Deutsch, Leibzig, **1989**

Zimbalist, Andrew: Cuban Political Economy. Controversies in Cubanology, Boulder, **1988a**

Zimbalist, Andrew: Cuba's Statistical and Price Systems. Interpretation and Reliability, in: Latin American Perspectives 15, Nr. 2, **1988b**, S. 31-49

Zimbalist, Andrew: Industrial reform and the Cuban economy, in: Jeffries: Industrial Reform in Socialist Countries, Elgar, **1992a**, S. 92-110

Zimbalist, Andrew: Teetering on the Bring: Cuba's Economic and Political Crisis, in: Journal of Latin American Studies 24, Nr. 2, **1992b**, S. 407-418

Zimbalist, Andrew: Magnitud y costes del embargo de Estados Unidos en Cuba y terceros paises, in: Cuba: Apertura economica y relaciones con Europa, Madrid, **1994**, S. 91-97

Zimbalist, Andrew/Brundenius, Claes: The Cuban Economy, Measurement and Analysis of Socialist Performance, Baltimore, **1989**

Zürn, Michael: Das Projekt «Komplexes Weltregieren», in: Leggewie: Wozu Politikwissenschaft, Darmstadt, **1994**, S. 77-88

B. Unveröffentlichte Manuskripte und Vorträge

Alvarez Gonzales, Elena: La participacion de Cuba en las nuevas condiciones de la economia internacional, unveröffentlichtes Manuskript des INIE, Havanna, **1990**

Diaz Vazquez, Julio, A.: Comercio exterior Cuba-Espana e inversiones extranjeras en Cuba, unveröffentlichte Abschlußarbeit eines Forschungsprojektes am Instituto de Desarrollo Regional, Universität von Sevilla, Sevilla, **1995**

Dominguez Garcia, Maria I.: La cultura politica de los jovenes cubanos, unveröffentlichtes Manuskript des CIPS, Havanna, **1994**

Ferran Oliva, Juan: Las regularidades del consumo y su comportamiento en Cuba, unveröffentlichtes Manuskript des ICIODA, Havanna, **1993**

Marquetti Nodarse, Hiram: Cuba: Cambios en el comercio exterior 1990-1993, unveröffentlichtes Manuskript des CEEC, Havanna, **1994a**

Marquetti Nodarse, Hiram: La despenalizacion de la tenencia de devisas en Cuba: Resultados de su aplicacion, unveröffentlichtes Manuskript des CEEC, Havanna, **1994b**

Marquetti Nodarse, Hiram: Cuba: reformas y principales transformaciones en el comercio exterior 1990-1994, unveröffentlichtes Manuskript des CEEC, Havanna, **1995**

Nova Gonzales, Armando: Evolucion y analis de la agricultura cubana, unveröffentlichtes Manuskript des INIE, Havanna, **1990**

Perez Rojas, Niurka/Garcia Aguiar, Miriam/Torres Vila, Cary: Valoraciones sobre los motivos de integracion y las expectactivas iniciales en la UBPC, unveröffentlichtes Manuskript des Equipo de Estudios Rurales, Soziologische Fakultät der Universität von Havanna, Havanna, **1993**

Rodriguez Jose. L.: La economia cubana ante un mundo cambiante, Havanna, **1991b**, Manuskript eines Vortrages auf dem 18. Kongreß der ALAS, Havanna, Mai 1991

Rodriguez Jose. L.: La economia cubana: algunos problemas actuales y perspectivas, Havanna, **1992a**, Manuskript eines Vortrages auf dem 17. Kongreß der LASA, Los Angeles, Sep. 1992

Rodriguez Castellon, Santiago: Consideracions sobre las transformaciones de la agricultura, unveröffentlichtes Manuskript des CEEC, **1995a**

Torras, Rogelio. D.: La reinsercion internacional de la Republica de Cuba: Reorganisazion industrial y pequena industria, unveröffentlichtes Manuskript des Instituto Latinamericano de Planificacion Economica y Social, Santiago de Chile, **1992**

C. Zeitschriften und andere Periodika

Bohemia: Tendencias de un ajuste, Nr. 22, **1994**, S. 30-35

Bohemia: Economia: Sin prisa...pero sin pausa, Nr. 9, **1995a**, S. 15-18

Bohemia: Sabor criollo: nuestro mejor producto, Nr. 9, **1995b**, S. 32-34

Bohemia: Cuantos dan en el clavo, Nr. 12, **1995c**, S. 28-33

Bohemia: Reglas del juego, Nr. 12, **1995d**, S. 34-35

Bohemia: La copa de los equilibrios, Nr. 17, **1995e**, S. 24-26

Bohemia: Con la paja en ojo propio, Nr. 18, **1995f**, S. 28-32

Bohemia: A cuentagotas, Nr. 19, **1995g**, S. 20-23

Bohemia: Centenario: Marx y Engels, vigente, Nr. 20, **1995h**, S. 43

Bohemia: Quien da mas?, Nr. 23, **1995i**, S. 30-33

Bohemia: Enfrentar los delitos con mano dura, Nr. 23, **1995j**, S. 38-41

BRD und Dritte Welt: Cuba, Band 33, Kiel

Business on Cuba: Der kubanische Markt, Deutsche Ausgabe, Jg. 1, Nr. 8, **1994**

Cuba Internacional: Nuestras reformas ratifican el rumbo de nuestra revolucion democratica y socialista, Nr.11, **1992**, S. 33-40

Cuba Internacional: Vida y Esperanza, Nr. 4, **1994**, S. 10-16

El Mundo: Hoy la prioridad politica e ideologica es buscar comida, **22.9.1994**

El Pais: Cuba pide auxilio a Europa para evitar el colapso sanitario, **1.5.1994**

El Pais: Cuba abre su economia a la inversion extranjera, **1.11.1994**

El Pais: Helms impulsa una nueva ley de bloqueo para asfixiar al regimen de Fidel Castro, **10.2.1995**

El Pais: EEUU considera apoyar las reformas economicas de Castro para evitar un cambia violento en Cuba, **21.5.1995.**

El Pais: Cuba, a la sombra del paro, **24.7.1995**

El Pais: Cuba permitira inversiones de capital totalmente extranjero, incluidas las de empresas de exiliados, **17.8.1995**

Foreign Trade: Cuba, Nr. 3-4, Havanna, **1991**

Frankfurter Allgemeine Zeitung: Kuba bereit zur Entschädigung, **17.6.1993**
Frankfurter Allgemeine Zeitung: Drastische Reformen in Kuba gegen die Krise, **4.5.1994**
Frankfurter Allgemeine Zeitung: Kuba bemüht sich um ausländische Investoren, **30.3.1995**
Frankfurter Allgemeine Zeitung: Kuba öffnet seinen Immobilienmarkt, **7.8.1995**
Frankfurter Allgemeine Zeitung: Offene Worte wecken in Kuba Hoffen und Bangen, **17.11.1995**
Frankfurter Allgemeine Zeitung: Sicherheitsrat äußert «starkes Bedauern »über Abschüsse, **28.2.1996**
Frankfurter Allgemeine Zeitung: Castros charmantes Sprachrohr, **29.2.1996**
Granma: 585 diputados obtienen mas del 90% de los votos, **27.2.1993**
Granma: Sobre el ejercicio del trabajo por cuenta propia, **9.9.1993**
Granma: Para llevar a cabo importantes innovaciones en la agricultura estatal, **15.9.1993**
Granma: Profundo analisis sobre el trabajo por cuenta propia y la situacion de las finanzas internas, **29.12.1993**
Granma: Marcharemos seguros de alcanzar la victoria, **31.12.1993**
Granma: De la reorganizacion de los organismos de la Administracion Central del Estado, **22.4.1994**
Granma: Resena de los debates de la primera jornada, **2.5.1994**
Granma: Asamblea Nacional del Poder Popular: Acuerdo, **3.5.1994**
Granma: Sobre confiscacion de bienes e ingresos obtenidos mediante enriquecimiento indebido, **5.5.1994**
Granma: Es el momento de prepararnos para comprender los porque, **7.5.1994**
Granma: Anuncia plan de medicamentos, **10.5.1994**
Granma: Creadas mas de cien granjas integrales militares en el pais, **12.5.1994**
Granma: Nuestra resistencia no es pasiva, **21.5.1994**
Granma: Sobre precios y tarifas. Acuerdo del Comite Ejecutivo del Consejo de Ministros, **24.5.1994**
Granma: Hablemos del presupuesto. Lograr que sea un instrumento de control de la economia, **31.5.1994**
Granma: Como coger el toro por los cuernos?, **18.6.1994**
Granma: Aprobada Ley del Sistema Tributario, **5.8.1994**
Granma: Nosotros no podemos seguir de guardianes de las fronteras de Estados Unidos, **6.8.1994**
Granma: Decreto No. 191/94 sobre el mercado agropecuario de 19 de septiembre de 1994, **21.9.1994**
Granma: No aceptamos condicionamientos de ningun tipo que puedan afectar la independencia y la soberania del pais, Interview der nordamerikanischen Fernsehkette CNN mit Fidel Castro, **24.10.1995**
Granma: Confiamos en quienes no se dejaron doblegar por presiones e invirtieron en Cuba; manana seran mas, **27.10.1995**
Granma: FIVAH: una de las tres mas importantes de America Latina, **2.11.1995**
Granma: Rechazo internacional al bloqueo, **3.11.1995**
Granma: Efectiva la vinculacion del hombre al area, **11.11.1995**
Granma: Informe de presentacion a la Asamblea Nacional del Poder Popular del Proyecto de Presupuesto del Estado para 1996, **28.12.1995**
Granma: Seguimos creyendo en los enormes beneficios del socialismo, **30.12.1995**
Granma: Informe del Buro Politico, Stellungnahme des Politbüros vor dem V. Plenum des Zentralkomitees der PCC von Raul Castro, **27.3.1996**
Granma Internacional: Todas las preguntas tienen una repuesta, **26.5.1991**
Granma Internacional: Signs of Financial and Monetary Recovery in Cuba, **7.12.1994**
Granma Internacional: «New Farmers »Markets Help Alleviate Food Shortages, **14.12.1994**
Granma Internacional: Not Entirely Satisfied, but Some Advances Made, **11.1.1995**

Granma Internacional: Fortschritte bei der Sanierung der Staatsfinanzen, aber noch keine Lösung, deutsche Ausgabe, **Febr. 1995**
Handelsblatt: Die Zuckerinsel wagt sich an eine moderne Steuergesetzgebung, **24.5.1995**
Handelsblatt: Die Reformen greifen nur sehr langsam, **13.6.1995**
Handelsblatt: Fidel Castro macht sich Mut, **28/29.7.1995**
Handelsblatt: Kuba will höhere Flächenerträge, **6.12.1995**
IPS: Die kubanische Wirtschaft begibt sich in bislang unbekannte Gewässer, **29.9.1993**
IPS: Cuba: Peso und Dollar kämpfen um Marktanteile, **6.10.1993**
IPS: Kuba: Kürzungen von Lebensmittelsubventionen, **28.10.1993**
Junge Welt: Freie Berufe für Kubas Arbeitslose. 300.000 Menschen sollen ihr Glück auf eigene Rechnung versuchen, **16.6.1995**
Junge Welt: Kuba und der Fiskus. Erste Finanzämter eröffnet. Mehr private Nebenjobs erlaubt, **3.7.1995**
Junge Welt: Ende des Periodo Especial?, Neues Investitionsgesetz stößt in Kuba auf Bedenken. Parlamentssitzung verschoben, **2.8.1995**
Junge Welt: Bald Impfstoff gegen HIV?, **16.11.1995**
Junge Welt: Kubanische Regierung baut Tourismus-Branche aus, **3.1.1996**
Junge Welt: Kuba will Private an die Kandare nehmen, **26.2.1996**
Junge Welt: Schweine in der Bucht, **27.2.1996**
Juventud Rebelde: Tranquilidad en la capital, **7.8.1994**
Juventud Rebelde: Partidos politicos: cuadrando el circulo, **5.11.1995**
La Jornada: Capto Cuba 500 mdd de inversion externa en 1994, **10.7.1995**
La Jornada: Castro: se trama en EU un plan terrorista contra Cuba, **27.7.1995**
La Jornada: Protestan miles de cubanos contra el bloqueo de Estados Unidos a la isla, **6.8.1995**
La Jornada: Se recupera el peso cubano en el mercado informal, **27.8.1995**
La Jornada: Redujo Cuba el subsidio agricola 40% y 72% el deficit presupuestal, **31.8.1995**
La Jornada: Cubanos en el exterior podran invertir en la isla, anuncio Castro, **5.9.1995**
La Jornada: Violenta critica de Raul Castro contra academicos y periodistas, **28.3.1996**
Lateinamerika-Nachrichten: Editoral, Nr. 261, März **1996**
Trabajadores: Acerca de precios, subsidios y eficiencia economica, **7.3.1993**
Trabajadores: Reorganizacion del aparato del Estado. Dos principios sobre el tapete, **16.5.1994**
Trabajadores: A luchar por el punto!, **9.10.1995**
Trabajadores: La supervivencia de la economia cubana se ha debido ante todo a la capacidad de resistencia del pueblo, Rede des Wirtschaftsministers Jose Luis Rodriguez, **6.11.1995**
Trabajadores: Tesis del XVII Congreso de la CTC, **20.11.1995**
Miami Herald: Opinion poll takes pulse of Cuba, **18.12.1994**
Netzwerk Cuba Nachrichten: Neues Steuergesetz in Kuba, Nr. 10, **1995**, S. 8-10
Neues Deutschland: Kuba: Es geht nicht nur um Kommunen, **14.7.1995**
Neues Deutschland: Wird Kuba in fünf, zehn Jahren ein Tiger der Karibik?, **28.11.1995**
Neues Deutschland: Kuba will «sauberen»familiären Tourismus, **8.1.1996**
Neues Deutschland: Noch reicht's nur für die Perlen, **20/21.1.1996**
Neues Deutschland: US-Sanktionen gegen Kuba ausgeweitet, **1.3.1996**
Neue Zürcher Zeitung: Weiter verschärfte US-Sanktionen gegen Kuba, **23.8.1994**
Neue Zürcher Zeitung: Kubanische Propaganda gegen die Flucht. Mangelnde Disziplin auf den Zuckerrohrplantagen, **23.9.1994**
Neue Zürcher Zeitung: Der Traum der Revolution ist ausgeträumt. Die einstige Perle der Karibik vor stürmischen Zeiten, **6/7.11.1994**
Neue Zürcher Zeitung: Konvertibler kubanischer Peso, **24.12.1994**
Neue Zürcher Zeitung: Weiter Engpässe in Kubas Agrarproduktion. Geringes Volumen der freien Märkte, **5.4.1995**

Neue Zürcher Zeitung: Keine Lust zum Feiern in Kuba. Der 1. Mai im Zeichen der Arbeitslosigkeit, **3.5.1995**
Neue Zürcher Zeitung: Kuba lockt ausländische Investoren, **4.5.1995**
Neue Zürcher Zeitung: Erweiterung des beruflichen Freiraums in Kuba. Castros Kampf gegen zunehmende Arbeitslosigkeit, **15.6.1995**
Neue Zürcher Zeitung: Rückschlag für Kubas Wirtschaft. Magere Zuckerrohrernte, **18.6.1995**
Neue Zürcher Zeitung: Desaströse Zuckerente auf Kuba. Gefährdete staatliche Industrie, **25.6.1995**
Neue Zürcher Zeitung: Nebenjobs für Akademiker und Ärzte in Kuba, **6.7.1995**
Neue Zürcher Zeitung: Kommunalwahlen in Kuba, **11.7.1995**
Neue Zürcher Zeitung: Wirtschaftserholung in Kuba, **17.7.1995**
Neue Zürcher Zeitung: Laue Revolutionsfeierlichkeiten in Kuba, **29/30.7.1995**
Neue Zürcher Zeitung: Rücksichtsloser Überlebenskampf in Kuba, **2.8.1995**
Neue Zürcher Zeitung: Große Pläne in Kuba, **9.9.1995**
Neue Zürcher Zeitung: Wofür kämpft Kubas Armee?, **16./17.9.1995**
Neue Zürcher Zeitung: Abkommen zwischen Kuba und Russland, **18.10.1995**
Neue Zürcher Zeitung: Eröffnung von Wechselstuben in Kuba, **24.10.1995**
Neue Zürcher Zeitung: Anhaltendes Interesse an Investitionen in Kuba, **31.10.1995**
Neue Zürcher Zeitung: Einführung von Lohnsteuern auf Kuba, **30.11.1995**
Neue Zürcher Zeitung: Kubas Medaille hat eine Kehrseite, **4.12.1995**
Neue Zürcher Zeitung: Kubas Parlament billigt das Budget 1996, **29.12.1995**
Neue Zürcher Zeitung: Tiefe AIDS-Rate auf Kuba, **22.1.1996**
Neue Zürcher Zeitung: Wie überlebt die kubanische Volkswirtschaft?, **23.1.1996**
Neue Zürcher Zeitung: Neue Impulse für die kubanische Wirtschaft, **12.2.1996**
Neue Zürcher Zeitung: Das Elend der kubanischen Opposition, **27.2.1996**
Süddeutsche Zeitung: Das neue Paradies der Sextouristen, **29.11.1995**
Süddeutsche Zeitung: Castros Angriffe auf die Neureichen, **30/31.12.1995**
Süddeutsche Zeitung: Wie man Freier in Havanna wird, **10/11.2.1996**
Süddeutsche Zeitung: «Keine neuen Mauern um Kuba», **17.3.1996**
taz: Zerfressende Wirkung, **9.10.1995**
taz: Nervenkrank durch Mangelernährung, **22.1.1996**
taz: Verlorene Bodenhaftigkeit, **27.2.1996**
Time: Open for Business, Nr. 20, **1995a**, S. 37-41
Time: Will a Tighter Embargo Staatsly Bring Down Castro? Nr. 20, **1995b**, S. 38-39

D. Veröffentlichungen von Instituten und Institutionen

Asamblea Nacional del Poder Popular: El programa alimentario, Havanna, **1991**
CCRC: Posibilidades de negocios conjuntos en Cuba, Havanna, **1992**
CECE: Possibilty Of Joint Venures In Cuba, Havanna, **1991**
CEE: The Cuban Economy in 1989, Havanna, **1990**
CEE: Anuario Estadistico de Cuba 1989, Havanna, **1991**
CEPAL: Estudio Economico de America Latina y el Caribe 1989, Santiago de Chile, **1990**
CEPAL: Notas sobre el desarrollo social de America Latina, Santiago de Chile, **1991**
CEPAL: Cuba: Balance economico preliminar 1995, Santiago de Chile, 6.10.**1995**
Europaparlament: Entschließung zu den Beschränkungen des internationalen Handels durch die Vereinigten Staaten vom 17.12.1992, Amtsblatt der Europäischen Gemeinschaft, C21/156, 25.1.**1993a**
Europaparlament: Entschließung zum Embargo gegen Kuba und das «Torricelli-Gesetz», Protokoll vom 16.9.**1993b**, PV 28 II, PE 174.511.

Gaceta Oficial de la Republica de Cuba: Decreto-Ley 140 del Consejo de Estado. Sobre la tenencia de divisas convertible, Nr.4, **13.8.1993**

Gaceta Oficial de la Republica de Cuba: Decreto-Ley 142 del Consejo de Estado. Sobre las unidades basicas de produccion cooperativa, Nr. 6, **21.9.1993**

Gaceta Oficial de la Republica de Cuba: Ley de la inversion extranjera, **6.11.1995**

INIE: El bloqueo a Cuba por los EE.UU., Havanna, **1992**

IRELA: Cuba: Transformaciones Economicos Y Cooperacion Con La Union Europea, Informe de Conferencia, Madrid, **1995**

ONE: La economia cubana, **1995**

PCC: Programa del Partido Comunista de Cuba, Havanna, **1988**

PCC: IV. Congreso del Partido Comunista de Cuba. Discursos y documentos, Havanna, **1992**

ZK der PCC: El derrumbe del socialismo en Europa del Este. Causas y consecuencias, Havanna, **1992**

Anmerkungen

Anmerkungen zu Teil I

1 Dumont/Mazoyer (1969:13).
2 Musil (1992:533f.).
3 Zitiert nach Niess (1991:13).
4 Löwy (1991:8).
5 Vgl. Hubermann/Sweezy (1968:96).
6 Guevara, 1960, zitiert nach Löwy (1991:8).
7 Löwy (1991:9).
8 Dominguez (1978: 218f.).
9 Rabkin (1991:117).
10 Orginalton des DDR-Wörterbuchs Kubas-panisch – Deutsch (1989).
11 Kimmig (1982:368).
12 Fabian (1981:804).
13 Figueras (1994:36).
14 Gey (1989:54). Stahl (1992:477) spricht bis 1970 von einer Experimentierphase.
15 Castro (1975:104f.).
16 Castro (1976:71).
17 Rodriguez (1990a:125f.).
18 Kimmig (1982:373).
19 Mesa-Lago (1990:104).
20 Rodriguez (1990b:30).
21 Niess (1992:964).
22 Rodriguez (1990b:31).
23 Jeffries (1990:249).
24 Mesa-Lago (1993a:185).
25 Perez-Lopez (1991a:102).
26 Peche (1990:40).
27 Fabian (1981:199).
28 Europaparlament (1993b).
29 Demarest (1994:58ff.).
30 NZZ (23.8.1994).
31 El Pais (10.2.1995).
32 Time (1995a:39).
33 El Pais (21.5.1995).
34 Fabian (1992:83).
35 taz (9.10.1995).
36 Junge Welt (27.2.1996).
37 SDZ (17.3.1996).
38 ND (1.3.1996).
39 Dettmering (1996:48).
40 Lateinamerika-Nachrichten (1996:3).
41 taz (27.2.1996), FAZ (28.2.1996).
42 Dettmering (1996:48).
43 SDZ (17.3.1996).
44 Europaparlament (1993a)
45 Europaparlament (1993b).
46 Granma (3.11.1995).
47 Kaplowitz/Kaplowitz (1993:224).
48 Ritter (1992:249), Hernandez (1991:137).
49 Niess (1992:957).
50 Zitiert nach Habel (1995:21).
51 Vgl. Perez (1988:367f.), Murray (1992:13ff.), Zimbalist/Brundenius (1989:155ff.).
52 INIE (1992:23).
53 Trabajadores (6.11.1995).
54 FAZ (17.6.1993).
55 Zimbalist (1994:91).
56 Gunn (1993:87).
57 Robaina (1994:10), Robaina (1995:11).
58 Fernandez (1993:9).
59 IRELA (1995:8).
60 Niess (1992:965).
61 Burchardt (1995:21).
62 Rodriguez (1992b:53).
63 Figueras (1994:152).
64 Mesa-Lago/Gil (1989:192).
65 Figueras (1994:40).
66 Kimmig (1982:376).
67 Torras (1992:9).
68 Figueras (1994:40).
69 Rodriguez (1992a:6), Furtak (1993:191).
70 Graziani (1989:83).
71 Gunn (1991:102).
72 Zimbalist/Brundenius (1989:153).
73 Brezinski (1993:232).
74 Vgl. Rodriguez (1992b:55), Gunn (1991:101), Ritter (1990:126f.).
75 Rodriguez (1992a:10).
76 Mesa-Lago (1993b:222).
77 Ferran (1993:9).
78 Figueras (1994:37), Rodriguez (1991b:3).
79 Wiarda (1991:89f.).
80 Mesa-Lago (1986:295f.).
81 Figueras (1994:141).
82 Figueras (1994:150).
83 Figueras (1994:112).
84 Torras (1992:5), CEE (1991:111).
85 Figueras (1994:115).
86 Figueras (1994:113).
87 Figueras (1994:45).
88 Figueras (1994:53).
89 Erhardt (1993:267).

90 Foreign Trade (1991:66).
91 CEE (1991:322).
92 Zimbalist/Brundenius (1989:162ff.).
93 Lage (1992b:4).
94 Figueras (1994:146).
95 Zimbalist/Brundenius (1989:151), Lage (1992b:4f.).
96 Rodriguez (1991c:55).
97 Nuscheler (1991:230f.)
98 Mesa-Lago (1993b:222).
99 Zitiert nach Jung (1990:28).
100 Nuscheler (1991:129).
101 Boris (1995:8ff).
102 Carranza (1994:17).
103 Figueras (1994:46).
104 Figueras (1994:52).
105 Leptin/Adirim (1986:978).
106 Gey (1989:65).
107 Dilla (1993:24f.).
108 Lage (1992a:3).
109 Castro (1993a:3f.).
110 Lage (1993:6).
111 Nicolas (1993:12).
112 NZZ (4.12.1995)
113 Figueras (1994:10).
114 CEPAL (1991:13f.).
115 CEE (1991:48ff.).
116 Figueras (1994:11).
117 Trabajadores (7.3.1993).
118 Rodriguez (1992a:4).
119 CEE (1991:111ff.).
120 Machado (1990:10f.), Machado (1992:257).
121 Dritte Welt Haus Bielefeld (1992:146).
122 BRD und Dritte Welt (1993:16).
123 Hübner (1992:10).
124 Karges (1994:23).
125 Balsen/Rössel (1996:29).
126 Menzel (1992:183f.)
127 Zitiert nach Falk (1995:3).

Anmerkungen zu Teil II

1 ZK der PCC (1992:5).
2 ZK der PCC (1992:9).
3 Verwandte Versionen einer solchen Sozialismuskritik vertreten z.B. Bahro (1977), Kurz (1991) und Habel (1993).
4 Vgl. dazu z.B. die Diskussionsbeiträge von Mesa-Lago (1993c:66f.), Torras (1992:33ff.), Nova (1990:24), Alvarez (1990:16f.), Trueba (1993:126).
5 Einen Einblick in die guevaritischen Wirtschaftsthesen gibt eine Aufsatzsammlung von Guevara (1988), eine aufschlußreiche Beschreibung des »Che« liefert Löwy (1987).
6 Gey (1989:60).
7 Tablada (1987). Eine deutsche Übersetzung liegt vor.
8 Castro (1991b: 52ff.).
9 Carranza/Urdaneta/Monreal (1995:25).
10 Granma (31.12.1993).
11 Rodriguez (1991d:165).
12 PCC (1992:246ff.).
13 Mesa-Lago (1993b:199).
14 Azuy, Hugo, zitiert nach Carranza/Urdaneta/Monreal (1995:35f.).
15 Carranza/Urdaneta/Monreal (1995:33).
16 Lessmann (1993a:10).
17 Marquetti (1994a:31).
18 Monreal/Rua del LLano (1994:193).
19 CCRC (1992:5).
20 CECE (1991:12).
21 Granma Internacional (11.1.1995).
22 Lage (1992a:6), Lage (1993:7).
23 La Jornada (10.7.1995), Melendez (1994:17).
24 Lage (1993:7).
25 Lessmann (1993c:4).
26 La Jornada (10.7.1995), Diaz (1995:27).
27 Lessmann (1993a:31).
28 Landau/Starratt (1995:4).
29 Vgl. Nuscheler (1995:491f.)
30 So eine Untersuchung des Starnberger Institutes von 1988, zitiert vom Überblick (1989:7).
31 Vgl. z.B. Gunn (1994:158ff.)
32 Lessmann (1993b:13).
33 Eigene Berechnungen auf der Grundlage statistischer Angaben des ONE (1995:4).
34 Kappel (1995:87).
35 Figueras (1994:179f.).
36 Castro (1991b:58).
37 Junge Welt (16.11.1995).
38 Handelsblatt (13.6.1995).
39 Carranza/Urdaneta/Monreal (1995:26).
40 Marquetti (1994a:18).
41 Perez (1988:364).
42 NZZ (9.9.1995).

43 Lessmann (1993c:5).
44 Lessmann (1993c:5).
45 Granma Internacional (26.5.1991).
46 Bohemia (1995b:34)
47 Castro (1993b:3).
48 Nuscheler (1995:300f.).
49 Dominguez (1994:11f.).
50 NZZ (22.1.1996).
51 Bei dem Artikel handelt sich um einen Text von Eva Karnofsky in der SDZ vom 29.11.1995.
52 SDZ (10/11.2.1996).
53 FAZ (30.3.1995), Nuscheler (1995:298).
54 Lage (1992b:3).
55 Figueras (1994:175).
56 Felipe (1992:21).
57 Carranza/Urdaneta/Monreal (1995:21f.).
58 Figueras (1994:176).
59 NZZ (12.2.1996).
60 Einen Überblick über die verschiedenen Schätzungen gibt Mesa-Lago (1994b:102f.).
61 Bohemia (1994:34).
62 Bohemia (1995a:16).
63 NZZ (4.12.1995).
64 Monreal/Rua del LLano (1994:189).
65 Deere (1994:4).
66 Figueras (1994:56).
67 CEE (1990:12f.).
68 Asamblea Nacional (1991:6ff.), Mesa-Lago (1993b:225), Rodriguez (1992a:26).
69 NZZ (2.8.1995).
70 Lage (1992a:4).
71 Granma (29.12.1993).
72 Mesa-Lago (1994b:70).
73 El Pais (1.5.1994).
74 taz (22.1.1996).
75 Lage (1992b:5).
76 Lage (1992b:5).
77 Figueras (1994:157).
78 Trabajadores (9.10.1995).
79 Granma (29.12.1993).
80 CEPAL (1995:13).
81 Lage (1992b:7).
82 Granma (29.12.1993), Alvarez (1994:14).
83 Niess (1992:955).
84 Lessmann (1993c:6).
85 Granma (29.12.1993), Trabajadores (6.11.1995).
86 Dritte Welt Haus Bielefeld (1992:149).
87 Castro (1991b:59).
88 Lage (1992a:7), Granma (10.5.1994).
89 CEPAL (1991:13f.), Cuba Internacional (1994:10ff.), Trabajadores (6.11.1995).
90 Granma (7.5.1994).
91 Miami Herald (1994:37).
92 NZZ (22.1.1996).
93 IPS (29.9.1993).
94 Robaina (1995:12).
95 Linares (1993:10).
96 Trabajadoes (6.11.1995).
97 Carranza/Urdaneta/Monreal (1995:60).
98 Perez/Marquetti (1995:37).
99 Triana (1994:4), Carranza/Urdaneta/Monreal (1995:29).
100 Granma (7.5.1994).
101 IPS (28.10.1993), Gutierrez (1995:84).
102 Lage (1992b:7).
103 Gutierrez (1995:86).
104 Carranza/Urdaneta/Monreal (1995:31).
105 Granma (5.5.1994).
106 Bohemia (1995j:41).
107 Lessmann (1993b:6).
108 Perez/Marquetti (1995:38).
109 IPS (28.10.1993)
110 Marquetti (1994b:5f.).
111 Gaceta Oficial (13.8.1993).
112 Granma Internacional (Febr. 1995), CEPAL (1995:9).
113 NZZ (29/30.7.1995).
114 Castro (1993a:3ff.). Eine deutsche Übersetzung der gesamten Rede von Castro findet sich bei Hoffmann (1994).
115 Lage (1993:7)
116 Carranza/Urdaneta/Monreal (1995:40).

Anmerkungen zu Teil III

1   Bohemia (1995h:43).
2   Carranza/Gutierrez/Monreal (1995). Die weiteren Zitate aus diesem Buch werden nicht einzeln angeführt.
3   Perez/Marquetti (1995:51).
4   Junge Welt (26.2.1995).
5   Granma (27.3.1996), La Jornada (28.3.1996).
6   Granma (9.9.1993).
7   Granma (9.9.1993).
8   Miami Herald (1994:37).
9   Lessmann (1993c:9).

10 Junge Welt (16.6.1995).
11 Carranza/Urdaneta/Monreal (1995:187).
12 Carranza/Urdaneta/Monreal (1995:183).
13 Granma (30.12.1995).
14 FAZ (17.11.1995).
15 Granma (27.3.1996).
16 Junge Welt (26.2.1996).
17 PCC (1992:252).
18 Granma (15.9.1993).
19 Carriazo (1994:14).
20 Gaceta Oficial (21.9.1993).
21 Granma (18.6.1994).
22 Lage (1993:8).
23 Deere (1994:3).
24 Gaceta Oficial (21.9.1993).
25 Carranza/Urdaneta/Monreal (1995:183).
26 Granma (12.5.1994), La Jornada (10.7.1995).
27 CEPAL (1995).
28 Rodriguez (1995b:1).
29 Perez/Garcia/Torres (1993:2).
30 Carriazo (1994:28).
31 ONE (1995:5). Der CEPAL bestätigt diese Angaben, vgl. CEPAL (1995).
32 Granma Internacional (14.12.1994).
33 Trabajadores (6.11.1995)
34 Bohemia (1995i:30f.)
35 Bohemia (1995i:32)
36 Rodriguez (1995a:2).
37 Carranza/Urdaneta/Monreal (1995:46).
38 Torres/Perez (1994:33)
39 Deere (1994:10).
40 CEPAL (1995:13), NZZ (23.9.1994).
41 La Jornada (31.8.1995).
42 CEPAL (1995).
43 Rodriguez (1995b:7).
44 Carriazo (1994:27), Deere (1994:10).
45 Miami Herald (1994:37).
46 Granma (29.12.1993).
47 Granma (3.5.1994).
48 Granma (24.5.1994), Granma (31.5.1994), Granma, (5.5.1994), Triana (1995:10).
49 CEPAL (1995), Trabajadores (6.11.1995).
50 Granma (2.5.1994).
51 Handelsblatt (24.5.1995), Junge Welt (3.7.1995).
52 Junge Welt (26.2.1996).
53 NZZ (24.12.1994).
54 Trabajadores (6.11.1995).
55 La Jornada (27.8.1995).

56 NZZ (24.10.1995).
57 Time (1995b:38).
58 Juventud Rebelde (7.8.1994).
59 El Mundo (23.9.1994).
60 PCC (1992:292ff.).
61 Granma (21.9.1994).
62 Miami Herald (1994:37).
63 Carriazo (1994:25).
64 Torres/Perez (1994:35), Rodriguez (1995b:7).
65 Miama Herald (1994:37).
66 NZZ (18.10.1995).
67 IRELA (1995:16).
68 IRELA (1995:9).
69 NZZ (12.2.1996).
70 El Pais (1.11.1994).
71 NZZ (4.5.1995), Junge Welt (2.8.1995), El Pais (17.8.1995), La Jornada (5.9.1995).
72 La Jornada (5.9.1995).
73 Vgl. Gaceta Oficial (6.9.1995). Eine Übersetzung liegt in der deutschen Ausgabe der Granma Internacional vor.
74 Trabadores (6.11.1995).
75 Trabajadores (6.11.1995).
76 Perez/Marquetti (1995:49).
77 NZZ (23.1.1996).
78 NZZ (23.1.1996).
79 FAZ (17.11.1995).
80 Granma (30.12.1995)
81 Granma (27.3.1996).
82 Miami Herald (1994:37).
83 NZZ (11.7.1995).
84 Granma (24.10.1995).
85 Granma (27.10.1995).

Anmerkungen zu Teil IV

1   Granma (2.11.1995).
2   Trabajadores (6.11.1995).
3   NZZ (31.10.1995), ND (28.11.1995).
4   Perez/Marquetti (1995:51).
5   Bohemia (1995g:21).
6   Perez/Marquetti (1995:44).
7   Stahl (1987:239f.).
8   Stahl (1993:85f.).
9   Rabkin (1991:82).
10 PCC (1988:65).
11 Stahl (1993:88).
12 Juventud Rebelde (5.11.1995).
13 Granma (24.10.1995).

14 FAZ (29.2.1996).
15 Fabian (1992:85).
16 Granma (24.10.1995).
17 Carranza/Gutierrez/Monreal (1995:179f.).
18 NZZ (16/17.9.1995).
19 NZZ (16/17.9.1995).
20 NZZ (27.2.1996).
21 Fabian (1992:81).
22 PCC (1992:127ff.).
23 Granma (27.2.1993).
24 Cuba Internacional (1992:37).
25 Granma (22.4.1994), Trabajadores (16.5.1994), ND, (14.7.1995).
26 Vgl z.b. Senghaas (1982a:299f.).
27 Krämer (1993:57ff.).
28 Niess (1992:964).
29 Martinez (1991:198).
30 Trabajadores (6.11.1995).
31 Senghaas (1992:1077).
32 Kornai (1986:1729f.)
33 Hübner (1992:7).
34 FR (9.5.1992).
35 Rehmann (1992:435).
36 Fabian (1992:90).
37 Dominguez (1995:129).
38 La Jornada (27.7.1995).
39 Granma (24.10.1995).
40 Trabadores (20.11.1995).
41 Zürn (1994:83).
42 Welfens (1990:91).
43 Hirsch (1993:38).
44 Hirsch (1994:32f.).
45 Heidel (1993:55).
46 Menzel (1995:42).
47 Kappel (1995:85).
48 Kappel (1995:87f.).
49 Senghaas (1992:1076).
50 Vgl. Fröbel/Heinrichs/Kreye (1977) und (1986).
51 Mires (1996:24).
52 Carranza/Gutierrez/Monreal (1995:72).
53 Vgl. Senghaas (1977), (1982a) und als Einführung (1982b).
54 Senghaas (1982a:246ff.).
55 Senghaas (1982a:16), vgl. auch Fabian (1981).
56 La Jornada (6.8.1995).
57 Hurtienne (1992:41ff.).
58 Nuscheler (1991:90f.).
59 Ochel (1982:302ff.), Matthies (1980:54).
60 Senghaas/Menzel (1986:60).
61 Senghaas/Menzel (1986:27).
62 Rodriguez (1995b:8).
63 Granma (28.12.1995).
64 Rodriguez (1995a:2).
65 Figueras (1994:79).
66 Zimbalist/Brundenius (1989:105ff.). Zur Industrialisierung der kubanischen Zuckerrohrderivate vgl. Fabian (1981:620ff.).
67 Figueras (1994:92).
68 Lessmann (1993a:28).
69 Grupo fuentes renovables (1992:5).
70 Bohemia (1995c:30).
71 Trabajadores (20.11.1995).
72 Bohemia (1995f:31).
73 El Pais (24.7.1995).
74 Bohemia (1995e:26).
75 Bohemia (1995c:31).
76 Perez/Marquetti (1995:36).
77 Bohemia (1995d:34).
78 CEPAL (1995:11).
79 Carranza (1995:37).
80 Nach dem gleichnamigen Titel von Fülberth (1991).
81 Hübner (1992:5).
82 Brus/Laski (1990:40ff.).
83 Brus/Laski (1990:41f.).
84 Leptin/Adirim (1986:978).
85 Csikos-Nagy (1983:35).
86 Csikos-Nagy (1983:36).
87 Höhmann (1988:275).
88 Brus/Laski (1990:115).
89 Brus/Laski (1990:118).
90 Carranza/Gutierrez/Monreal (1995:70f.).
91 Vincentz (1993:11).
92 Bohemia (1994:35).
93 Brus/Laski (1990:197).
94 Deere/Perez/Gonzales (1994:230).
95 Trabajadores (20.11.1995).
96 Ferran (1993:14).
97 Carranza (1995:38).
98 Wallerstein (1979:43).
99 Senghaas (1977:33ff.)
100 Hurtienne (1984:379).
101 Brus/Laski (1990:180).
102 Kornai (1986:1732f.)
103 Fülberth (1991:70ff.).
104 Keynes (1974:319).
105 White (1983:30ff.).
106 Menzel (1992:183).